심리도식치료의 실제

Arnoud Arntz · Gitta Jacob 공저

최영희 · 윤제연 · 최상유 · 최아란 공역

심리도식 양식 접근법에 대한 가이드북

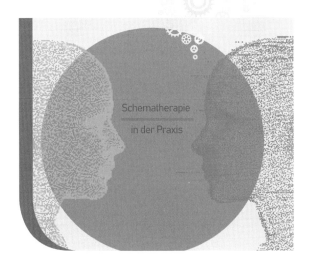

Schematherapie
in der Praxis

학지사

역자 서문

이 책의 원저인 『Schematherapie in der Praxis(영문판 제목: Schema Therapy in Practice)』의 저자 Arnoud Arntz 박사와 Gitta Jacob 박사는 심리도식치료를 하는 사람이라면 누구나 알 만한 이 분야의 리더이다. 2008년도에 포르투갈의 코임브라에서 국제 심리도식치료협회(International Society for Schema Therapy)가 처음 결성되었을 때 본 역자도 이들과 함께 창립구성원으로 참여하였기에 잘 알고 있던 치료자들이기도 하다.

심리도식치료는 인지행동치료로는 치료가 잘 되지 않던 경계성 성격장애를 비롯한 성격장애나 공존장애가 있는, 소위 치료 저항성 환자들에게 탁월한 치료 성과를 보이면서 주목받기 시작하였다. 심리도식치료와 관련된 책자도 국내에서 몇 권 번역되었으나, 주로 심리도식치료에 중점을 두었고, 심리도식 양식과 관련된 임상적 내용이 부족하여 아쉬웠던 차에 『Schematherapie in der Praxis』는 심리도식 양식 치료의 이론적 배경과 구체적인 임상 사례를 소상히 설명하고 있어 이 책을 번역하여 출간하기로 결심하였다.

번역은 참으로 고단한 작업이다. 특히 심리도식치료는 아직 공식적으로 인정된 용어 사전이 없는 터라 단어의 선택에 어려움이 많았다. '스키마'라는 용어가 '심리도식'으로 번역되어 사용되고, '스키마 모드'는 '심리도식 양식'이라고 번역되어 독자들에게도 다소 어색하고 낯설다. 이러한 치료적 용어의 표준화와 더불어 용어 사전의 제작 등이 앞으로의 과제라 할 것이다.

이 책의 번역을 위하여 메타 아카데미 연수 과정을 수료한 서울대학교병원 정신건강의학과의 윤제연 교수와 메타(METTAA)의 최상유 대표가 오랜 시간 고생을 하였다. 두 분이 초벌 번역을 맡아 주시고, 전문 번역가인 최아란 씨의 도움을 받아 번역의 전체적인 흐름을 가다듬었다. 나는 최종 번역을 처음부터 원문과 대조해 가며, 본인의 심리도식 양식 치료 경험을 바탕으로 수정ㆍ보완하였다. 이 책이 출간되기까지 도와주신 학지사의 김진환 사장님과 이영봉 과장에게도 감사드린다. 그리고 항상 옆에서 물심양면으로 변함없는 지지를 해 주는 메타미디어 조성윤 대표에게도 심심한 감사의 말씀을 전한다.

이 책이 우리나라의 심리도식치료 발전에 일조하기를 기대하며, 혹시 오타나 수정이 필요한 내용을 발견하면 기탄없이 피드백해 주시기를 청한다.

메타 통합심리치료 연구소에서 역자 대표 최영희

저자 서문

심리도식치료에 대한 치료자와 환자들의 관심이 급격하게 늘어나고 있다. 이는 다양한 연구를 통하여 심리도식치료의 긍정적인 효과들이 입증되었기 때문이기도 하며, 심리도식치료가 심리적으로 건강한 방식을 통해 아이들의 근본적인 욕구를 충족할 수 있게끔 도와준다는 특징을 지니기 때문인 것으로 보인다. 심리도식치료는 애착 이론, 인지행동치료, 게슈탈트치료 등 다양한 이론에서 도출한 기술과 방법, 통찰을 통합하고 있고, 가장 뛰어난 심리학적 패러다임인 인지모델 또한 중요한 역할을 한다. 기존의 인지행동치료가 간과해 왔던 심리적인 문제들, 예를 들어 친밀한 관계에서의 문제나 고통스러운 기억들의 처리 과정, 어린 시절부터 생겨난 패턴 등을 다룰 수 있다는 것도 심리도식치료의 매력이다. 마지막으로, 심리도식치료는 증상을 완화시켜 줄 뿐만 아니라, 만족스럽고 질 높은 삶을 재창조하여 진정한 회복에 기여한다는 것이 확실한 장점이다.

우리는 심리도식 모델과 이론 및 기법들을 가르치면서, 심리도식치료를 전반적으로 배우고자 하는 사람들에게 단지 한 가지 장애를 위해 전문화된 형식이 아닌, 심리도식치료의 실제적 기본을 가르쳐 주는 책이 없다는 사실을 알게 되어 이 책을 집필하기로 결정하였다. 우리는 다른 심리도식치료 교재들과 경쟁하지 않으며, 특정 이론이나 특정 장애에 초점을 맞추지 않는다. 비교적 새로운 심리도식 양식 개념에 기반한 심리도식치료 모델의 기본을 서술하고자 한다. 기본적으로 우리가 거의 모든 성격장애를 대상으로 하여 심리도식 양식을 가지고 시행한 작업의 확장이다. 양식 접근법은 일부 Ⅰ축 정신과적 질환 관련 문제들과 좀 더 가벼운 성격의 문제들에도 적용이 가능하다고 느꼈기에 다양한 장애와 문제의 사례를 제시하고, 모델과 이론 및 기법들을 일반적인 방식으로 제시하기로 하였다.

　이 책은 두 부분으로 나뉜다. 제1부는 사례 개념화로, 총 3개의 장으로 구성되어 있다. 제1장은 '기본'이다. 이 장에서는 사례를 통해 심리도식과 심리도식 대처를 설명하면서 기존의 심리도식 접근법을 요약한다. 제2장은 '양식 개념'으로, 일반적인 용어로 심리도식 양식 개념을 설명하고, 뒤이어 다양한 성격장애를 치료하기 위하여 현재까지 개발된 특정 양식 모델들에 대해 구체적인 설명을 한다. 제3장은 '환자에게 양식 개념 알려 주기'로, 각각의 양식 모델을 치료에 어떻게 도입할 수 있는지 설명한다.

　제2부는 치료를 다루며, 총 6개의 장으로 구성되어 있다. 각 장은 양식들의 한 집단을 다루고 있으며, 이러한 양식들을 치료적으로 다루기 위한 인지적 · 정서적 · 행동적 개입의 방법 및 치료관계에 관한 절들로 세분화되어 있다. 제4장은 '치료 개관'이며, 양식 개념에 기반한 치료의 중심 목표와 심리도식치료의 전략들을 요약한다. 제5장은 '대처 양식 극복하기'로, 대처 양식을 다루는 방법들을 소개한다. 이 장에서는 회피자(분리된 보호자, 회피하는 보호자 등), 굴복자, 그리고 과잉보상자(자기과시자, 위협자 등)의 대처 양식을 설명한다. 제6장은 '취약한 아이 양식 치료하기'로, 취약한 아이 양식을 다루는 방법을 설명한다. 이 장에서는 특히 심상 각본수정에 대하여 많은 지면을 활용하여 설명하고 있으며, 치료적 관계에서 돌봄 부분을 심층적으로 다룬다. 제7장은 '성난 아이와 충동적인 아이 양식 치료하기'이며, 이 장에서는 성난, 울화통 터진, 충동적인, 훈육 안 된, 고집불통 아이 양식들을 다루는 방법을 소개한다. 제8장은 '환자의 역기능적 부모 양식 다루기'이며, 요구하는 부모 양식과 처벌하는 부모 양식을 어떻게 다루는지에 대해 설명한다. 치료 기법으로 의자기법 대화를 자세하게 설명하고 있다. 제9장은 '건강한 어

른 양식 강화하기' 장이며, 심리도식치료에서 건강한 어른 양식을 외현적으로나 내재적으로 어떻게 발달시키는지 요약해 준다. 또한 치료의 마무리가 가까워질 때 치료가 어떻게 발전해야만 하는지, 치료가 공식적으로 마무리된 후에 환자와 어떻게 관계를 이어 갈지에 대하여 설명하고 있다.

Arnoud Arntz & Gitta Jacob

차례

PART 1 사례 개념화

CHAPTER 01 **기본** • 15

CHAPTER 02 **양식 개념** • 63

PART 2 **치료**

사례 개념화

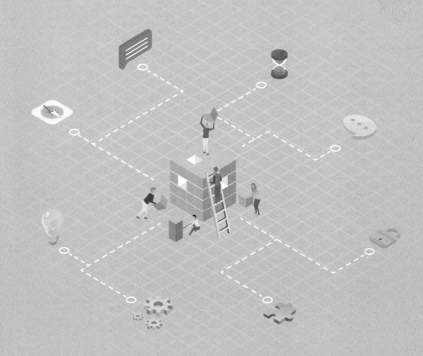

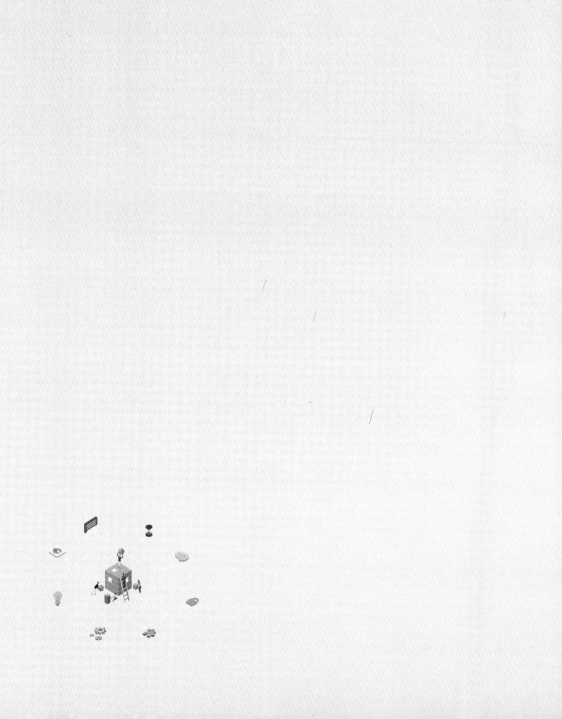

CHAPTER 01

기본

제프리 영 박사가 개발한 심리도식치료(1990; Young et al., 2003)는 인지행동치료(cognitive behavioral therapy: CBT)에서 비롯되었으며, 처음 개발된 이래로 점차 많은 사람의 관심을 받고 있다. 영 박사는 '전통적' 인지행동치료가 잘 적용되지 않는 환자들을 위해 심리도식치료를 개발하였다. 이와 같이 '전통적' 인지행동치료에 충분한 치료반응을 보이지 않는 환자들은 대부분 한 개 이상의 성격장애 진단기준에 부합하였는데, 다양한 종류의 증상을 경험하고 전형적으로 복잡한 대인관계 패턴을 보이며, 이러한 양상들이 지속적으로 유지되거나 시기에 따라 오르내리는 양상을 보이기도 한다. 인지행동치료와 비교하여, 심리도식치료는 다음과 같은 세 가지 사항에 보다 초점을 두고 있다.

• 문제가 되는 감정

감정적 측면이 환자의 문제와 증상의 인지적 · 행동적 측면과 함께 중요한 역할을 하게 된다. 심리도식치료에서는 체험 혹은 정서에 초점을 맞춘 개입을 강력하게 사용하며, 이런 접근은 게슈탈트 치료나 사이코드라마에서 사용되고 발달되었다. 주요한 체험적 개입 기법들에는 의자기법이나 심상 작업이 포함된다. 성격장애 환자들에게 문제가 되는 패턴들은 보통 문제가 되는 감정 경험들을 통하여 유지되기 때문에, 정서에 초점을 맞추는 것은 중요하다. 예를 들어, 경계성 성격장애 환자들은 강렬한 자기 혐오를 경험하는데, 이들은 이런 감정들이 부적절하다는 것을 알면서도 감정 수준에서 자기 혐오감에 대해 거리두기를 어려워한다. 이런 경우, 환자의 인지적 통찰이 이와 연결된 감정적 문제에 미치는 영향은 매우 낮다. 그러므로 이런 종류의 문제는 환자의 정서적 측면에 대한 개입을 통해 잘 다루어질 수 있다.

• 유년기 문제

전형적인 인지행동치료보다 더 중요하게 다룬다. 정신역동학 혹은 정신분석학으로 여겨지던 개념이나 접근들을 심리도식치료를 통해 통합할 수 있게 된다. 과거력은 환자의 문제가 되는 중요한 행동 패턴의 유년기 기원을 이해하며, 환자를 타당화하는 데 사용된다. 심리도식치료의 목표 중 하나는 환자들의 현재 행동 패턴이 어린 시절이나 청소년기에 겪은 상황의 결과라는 것을 이해하도록 돕는 것이다. 그러나 심리도식치료가 정신분석과 다른 점은 환자의 과거력을 '훈습'하는 것 자체가 가장 중요한 치료적 요소는 아니라는 것이다.

• 치료적 관계

심리도식치료에서 매우 중요한 요소이다. 치료적 관계는 '제한적 재양육'이라고 개념화할 수 있다. 즉, 치료자가 환자에게 부모가 보여 줄 수 있는 따뜻한 마음과 관심을 보여 주는 역할을 하지만, 이때 치료자와 환자라는 관계의 선을 넘지 않는다는 전제를 바탕에 둔다는 것이다. 특히 성격장애가 있는 환자들은 치료적 관계를 통해 처음으로 자신의 고통스러운 감정을 용기내어 보여 주고 드러내며, 새로운 사회적인 행동들을 시도해 보고, 대인관계적 패턴들도 바꾸어 보게 되기 때문이다. 그러므로 치료적 관계는 분명하게 환자들이 자신의 문제에 대해 치료적 작업을 시도할 수 있는 공간이 된다.

심리도식치료는 매우 다양한 종류의 문제들을 치료하고 개념화하는 데 있어, 복잡하면서도 동시에 아주 구조적인 접근을 제시한다. 심리도식치료는 특정한 정신질환을 위해서만 개발된 것이 아니라 초진단적 심리치료적 접근법에 기반하여 만들어졌다. 또한 심리도식치료가 점차 개발되면서, 다양한 성격장애를 치료하는 구체적인 모델들이 생겨났고, 이 모델들은 이 책의 2장 '3. 다른 종류의 여러 성격장애의 구체적인 양식 모델'에 소개될 것이다. 이 장에서는 기존의 심리도식 개념들에 대한 전반적인 개요를 소개할 것이고, 부적응적 심리도식 각각에 대해서 사례와 함께 설명할 것이다. 그다음, 심리도식 양식 개념의 발달에 대해 소개하고, 심리도식 양식의 특징과 평가 방법에 대해서도 소개할 것이다. 마지막으로, 심리도식 양식 접근을 토대로 한 심리도식치료 개입에 대해서도 설명할 것이다. 간단히 요약하자면, 기존의 심리도식과 심리도식 양식 둘 다 치료 중에 쓰일 수 있다. 예를 들어, '의자기법'에서 두 개의 의자를 사용하면서, 환자의 완벽주의적 측면의 역할을 맡은 의자에 앉아서 보다 건강하고 이완된 측면과 대화를 나누고 있다고 생각해 보자. 이와 같은 치료적 개입은 '요구하는 부모 양식'과 '건강한 어른 양식' 사이의 대화라고 여길 수도 있으며, 혹은 '엄격한 기준'과 환자의 '건강한 측면' 사이의 대화라고도 여길 수 있다. 그러므로 심리도식 양식 모델로 묘사된 개입들도 기존의 심리도식 모델을 적용하면서 함께 사용할 수 있는 것이다.

1. 부적응적 심리도식

소위 초기 부적응적 심리도식이라고 하는 심리도식들은 우리의 인지, 감정, 기억, 사회적 인식, 상호작용, 행동 패턴 등과 같은 것들에 영향을 끼치는 만연한 삶의 패턴으로 정의할 수 있다. 초기 부적응적 심리도식은 어린 시절에 형성된다. 인생 상황, 개인의 대처 기제, 대인관계 패턴에 따라서 초기 부적응적 심리도식들은 바뀔 수 있으며, 또한 이러한 요소들로 인해서 초기 부적응적 심리도식들이 유지 및 지속될 수도 있다. 한 개인에게 존재하고 있는 심리도식이 활성화되면 불안, 슬픔, 외로움과 같은 부정적인 감정들이 나타난다. 영 박사 등(Young et al., 2003)은 5가지 심리도식 영역 내에 18개의 심리도식을 정의 내리고 분류했다. 초기 부적응적 심리도식의 정의는 임상적 관찰과 고려들로부터 도출된 것이며, 경험적 또는 과학적 연구방법을 통하여 개발된 것은 아니다. 하지만 그동안의 연구들은 심리도식이 실존한다는 것을 뒷받침해 주고 있다.

누구라도 한 가지의 심리도식이나 여러 가지 심리도식을 복합적으로 가질 수 있다. 일반적으로 모든 사람은 심리도식을 가지고 있는데 정도의 차이가 있을 뿐이다. 심리도식은 병적인 감정 경험이나 증상, 사회적 기능의 장애와 연관이 될 때에만 병적인 것으로 간주된다. 극심한 성격장애를 앓고 있는 환자들은 Young 심리도식 질문지(Schmidt et al., 1995)를 작성할 경우, 대부분의 심리도식에서 일반적으로 높은 점수를 보인다. 반면, 성격장애 진단 영역에 속하지 않고, 사회적 기능 수준이 높은 경우에는 한두 가지의 심리도식에서만 높은 점수를 보인다. 〈표 1-1〉은 영 박사의 심리도식과 심리도식 영역에 대한 개요를 보여 준다.

수잔은 40세 간호사이다. 수잔은 만성 우울증 진단을 받고 낮 병원 치료를 받고 있다. 수잔은 직장에서 일을 하면서 겪는 심각한 문제들에 대해서 보고하고 있다. 동료들에게 따돌림을 당하고 있으며, 이로 인해 우울감이 고조된 것이다. 수잔의 가장 두드러지는 특징은 역설적이게도 사람들 사이에서 두드러지는 면이 없다는 점이다. 수잔이 낮병원에서 치료 과정에 참여한 지 2주가 넘었는데도, 수잔의 치료 집단 멤버들은 그녀의 이름도 모르며, 수잔 역시 자신의 고민거리가 있어도 치료자들에게 다가가지 않고 다른 환자들과 말을 섞지 않는다. 집단치료 동안에 수잔은 매우 조용하다. 집단치료사가 노골적으로 수잔의 참여를 유도해도 수잔은 다른 환자들이 이미 말한 내용을 말하거나 매우 수동적이고 순종적으로 행동한다. 수잔의 복잡한 직장 상황에 대해 논의하기 위해 사회복지사와 만나는 약속 같은 더 어려운 상황을 맞닥뜨리면 그녀는 그 상황을 피해 버린다. 그러나 수잔이 회피했다는 사실을 지적받는 경우에 그녀는 예상치 못하게 매우 건방진 태도로 일관한다. 치료가 진행된 지 몇 주가 지나고 수잔이 행동의 변화를 회피하자 수잔의 우울증 치료는 점차 별다른 성과를 보이지 않는 듯했다.

심리도식 질문지에서 수잔은 '복종' 심리도식 항목에서 높은 점수를 보였다. 그녀는 늘 타인들의 욕구에 맞추어 사는 듯이 보인다. 동시에 수잔은 타인들로 인해 자신이 무력해지고 절망적이며 억압당한다고 느낀다. 그녀는 보다 자율적으로 행동할 수 있는 방법과 자신이 무엇을 원하는지 들여다볼 수 있는 방법을 모른다. 수잔에게 진단적 심상 작업을 적용했는데, 이 연습은 수잔이 최근에 느꼈던 절망감과 무기력한 감정들로부터 시작한다. 심상 작업을 하면서, 수잔은 자신의 어린 시절에 겪었던 매우 힘들었던 상황들을 기억한다. 수잔의 아버지는 알코올 중독자였고, 불시에 공격적이고 폭력적인 행동을 보였다. 반면, 수잔의 어머니는 매우 순종적이고 회피적인 성향을 가지고 있었고 우울증도 겪었다. 그래서 어머니는 아버지로부터 수잔을 보호해 줄 수 있는 인물이 아니었다. 더군다나, 수잔의 가족은 작은 규모의 호텔을 경영하고 있었기 때문에 수잔과 형제들은 모두 늘 조용하고 눈에 띄지 않는 생활을 하며 지내야만 했다.

　　심상 작업을 하면서 '어린 수잔'은 무기력하고 순종적인 상태로 부엌 바닥에 앉아 있다. 그리고 그녀의 부모님에게 자신의 욕구에 대해 감히 말을 할 수 없는 상태이다. 자신이 원하는 것을 말하면 어머니의 기분이 안 좋아질 것만 같고, 아버지가 갑자기 폭력적이거나 공격적으로 돌변할까 봐 두려운 것이다. 그다음의 심리도식치료에서는 심상 작업과 심상 각본수정이 결합된다. 심상 각본수정 연습에서는 어른이(처음에는 치료자가, 나중에는 수잔이) 수잔의 어린 시절 시나리오에 등장하여 어린 수잔과 그녀의 욕구를 돌보아 준다. 동시에 수잔의 과도한 수줍음, 복종심, 순종적인 행동 패턴 등이 유발한 부정적인 결과들을 더욱 공감적으로 직면하는 것이 용이해진다. 더불어 수잔이 자신의 이득에 반하는 행동을 하고 자신의 욕구를 돌보지 못하며, 타인들이 수잔의 회피적인 성향 때문에 짜증나게 되는 등 수잔이 하는 행동들의 단점을 다루게 된다. 그러므로 수잔은 더욱 자신의 욕구와 이해에 맞게 행동할 용기를 내려는 시도를 해야만 한다. 심상 각본수정과 공감적 직면을 결합하여 수잔은 점차 덜 위축되고 낮병원에 다니며, 마음을 열고 자신의 욕구를 표현할 수 있게 된다. 수잔에게 문제가 되는 주요 심리도식 패턴들을 분석하고 토의하며, 치료 초기에 숨겼던 문제에 대해 말하기 시작한다. 수잔은 사실 일용직 종사자인 남성과 성적인 관계를 지속해 온 사실을 이야기하기 시작한다. 이 남자는 수잔에게 지속적으로 과격한 행동을 해서 2년 전에 헤어졌지만, 아직도 수잔이 있는 도시에 일이 잡히면 찾아와서 연락을 한다. 수잔은 비록 머리로는 이 남자와의 만남을 좋아하지 않는다는 것을 알지만, 이 남자는 성적 관계를 계속 유지하려고 수잔에게 만나자고 집요하게 설득한다. 이 모든 것은 수잔의 욕구와는 매우 어긋난다. 자신의 심리도식들에 대해 알게 된 뒤, 수잔은 자신의 전반적인 패턴과 이 남자와의 관계를 연관시킬 수 있게 된다.

심리도식 영역	심리도식
단절 및 거절	• 버림받음/불안정 • 불신/학대 • 정서적 결핍 • 결함/수치심 • 사회적 고립
손상된 자율성 및 성취	• 의존/무능감 • 위험/질병에 대한 취약성 • 융합/미발달된 자기 • 실패
손상된 한계	• 특권의식/웅대성 • 부족한 자기통제/자기훈육
타인 중심성	• 복종 • 자기희생 • 승인/인정 추구
과잉경계 및 억제	• 부정성/비관주의 • 정서적 억제 • 엄격한 기준 • 처벌

표 1-1 초기 부적응적 심리도식(Young et al., 2003)과 심리도식 영역

l) 단절 및 거절 영역의 심리도식

이 심리도식 영역은 애착의 어려움으로 특징지어진다. 이 영역의 모든 심리도식은 대인관계에서의 신뢰나 안전감의 결함과 어느 정도 연관이 있다. 연관된 느낌이나 정서가 어느 정도인지는 심리도식에 따라 다르다. 예를 들어, '버림받음/불안정' 심리도식은 어린 시절에 버림받았던 경험 때문에 중요한 타인으로부터 버림받는 느낌과 연결되어 있다. 반면, '사회적 고립' 심리도식을 가지고 있는 사람들은 소속감이 부족하다고 느끼는데, 이는 과거에

자신들의 동료 집단에서 소외된 경험이 있기 때문이다. '불신/학대' 심리도식을 가지고 있는 환자들은 주로 타인들에게 위협을 느끼는데, 어린 시절 타인들에 의해 상처받은 적이 있었기 때문이다.

(1) 버림받음/불안정

이 심리도식을 가지고 있는 환자들은 타인들과의 중요한 관계가 절대로 지속되지 못할 거라는 느낌에 시달린다. 그래서 그들로부터 버림받을 거라고 끊임없이 걱정한다. 이들은 전형적으로 치료시간에 어린 시절에 버림받았던 경험을 말하는데, 그것은 종종 부모 중 한쪽이 가족을 떠나거나, 가족을 돌보지 않거나 혹은 중요한 가족 일원이 사망한 경우이다. 이 심리도식을 가지고 있는 환자들은 가끔 믿음직스럽지 못한 사람들과 관계를 형성하기도 한다. 이러한 믿음직스럽지 못한 사람은 결국 환자들의 심리도식을 반복해서 강화시킨다. 설령, 버림받는다는 위협감이 없는 안정적인 관계에서도 아주 사소한 사건(예를 들어, 배우자가 퇴근한 후에 예상보다 한 시간 정도 늦게 집에 오는 것)이 더 큰 사건으로 체감되고 불필요한 상실감 혹은 버림받은 느낌을 유발할 수도 있다.

사례 **버림받음/불안정**

캐시는 25세 대학생이며 공황장애와 심한 해리 증상으로 심리치료를 받으러 온다. 캐시의 두 가지 증상은 캐시가 주말 동안 아버지의 집에서 머물다가 떠나야만 할 때 심해진다. 캐시는 다른 도시에서 대학을 다니고 있다. 하지만 거의 매주 주말과 명절 때마다 아버지의 집으로 돌아온다. 캐시와 다른 가족 구성원들은 사이가 매우 가깝지만, 가족들 이외의 사람들과 캐시의 관계는 다소 피상적이다. 그녀는 타인들을 진심으로 가깝게 느낀 적이 거의 없었으며, 연인 관계에 빠져 본 적이 없다. 또한 자신이 누군가와 진심으로 친밀한 관계를 가지는 것을 상상하는 것조차 어렵다고 말한다. 왜 그런지에 대해서 곰곰이 생각을 해 보면, 캐시는 점점 화가 나는 것을 느낀다. 그리고 그녀는 눈물을 흘리기 시작하며 아무도 자신 곁에 오래 머물러 주지 않을 거라는 느낌에 압도된다. 이러한 감정은 그녀의 과거력과 연결되어 있다. 캐시의 친엄마는 캐시가 2세 때 병이 들어 세상을 떠났다. 그녀의 아버지는 2년 뒤에 재혼했고, 캐시는 새엄마를 맞았다. 그러나 새엄마마저 캐시가 16세일 때, 갑자기 뇌졸중으로 세상을 떠났다.

(2) 불신/학대

이 심리도식을 가지고 있는 사람들은 타인에게 학대를 받거나, 창피를 당하거나, 안 좋은 대우를 받을 거라고 예상한다. 이 심리도식을 가지고 있는 사람들은 누군가가 자신을 고의적으로 해칠 거라는 두려움 때문에 계속 의심하며 지낸다. 이들은 호의적인 대우를 받더라도, 호의를 베푼 사람이 숨겨진 다른 의도를 가지고 있다고 믿는다. 이 심리도식을 가지고 있는 사람들이 자신의 심리도식과 연관된 감정과 맞닿으면 주로 불안이나 위협감을 느낀다. 정도가 심한 환자들은 거의 모든 사회적 상황에서 극도의 위협을 느낀다. '불신/학대' 심리도식은 전형적으로 어린 시절의 학대 때문에 발달한다. 이런 학대는 주로 성적인 것이지만, 신체적·감정적·언어적 학대들도 역시 이 심리도식을 발달시킬 수 있다. 많은 경우, 이들은 어린 시절에 부모나 형제 같은 가족 일원들에게 학대를 당한 적이 있다. 반 친구들에 의한 따돌림 같은 또래나 동료들에 의해 행해진 잔인한 행위들도 불신/학대 심리도식을 발달시킬 수 있으며, 가끔은 강한 실패감이나 수치심도 수반할 수 있다는 것을 숙지하는 것이 중요하다.

사례 불신/학대

> 헬렌은 26세의 간호사로 어린 시절과 청소년기에 새아버지로부터 신체적·성적 학대를 받았다. 성인이 된 헬렌은 전반적으로 남자를 불신하며, 자신에게 잘 대해 줄 남자를 찾는 것이 불가능하다고 생각한다. 헬렌은 남자가 여자에게 잘해 주는 모습을 상상하는 것조차 어려워한다. 그녀의 친밀한 관계라고는 보통 온라인을 통해 연결되는 짧은 성적 만남들뿐이다. 애석하게도 이런 즉석 만남들에서도 가끔 학대를 당하거나 폭력을 다시 겪기도 한다.

(3) 정서적 결핍

이 심리도식을 가지고 있는 환자들은 보통 자신들의 유년 시절을 순탄하고 괜찮았던 시절로 여기지만, 이들은 흔히 따뜻함이나 사랑스러운 돌봄을 경험하지 못했고, 진정 안정감을 느끼거나 사랑받거나 편안하다고 느끼지 못했다고 말한다. 이 심리도식에 동반하는 감정의 강도는 전형적으로 크지는 않다. 대신 이 심리도식의 영향을 받은 환자들은 타인이 충분히 사랑해 주고 안전하게 느끼게 해 줌에도 불구하고, 자신들이 원래 느껴야 할 만큼 안전하다거나 사랑받는다고 느끼지 않는다. 그래서 이 심리도식을 가지고 있는 사람들은 종종 이 심리도식으로 인해 고통받지 않는 경우도 있다. 오히려 이 심리도식을 가진 사람의 주변인들이 환자에게 다가가기 어렵다고 느끼거나 혹은 사랑과 지지를 해 주기 어렵기에 이 심리도식을 보다 뚜렷하게 감지할 수 있다. 정서적 결핍 심리도식을 가지고 있는 사람들은 타인이 자기를 좋아해도 이를 인식하거나 알아차리는 것에 상당한 어려움을 겪는다. 이 심리도식을 가진 사람의 삶이 더 이상 감당하기 어려운 상황으로 치닫지 않는 이상, 이 심리도식은 계속 지속되는 경우가 많다.

사례 정서적 결핍

샐리는 30세로 사무실에서 경리로 일을 잘하고, 결혼 생활도 행복해하고, 친구나 대인관계도 좋은 편이다. 하지만 샐리의 측근들 중 어느 누구도 샐리에게 진정 가까운 사람이라는 느낌을 주지 못하고, 진심으로 사랑해 주는 사람도 없다고 느낀다. 자신의 남편과 친구들이 자신에게 많이 신경 쓴다는 것을 샐리도 알지만, 단지 그녀에게는 와닿지 않을 뿐이다. 그녀는 인생 대부분을 충실하게 살아왔다. 작년에 직장에서 샐리의 업무량이 늘어나고 책임이 커졌을 때, 그녀는 점점 지치고 외롭다는 느낌이 들기 시작하면서 이런 상황을 변화시키기 위해서 자신이 할 수 있는 것은 없다고 느꼈다. 치료자는 일과 삶의 균형을 맞추도록 해 보라 했고, 보다 긍정적이고 안정되는 활동들을 일상에 포함시키도록 권유했다. 그러나 샐리는 자신이 중요하거나 가치 있는 사람이 아니라고 느끼기에 이런 권유 사항들을 중요하게 여기지 않았다. 그녀는 치료자에게 자신의 어린 시절은 모든 것이 '괜찮았다'라고 말했다. 그러나 샐리의 부모는 모두 바빴고 집에 있는 시간이 별로 없었다. 샐리의 표현으로는 하루의 긴 일과를 마치고 들어온 부모님들이 아이들을 돌보는 일까지 한다는 것은 너무 과한 것이라고 했다.

(4) 결함/수치심

이 심리도식은 결핍감, 열등감, 비호감 등의 느낌으로 특징지어진다. 이 심리도식을 가지고 있는 사람들은 자신들이 실제로 어떤 행동을 하더라도 사랑, 존경, 관심을 받을 자격이 없다고 느낀다. 이런 경험은 전형적으로 강렬한 수치심으로 이어진다. 이 심리도식은 경계성 성격장애를 가진 환자들에게 자주 나타난다. 그리고 불신/학대 심리도식과 자주 결합된다. 이 심리도식을 가지고 있는 사람들은 어린 시절에 심하게 평가절하되거나 모욕감을 경험한 적이 있다.

사례   결함/수치심

마이클은 23세이며 남성 간호사이다. 그는 경계성 성격장애 진단을 받고 심리치료를 받기 시작했다. 마이클은 만연한 수치심으로 인해 직장에서 심각한 문제를 겪고 있다고 말한다. 그는 타인들이 자신을 능력 있고 친절한 사람이라고 자주 칭찬을 해 줌에도 불구하고, 자신이 완전히 매력 없고 재미없는 사람이라고 믿는다. 타인들이 마이클에게 그렇게 좋은 말들을 해 줄 때, 그는 그런 말을 하는 사람들을 그저 믿을 수가 없는 것이다. 마이클은 또한 여자친구가 자신에게 깊이 빠져 있고 계속 그의 옆에 있고 싶어 하는 연유도 이해할 수가 없다. 마이클은 성장 과정 동안 부모님이 자신을 신체적·언어적으로 학대했다고 말했다. 주목할 점은 마이클의 아버지는 알코올 중독자였고, 마이클과 여동생의 실제 행동과는 무관하게 '더러운 것'이라는 등의 안 좋은 이름으로 부르곤 했다.

(5) 사회적 고립

이 심리도식을 가지고 있는 사람들은 소외당했다고 생각하고 누구에게도 소속되어 있다고 생각하지 않는다. 나아가, 이들은 자신이 타인과는 완전히 다르다고 생각한다. 사회적 활동을 할 때에도 남들은 이들이 잘 소속되어 있다고 생각할지라도, 자신들은 소속감을 못 느낀다. 이들은 자신들이 어린 시절에 정말 고립되었다고 말한다. 예를 들어, 자신이 살던 지방의 고유 사투리를 쓸 줄 몰라서라든가, 다른 아이들은 유치원을 다녔는데 자신은 안 다녔다든가 혹은 자신만 스포츠 동아리 모임의 일원이 아니었다는 것이다. 때로는 그 사람의 어린 시절 사회적 배경이나 가족 배경이 성장한 뒤의 성취와 큰 차이가 나기도 한다. 대표적인 예는, 한 사람이 가난한 집안에서 자라나 낮은 수준의 교육을 받지만, 힘겹게 헤쳐 나가 결국에는 가족 중 가장 처음이자 유일하게 교육을 받은 일원이 되는 것이다. 이런 사람들은 사회적 배경이 다르다고 여기기 때문에 자신과 같은 교육을 받은 사람들에게도, 또한 가족들에게도 소속감을 느끼지 못한다. 이러한 경우 이 심리도식이 결함/수치심 심리도식과도 결합될 수 있으며, 특히 자신의 사회적 배경을 열등한 것으로 여길 때에는 더 잘 결합된다.

사례 **사회적 고립**

> 데이빗은 48세 수리공인데 사회적인 소속감이 전혀 없다. 이는 형식적인 모임이나 비형식적인 모임 모두에 해당된다. 그는 실제로 인생 통틀어 그 어떤 모임이나 단체에 속해 있다는 느낌을 받은 적이 없다고 했다. 데이빗이 9세였을 때, 그의 가족은 아주 작은 마을로 이사를 갔다. 이 마을은 데이빗이 태어난 고향과 아주 동떨어져 있었기 때문에 그는 이 마을의 아이들이 사용하는 사투리를 거의 알아들을 수가 없었다. 데이빗은 다른 아이들과 친해지려 열심히 노력하지도 않았으며, 그의 부모님은 새로운 일들과 개인적인 일들에 사로잡혀 바쁜 나머지 데이빗을 도와줄 여력이 없었다. 반 친구들과 융화되지 못한 데이빗은 스포츠 동아리나 인근 음악 모임 같은 곳에 참여할 수 없었다. 그는 마을 활동이나 축제에 참여하지 못했을 때 느꼈던 소외감과 매우 외로웠던 느낌을 아직도 기억한다.

2) 손상된 자율성 및 성취 영역의 심리도식

이 영역에서는 자율성과 성취 잠재력에 관련된 문제가 우선시된다. 이 심리도식을 가지고 있는 사람들은 자신이 의존적이고 불안정하다고 생각하며 결정 장애가 심해서 어려움을 겪는다. 이들은 자신들이 내릴 자율적인 결정이 중요한 관계들을 망칠 수도 있으며, 힘겨운 상황을 헤쳐 나가지 못할 것이라고 생각한다. '위험/질병에 대한 취약성' 심리도식을 가지고 있는 사람들은 자율적으로 결정을 내려서 자신들의 운명을 바꾸고 도전하는 것은 자신뿐만 아니라 타인에게도 해를 끼칠 수 있다고 걱정한다.

이 심리도식들은 모델링을 통해서 사회적으로 습득될 수 있다. 예를 들어, 위험/질병에 대해서 지속적으로 겁을 준 부모와 같은 인물이나 오염 불안('위험/질병에 대한 취약성' 심리도식) 같은 강박장애가 있는 사람이 주변에 있는 경우가 있다. 비슷하게, '의존/무능감' 심리도식은 부모가 자식이 성장하면서 맞닥뜨리게 되는 과제들에 대해 나이에 걸맞게 수행해 내지 못할 거라 생각할 때 발달하게 된다. 그러나 이 영역의 심리도식은 또한 아이로서 너무 많은 것을 요구받을 때 발달하기도 한다. 너무 어린 나이에 자율적으로 행동해야 하는 상황이 되거나, 혹은 무언가를 성취해야 하는데 그에 합당한 도움을 충분히 받지 못하는 경우가 그러하다. 그래서 어린 시절에 부모들이 방치했던 환자들은 아이로서 너무 과도한 스트레스를 받았다고 느끼면서, 오히려 자신들이 어린 시절에 받지 못한 도움을 이제야 누군가로부터 확실히 받을 수 있도록 의존적인 행동 패턴을 만들어 내며 건강한 자율성을 배우지 못하게 된다.

(1) 의존/무능감

이 심리도식을 가지고 있는 환자들은 무기력함을 느끼고, 타인들의 도움을 받지 않으면 하루 일상을 이어 나가기 어려워한다. 이 심리도식은 의존성 성격장애를 가지고 있는 환자들이 전형적으로 가지고 있는 것이다. 이 심리도식을 가지고 있는 몇몇 사람은 어린 시절에 과도한 요구를 받았다고 말한다. 이러한 요구는 종종 (암묵적인) 사회적 요구이기도 하다. 예를 들어, 편찮으신 부모님에 대한 책임감 같은 것이다. 만성적으로 과도한 스트레스를 겪다 보면 이들은 자신이 유능하다는 느낌이나 건강한 대처 방식을 발달시키지 못한다. 그러나 이 심리도식을 가지고 있는 많은 환자는 살아오면서 정작 부모님들이 무언가를 자신들에게 바라지 않았다고 보고한다. 이들의 부모님들은 자식들이 청소년기에 자율성을 적절하게 기를 수 있도록 도와주지는 않고, 기회를 줘야 할 때 주지 않고, 매일 해야 할 일들을 도와주며 어떤 책임도 지우지 않았다.

이 심리도식을 가지고 있는 환자들은 치료적 관계에 있어서 매우 협조적인 경향을 보이기 때문에, 이 심리도식이 뚜렷하게 나타나는 데는 시간이 걸릴 수도 있다. 시간이 좀 지나면서 치료자는 환자가 분명히 참여를 잘 하고 있음에도 불구하고 적절한 성과가 부족하다는 것을 느끼게 될 것이다. 환자가 지나치게 친절한 태도로 치료에 임하거나 치료자의 제안에 과도하게 열정적으로 응하지만 별다른 성과는 보이지 않는다면, 치료자는 의존 패턴을 고려해야 한다. 특히 환자가 이전에 여러 치료들을 받았는데도 제한적인 성과만 있었다면 더욱 그럴 확률이 크다.

> **사례** **의존/무능감**
>
> 　메리는 23세 학생이며 매우 수줍어하고 무기력한 경향이 있다. 메리의 어머니는 아직도 메리에게 신경을 많이 쓰며, 메리의 일상에서 성가시거나 지루한 일들을 다 떠맡아서 해 주고 있다. 어머니는 늘 메리의 학교 과제 마감일이 다가오면 전화를 해서 날짜를 알려 주곤 한다. 메리는 이렇게 어머니가 자신의 인생을 완전히 돌보는 것에 익숙해져 있다. 아동기나 청소년기에 메리는 또래들처럼 집안의 심부름이나 일을 하지 않았다. 그래서 자신의 인생에 대해서 완전한 책임을 진다는 것은 매우 겁이 나고 용기가 나지 않는 일이다. 메리는 직업을 구해서 돈을 벌어 보고 싶지만 도저히 못할 것만 같은 느낌이 든다. 그녀는 면접을 보러 가서 상사가 될 수도 있을 회사 대표와 면접을 보면 높은 수준의 불안정감을 느끼며, 자신의 능력에 대한 자신감이 매우 부족하다.

(2) 위험/질병에 대한 취약성

이 심리도식은 언제 어디서나 불시에 생길 수 있는 특성을 가지고 있는 비극적인 사건들, 재앙, 질병들에 대해서 과장된 불안을 가지고 있는 것이 특징이다. 이 심리도식은 건강염려증 혹은 범불안장애 환자들에게 자주 볼 수 있다. 이 심리도식을 가지고 있는 환자들은 어려서 자신들의 어머니나 할머니가 지나치게 걱정이 많으셨다고 하거나 주의를 많이 주셨다고 한다. 혹은 중증의 질병들이나 인생의 다른 위험 요소들에 대하여 지속적으로 겁을 주고 주의할 것을 요구했다고 한다. 이렇게 유난스러운 보호자들은 자식들에게 위생과 관련해서 매우 엄격한 규율을 만들어서 지키도록 했을 수도 있다. 예를 들어, 질병에 걸리지 않도록 씻지 않은 과일은 절대 먹지 못하게 한다거나, 마트를 다녀오면 꼭 손을 씻어야 하는 것 등이다. 이 심리도식은 자연재해나 극심한 질병과 같이 자신이 통제할 수 없는 심각한 사건의 피해자들에게서도 자주 나타난다.

사례 위험/질병에 대한 취약성

코니는 31세 내과 의사이다. 그리고 아이를 가질지 말지에 대해서 고민 중이다. 아이를 두 명 가지려는 생각은 좋지만, 아이들에게 생길 수 있는 끔찍하고 비극적인 일들을 생각하면 겁에 질린다. 애초부터 임신도 잘 안 될 거라고 생각하기도 한다. 만약 임신이 된다고 해도 임신 기간 자체도 힘겨운 시간이 될 것이다. 아이가 끔찍한 질병에 걸릴 수도 있을 것이며, 사고가 나서 끔찍한 부상으로 고통스러워 하거나 혹은 사망할 수도 있다고 생각한다. 그 외에도 코니가 걱정하는 것은 많다. 그러나 코니는 유전병도 없으며 난임의 가능성도 없다. 코니는 그렇게 걱정을 할 실질적인 이유가 없는 것이다. 치료자는 코니에게 계속 나타나는 불안전함과 지속적인 걱정과 연관된 어린 시절 사건이 있는지 떠올려 보라고 한다. 코니는 바로 외할머니에 대해서 말하기 시작한다. 외할머니는 코니가 어떤 행동을 독자적으로 하려고 하면 매우 언짢아하셨다고 한다. 코니가 17세였을 때에도, 코니가 밖에 있으면 자신이 잠이 들기 힘들다고 불만을 토로했다고 한다. 코니가 12세에 여름에 캠프를 갔을 때에는 불안 수준이 극에 달했다고 한다. 코니의 어머니는 코니의 외할머니와 매우 가까운 사이였고, 외할머니와 이런 걱정거리를 늘 나누며 살았다고 한다.

(3) 융합/미발달된 자기

이 심리도식을 가지고 있는 사람들은 자신의 정체성이 약하다고 느낀다. 이들은 보통 어머니 같은 타인들에게 재차 확인을 받지 않고서는 매일의 일상을 이어 나가기 어렵다고 느끼기도 한다. 어떤 특별한 사람 없이는 자신만의 의견을 형성하는 데 어려움을 겪는다. 자신이 독립된 개체라고 느끼지 못하는 정도까지 이르기도 한다. 환자들은 자신들이 감정적으로 얽혀 있는 사람과 매우 가깝다고 보고한다. '융합' 심리도식을 가지고 있는 사람들은 보통 똑똑하거나 교육을 잘 받은 경우가 많지만, 이러한 똑똑함이나 교육수준이 자신들의 감정을 알아차리거나 스스로 결정을 내리는 데 도움을 주지는 못한다. 흔히 '융합된 사람'들은 이 심리도식 때문에 직접적인 고통을 겪지는 않는다. 융합된 관계는 보통 대부분 긍정적이기 때문이다. 그러나 자율성이나 사회성이 저하되면서 이차적인 문제들이 떠오르게 되거나, 환자의 배우

사례 융합/미발달된 자기

티나는 25세이며 비서로 일하고 있는데 종종 자신의 남자친구를 향한 공격적인 충동이 나타난다고 한다. 둘의 관계는 매우 가깝다. 아침에 깨면서부터 함께 하며, 수다를 떨고, TV를 본다. 하지만 둘 다 다른 취미나 자신들이 따로 만날 친구들은 없다. 이런 가까운 관계에도 불구하고, 티나가 별로 관심이 없기 때문에 둘은 성관계를 잘 갖지 않는다. 심리치료 초기에 티나는 자기 인생의 거의 모든 영역이 안전하지 못한 것 같다고 말했다. 치료자는 티나의 문제가 불안전성, 취미가 없는 것, 관심의 결여 등이라고 생각하는 반면, 티나 자신은 충동적인 면을 제외하고는 자신의 삶이 '완벽하다'고 생각한다. 특히 티나는 자신의 '멋진 부모님'들에게 매우 열정적이다. 부모님과 아주 가까운 관계이며 부모님을 100% 긍정적으로 평가한다. 아무리 작은 일이라도 어머니에게 하루에도 여러 통의 전화를 하고, 자신의 성욕이 부족하다는 고민거리까지 말할 정도로 부모님과 상의하는 것을 좋아한다.

자나 연인이 그런 융합에 대해 불만을 가지면서 문제가 생길 수도 있다. 이 심리도식은 강박증 증상과도 자주 관련이 있기도 하다.

(4) 실패

이 심리도식의 특징은 그 누구보다 자신의 재능과 지능이 모자란다고 생각하고 완전히 실패했다는 느낌이 든다는 것이다. 이 심리도식을 갖고 있는 사람들은 인생의 어떤 영역에서든 자신은 절대 성공하지 못할 거라고 생각한다. 이들은 종종 자신의 성격에 대해 전반적으로 나쁜 평가를 듣기도 했고, 학교나 가정에서 매우 안 좋은 소리를 들었던 경험들이 있다. 클래식 곡 연주나 경쟁적인 스포츠처럼 완벽을 요하는 일을 하거나 완벽주의 성향이 있는 사람들에게도 종종 이런 심리도식이 있다. 이런 사람들에게는 중요한 시험과 같은 압박이나 스트레스 상황이 오면 큰 문제가 생긴다. 이 심리도식은 자

사례　실패

토비는 극심한 시험 불안과 우울 증상으로 치료 받으러 오는 24세 대학생이다. 토비에게 주어진 과제에 대한 관심과 지적 능력은 학업을 성공적으로 수행하는 데 전혀 부족하지 않고 지장을 주지 않는데도, 그는 하루 종일 침대에 누워서 하루를 보내거나 과제하는 것을 미루기도 한다. 토비에게 회피하는 행동 패턴은 매우 두드러진다. 대학 공부를 절대 마칠 수 없을 것이라 생각하면서 자신은 완전한 패배자라고 여긴다. 대학교 1학년 때는 성적이 좋은 편이었음에도 불구하고, 지난 몇 년간 토비는 이런 실패감을 느꼈다. 그는 자신보다 두 살이 많은 친형 이야기를 자주 한다. 토비의 형은 어떤 활동을 하든 거의 늘 월등히 잘했고 다재다능하다고 한다. 그래서 토비는 늘 자신은 형보다 부족하고 열등하다고 생각했다. 아울러 토비가 초등학생과 중학생일 때, 수영 팀의 일원이라서 지역 수영 대회에 종종 나갔다고 한다. 토비의 코치는 매우 야심이 큰 사람이라서 토비가 2등을 할 때마다 1등을 하지 못한 것에 대해 실망한 티를 많이 냈다고 한다.

기실현적 예언처럼 작동한다. 즉, 압박받는 상황을 두려워하기 때문에 상황을 아예 피해 버리거나, 피할 수 없는 상황이라면 고의적으로 준비를 미흡하게 해서 실질적으로 안 좋은 결과를 초래하게 하는 악순환을 만들어 낸다.

3) 손상된 한계 영역의 심리도식

이 영역의 심리도식을 가지고 있는 사람들은 정상적인 한계를 받아들이는 데 어려움을 겪는다. 이들은 선을 넘지 않고 침착하게 가만히 있는 것을 힘들어하고 하루의 일과나 공부, 직장 업무를 관리해 나갈 수 있는 자제력이 부족한 사람들이다. '특권의식/웅대성'의 심리도식을 가지고 있는 사람들은 대부분 자신들이 특권을 가지고 있다고 생각하며, 자신에 대해 부풀려 말하는 경향이 크다. '부족한 자기통제/자기훈육' 심리도식은 원칙적으로 손상된 규율과 만족감의 지연과 연관이 있다. '손상된 자율성 및 성취' 영역의 심리도식들과 마찬가지로, 이 영역의 심리도식들도 직접적인 모델링과 같이 사회적 학습으로 습득될 수 있다. 흔히 환자들은 어린 시절에 부모들이 너무 버릇없이 키웠을 수도 있고, 부모들 또한 버릇없이 자란 사람들일 수도 있으며, 정상적 한계를 수용하는 데 문제가 있었을 수도 있다. 그러나 이 심리도식들은 부모들이 너무 엄격할 경우이거나, 부모들이 지킬 것을 너무 많이 요구하거나, 한계의 허용 폭이 너무 좁았을 수도 있다. 이러한 경우에는 일반적으로 한계와 절제에 대한 일종의 반항의 개념으로 손상된 한계 영역의 심리도식들이 발달하는 것이다.

(1) 특권의식/웅대성

이 심리도식을 가지고 있는 사람들은 자기 자신을 매우 특별한 존재로 여긴다. 이들은 기존의 규칙이나 전통에 대해서는 신경 쓰지 않아도 된다고 생각하며, 통제당하거나 제한당하는 것을 매우 싫어한다. 이 심리도식은 전형적으로 자기애적 성격의 특징들과 연관이 있다. 이 심리도식을 가지고 있는 환자들은 권력과 통제력을 얻으려 노력하고, 타인들과 상호작용할 때도 경쟁하듯이 한다. 이들은 아버지와 같이 중요한 인물이 자기애적 성향이 강했거나 과도한 성취를 위해 살아가는 인물이어서, 자신도 이러한 심리도식을 똑같이 모방하게 되었다고 종종 보고한다. 이런 통제의 경향과 권력지향적 대인관계의 성향은 흔히 환자의 어린 시절에 강화된다. 어쩌면 환자의 아버지가 환자가 어린 시절에 자신의 또래들을 통제하려 할 때에 그런 행동들을 강화시켰을 수도 있고, 혹은 어린 시절부터 부모들이 환자에게 특별한 집안에서 태어난 특별한 사람이라는 사고를 주입시켰을 수도 있다.

사례 **특권의식/웅대성**

> 앨런은 48세이며 직장에서 팀장을 맡고 있는데 직장 내 따돌림 때문에 심리치료를 받으러 왔다. 치료 목표와 관련해서 그는 "저 멍청이들을 우리 회사에서 어떻게 해야 정신 차리게 할지 모르겠네요."라고 말했다. 치료자를 대할 때, 앨런은 상사처럼 통제하려 행동한다. 앨런의 자기 보고서를 보면 자신의 동료들을 평가절하하며, 직장에서 매우 무례하게 행동한다. 치료자가 앨런의 이런 행동들에 대해서 언급하면, 앨런은 "나랑 같이 일하려면, 그 정도의 준비는 하고 오는 게 매우 중요합니다."라고 당당하게 말한다.

(2) 부족한 자기통제/자기훈육

이 심리도식을 가지고 있는 사람들은 만족을 지연하는 능력과 자기통제를 하는 능력에 문제가 있다. 이들은 종종 지루한 일은 포기하고, 절제와 끈기가 수반되는 일을 해낼 만큼의 인내심이 없다. 그래서 타인들은 이런 심리도식을 가지고 있는 사람들을 게으르고, 자신들의 편의만 신경 쓰고, 자신들의 의무를 다할 만큼 성실하게 일하지 않는 사람들로 인식한다. 이 심리도식

을 가지고 있는 사람들이 살아온 배경을 보면, '특권의식/웅대성' 심리도식
을 가지고 있는 사람들의 배경과 비슷하다. 그러나 차이점은 '부족한 자기통
제/자기훈육' 심리도식이 어린 시절에 어떤 형태든 학대를 받은 사람들에게
서도 발견될 수 있다는 것이다. 자식들을 방치하거나 학대하는 가족 내에서
살아가는 아이들은 충분한 자기통제 및 절제를 배우는 데 적절한 길잡이가
결여되어 있다.

사례 **부족한 자기통제/자기훈육**

> 스티븐은 46세이고 자칭 '프리랜서 예술가'이지만, 실제로는 사회 복지 수당
> 을 받으며 간신히 살아가고 있다. 하지만 그는 현재 자신이 하고 있다는 예술
> 적·음악적 프로젝트에 대해서 자주 말하곤 한다. 스티븐이 유일하게 정말로 하
> 고 있는 프로젝트는 인터넷에서 사람들 앞에 휘황찬란하게 등장하는 것뿐이다.
> 스티븐은 우울증과 균형감의 부족 때문에 치료를 받으러 왔다. 그러나 치료자가
> 스티븐의 생활 개선이라는 치료의 목적을 뚜렷이 하려고 할 때, 스티븐은 개인적
> 목표들과 관련된 선택을 하지 못하거나 하지 않으려는 모습을 보인다. 어떤 특정
> 한 목표가 구체적으로 나타나거나 명확해지려고 하면, 스티븐은 그 목표가 현실
> 화되기 위한 시간이나 에너지를 투자하길 원치 않는다.

4) 타인 중심성 영역의 심리도식

이 영역의 심리도식을 가지고 있는 사람은 타인의 욕구, 소망, 바람 등을 자
신의 것보다 더 우선시한다. 그 결과로, 이들 대부분은 타인의 욕구를 충족시
키는 노력에 보다 초점을 둔다. 그러나 이들이 가지고 있는 심리도식들의 종
류에 따라서 이들이 하는 노력의 종류도 달라진다. 높은 '복종' 심리도식을 가
지고 있는 사람들은 늘 타인의 욕구나 생각에 적합하게 맞출 수 있는 방식으

로 행동하려고 한다. '자기희생' 심리도식을 가지고 있는 사람들은 타인들의 문제를 해결해 주어야만 한다는 책임감에 더 초점을 둔다. 이 심리도식을 가지고 있는 사람들은 모두를 기분 좋게 하는 것이 자신의 의무라고 생각한다. '승인/인정 추구' 심리도식을 가지고 있는 사람들의 유일한 목적은 타인들을 즐겁게 해 주는 것이다. 그래서 그들의 노력과 행동은 자신의 소망보다는 다른 사람들의 필요와 소망과 욕구를 충족시키고자 하는 목적이 많이 반영되어 있다. 어린 시절의 발달력이나 성장 배경을 감안했을 때, 이 심리도식들은 이차적으로 발생한 것이기도 하다. 초기 심리도식은 '단절 및 거절' 영역의 심리도식들일 수도 있다. 예를 들어, '타인 중심성' 영역의 심리도식들은 '단절 및 거절' 영역의 심리도식들에 대처하기 위해 발달된 것일 수도 있다. 또 다른 예로, 환자는 아버지와 같은 중요한 부모상이 알코올 중독자였고 술이 취하면 공격적인 행동을 많이 보였다고 보고하는데, 이들은 위협을 느껴 '불신/학대' 심리도식을 발달시켰을 것이다. 술 취한 아버지와의 마찰을 피하기 위해 환자는 그런 상황에서 순종적으로 행동하도록 학습되었을 수도 있다. 이러한 '이차적인' 순종적 행동은 '복종' 심리도식을 발달시키는 결과로 이끌게 된 것이다. 종종 환자 주변에 다른 순종적인 행동을 하는 사람이 존재했을 수도 있다. 예를 들어, 아버지의 행동을 막지 않는 엄마가 공격적인 아버지를 떠나지 않고 오히려 아버지의 공격적인 행동에 순종적인 태도를 보였을 수 있다.

(1) 복종

이 심리도식을 가지고 있는 사람들은 타인들과의 상호관계 속에서 상대방이 우위를 갖게 한다. 이들은 상대방의 생각이나 욕구에 자신의 행동을 맞추고 다듬어 나간다. 심지어 이들은 상대방의 생각이나 욕구가 외면에 드러나지 않아도, 추론하거나 추측하여 행동하기도 한다. 이 심리도식을 가지고 있는 사람들은 치료자의 도움을 받는다 하더라도 자신들의 욕구를 탐색하는 것이 매우 어렵다. 이 심리도식을 가지고 있는 환자들은 어린 시절에 부모 중 한 명이 다른 상대에게 순종하는 위험한 가족 구조 속에서 살아왔을 수도 있다. 아버지가 매우 폭력적이거나 공격적일 때, 어머니는 매우 순종적이었을 수도 있고, 가족의 일원 중 한 명이라도 자신의 욕구나 소망을 표현하면 그에 대한 응징은 가혹한 것이었을 수도 있다. 수잔(이 장의 초반부에 등장했던 인물)이 바로 이런 심리도식의 전형적인 예를 보여 준다.

(2) 자기희생

이 심리도식을 가지고 있는 환자들은 타인들의 욕구를 만족시켜 주는 것에 지속적으로 초점을 맞춘다. 이 심리도식과 '복종' 심리도식과의 차이는 '복종' 심리도식이 타인들의 생각에 굴복하고 맞추어 나가는 것이라면, '자기희생' 심리도식은 타인들의 욕구나 상황상 요구되는 것들을 최대한 빨리 파악해서 그것을 만족시키기 위한 행동을 하는 것이 목표인 것이다. 그러므로 이 심리도식은 능동적이고 자발적이라고 볼 수 있다. 그래서 이 심리도식을 가지고 있는 사람들은 자신의 욕구에 초점을 맞출 때면 죄책감을 느끼게 된다. 누군가를 돕거나 돌봐야 하는 직업군에 종사하는 사람들 중에 이 심리도식을 가진 사람들의 비중이 높다. 우리는 많은 시간과 노력을 요하는 일이나 책무가 돈벌이나 존경과 상관없이 거의 같은 사람들에 의해 행해지고 있는 것을 볼 수 있다. 예를 들어, 자녀가 첫 등원한 유치원에서 교사-학부형회의 회장을 맡은 이후, 두 번 다시는 회장을 하지 않으리라고 백 번이 넘도록 다짐을 해도 초등학교, 중학교에 자녀가 진학을 할 때마다 회장을 도맡아 하는 사람이 대표적인 사례일 수 있다. 교사-학부형회에서 선거를 할 때, 이 심리도식을 가지고 있는 사람은 선거 결과로 자신이 당선된 것을 거부한다면 엄청난 죄책감을 느끼는 경향이 있고, 그러다 보니 자신도 모르게 선거에서 실제로 다시 회장으로 당선되는 경우가 많다. 이런 관점에서 보았을 때, 이 심리도식은 정신적으로 건강한 사람들에게도 많이 존재하며, 지지 기반이 충분히 튼튼하다면 정신적으로 영향을 미치지 않는 경우도 종종 있다.

사례 자기희생

　　헬렌은 35세이며 자신이 일하는 병원에서 아주 평판이 좋은 간호사이다. 왜냐하면 헬렌은 늘 자신의 업무 외에도 추가적인 일을 더 하려고 하며 그 일들을 모두 훌륭하게 해내기 때문이다. 헬렌은 그녀가 일하는 병원을 대표하는 인물이며, 동료들이 아파서 일을 빠지면, 헬렌이 그 시간을 충당하여 늘 완벽하게 일을 해낸다. 직장에서의 활약 말고도, 헬렌은 사생활에서도 교사-학부형회의 활동과 유사 활동들을 하면서 두각을 나타낸다. 처음 그녀가 정신치료에 온 이유는 번아웃증후군 때문이었다. 헬렌은 극심하게 스트레스를 받은 상태로 보이며, 사적으로 많은 일을 하고 있는 것과 직장에서 높은 수준의 기대에 부응해야 하는 것 등에 압도당하는 것처럼 보인다. 그러나 치료자가 "도대체 왜 이 모든 것을 신경 쓰려 하는 거죠?"라고 물으면, 헬렌은 진정 놀란 표정으로 "음, 그렇게 힘든 문제는 아니잖아요. 그렇죠?"라고 말한다.

(3) 승인/인정 추구

　이 심리도식을 가지고 있는 사람들은 타인에게 좋은 인상을 남기는 것을 매우 중요하게 생각한다. 이들은 자신의 외모, 사회적 지위, 행동 등을 발전시키기 위해 많은 시간과 에너지를 쓴다. 그러나 이 심리도식을 가진 사람들의 주 목적은 최고가 되는 것(자기애적 자기과시)이 아니며, 타인들의 감사와 인정을 받는 것이 목적이다. 이들은 타인들의 의견과 사회적 지위나 인정에 대한 욕구가 늘 우선시되기 때문에 자신들의 욕구나 소망에 맞추어 가는 것이 어렵다.

세라는 32세의 변호사인데 자신의 삶에 만족하고 행복한 사람처럼 보인다. 세라는 친구들이 많고, 재미있는 취미도 가지고 있으며, 매우 성공한 남자와 결혼했다. 그녀가 치료를 받으러 온 이유는 점점 자신과 자신의 삶 전체를 '가짜'라고 여기기 시작했기 때문이다. 세라는 자신이 재미없고 부족하다는 느낌을 받는다고 보고한다. 그녀는 자신의 활발하고 재미있는 삶을 다음과 같이 표현한다. "저는 항상 최고로 멋진 사람들 속에서 가장 멋진 활동들을 하는 것에 대해서 부담을 가지고 있어요. 마치 한꺼번에 많은 공을 저글링 하고 있는 느낌이 들어요. 제가 적어도 재미있고 사랑받을 만한 여자인 척은 할 수 있지만, 자신이 정말 그렇다는 느낌은 전혀 들지 않아요."

5) 과잉경계 및 억제 영역의 심리도식

이 영역의 심리도식을 가지고 있는 사람들은 자발적인 감정과 욕구의 표현은 물론 경험을 회피하는 경향이 있다. '정서적 억제' 심리도식을 가지고 있는 사람들은 감정, 자발적인 재미, 아이 같은 욕구를 바보 같고, 불필요하고, 미성숙한 것으로 평가절하하는 경향이 있다. '부정성/비관주의' 심리도식은 세상에 관해 매우 부정적인 견해를 갖는 것과 연관이 있다. 이 심리도식을 가지고 있는 사람들은 사물이나 일들에 대해 늘 부정적인 생각들로 가득 차 있다. '엄격한 기준' 심리도식을 가지고 있는 사람들은 무언가를 성취하기 위해 늘 지속적인 압박을 받는다. 그러나 이들은 무언가를 많이 성취한다 해도, 그들의 기준이 너무 높기 때문에 쉽사리 만족하지 못한다. '처벌' 심리도식은 고의로든 실수로든 잘못을 저지르면, 그 잘못에 대해 심하게 처벌하는 도덕적 규범과 태도를 가지고 있다.

이 심리도식들은 사회적 모델링이나 강화로 습득했을 수도 있다. 예를 들어, 부모가 자발적인 감정 표현을 비웃거나 야단쳤을 경우, 자녀들은 감정적이 되는 것을 창피한 것으로 배우게 된다. 이런 학습은 간접적으로 생겨날 수도 있다. 예를 들어, 부모들이 오로지 자녀가 무언가를 성취하거나 성공했을 때만 칭찬해 주고, 인생의 재미나 자발성처럼 중요한 면들을 무시하거나 평가절하하는 경우가 그렇다.

이런 심리도식을 가지고 있는 환자들 중 일부는 강렬한 감정과 관련된 어린 시절의 부정적인 경험을 보고한다. 이 환자들은 어렸을 적부터 이런 혐오 자극들로부터 자신을 보호하기 위해 강렬한 감정 표현들을 피하기 시작했을 것이다. 또 이런 회피 행동은 자신의 감정보다는 타인들의 감정과 더 연관이 있을 수도 있다. 예를 들어, 가족 일원이 매우 공격적이고 감정적인 방식으로 다투는 분위기에서 자란 경우가 그렇다. 자신을 돌봐주는 사람들의 도덕적 규범이나 성취 기준, 그들이 언제 어떻게 실망감과 분노를 보이거나 처벌하는지 등은 '엄격한 기준'과 '처벌' 심리도식이 발달하는 것에 많은 영향을 끼친다.

(1) 부정성/비관주의

이 심리도식을 가지고 있는 환자들은 지속적으로 모든 상황에 있어 부정적인 면이나 문제에만 초점을 맞춘다. 이들은 모든 일이 잘 해결되지 않을 것이고, 모든 상황에 문제가 생길 것이라고 생각하기에 항상 불안하다. 이들은 자신의 이런 심리도식들을 자신의 부모나 삶 속의 중요한 인물에게서 배웠는데, 이 인물들도 늘 거의 모든 것에 대해 항상 부정적인 견해를 가지고 극심한 비관적 사고를 했다고 보고한다. 이 심리도식을 가지고 있는 사람들은 긍정적으로 생각하도록 주변에서 아무리 노력해도 결국에는 부정적인 시각으로 빠지기 때문에 타인들을 매우 좌절하게 만들 수 있다.

사례 부정성/비관주의

에릭은 46세이며 수학 선생님인데, 최근에 부인으로부터 함께 부부 치료를 받자는 이야기를 들었다. 에릭의 부인은 치료자의 도움을 받으면서 긍정적인 활동들을 하며 살고 싶은데, 그녀가 긍정적으로 변하는 것을 저해하는 것이 바로 에릭의 부정적인 태도라고 말한다. 에릭은 자신이 부정적인 감정들로 가득 차 있는 사람인 것을 인정하기는 한다. 그러나 세상과 삶 자체를 안 좋은 것으로 여기는 태도가 올바르다고 강력히 주장하며, 삶은 슬픔과 문제로 가득 찬 복합체라고 말한다. 그는 삶에 대해서 긍정적인 견해를 갖는다는 것은 완전히 비현실적인 것이라고 믿는다. 치료자는 현재 에릭이 직장에서 어떻게 일을 하고 있는지에 대해 묻는다. 에릭은 직장 동료들과 겪고 있는 문제들에 대해 장황하게 말하기 시작하면서 자신의 팀 멤버들은 잘못된 조합이라는 등의 이야기를 한다. 하지만 에릭의 부인은 그의 말을 잠시 가로막고, 그가 의도했던 대로 정확히 그 분야에서 일을 잘하고 있으며 실제로 그의 경력은 현재까지 아주 성공적이라고 말했다.

(2) 정서적 억제

이 심리도식을 가지고 있는 환자들은 자발적인 감정을 내보이는 것을 우스꽝스럽거나 불쾌한 것으로 여긴다. 이들은 감정이 별로 중요하지 않다고 생각하며 불필요한 것이라고 여긴다. 종종 이 사람들은 어렸을 적에 짜증을 내거나 화를 냈다는 이유로 어른들이 비웃었던 기억을 이야기한다. 그 결과로, 이들은 감정을 유치하고 우스운 것으로 받아들이게 되었고, 전반적으로 이런 감정들을 평가절하하게 된 것이다. 어떤 경우에는 자신이 이런 심리도식을 갖게 된 이유는 가족들이 표현하는 감정을 다루기가 너무 어렵거나 강렬하기 때문이라고 한다. 어쩌면 가족들은 매우 감정적인 방식으로 가족 내부의 갈등을 해결했을 수도 있고, 자녀와 함께 가족의 다른 일원에 대해서 불평을 하거나 안 좋은 험담을 했을 수도 있다. 이러한 경우, 어린 시절에 경험한 감정들은 매우 위협적이거나 벅찬 것으로 다가왔을 것이다. 이 심리도식을 치료할 때에는 환자가 자신의 감정들을 우스운 것이나 위협적인 것으로 여기는지에 대해서 확실히 확인하는 것이 중요하다.

사례 정서적 억제

> 피터는 36세 건축가이며 기분부전증 진단으로 치료를 받으러 왔다. 그는 원래 감정을 잘 추스르는 사람인 것으로 보이나, 즐겁거나 웃기는 정서에는 제한된 감정반응을 보인다. 치료자가 피터에게 농담을 하면 피터는 거의 웃음을 보이는 적이 없다. 반면, 피터는 자신과 매우 복잡한 관계를 가지고 있는 형에 대해서 말을 하면 분노의 감정이 드러나는 것을 느낀다. 그리고 치료자가 이 분노의 감정에 대해서 더 깊게 들어가려고 하면, 피터는 아무런 감정을 느끼지 않는다면서 느끼는 것 자체를 부정한다. 치료자는 피터가 어렸을 적에 가족들과 살면서 감정을 표현하는 것에 대해 어떤 경험을 했는지에 대해 물었고, 피터는 자신의 아버지가 감정 표현을 매우 안 하시는 편이고 감정을 거의 드러내지 않는 편이었다고 답한다. 반면에 피터의 어머니는 과도하게 감정적인 사람이었고, 자신의 감정 때문에 벅차하신다고 한다. 피터와 그의 형이 어렸을 때, 그의 어머니는 형과 종종 말다툼을 했다고 한다. 이런 말다툼을 하면 피터의 어머니는 매우 화가 났고 울음을 터뜨리기도 했다고 한다. 이때 어머니는 눈물을 흘린 채로 피터의 방으로 왔기 때문에 피터의 역할은 어머니를 진정시키고 기분이 나아지게끔 하는 것이었다. 피터는 이런 상황들이 있을 때마다, 이런 강렬한 감정들이 매우 싫었기 때문에 감정적으로 매우 지친다고 느꼈다.

(3) 엄격한 기준

이 심리도식을 가지고 있는 사람들은 자신의 야심찬 목표에 도달하고 성취하는 데 있어 영구적으로 압박을 받고 있다고 생각한다. 이들은 자신들이 하는 모든 일에 있어서 최고가 되려고 부단히 노력한다. 이들은 자발적인 활동이나 재미있는 활동을 하도록 자신을 허용하는 것에 큰 어려움을 느낀다. 그리고 성취와 관련이 없는 활동들은 가치 있는 활동이라고 여기지 않는다. 이 심리도식을 가지고 있는 사람들은 전형적인 완벽주의자이며 엄격한 기준을 가지고 있다. 이들은 자신들의 높은 기준에 대하여 의심하지 않으며 오히려 자연스러운 것이라고 여기고, 심지어 이 기준이 명확히 성취할 수 없는 것이거나 부정적인 결과를 가져오는 것이라 해도 여전히 이러한 엄격한 기준을 받아들이는 경향이 있다.

사례 **엄격한 기준**

> 닉은 44세 내과 의사이며 우울증 때문에 치료를 받으러 왔다. 닉의 우울증 증상은 새로 만들어진 부서의 총 책임자로 임명된 뒤부터 시작되었다. 이 부서를 발전시키는 것이 닉의 임무이고, 닉의 목표는 이 부서를 아주 성공적인 부서로 만드는 것이다. 첫 번째 치료에서, 치료자가 닉의 기대와 목표에 대해서 언급했다. 닉은 모든 예정된 프로젝트를 자신이 완벽하고 효율적으로 가동시켜야 하고, 크게 지연되는 일은 없어야 한다고 말했다. 이성적인 면에서 바라보았을 때 닉은 자신의 기대치와 목표가 현실적이지 않다는 것을 알고는 있다. 왜냐하면 업무량이 너무 많고, 닉은 하루에 16시간 이상 일할 수 없기 때문이다. 그러나 조금 더 구체적인 면에서 보면, 닉은 스스로 정한 과도하게 높고 비현실적인 기준들을 최소화하거나 절충하는 것이 불가능하다고 생각한다. 치료의 초기에 닉은 자신의 삶을 더 감당할 수 있는 것으로 만들기 위해 단 하나의 직장 목표나 프로젝트를 줄이는 것조차 생각할 수 없는 일이라고 말했다.

(4) 처벌

이 심리도식을 가지고 있는 환자들은 실수를 범하면 처벌받아야 마땅하다고 확신한다. 이들은 대부분 자비심이 부족하고, 자신이나 타인에게 인내심이 부족하다. 이 사람들은 전형적으로 어린 시절에 비슷한 행동을 보인 모델이 있었다고 한다.

사례 처벌

> 톰은 52세인데 치료를 시작할 동기가 없었다. 하지만 그의 지역 보건의가 톰이 자신의 이웃들에 대해서 불평하는 것을 본 뒤에 치료를 받으라고 강력히 권했다. 톰은 큰 집을 관리하는 관리인이고, 타인들이 실수하는 것에 대해 늘 초점이 맞춰져 있다. 톰은 계속해서 자신의 이웃들이 너무 시끄럽다는 등의 불평을 하며 집의 관리 규정들을 지키지 않는다고 한다. 톰은 아주 소소한 것들까지 따져 가면서 이웃들의 행동을 바꾸려 하는 것으로 보인다. 당연히 사회적인 환경 속에서 톰이 맺고 있는 인간관계는 모두 부정적이다. 톰은 지역 보건의에게 자신의 부모님들에 대한 기억을 말한다. 부모님들은 매우 혹독했고, 톰이 인생을 즐기는 것을 허용하지 않았으며, 그렇게 하도록 가르치지도 않았다. 톰과 매우 비슷하게 톰의 부모님들은 늘 톰을 처벌하고 타인들에게 탓을 돌리기도 했다.

2. 욕구에 초점 맞추기

사람의 욕구에 초점을 맞추는 것은 심리도식치료에서 필수적이다. 인간의 욕구들(또한 충족되지 못한 욕구들로 인한 좌절들)이 심리적 문제들의 발생을 설명하는 가장 핵심 요인이다. 우리는 역기능적 심리도식들이 어린 시절 욕구가 적절히 충족되지 못해서 발달된다고 생각한다. 예를 들어, '사회적 고립' 심리도식과 '버림받음/불안정' 심리도식은 각각 안정된 관계를 형성하는 것과 또래들과의 사회적 접촉에 대한 욕구들이 어린 시절에 잘 충족되지 못해서 발달한다. 이러한 가정은 트라우마나 감정적 스트레스가 많은 어린 시절의 경험들과 훗날 삶에서 겪게 되는 심리적 문제들 간의 높은 상관관계를 보고하는 연구들이 늘어 가면서 더욱 지지받고 있다.

문제들의 근원과는 별개로, 욕구에 초점을 맞추는 것은 뒤에 이어지는 치료들에서도 매우 중요한 역할을 하게 된다. 부적응적 심리도식들은 자신의 욕구를 충족시키고, 경험하고, 알아차리는 것을 가로막는다. 심리도식치료의 주요 목표 중 하나는 자신의 욕구를 더 명확하게 알아차리고, 자신의 욕구에 맞추어 가도록 도와주는 것이다. 또 다른 목표는 자신의 욕구를 더 적절하고 알맞은 방법으로 충족시키는 것이고, 어린 시절 충족되지 못한 욕구(이제는 환자가 어른이 되었기 때문에 충족할 수 없는 욕구)들을 정서적으로 처리하도록 돕는 것이다. 현재와 과거의 문제 상황들에 대한 분석은 둘 다 다음의 질문들에 초점을 맞춘다. 환자의 어떤 욕구가 현재 충족되지 못하고 있는가? 그리고 주어진 상황에서 어떤 욕구가 충족되지 못해 왔는가? 환자들은 이러한 욕구들을 충족시키기 위하여 어떻게 능력을 계발할 수 있는가? 모든 사람이 모든 상황에서 자신의 욕구를 충족시킬 수 없다는 사실을 명심하는 것도 중요하다. 그럴 수 있다고 생각하는 것조차 현실적이지 않고 기능적이지 않다. 심리적으로 건강한 사람들은 타인의 욕구와 자신의 욕구 사이에 건강한 균형을 잡을 수 있을 뿐 아니라, 상황상 요구되는 것들도 잘 예상할 수 있다. 이는 자신의 한계를 아는 것도 포함하며, 현실적인 한계를 받아들여야 한다.

다른 인간중심 심리치료들에서도 욕구에 초점을 맞추는 것은 필수적이다. 역으로, 대부분의 치료자가 어떤 방식으로든 환자의 욕구를 언급할 가능성이 높다. 심리도식치료의 차별점은 환자의 욕구를 매우 명확한 방식으로 다루고, 이러한 욕구에 대한 명확한 언급이 모든 심리도식치료의 개입에 통합된다. 예를 들어, 심상 각본수정 연습(218~229쪽 참조)들은 심상 속의 외상적 상황에서 환자의 욕구를 따라가는 것이고, 의자기법(305~329쪽 참조)은 환자의 권리와 욕구들을 옹호하기 위해서 시행하는 것이다.

표 1-2 심리도식 영역과 기본 욕구

심리도식 영역	연관된 기본 욕구
단절 및 거절	안전 애착, 수용, 돌봄
손상된 자율성 및 성취	자율성, 경쟁, 정체성
손상된 한계	현실적 한계, 자기통제
타인 중심성	욕구 및 감정의 자유로운 표현
과잉경계 및 억제	자발성, 유희성

　제프리 영 박사 등(Young et al., 2003)은 인간의 기본 욕구를 5개의 집단으로 나눠서 정의했다. 각각의 심리도식 영역은 이 욕구 집단 중의 하나와 체험적으로 연관되어 있다고 여겨진다(〈표 1-2〉 참조). 부적응적 심리도식 목록처럼 욕구 목록은 매일의 임상적 작업으로 만들어졌으며, 실험적 연구로 도출된 것은 아니다. 오히려 로저스(Rogers, 1961)의 연구나 그라베(Grawe, 2006)의 접근처럼 인간 욕구에 초점을 맞춘 다른 이론들과 크게 겹치는 임상적 분류체계로 볼 수 있다.

　이전에도 언급했던 것처럼, 심리도식은 어린 시절의 욕구가 적절하게 충족되지 못하면서 발달된다. 그라베의 2006년 모델과는 달리, 심리도식치료에서는 사람들에게 한계나 규율에 관한 욕구도 있다고 본다. 이 욕구가 충족되지 못하면, '부족한 자기통제/자기훈육' 심리도식과 '특권의식/웅대성' 심리도식이 발달하게 된다. 이 이론은 경험적으로 검증된 것은 아니지만, 부모나 교육자의 관점에서 보면 이런 욕구가 중요한 것으로 쉽게 이해된다. 그래서 대인관계에서 타인과 가까워지고 싶은 욕구나 안전 애착을 향한 욕구 등이 충족되지 않을 때 혹은 자녀를 버릇없이 키울 때와 같이 욕구의 충족이 좌절로 이어지는 경우에 부적응적 심리도식들이 발달한다고 볼 수 있다.

　치료의 과정 중에 사용되는 많은 치료적 개입이 환자의 욕구에 초점을 맞추는 방식을 도입하고 있다. 심리교육의 중요한 부분 중 하나는 어린 시절에 충족되지 못한 욕구들이 환자가 현재 겪고 있는 문제의 토대를 어떻게 만들었는지 논의하는 것이다. 어린 시절에 충족되지 못한 욕구들은 흔히 환자의 현재 상황에서도 욕구 충족을 가로막기 때문에 여전히 박탈감을 느끼게 한다. 구조화된 개입의 형태로 과제 훈련이나 행동 패턴 깨기 기술들을 처방하고 있으며, 이런 과제와 기술들은 환자들의 욕구를 적절하게 충족시키도록 도와주는 것으로 보인다.

사례   **수잔의 욕구들에 초점 맞추기**

> 수잔은(19~20쪽 참조) 자신의 전 남자친구에게 좀 더 명확한 한계를 설정하기로 치료자와 합의하고, 이에 대한 이야기를 집단치료에서 하기로 했다. 그러나 수잔은 집단치료가 있을 때마다 발표하려 손을 들지 않았다. 그래서 치료자는 이 일에 관해 개인 치료시간에 다시 이야기를 해야 했고, 이런 회피적 행동 패턴이 어떻게 욕구 충족을 좌절시키는지 강조했다. "수잔, 어린 시절 동안에 회피하는 것이 얼마나 중요한 대처 전략으로 발달하게 되었는지 저는 잘 이해할 수 있어요. 어린 시절에 수잔이 살아남을 수 있었던 유일한 방법은 갈등을 피하고 가족들과의 스트레스 유발 상황들을 피하는 것이었잖아요. 그러나 이제는 이런 회피 행동들을 줄이지 않으면, 남자친구와의 관계에 한계를 긋는 것과 같이 수잔에게 중요한 욕구를 충족시키기 위한 방법을 배우지 못할까 걱정이 되네요. 집단치료를 할 때, 수잔은 언제든 욕구들과 걱정거리들에 대해 말하는 방법을 쉽게 배울 수 있어요. 수잔은 이미 집단치료의 다른 환자들과 잘 알고, 아무도 수잔에게 해가 될 행동을 하지 않을 거라는 사실을 알잖아요. 더군다나, 제가 확실히 수잔이 두 번 다시 상처를 입지 않도록 할게요. 집단치료의 다른 환자들도 수잔의 문제를 잘 이해해 줄 거라고 저는 확신해요. 다른 환자들의 지지를 받는다는 느낌은 수잔에게 매우 긍정적인 경험이 될 거예요."

3. 심리도식 대처하기

같은 심리도식이라도 한 사람에게 매우 다양한 형태의 행동적 문제로 나타날 수 있다. '심리도식 대처하기'라는 용어는 사람들이 어떻게 자신의 심리도식을 다루는지와 이 심리도식들이 대인관계에서 어떻게 명백히 드러나는지를 설명해 준다. '심리도식 대처하기'라는 개념은 방어기제라는 정신역동 개념과 매우 밀접한 연관이 있다. 심리도식치료에서는 세 가지의 다른 대처방식들을 다음과 같이 정리한다.

> **세 가지 대처 방식**
> - '굴복'이라는 대처 방식은 심리도식이 진짜인 것처럼 행동하고, 이에 따라오는 행동 패턴에 굴복하는 유형을 뜻한다.
> - '회피'라는 대처 방식을 사용하면, 사회적 철퇴, 약물 남용 그리고 다른 회피 행동들을 통하여 사회적 상황이나 감정들을 회피하게 된다.
> - '과잉보상'은 마치 심리도식의 반대가 진실인 듯이 확신을 갖고 행동하는 것을 의미한다.

1) 굴복

굴복하는 대처 방식을 가지고 있는 사람은 심리도식과 연관된 감정들을 매우 강렬하게 경험하고, 이 감정들이 마치 자신에게 주는 심리도식의 '메시지'라고 여기며 그것을 받아들이는 유형이다. 굴복하는 대처 양식을 갖게 되면 환자는 심리도식이 진짜라고 믿으며, 타인들이 자신을 안 좋게 대하더라도 참을 수밖에 없다고 생각한다. 이 대처 방식의 전형적인 예는 '복종' 심리도식을 가지고 있는 환자들이 보이는 복종적 행동 패턴과 어린 시절 심한 성적 학대를 당한 환자들이 나중에 친밀한 관계에서의 학대를 받아들이는 현상 등이 있다.

사례 **굴복**

수잔은 폭력적인 전 남자친구에게서 전화가 걸려 오면 일반적으로 그를 만나게 되고, 그녀가 원하든 원치 않든 성적 관계를 갖게 된다. 그러나 주변의 모든 사람으로부터 받는 사랑이나 관심에도 불구하고 자신이 받는 사랑이나 관심이 결여되어 있다고 느끼며 고통스러워한다. 수잔이 전 남자친구와 성관계를 가질 때, 그녀는 성적으로 흥분되지 않지만, 인간관계에서 오는 최소한의 따뜻함과 사랑을 느끼긴 한다. 어쨌거나, 이 남자 말고는 아무도 자신에게 관심이 없다고 생각한다. 더 나아가서, 수잔은 타인에게 자신의 욕구를 표현하는 것은 상상조차 어렵다고 한다. 왜냐하면 누구도 자신의 욕구에 관심이 없다고 생각하기 때문에 그런 상상은 수잔을 매우 두렵게 한다.

2) 회피

회피하는 심리도식 대처하기는 사람들이 자신을 보호하기 위해 심리도식의 활성화를 회피하거나 심리도식과 관련된 감정들을 회피하는 것이다. 전형적인 관련 행동 패턴들에는 사회적 철수, 회피 그리고 타인과의 감정적 접촉의 결여 등이 있다. 치료적 관계에 있어서 치료자가 환자와의 연결 고리나 접촉이 부족하다고 느낄 때, 이 대처 방식이 활성화되는 것이다. 좁은 의미의 행동적 회피를 넘어, 다른 행동 패턴들 또한 감정적 회피로 간주될 수 있다. 특정 약물을 남용해서 감정을 다루거나 경험을 회피하는 행위들이 이에 포함된다. 가끔 환자들은 자신의 현재 감정들을 회피하기 위해 자극 상태를 유지하려고 늘 바쁘게 생활을 하기도 한다. 이런 바쁜 생활은 PC/모바일 게임, 일 중독, TV 인터넷 중독, 혹은 과식 등의 형태로 나타난다. 환자들이 이런 행동들을 하면서 불안이나 그 외의 감정들을 줄이려고 한다면 이를 회피하는 심리도식 대처하기라고 부른다.

사례 **불신/학대 심리도식의 회피**

> 사비나는 어릴 때 성적 학대를 당했고, 이제는 전혀 남자를 만날 수 없다고 말하는 27세의 경계성 성격장애 환자이다. 가끔 사비나의 친구들이 파티나 모임에 가서 남자들과 만날 수 있는 기회를 만들어 주려고 사비나를 설득하기도 한다. 그 상황에서 남성이 사비나에게 접근해 오면, 그녀는 공황을 겪으며 궁지에 몰린 느낌을 받게 된다. 그럴 때 사비나는 바로 본능적으로 도망을 간다. 이러한 감정들이 불신/학대 심리도식이 보여 주는 전형적인 것들이다. 사비나는 그런 상황들을 과음으로 대처하기도 한다. 취기가 자신의 절박한 감정을 무디게는 하지만 아무리 취했어도 진정 안전하다고 느끼지 못한다. 만취가 되면 사비나는 흥이 오르고 위협감도 덜 받는다. 그런 상황에서 사비나는 처음 만난 남자와도 자발적인 성관계를 갖는다. 그런 성관계를 가질 때, 전반적으로 사비나는 어떤 종류의 감정이나 느낌도 결여된 상태가 된다. 그래서 그녀는 성인이 되어 술을 마시지 않은 상태에서 성관계를 가져 본 적이 없다. 사비나는 알코올 남용에 대해서 매우 창피하게 생각하며, 그로 인해 갖게 되는 성관계들에 대해서도 수치스럽게 생각한다. 그러나 사비나는 술 없이 편안한 느낌을 갖기가 어렵다. 파티에 가기로 약속하고 당일 파티 시간이 임박했을 때, 자신이 약속을 깨지 않는 이상 파티에는 참석한다. 그러나 파티에서 술은 절대 마시지 않고 맨정신으로 있어야겠다고 다짐을 해 봐도, 이성을 대하는 상황이 오면 감당할 수 없는 감정들이 솟아서 결국 술을 마셔 버리게 된다.

3) 과잉보상

과잉보상하는 심리도식 대처 방식을 가지고 있는 사람들은 심리도식의 정반대가 사실인 것처럼 행동한다. '실패' 심리도식을 가지고 있는 사람을 예로 들어 보자. 이 사람은 자신이 성취한 업적에 대해 지나치게 말을 많이 하거나 자랑할 것이다. '불신/학대' 심리도식을 가지고 있는 사람은 지나치게 자기중심적이거나 공격적인 방식으로 행동할 것이다. '불신/학대' 심리도식에 대하여 과잉보상을 하는 사람들은 때로는 자기 자신에 대한 위협이나 학대로부터 피하기 위해 타인들을 학대하기도 한다. '복종' 심리도식에 대하여 과잉보상을 하는 경우에는 타인들이 자신에게 종속되기를 바라며, 자신의 생각을 일방적으로 받아들인다고 주장할 수도 있다. 과잉보상은 치료자가 환자에 의해 지배받는 느낌, 궁지에 몰린 느낌, 심지어 위협받는 느낌에 의해 치료관계에서 쉽게 파악될 수 있다. 자기애적 과잉보상을 하는 환자들을 예로 들면, 치료자에게 치료 경험이나 치료 자격 등의 질문을 하면서 치료자를 자극하는 등의 행동에 의해 일반적으로 치료자들을 평가절하한다. 반대로 강박적으로 통제하는 과잉보상 양식은 치료자를 매우 상세하면서도 엄격한 방식으로 가르치려 들 것이다. 이 두 사례 모두, 치료자는 통제당하거나 평가절하되었다는 느낌을 받는다.

사례 과잉보상

> 니콜은 어린 시절에 끔찍한 성적 학대와 신체적 학대를 경험한 25세의 경계성 성격장애와 반사회성 성격장애를 가진 환자이다. 그녀는 15세부터 갖가지 불법 약물을 복용했고, 사창가에서 몸을 팔았고, 심지어 폭력 범죄를 저지르기도 했다. 치료적 관계에서 니콜은 대부분 격노하거나 화가 난 모습이었으며, 치료자에게 욕설을 하거나 공격적 행동을 하기도 한다. 치료자는 니콜의 공격적 양식을 타당화하고, 공격성이라는 벽 뒤에 숨겨진 감정들에 대해 니콜과 함께 탐색해 나가면

서 멈추게 한다. 니콜은 그러자 타인들로부터 받는 위협감과 신뢰의 결여에 대해서 이야기하기 시작한다. 심지어 니콜은 자신이 도와달라는 욕구를 밖으로 보여도, 타인들의 도움을 받을 수 없을 것이라고 믿는다. 어느 누구에게도 도움을 받아 본 적이 없기에, 치료자나 치료진들이 니콜을 도와주기 위해 여기 있다는 사실을 머리로는 알면서도 그들로부터 도움을 받는다고 느낄 수가 없다.

실제의 심리도식들과는 달리, 심리도식 대처하기는 비교적 쉽게 파악할 수 있고 감지할 수 있다. 자신들의 욕구에 초점을 맞추지 않고 순종적이고 의존적으로 보이는 환자들은 심리도식과 관련한 감정을 강하게 느끼면 아마도 굴복을 잘하게 될 것이다. 치료자가 대인관계 라포를 형성하는 데 어려움을 겪거나 어떤 종류의 감정도 결여된 것처럼 느껴지는 환자는 아마도 회피적 대처 양식을 가지고 있을 것이다. 과잉보상은 치료자(혹은 환자의 삶에서 중요한 사람들)가 환자에게 지배당하거나 위협당한다는 느낌을 받을 때 파악된다.

4. 심리도식 양식 모델

하나의 특정 심리도식은 48~52쪽에서 언급한 것과 같이 다른 행동적 그리고 체험적 패턴들의 범주와 연결될 수 있다. 예를 들어, 아주 강한 '실패' 심리도식을 가지고 있는 환자는 아주 사소한 실수를 하더라도 무기력하거나 절박하거나 슬프다고 느낄 수 있다. 반면, 이 환자가 어떤 때에는 과잉보상 양식을 가동시켜 자신이 성취한 업적에 대해 과장된 방식으로 자랑할 수도 있고, 어떠한 실수도 부인한다. 나아가, 이 환자는 성취와 관련되는 상황들을 전반적으로 회피해서 실패할 가능성을 낮추고 그와 연관된 감정들을 회피할 수도 있다.

성격장애를 가지고 있는 환자들은 전형적으로 치료 과정에서도 부정적으로 상호작용하는(삶의 다른 영역에서도 부정적으로 상호작용하듯이) 특정 심리도식 관련 행동 패턴들을 보인다. 회피성 성격 특질을 가지고 있는 환자들에게서 높은 수준의 사회적 회피가 나타나는 것이 대표적인 예이다. 이런 환자들은 회피 대처 방식이 매우 강하고 치료시간에도 지속적으로 활성화되기 때문에 치료시간에 몇 번만 나타날 뿐 매우 제한적으로 사람들을 만난다.

비슷한 방식으로 자기애적 과잉보상을 하는 환자들은 계속해서 치료시간이나 일상생활에서도 타인들을 지배하려 들 수 있다. 이런 경우에 치료자들은 치료시간에 적극적인 자세로 주도적인 역할을 해야 한다. 그러나 경계성 성격장애를 가지고 있는 환자들의 경우에는 상황이 다를 수도 있다. 이들은 일관적인 대처 양식을 보이지 않고, 다른 심리도식과 연관된 상태들을 빈번하게 바꾸는 모습이 보인다. 다시 말하자면, 이렇게 감정 상태가 바뀌는 것은 환자의 의견이나 계획 그리고 이어지는 심리도식 양식들과도 연관되기 때문에 치료 과정에서 문제들을 일으킬 수 있다. 한순간에는 환자들이 현 상황에서의 문제 행동을 변화시키는 것에 대해 낙관적인 모습을 보일 수도 있지만, 그다음 과정을 실행하기에는 자신의 능력이 매우 부족하다고 느낄 수도 있다.

사례 **한 가지 대처 상태의 지속**

필립은 45세이며 자기애적인 성향이 두드러지는 컴퓨터 프로그래머이다. 그는 사회 불안 증상을 줄이고자 정신치료를 받으러 왔다. 필립은 사람들이 매우 두렵다고 한다. 그는 사람들이 자신을 평가절하하고 사람들과의 만남은 매우 안전하지 못하다고 느끼기 때문에 실제로 사람들과의 상호작용을 혐오한다. 이런 감정들은 필립의 어린 시절 트라우마를 배경으로 하여 기원하기에 놀랄 일도 아니다. 어렸을 적에 필립은 극심한 신경성 피부염 때문에 고생했는데, 그래서 반 친구들로부터 몇 년 동안 놀림을 당했다. 오래전에 이 피부염이 사라졌음에도 불구하고, 필립은 어린 시절부터 지녀 온 극심한 수치심 때문에 현재에도 자신이 평가절하된다는 생각에 쉽게 수치스럽게 느낀다. 필립은 자신의 불안에 대해 이야기하지만, 지배적인 모습을 드러내기도 한다. 이를 토대로 필립은 과잉보상 상태인 것으로 여길 수도 있다. 필립은 치료자가 중단시키기 어려울 정도로 말을 계속 이어 나간다. 필립은 이전에 받았던 치료에 대해 마치 전문가 같은 자세로 치료자가 자신의 동료이고 다른 환자에 대해서 의논하듯이 말한다. 치료자가 이를 지적하면, 그는 즉각적으로 말을 끊고 틀렸다고 고쳐 준다. 마치 필립은 자신과 사회 불안 증상, 치료자와 동떨어져 있는 사람처럼 보인다. 30분이 지나면, 치료자는 자신이 지배받는 느낌이 들고 짜증이 나기 시작한다. 환자의 과잉보상 양식이 지속되는 한, 정상적인 방식으로 대화를 하는 것이 거의 불가능해 보인다. 필립이 비록 극심한 '결함/수치심' 심리도식이 있다고 말을 하지만, 치료자는 필립의 행동이나 필립이 드러내는 감정에서 그 심리도식과 연관이 있는 것을 도무지 찾아낼 수가 없다.

이런 경우에는 가능한 빨리 환자의 과잉보상에 공감적으로 직면하는 것이 심리도식치료에서 중요한 원칙이다. 그리고 이 패턴에 대한 작업으로 시작하는 것도 중요하다.

사례 **자주 일어나는 심리도식 양식의 변화**

베티는 39세이며 경계성 성격장애를 가지고 있다. 치료를 15개월간 지속하고 있고, 그녀의 치료자와 매우 가까운 치료적 관계를 형성해 가고 있다. 오늘 치료자가 치료시간에 조금 늦었다. 그리고 베티는 의자가 없는 진료실 앞에 서서 기다리고 있다. 방에 들어가면서 치료자는 베티에게서 분노를 감지한다. 치료자가 이 분노에 대해서 언급하니까 베티가 "이 거지 같은 진료실 밖에 의자가 있는지 없는지 선생님은 상관이 없겠죠. 선생님은 의자가 필요할 일이 절대로 없을 테니까요!"라고 말했다. 치료자가 직접적으로 베티의 분노에 대해서 언급하자, 베티는 수긍하지 않고, 치료자가 자신에게 정성을 쏟음에도 불구하고 자신이 치료자에게 이렇게 배은망덕한 태도로 대하는 것은 정말 끔찍한 일이고 자신은 치료자에게 분노를 느껴서는 안 된다고 하면서 자신을 '배은망덕한 사람'이라고 말한다. 그러나 치료자는 이 말에 동의하지 않고, 치료자가 치료시간에 늦은 것에 대해서 화를 낼 권리가 있다며 그녀가 지닌 분노에 타당함을 인정해 준다. 베티가 치료자에게 화가 나더라도 나쁜 사람이 아니라고 말한다. 이미 치료적 관계를 통해 안전함을 느끼는 베티는 울기 시작하며, 가구가 없는 방에서 치료자를 기다려야만 할 때 매우 외롭게 느꼈다고 한다.

이런 현상들을 설명하기 위해 심리도식 양식 개념이 만들어졌다. '심리도식 양식'은 주어진 심리도식과 연관된 현재의 감정 상태라고 정의할 수 있다. 심리도식 양식은 일관되게 지속적일 수도 있으며, 빈번하게 바뀔 수도 있다. 많은 다른 종류의 심리도식을 가지고 있거나 강렬한 심리도식 양식을 가지고 있는 환자들은 이들 뒤의 심리도식들을 나열하는 것보다는 심리도식 양식을 언급하는 것이 훨씬 수월하다. 심리도식 양식들은 대부분 부정적인 감정들과 연관이 있는 심리도식 양식들과 이런 감정들을 대처하기 위해 나타나는 심리도식 양식들로 분류한다.

1) 아이 양식

아이 양식들은 분노, 슬픔, 버림받음과 같은 강렬한 부정적인 감정과 연관이 있다. 아이 양식은 많은 치료에서 사용하고 있는(예를 들어, 교류 분석) '내면의 아이'의 개념과 유사하다. '불신/학대' 심리도식을 가지고 있는 환자를 예로 들어 보자. 이 환자는 학대받은 아이 양식에 있으면 위협받는다고 느낄 수 있다.

2) 역기능적 부모 양식

또 다른 높은 감정적 양식 범주에 소위 역기능적 부모 양식이라고 불리
는 것이 있다. 개념적으로, 이 양식은 정신역동 이론의 개념인 가해자 함입
(introject)과 겹치는 부분이 많다. 심리도식치료에서 이 양식들은 부모들이
아이에게 역기능적으로 대하는 것을 내재화한 것으로 본다. 부모 양식이 가
동되면 사람들은 자기 자신을 증오하거나 자기 자신에게 계속해서 압박을
가한다. '불신/학대' 심리도식을 가지고 있는 환자를 예로 들면, 처벌하는 부
모 양식이 활성화되었을 때, 자기 자신을 증오하고 평가절하한다.

3) 역기능적 대처 양식

대처 양식들은 회피, 굴복, 과잉보상 심리도식 대처하기와 관련이 있다.
회피성 대처 양식이 있는 사람들은 감정, 다른 내적 경험들, 사회적 대면 등
을 전반적으로 회피한다. 과잉보상 대처 양식을 가지고 있는 사람들은 실제
의 심리도식과 연관된 감정과 반대의 경험을 하기 위해 자신을 자극하거나
과장한다. 사례에 나온 필립의 경우, 강한 과잉보상 양식인 반면, 베티는 다
른 종류의 양식들 사이를 오고 간다.

4) 건강한 양식

건강한 양식에는 건강한 어른과 행복한 아이가 있다. 건강한 어른 양식을
가지고 있는 환자들은 자신의 삶이나 자신을 현실적인 방식으로 바라볼 수
있다. 이들은 자신의 의무를 충실히 이행할 수 있으며, 동시에 자신의 욕구
나 안녕감을 돌볼 수 있다. 이 양식은 정신역동 이론 중에 '건강한 자아 기능'
개념과 겹친다. 행복한 아이 양식은 특히 재미, 즐거움, 유희와 연관이 있다.

심리도식은 개념적으로 특질과 매우 가깝다. 반면, 심리도식 양식은 심리도식 연관 상태를 묘사한다. 심리도식 양식들은 다음과 같은 영역으로 나뉜다.

• 아이 양식
• 역기능적 부모 양식
• 역기능적 대처 양식
• 건강한 어른과 행복한 아이의 건강한 양식

양식들은 심리도식보다 더 쉽게 인식할 수 있고 쉽게 언급할 수 있다. 그러므로 어려운 환자들의 치료에서 핵심이다. 심리도식 양식 개념을 사용하는 심리도식치료에서 모든 치료 기법은 항상 환자의 현재 감정 양식에 맞추어 적용한다. 환자가 새로 접하게 되는 정보는 영향을 미치지 않을 것이기 때문에 충분히 활성화되지 않은 양식을 가지고 작업을 한다는 것은 이치에 맞지 않는다. 현재 활성화된 양식을 가지고 작업하는 것은 심리도식 양식과 실제 심리도식 둘 다 알아차리고 변화시킬 수 있도록 돕는다.

사례 **필립-과잉보상 양식을 대면하기**

치료자는 우선 30분 동안 필립의 과잉보상 양식을 자세히 들여다보고, 이에 대해 직접적으로 언급한다. "필립 씨, 저는 당신이 사회 불안증 때문에 고통스러워한다는 것을 잘 알고 있습니다. 그러나 흥미롭게도, 지금 치료를 하는 동안은 이런 공포가 전혀 드러나지 않는 것처럼 보입니다. 심지어 우리가 이런 공포에 대해 직접 말을 하는 상황에서도 당신은 매우 동떨어지고 지배적인 것처럼 보입니다. 이런 모습은 당신이 저에게 말한 불안과는 꽤나 상반되는 모습입니다. 어쩌면 당신은 불안에 대한 과잉보상을 보여 주는 것처럼 여겨집니다. '과잉보상'이라는 용어에 대해 혹시 아십니까? 과잉보상을 한다는 것은 자신의 문제와 반대인 상황이 마치 진짜인 것처럼 행동하는 것을 말합니다. 타인에게 자신이 괜찮은

듯 상황을 통제하거나 전혀 걱정이 없어 보이는 모습을 타인들에게 보여 주려는
것을 말합니다. 자신이 지금 과잉보상하고 있을 가능성이 있다고 생각합니까?"

사례 베티-다른 종류의 양식들에 대한 다른 반응들

　베티와 같은 경우, 치료자는 베티의 분노를 타당화하는 것에 초점을 맞춘다.
베티와 치료자가 이미 서로 잘 알기 때문에, 베티가 타인들에게 분노를 느끼는 것
을 잘 허용하지 않는다는 사실을(요구하는, 죄책감을 유발하는, 처벌하는 부모
양식) 잘 인식하고 있다. 그러므로 치료자는 베티의 이런 처벌하는 부모 양식을
멈추게 하려고 한다. "베티, 예상치 못하게 의자도 없는 어두운 복도에서 치료자
를 기다리게 된 것에 대해서는 절대적으로 화낼 권리가 있어요! 저에게 화를 내
서는 안 된다고 말하는 처벌하는 부모 양식이 틀렸어요!" 이렇게 해서 베티는 치
료자가 제시해 주는 모델을 내재화하면서 자신의 삶의 다른 부분에서도 처벌하
는 부모 양식을 제한하는 방법을 배운다. 마침내 치료시간 중간에 치료자는 취약
한 아이 양식과 연관된 슬픔의 감정에 주요 초점을 맞춘다. 심리도식 이론 모델
의 핵심 포인트는 환자들이 자신의 심리도식을 치유하기 위한 감정적 지지를 받
아들이는 것(그리고 안전 애착 형성)을 배우는 것이다. 치료 기법 수준에서 보면,
버림받음의 감정에 초점을 맞춘 심상 작업이 베티에게 적합할 것이다. 대안으로,
분노를 표출하는 것과 처벌하는 부모 양식을 제한하는 것에 초점을 둔 의자기법
또한 그녀에게 적합할 수 있다.

　양식 모델은 현재 환자가 겪고 있는 문제들과 치료시간 동안에 환자와 상
호작용하는 것에도 직접 연결을 제공한다. 이 모델은 환자의 증상들과 문제
들을 다른 양식들과 연결시켜 준다. 다음 장들은 어떻게 환자의 문제가 양식
사례 개념으로 개념화될 수 있는지 설명하고, 어떤 개입 전략들이 어떤 양식
에 적합한 것인지 알려 줄 것이다.

5. 자주 묻는 질문들

(1) 심리도식치료에서 왜 정확히 18개의 심리도식으로 분류를 하나요?
    15개나 20개가 될 수는 없나요?

심리도식의 종류와 구조는 체험적으로 발견하는 것이며, 임상적 관찰에서
비롯된 것입니다. 정확히 18개의 심리도식만 존재하고 있다는 것에 대한 명
확한 실증적 증거는 없습니다. 어떤 연구자들은 18개의 심리도식들 중 한두
개를 아직도 발견하지 못한 사람도 있는 반면, 다른 연구자들은 18개에 한두
개의 심리도식을 추가했습니다. 전반적으로, 심리도식 질문지에 대한 심리
측정적 연구는 요인 구조와 18개의 양식 개념 사이에 적합성이 있다고 합니
다(Oei & Baranoff, 2007). 그러나 심리도식 질문지에 대한 모든 해석에서 이
런 주장이 나오지는 않습니다. 그래서 다른 요인 구조가 더 실증적으로 적합
할 수도 있습니다.

(2) 심리도식과 기본 가정과의 차이는 무엇인가요?

기본 가정이라는 개념보다 심리도식의 개념의 폭이 더 넓습니다. 기본 가정
은 주로 (의식적인) 인지적 측면을 포함하고 있다면, 심리도식은 감정적 · 대인
관계적 · 행동적 측면은 물론 무의식적 혹은 내현적 정보까지 포함하고 있습
니다.

(3) 다른 종류의 심리도식들 사이에 위계적인 관계가 있는 것 같습니다.
    예를 들어, '복종'이라는 심리도식은 순종적 심리도식 대처의 일부분인
    것으로 알고 있습니다. 이런 다른 요소들이 어떠한 연관을 가지고 있
    나요?

심리도식 개념은 모든 심리도식이 거의 같은 수준에 존재한다는 의미를

내포하고 있습니다. 그러나 단절 및 거절 영역의 심리도식들은 특성상 좀 더 '1차적'이 되는 것으로 보입니다. 타인 중심성 영역의 심리도식들은 전형적으로 '2차적'인 대처 패턴입니다. 이런 심리도식들의 연관성은 아직 제대로 언급된 적이 없습니다. 그러나 양식 모델에서 부모와 아이 양식들은 가장 주된 양식으로 여겨지며, 다른 대처 양식들은 부모와 아이 양식과 연결된 감정적 고통에 대처하고자 사용하는 2차적인 패턴입니다. 그래서 다른 종류의 양식들 사이의 관계는 다른 심리도식들 사이의 관계보다 더 명확하게 정의할 수 있습니다.

(4) 심리도식과 심리도식 양식 사이의 정확한 차이점은 무엇인가요? 처벌은 심리도식일 수 있는데, 또 처벌하는 부모 양식도 있습니다. 차이점을 아는 것이 필요한가요?

어떤 경우에는 심리도식과 심리도식 양식이라는 개념은 쉽사리 분리하기가 어렵습니다. 가장 큰 차이점은 양식 모델은 늘 다른 심리도식 상태에 초점을 맞춘 것이라는 점입니다(자아 상태 개념을 닮은). 강렬한 감정 상태가 한 심리도식과 연관이 있거나, 특성상 감정적 성향이 덜한 심리도식 대처 패턴과 연관이 있을 수도 있습니다. 심리도식들이 특정한 상태보다 더 폭넓은 특질들을 설명하기 때문에 심리도식 모델에서 이런 차이점은 덜 중요합니다.

(5) 긍정적인 심리도식은 어떤가요? 실제로 존재합니까?

실험 심리학에서 심리적으로 건강한 사람들의 정보 처리 과정을 설명하기 위해 처음으로 심리도식 개념이 만들어졌습니다. 모든 사람은 어린 시절에 심리도식을 형성합니다. 세상, 자신, 타인, 대인관계 등의 표상들입니다. 잘 돌보아 주는 부모님 밑에서 자란 아이들은 자기 심리도식을 형성할 때, 자신을 가치 있고 사랑받을 만한 사람으로 그리고 타인에 대한 심리도식도 기본적으로 친근하고(현실적 한계 내에서) 신뢰할 만한 심리도식으로 발달시킬 가능성이 높습니다.

　그러나 비록 건강한 어른과 행복한 아이의 건강한 양식들도 정의가 되어 있긴 하지만, 부적응적 심리도식이나 양식보다는 특징이 덜 두드러지기에 심리도식치료의 개념들은 주로 부정적이고 역기능적인 심리도식이나 양식에 초점을 맞춥니다. 하지만 양식 개념은 다른 많은 접근 방식과 통합할 수 있습니다. 치료자들은 긍정적인 심리도식과 양식을 자신들이 선호하는 임상적 접근 방식에 따라서 치료에 포함시킬 수 있습니다. 이 책에서 제시하는 심리도식치료적 접근 안에서 긍정적 심리도식들에 대해서 정의 내리고 시험하는 작업이 이제 막 착수되었습니다(Lockwood & Perris, 개인 교신).

CHAPTER 02

양식 개념

　　　　　　　처음 심리도식 양식의 모델이 개발되었을 때, 영 박사 등(Young et al., 2003)은 심리도식 양식들을 10개의 다른 심리도식 양식으로 분류했다. 더 발전되고 확장된 심리도식 양식 모델은 네덜란드의 아누드 아른츠와 데이빗 번스타인(Arnoud Arntz and David Bernstein at Maastricht University in The Netherlands) 등이 설명하고 확립했다. 아른츠와 번스타인 등은 다른 흔한 성격장애 진단들도 다루기 위해 양식 개념을 더 확장시켰다. 현재 밝혀진 심리도식 양식들 중 대부분은 심리도식 양식 질문지(Schema Mode Inventory: SMI; Lobbestael et al., 2010)를 이용해서 자기 보고를 통해서 평가할 수 있다. 하지만 기존의 심리도식 모델과 매우 비슷하게, 심리도식 양식 모델은 체험적인 접근이라고 여겨야 하며, 더 확장되고 더 발달할 가능성이 열려 있다. 이 장에서는 18개의 심리도식 양식이 소개된다(〈표 2-1〉에서 전반적인 개요를 볼 수 있고, 더 상세한 내용은 〈표 2-2〉에서 볼 수 있다). 이 중에서 14개의 심리도식 양식은 심리도식 양식 질문지를 이용해서 파악하며(Lobbestael et al., 2010), 나머지는 번스타인(Bernstein et al., 2007)의 설명을 인

용한다. 현장에서 이뤄지는 임상 치료에서는 다른 종류의 양식들이 결합되어
서 나타날 뿐 아니라 심리도식 양식들이 다양하게 변형되어서도 나타난다.

1. 심리도식 양식의 개요

일반적으로 역기능적 심리도식 양식을 세 가지로 분류하고 있다(〈표 2–1〉

표 2–1 양식 분류–개요	
역기능적 아이 양식	
외로운, 버림받음/학대, 굴욕적인/열등한, 의존적인 아이 양식	
성난, 고집스러운, 울화통 터진, 충동적인, 훈육 안 된 아이 양식	
역기능적 부모 양식	
처벌하는 부모 양식	
요구하는 부모 양식	
역기능적 대처 양식	
굴복	순종하는 굴복자 양식
회피	분리된 보호자 양식
	회피하는 보호자 양식
	성난 보호자 양식
	분리된 자위자 양식
과잉보상	자기과시자 양식
	관심 추구 양식
	완벽주의적 과잉통제 양식
	편집증적 과잉통제 양식
	위협 양식
	속이고 조종하는 양식
	포식자 양식
기능적, 건강한 양식	
행복한 아이 양식	
건강한 어른 양식	

| 표 2-2 | 심리도식 양식 |

역기능적 아이 양식	
취약성	**외로운 아이** 외로운 아이처럼 느낀다. 가장 중요한 욕구들이 대체적으로 충족되지 못했기 때문에 환자는 정서적으로 공허하고, 외롭고, 사회적으로 수용되기 어렵고, 사랑받지 못하고, 사랑스럽지 않다고 느낀다. **버림받고 학대받은 아이** 매우 큰 정서적 고통감, 버림받음과 학대의 두려움을 느낀다. 길을 잃은 아이의 감정, 즉 슬픔, 두려움, 취약함, 무방비감, 절망감, 궁핍감, 희생된 느낌, 무가치감, 상실감 등을 느낀다. 환자는 취약하고 아이처럼 보인다. 그들은 희망이 없고 혼자라고 느끼며 자신을 돌봐 줄 어른과 같은 중요한 대상을 찾으려고 집착한다. **굴욕적인/열등한 아이** 버림받고 학대받은 아이 양식의 하위 유형: 버림받은 느낌은 덜하지만 대신 어린 시절 가정 안팎의 경험과 관련된 굴욕감과 열등감을 느낀다. **의존적인 아이** 어른이 갖는 책임감에 대해 무능감과 압도감을 느낀다. 강한 퇴행 경향을 보이고 돌봄을 받고 싶어 한다. 자율성과 독립성 발달의 결여와 관련이 있고 종종 권위적인 양육으로부터 생겨난다.
분노	**성난 아이** 핵심 정서적(또는 신체적) 욕구가 충족되지 않으며 강한 분노, 격노, 격앙, 불만, 짜증을 느낀다. 학대로부터 대항하고 억압된 분노를 부적절한 방식으로 터뜨린다. 특권적인 또는 버릇없는 요구를 하며 타인과 멀어질 수 있다. **고집스러운 아이** 성난 아이의 하위 유형: 분노를 느끼지만 직접 드러내지 않고 불합리한 요구나 자율을 침해하는 요구에 대해 수동적으로 저항한다. 타인으로부터 환자는 고집스럽고 완고하게 느껴진다. **울화통 터진 아이** 타인을 해치거나 물건을 손상시키는 것과 같이 통제할 수 없는 공격성의 결과로 인한 강렬한 격노를 느낀다. 공격성은 통제할 수 없는 수준으로 나타나고 울화통 터진 또는 통제할 수 없는 아이의 감정을 느끼면서 가해자를 향해 소리를 지르거나 행동화된다.

규율 부재	충동적인 아이 자신이나 타인에게 미치는 영향을 고려하지 않고 자신의 욕망이나 충동에 따라 이기적이고 통제되지 못하게 행동한다. 주로 단기적인 희열을 지연시키지 못하고 버릇없게 보인다. 욕구 만족이 되지 않은 것에 대해 저항한다. 훈육 안 된 아이 일상적인 일이나 지루한 업무를 완수하지 못하고 금방 불만을 갖거나 쉽게 포기한다.
역기능적 부모 양식	
처벌	처벌하는 부모 어린 시절 자신의 감정이나 일반적인 욕구를 표현하였을 때 벌을 받으며 자신을 비난하고 처벌하는 부모 또는 양육자의 내재화된 목소리로 자기 자신에게 분노하고 벌 받아야 마땅하다고 생각한다. 이 양식의 말투는 냉혹하고 비난적이며 자신을 힘들게 한다. 증상이나 징후로는 자기 혐오, 자기 비난, 자기거부, 자해, 자살 충동 그리고 자기파괴적인 행동들로 나타난다.
비난	요구하는 부모 과도하게 높은 기준을 충족시키기 위해 아이를 지속적으로 밀어붙이고 압박한다. 인정받기 위해서는 높은 지위를 갖기 위해 노력하고, 자신의 욕구보다 타인의 욕구를 더 우선시하며, 효율적으로 시간을 낭비하지 않는 등 완벽하고 과도한 성취를 해야 된다고 생각한다. 자신의 감정을 표현하는 것이 잘못됐다고 생각한다.
역기능적 대처 양식	
굴복	순종하는 굴복자 수동적이고, 굴복하고, 순종적이며 안심 추구 또는 타인과의 갈등이나 거부에 대한 두려움으로 인해 자기 비난적인 태도를 보인다. 학대를 수동적으로 받아들이고 건강한 방식으로 욕구가 충족되지 못한다. 자기패배적인 심리도식 패턴을 유지시키는 상대를 고르거나 행동한다.
회피	분리된 보호자 정서적 분리를 통하여 심리도식의 고통으로부터 심리적으로 철수한다. 환자는 모든 감정을 느끼지 못하고 타인과 연결되지 못하고 도움을 거부하며 로봇과 같이 기능한다. 증상이나 징후로는 이인화, 공허함, 지루함, 약물 남용, 폭음, 자해, 신체화 증상, '텅빈 느낌'으로 나타난다. 회피하는 보호자 이 양식에서는 행동적인 회피가 중요시된다. 사회적 상황, 갈등 상황을 피한다. 정서 전반이나 강렬한 감각, 자극적인 활동을 회피한다.

성난 보호자

자신을 위협으로 감지되는 대상으로부터 보호하기 위하여 '분노의 벽'을 만들고 안전한 거리를 두기 위해 짜증이나 분노를 나타낸다. 이 양식을 가진 몇몇의 사람은 타인과 거리를 두기 위해 불만을 표현하기도 한다.

분리된 자위자

자신을 위로하고 자극하거나 분산시킬 수 있는 활동을 하면서 감정을 차단한다. 이러한 행동들은 과다업무, 도박, 위험한 스포츠, 문란한 성관계 또는 약물 남용과 같이 주로 중독 또는 충동적인 방식으로 행해진다. 어떤 환자들은 컴퓨터 게임, 과식, TV 시청 또는 공상과 같이 자극적인 활동보다는 스스로 자위하는 것에 더 관심을 갖기도 한다.

과잉 보상	자기과시자

자기과시자

경쟁적이고 과대하며 폄하적, 학대적 또는 지위를 추구하는 방식으로 자신이 원하는 것을 얻거나 유지하려고 행동한다. 완전히 자신에게 몰두하고 타인의 감정이나 욕구에 대해 공감하지 못한다. 우월함을 나타내고 특별한 대우를 받기를 기대한다. 모든 사람한테 적용되는 규칙을 따라야 한다고 생각하지 않는다. 존경받기를 원하고 자랑하는 것을 좋아하거나 자기과시적인 방식으로 행동하면서 자신을 부풀리려고 한다.

관심 추구

타인의 관심과 인정을 받기 위해 과장되고 부적절한 방식으로 행동한다. 기저에 있는 외로움 또는 인정받지 못한 것에 대해 보상받으려 한다.

과잉통제

주의 집중, 반추, 과도한 운동을 통해 위협으로부터 자신을 보호하려고 한다. 두 가지의 하위 유형으로 구분된다.

−완벽주의적 과잉통제

통제를 하여 불운이나 비난받는 것을 막기 위해 완벽주의에 몰두한다.

−편집증적 과잉통제

경계하고 다른 사람의 악의를 감지하려 하며 불신을 가지고 다른 사람의 행동을 통제하려고 한다.

위협

자신이 원하는 것을 얻기 위해 또는 위협으로부터 자신을 보호하기 위해 공격, 모욕, 위협을 한다.

속이고 조종하는
특정 목적을 달성하기 위해 속이거나 거짓말 또는 조작을 하며 타인에게 해를 끼치거나 처벌받는 상황을 피하려 한다. 이 양식은 범죄자들한테 주로 나타나며, 자신이 원하는 것을 얻기 위해 타인을 속이고 조종하려고 하는 자기애적 성향을 가진 사람한테도 나타난다.
포식자
위협, 경쟁자, 장애물 또는 적을 냉혹하고 무자비하며 그리고 계산적인 방식으로 제거하는 것에 중점을 둔다. 뜨거운 공격성을 보이는 위협 양식과 대조적으로 포식자 양식은 차갑고 무자비한 공격성을 보인다. 이 양식은 사이코패스 성향을 가진 사람들한테 나타난다.
기능적, 건강한 양식
행복한 아이
핵심 정서적 욕구가 충족되었기에 평온함을 느낀다. 사랑받는, 만족감, 연결됨, 충족된, 보호받는, 칭찬받는, 가치 있는, 양성된, 지도받은, 이해받은, 인정받는, 자심감 있는, 유능한, 자율적인, 자립적인, 안전한, 회복력 있는, 통제된, 적응적, 긍정적 그리고 자발적이라고 느낀다.
건강한 어른
일, 양육, 책임을 이행하는 것과 같이 적절한 어른의 기능을 한다. 성적 · 지적 · 미적 · 문화적 관심, 건강 관리, 운동과 같이 즐거운 어른의 활동을 추구한다.

참조). 즉, 역기능적 아이 양식, 역기능적 부모 양식, 역기능적 대처 양식이다. 그리고 대처 양식은 굴복, 회피, 과잉보상의 대처 방식에 따라 관련된 양식들로 분류된다. 행복한 아이와 건강한 어른 양식은 환자의 건강하고 기능적인 측면들이다. 환자의 현재 양식을 진단하고 이해하려면, 첫째로 양식의 일반적인 유형을 이해하는 것이 도움이 되고, 그 뒤에 더 구체적인 측면을 살펴보는 것이 좋다. 〈표 2-2〉에서는 각각 다른 양식들을 더 상세하게 다루고 있다.

1) 역기능적 아이 양식

아이 양식은 환자의 현재 상황에 적합하지 않은 스트레스를 받고 압도감, 부정적이고 격렬한 감정 등을 겪을 때 나타난다. 이 감정들은 불안, 절박함, 무기력, 외로움, 버림받은 느낌, 또는 높은 위협감 등으로 이뤄진다. 그러나 분노, 화 등의 '뜨거운' 감정들도 아이 양식의 일부일 수 있다. 이런 감정 상태를 겪을 때, 환자들에게 자신이 몇 살로 느껴지냐고 물어보면, 이들은 전형적으로 '어린아이가 된 것처럼' 느껴진다고 말한다. 어떤 환자들은 자신이 '느끼는 나이'가 제법 정확하게 느껴질 수도 있고, 어떤 환자들은 그렇지 않을 수도 있다. 환자들이 일반적으로 많이 말하는 것은 '매우 어린, 마치 아기처럼' 느껴지거나 '유치원 나이' 정도의 혹은 가끔은 '10대 초반(12~13세 정도)'이다.

아이 양식들은 크게 두 가지로 나눌 수 있다. 하나는 취약한 아이 양식이다. 취약한 아이 양식은 슬픔, 절망, 버림받음의 감정이 특징적으로 나타난다. 또 다른 하나는 울화통 터진 또는 충동적인 아이 양식이다. 이 양식은 분노, 화, 훈육 안 된, 고집이 센 것과 같은 특징으로 정의 내릴 수 있다.

모든 양식은 '외로운 라라' '절박하고 학대당한 마리아' '고집 센 톰' 등과 같이 그 심리도식 양식과 관련된 주요 감정과 연관해서 별명을 붙이기도 한다.

> 환자가 현재 아이 양식인지 알려면 몇 살로 느껴지는지 질문해 보면 된다. 아이 양식에서 당사자가 인식하는 나이는 현저히 줄어든다.

2) 역기능적 부모 양식

아이 양식처럼 역기능적 부모 양식은 부정적인 감정들과 연관되어 있다.

그러나 아이 양식과는 달리, 부모 양식은 중압감, 자기 증오, 자기 비난으로 특징지을 수 있다. 아이 양식은 원초적인 욕구와 감정들과 연결되어 있다면, 부모 양식은 이에 뒤따르는 부수적인 양식들이다. 심리도식치료의 측면에서 부모 양식은 환자가 부모의 도덕적인 태도와 행동들을 내재화한 것이라고 가정한다. 이런 부모 양식이 가동되면, 환자들은 자기 자신에게 매우 극심하고 과도한 부담을 준다. 역기능적 부모 양식은 역기능적 결과(=초자아), 처벌하는 부모 양식으로 비롯되는 도덕과 관련해서 지나치게 자신을 처벌하는 행동, 요구하는 부모 양식에서 비롯되는 지나치게 높은 이상으로 구성된다. 환자가 자신에 대해 가지는 인식이나 감정들이 자기 증오, 과소평가하는 것과 많이 연관되어 나타나면, 이는 환자가 처벌하는 부모 양식을 갖고 있다는 것을 말해 준다. 처벌하는 부모 양식을 강하게 가지고 있는 환자들은 '나는 나빠.' '나는 끔찍한 사람이야.' '나는 괴물이야.' '나는 쓰레기야.' 등과 같은 생각을 한다.

  '요구하는' 부모 양식은 자기 자신에게 높은 중압감을 부여하거나 높은 기준을 갖는 것이 특징이다. 그러나 그렇다고 해서 이 양식들이 아주 깊은 자기 증오로 꼭 구성되는 것은 아니다. 요구하는 부모 양식을 가지고 있는 사람들은 '내가 이 일들을 모두 성공적으로 수행해 내지 않으면 휴식 시간을 가질 가치도 없는 거야.' '기대했던 것처럼 이 일을 끝내지 못하면 나는 직장을 잃게 될 거야.' '나는 가장 높은 점수를 받아야 해. 아니면 나는 실패한 거나 마찬가지야.'와 같은 생각을 한다. 요구하는 부모 양식의 요구 사항들이 각기 다른 측면의 성취나 행동과 연관이 될 수 있다는 것을 명심해야 한다. 요구하는 부모 양식의 요구 사항들이 환자의 삶 속에서 어떤 영역과 연관되어 있는지를 파악하는 것도 중요하다. 어떤 때는 성취의 영역(보통 직업적인)에 주요 초점이 맞춰져 있을 수도 있고, 환자가 타인들과의 관계에서 하는 행동에 초점을 맞춘 것일 수도 있다.

(1) 성취에 초점을 둔 요구하는 부모 양식

이 양식을 가지고 있는 사람들은 직업적인 혹은 교육적인 측면에서 자신이 기대하는 성취를 하지 못할 경우에 실패감이나 중압감을 주로 경험한다. 이들의 목표는 타인들보다 더 나은 사람이 되는 것이고, 모든 일을 정확하고 완벽한 방식으로 하는 것이다. 이 양식을 가지고 있는 사람들에게는 높은 수준의 성취가 최우선으로 중요하다. 이 사람들의 배경을 들여다보면 지나치게 많은 것을 강요하는 부모들, 엄격한 선생님, 승부욕이 지나친 훈련 코치 등의 과도한 요구를 하는 부모상을 가진 인물들과 함께 살았다는 보고를 하기도 한다. 어떤 경우에는 부모들이 이 사람들의 어린 시절에 그렇게 강요를 하지는 않았지만, 부모 스스로가 극심하게 성취를 위해 노력하는 모습을 보여 주면서 자녀에게 간접적인 영향을 미쳤을 가능성도 있다. 이런 부모들의 경우, 매우 높은 기준을 자신들에게 적용했을 것이다.

(2) 감정과 사회적 행동에 초점을 둔 처벌하는(죄책감을 유도하는) 부모 양식

이런 유형의 처벌하는 부모 양식은 환자들의 대인관계 상황들에서 보이는 행동과 주로 관련이 있다. 이 양식을 가지고 있는 사람들은 전형적으로 타인들을 위해 자기희생을 해야 한다고 생각하며, 타인들의 삶의 질을 높이기 위해 늘 신경 써야 한다고 생각한다. 자신의 욕구를 충족하는 행동이 타인들의 이익을 어떤 방식으로라도 해치게 될 거라고 생각하면 용납하지 못한다. 이런 종류의 처벌하는 부모 양식이 있는 사람들이 타인의 욕구보다 자신의 욕구를 우선시하거나 타인들이 요구하는 부분에 대해서 한계를 그을 때, 자신이 매우 이기적이라고 생각하고 죄책감을 느끼게 된다. 가족 배경을 보면, 몇몇 환자는 어렸을 적에 자신이 어떤 특정한 방식으로 행동을 하지 못했을 경우에 엄마나 다른 가까운 사람이 매우 화가 난 모습을 눈에 띄게 드러냈던 것을 기억해 낸다. 이런 엄마들은 우울증을 겪거나 만성적인 질병이 있었을 수도 있고, 환자들이 오히려 아이이면서도 엄마를 돌보는 역할을 했을 수도 있다. 이렇게 부모화하는 것은 아이로서 부모의 상태를 늘 걱정하거나 혹은 심지어 안 계시거나, 가정에 신경을 쓰지 않는 아버지에게 엄마의 감정적 대변인이 되는 행동 패턴과 연결되어 있다. 이런 처벌하는 양식을 가지고 있는 환자들은 종종 "내 배우자나 남자친구에게 무언가 하기 싫다고 말하는 것이 거의 불가능해요. 그러면 그들이 언짢아질 거니까요." "내 주변 모든 사람이 행복하다고 느끼는 것은 나에게 매우 중요한 일이에요."라고 말하곤 한다. 어쩌면 어릴 적에 부모님의 무언의 행동이 죄책감을 유도했을 수도 있다.

사회복지 분야에 종사하는 간호사, 심리치료사, 사회복지사 등은 이런 죄책감을 일으키는 부모 양식을 가지고 있는 경우들이 종종 있다. 특정 범위까지는 이 양식이 자신이 하는 일에 도움이 될 수도 있고, 이런 종류의 직업들에 있어서는 필요 조건이 될 수도 있다. 왜냐하면 이 양식이 가동되면 사람들은 이런 일에 매우 높은 사명감을 갖게 되고, 타인들을 돕는 것에는 이 양식이 가장 적합하기 때문이다. 하지만 이 양식으로 인해서 사람들이 거의 소진 상태까지 이르거나 과도하게 일에 빠지게 되면 역기능적인 양식이 된다. 이 양식을 가지고 있는 사람들은 이와 비슷하게, 타인들에게 상처를 주고 싶지 않거나 타인들이 떠맡아야 할 큰 책임을 자신이 짊어지고, 불쾌한 일을 자신의 환자 혹은 보호 대상자들에게 직면시키는 것을 꺼려 한다. 이로 인해서 환자들은 자기 자신에 대해서 더 책임감을 가질 수 있는 기회가 없어진다. 전반적으로 이 양식을 가진 사람들이 타인들을 대하는 것에 있어서 한계를 잘 긋지 못하거나 과도한 스트레스를 받게 되면 역기능적인 양식이 된다.

부모 양식 뒤에 숨겨진 것들을 밝혀내려면, 환자가 누구의 말을 듣는 것처럼 느끼는지 혹은 어떤 사람과 말하고 있다고 느끼는지 물어보는 것이 도움이 된다. 종종 환자들은 (죄책감을 일으키는 자기 마음의 생각이) 자신의 어머니, 아버지, 할머니, 유도 코치, 반 친구, 목사님 등의 목소리로 들린다고 말하기도 한다.

역기능적 부모 양식들은 자기 자신에게 과도한 압박을 가하고, 그로 인해 자기 증오, 죄책감, 실패자가 된 느낌을 받는 것이 특징이다. 요구하는 부모 양식은 주요하게 성취와 연관될 수 있다. 처벌하는 부모는 도덕적 가치와 연결되어 있고, 또한 사람들과의 관계와 종종 연관되어 있다. 이 양식 뒤에 내재된 가족 구도를 보려면, 환자에게 누구의 목소리를 듣는지 물어보면 된다.

3) 역기능적 대처 양식

역기능적 부모 양식이나 역기능적 아이 양식과는 달리, 이들과 관련된 대처 양식들은 보통 강렬한 감정을 동반하지 않는 것이 특징이다. 보통 아이 양식이나 부모 양식과 연결된 감정에 환자가 굴복하거나, 회피하거나, 과잉보상을 할 때의 상태를 설명하기 위해 대처 양식의 개념을 사용한다. 이 양식들은 양식과 관련된 감정을 통해 확인할 수 있는데, 이때의 감정은 다른 양식이 활성화될 때 보다 덜 부정적이고 강도 또한 약하게 나타난다. 짧게 보면, 환자들은 대처 양식의 사용을 통해 부정적인 감정과 분리되거나 흥분으로 자극받거나 침착해지는 활동으로 인해 순간순간 안도감을 느낄 수 있다. 그러나 장기적인 관점으로 보면, 대처 양식들은 환자 자신과 타인들에게 부정적인 영향을 미치기 때문에 문제와 스트레스를 유발한다. 순종하는 굴복자 양식이 가동되면, 회피하거나 과잉보상하는 다른 대처 양식일 때보다 아이나 부모 양식과 연관되는 감정과 욕구들을 훨씬 더 강력하게 느낄 수 있다. 환자들이 이러한 대처 양식에 있을 때, 자신이 몇 살인 것처럼 느껴지냐고 질문하면, 이들은 전형적으로 어린 연령대의 나이를 말하기보다는 자신의 실제 나이를 말하는 경향이 있다. 그럼에도 불구하고 우리는 대처 양식들을 어린 시절에 어렵거나 벅찬 상황에 대처하기 위해 만들어 낸 생존 전략들로 본다. 몇몇 양식은 그때 당시에는 실제로 유용했을 것이다.

> 대처 양식에서는 환자들이 부모 양식이나 아이 양식일 때만큼 감정적으로 고통스러워하지는 않는다. 그러나 대처 양식들은 장기적인 측면에서 언젠가는 문제를 일으키게 된다. 대처 양식일 때, '체감하는' 나이를 물어보면 대부분의 환자는 자신의 실제 나이를 말하는 편이다.

(1) 굴복하는 대처 양식

순종하는 굴복자 대처 양식에서 환자들은 타인들의 소망이나 욕구에 완전히 순종한다. 타인들을 위해 자기희생을 하는 행동이나 타인들이 자신을 부당하게 대하거나 학대하는 것을 받아들이는 것도 모두 포함된다. 환자들은 타인들이 요구하는 일들을 대부분 받아들이고, 자신이 타인들에게 해 줄 수 있는 일들에 한계를 긋는 것은 거의 불가능하다고 생각한다. 이런 양식에 있을 경우, 사람들은 의존적인 행동 패턴을 나타내기도 한다.

사례 **순종하는 굴복자 양식**

에블린은 52세이며 강박증이 있고, 의존적 성향이 높은 비서이다. 최근에 에블린은 강박증 치료를 위한 직면 치료를 받기 위해 내원하였다. 현재 에블린의 대인관계들을 살폈을 때, 에블린은 요즘 자기 애인이 공격적인 성향을 보이고 도를 넘어선다고 한다. 에블린은 자신의 애인을 두려워하기 때문에 애인이 자신을 이렇게 대하는 것을 그냥 받아들인다. 그리고 항상 자신의 애인이 기뻐할 방향으로 행동한다(애인이 좋아하는 방식으로 옷을 입고, 애인의 스케줄에 자신의 스케줄을 맞추고, 애인이 하라는 행동들을 모두 한다). 치료자가 에블린의 이런 순종하는 행동 패턴에 대해서 질문을 하자, 에블린은 그런 행동들을 할 수밖에 없고 다른 차선책이 없다고 한다. 그녀의 강박증 증상은 가끔 에블린의 굴복하는 대처 양식의 걸림돌이 되기도 한다. 강박증 때문에 에블린의 애인은 에블린의 집에서 자고 가지 못할 때도 있고 혹은 애인을 만나기 위해 에블린이 나가지 못하는 등의 일이 종종 생긴다. 에블린의 굴복 패턴을 강박증이 어느 정도의 한계를 짓는 경향이 있지만, 에블린의 행동들은 순종하는 굴복자 양식이라고 개념화할 수 있다.

(2) 회피하는 대처 양식

회피하는 대처 양식의 가장 주요한 특징은 이름 자체에서 볼 수 있듯이 심리도식이나 부모 양식, 아이 양식 중 하나와 관련된 감정을 회피하는 것이다. 좁게 보면, 사교적인 모임을 피하거나, 사람들을 만날 때 술이나 다른 약물 등을 사용하면서 대인관계의 상황에서 동반되는 감정들이나 이러한 감정을 유발하는 요소들을 일반적으로 회피할 수 있다(회피하는 혹은 분리된 보호자 양식). 몇몇 환자는 폭식하거나, TV를 보거나, 환상을 꿈꾸는 것과 같이 진정시키는 행동들을 하거나(분리된 자위자 양식), 스릴 있는 컴퓨터 게임, 자극적인 약물 복용 등과 같이 더 자극적인 행동을 하기도 한다(자기 자극 양식).

다른 한편으로, 환자들은 특정한 방식으로 사회적인 상황에서 '진짜' 타인과 교류해야 하는 상황을 피하기 위해 오히려 더 활발하게 행동할 수 있다. 어떤 환자가 치료를 받으면서 과도하게 항의를 하지만, 다른 상황에서는 그렇게 심하게 손상받는 것으로 보이지는 않는다. 타인들은 매우 화난 것처럼 보일 수 있고, 이를 통해 치료자와 자신과의 거리를 떨어뜨리는 결과를 초래하기도 하지만, 이렇게 성난 것은 '진짜' 감정과는 연관이 없다(성난 보호자 양식).

사례 분리된 보호자 양식

제인은 28세 환자이며 경계성 성격장애 때문에 치료를 받으러 왔다. 치료 첫 시간에 제인은 매우 친근감 있고 쾌활한 성격으로 보였다. 잘 웃고 자신 자신과 자신이 살아온 인생에 대해서 선뜻 이야기를 잘 한다. 제인은 좋은 교육을 받고 자란 것으로 보이며, 상냥하고 자기 자신도 잘 돌보기 때문에, 누가 제인을 본다면 그녀가 그처럼 심각한 심리적 장애를 겪는다고는 절대 생각하지 못할 것이다. 그러나 치료 과정을 통하여 제인이 얼마나 사소한 것에도 감정적으로 자극을 받는지 매우 명확해진다. 보호시설이 있는 작업장에서 일을 하다가 매우 작은 실수를 하더라도 제인은 분노, 불안, 긴장감 등을 극심하게 경험하고, 이러한 감정을 술이나 약물의 남용 또는 대인 접촉의 회피를 통해서만 조절할 수 있다고 여긴다. 제인의 자신감 넘치는 첫인상은 '분리된 보호자 양식'으로 개념화될 수 있다.

사례 **성난 보호자 양식**

캐롤라인은 48세 환자이며 두 번째 남편과는 암으로 사별했고, 수차례 아이를 유산한 적이 있다. 동료들이 학대를 하기도 하고, 아버지가 폭력적이었다. 2년 전 남편의 사망으로 홀로 남게 된 캐롤라인은 고통과 관련한 문제들을 위주로 여러 정신신체의학 클리닉을 방문해서 치료를 받길 원했다. 지난 10년 동안, 다양한 분야의 의사들에게 치료를 받았고, 모든 의사는 끝나지 않는 캐롤라인의 불평에 대한 신체적 원인을 자신들의 전문 분야에서 찾아내지 못했다. 몇몇 치료자와 의사들은 그녀에게 정신적인 문제가 있을 수도 있다는 제안을 하려 했으나, 캐롤라인은 계속해서 자신의 신체적 증상에 초점을 맞추고, 이런 제안을 받으면 매우 화난 태도로 반응했다. 캐롤라인은 자신이 받는 고통은 지속될 것이며 평생 똑같은 상태로 살 것이라고 한다. 자신에게 의학적으로 명확한 진단을 내려 주지 못한 모든 치료자와 의사에게 화가 나 있다.

그러나 한 물리치료사와 의사가 캐롤라인이 춤을 추거나 그림을 그리는 것처럼 긍정적인 기운을 주는 활동들을 하면 안정되고, 심지어 재미있어 한다는 사실을 알아챈다. 그래서 그중 한 명이 이런 뚜렷한 차이를 치료시간에 언급하자, 그녀는 다시 자신의 고통에 대해서 불평을 늘어놓는다. 캐롤라인의 관점에서는 '캐롤라인이 별로 고통스럽지 않다고 보는' 치료자에게 화가 난다. 제인의 성난 태도로 인해 치료자는 뒤로 밀려난 느낌이 든다. 이와 같이 자신의 고통 자체에 강렬히 집중하며 치료자가 이를 다루고자 할 때 분노감을 보이는 내담자의 반응은, 분노로 돌변하는 '성난 보호자 양식'이라고 개념화할 수 있다.

(3) 과잉보상하는 대처 양식

과잉보상하는 대처 양식이 활성화되면, 그 사람의 주변에 있는 사람들은 지배당하거나, 공격받거나, 무기력하거나, 어떠한 방식으로든 통제받고 있다는 느낌을 갖게 된다. 이는 자기애적 패턴의 전형이며, 환자가 계속해서 잘난 척을 하거나, 치료자의 말을 정정하면서 깎아내리거나, 치료자의 실력에 대해서 의심을 하거나, 치료시간에 주는 읽기 자료에 대해서 어떤 제안을 하는 등의 행동들로 나타난다.

또 다른 종류의 과잉보상은 타인들을 지배하기 위해 계획적으로 하는 공격적 행동이다. 법의학 관련 환자들의 경우, 이런 종류의 과잉보상은 비행 범죄와 연관이 있거나 타인들을 위협하거나 타인들을 속일 의도로 하는 교활하거나 공격적인 행동들로 발현되기도 한다.

① 순종하는 굴복자 대처 양식은 환자들이 자신의 욕구를 버리고 타인들이 원하는 것과 강요하는 것들에 굴복하고 따를 때 가동된다. 이 환자들은 자신의 욕구와 단절되어 있다.
② 회피하는 대처 양식은 좁은 관점으로 보았을 때는 회피를 하는 것이며, 회피하는 행동 패턴, 감정의 회피, 타인들과 연결을 회피하는 것 등이 포함된다.
③ 과잉보상 대처 양식은 환자가 취약한 아이 양식의 정반대 상황이 마치 진짜인 것처럼 행동할 때 가동된다.

2. 양식 모델로 사례 개념화하기

치료의 초기 단계부터 사례 개념화 작업을 진행한다. 이 과정에는 환자의 문제나 증상들, 대인관계 패턴, 문제가 되는 감정들, 관련된 환자의 과거 정보에 대한 정리 등이 포함된다.

사례 **필립의 양식 모델**

치료자는 치료의 첫 단계([그림 2-1] 참조)에서 필립(52~58쪽 참조)의 양식 모델을 만든다. 불안감, 불안전함, 수치심과 같은 감정들은 필립이 어린 시절에 반 친구들로부터 받은 감정이고, '어린 필립'의 취약한 아이 양식과 관련이 있다. 필립이 사람들과 대면하는 상황을 싫어하고, 사람들을 싫어하는 것은 성난 아이 양식으로 개념화할 수 있다. 필립을 따돌렸던 예전 반 친구들은 그가 수치심을 느

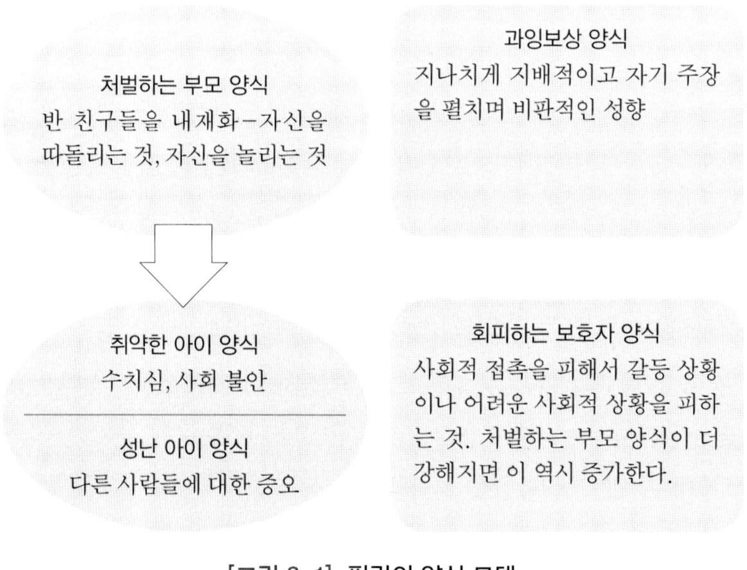

처벌하는 부모 양식
반 친구들을 내재화-자신을 따돌리는 것, 자신을 놀리는 것

과잉보상 양식
지나치게 지배적이고 자기 주장을 펼치며 비판적인 성향

취약한 아이 양식
수치심, 사회 불안

성난 아이 양식
다른 사람들에 대한 증오

회피하는 보호자 양식
사회적 접촉을 피해서 갈등 상황이나 어려운 사회적 상황을 피하는 것. 처벌하는 부모 양식이 더 강해지면 이 역시 증가한다.

[그림 2-1] 필립의 양식 모델

끼게 했고, 이 수치심은 처벌하는 부모 양식과 연결된다. 치료시간에 (혹은 필립의 생활 속 다른 시점에서) 나타나는 필립을 지배하려 드는 상호작용 패턴은 자기애적 과잉보상 양식으로 개념화할 수 있다. 자기애적인 패턴을 별개로 보았을 때, 필립의 가장 중요한 대처 전략은 회피하는 것이다. 필립은 자신이 비난받거나 거부당할 불안감에 대인관계를 빈번하게 단절해 왔으며 사교 모임에 종종 불참하기도 한다. 이러한 행동으로 인해 필립은 사회적으로 고립되었고, 이것은 악순환을 형성해서 필립의 사회 공포와 우울 증상은 더욱 커졌다. 필립의 회피하는 행동은 '회피하는/분리된 보호자 양식'으로 개념화할 수 있다.

심리도식과 심리도식 양식들은 자기 보고 질문지들(Bamelis et al., 2011; Lobbestael et al., 2010)을 통해서 평가할 수 있다. 그러나 자기 보고 질문은 질문 속에 각 환자에게 부여되는 특정한 양식의 구체적 의미에 대한 보다 질적인 정보를 묻지 않기 때문에 충분한 정보를 제공할 수는 없다. 더구나 사람들은 자신들에게 나타나는 양식에 대해 공개적으로 보고하는 것을 꺼려 할 수도 있으며, 혹은 양식 자체를 인식하지 못할 수도 있다. 질문지 정보와는 별개로 우리는 항상 ① 환자의 중요한 문제와 증상, ② 환자가 살아온 배경에 대한 정보, ③ 환자의 상호작용 패턴, ④ 환자가 치료를 통해 얻고자 하는 목표와 가지고 있는 기대치 등을 반영한 정보를 항상 필요로 한다.

1) 환자의 중요한 문제와 증상

우선, 환자가 주관적으로 가장 우려하고 있는 문제들과 증상들을 양식 모델에 비춰 봐야 한다. 여기에는 실제 정신장애 증상, 대인관계 문제, 일반적인 생활 문제, 상호작용 패턴 등에 포함될 수 있다. 환자가 말하는 여러 종류의 문제들과 증상들의 관계 또한 관련이 있다.

강렬한 우울이나 불안의 감정은 취약한 아이 양식의 전형적인 요소이다. 환자가 술이나 인터넷 게임을 통해 불안감이나 절박감을 무디게 만든다고 한다면, 이러한 불안과 절박함의 감정을 취약한 아이 양식으로 볼 수 있다. 환자가 술을 마시거나 게임을 하는 것은 분리된 양식 또는 자위자 대처 양식으로 볼 수 있다.

치료의 초기에 양식 모델을 효과적으로 형성하려면, 치료자는 자신이 필요한 정보를 직접적으로 물어야 한다. "방금 치료 받으시는 주 목적 중 하나가 직장에서 자신감을 더 갖기 위한 것이라고 했습니다. 어려운 상황들을 피하기 때문에 종종 자신이 실제로 가지고 있는 능력을 잘 보여 주지 못합니다. 이 문제와 자신의 어떤 감정이 연관되어 있는지 혹시 아십니까? 자신의 능력을 보여 줄 기회가 있음에도 불구하고 보여 주지 못하면 어떤 느낌이 듭니까? 그런 상황이 생기면 보통은 어떻게 행동합니까?"

몇몇 증상은 한 특정한 양식으로 설명 가능하다. 약물 남용, 해리, 병적 도박 등이 좋은 예라고 할 수 있다. 이들은 회피하는/자극하는 대처 양식과 연관이 있다. 비슷하게 강렬한 슬픔 그리고/혹은 불안은 항상 취약한 아이 양식과 연관 지을 수 있다.

하지만 때때로 다른 양식을 가진 다른 환자들에게 하나의 증상 또는 같은 증상이 나타나기도 한다(혹은 한 환자에게 여러 종류의 양식들이 나타난다). 경계성 성격장애를 겪고 있는 환자들 중 많은 경우는 자해 증상(자상을 내는 것)으로 자기 자신을 처벌하기도 한다고 말한다. 이런 경우에는 처벌하는 양식과 증상이 연결된다.

그러나 다른 경계성 성격장애 환자들의 경우, 해리 상태를 끝내기 위해 자해 행위를 하기도 한다. 환자에게 있어 자해 행위는 환자의 고통을 분리된 보호자 양식이 더 이상 감당할 수 없을 만큼 커졌을 때, 이로부터 벗어날 수 있는 장치가 되는 것이다.

또 다른 환자들은 자해 행위를 하면, 아이 양식과 부모 양식과 연관된 부정적인 감정들로부터 거리를 두는 데 도움이 된다고 한다. 대개 이런 환자들은 기분이 가라앉았을 때 자해를 한다고 하는데, 이는 그들의 자해 의식(어떤 환자는 촛불을 켜고 하고, 어떤 환자는 특정한 음악을 틀고 하기도 한다)이 불쾌한 감정을 중단하는 데 도움을 주기 때문이다. 이런 경우에 자해 증상은 실질적으로 분리된 보호자 양식의 일부분이다.

　조금 더 복잡한 이야기를 하자면, 가끔은 한 환자가 한 특정한 증상을 다른 역할을 하는 여러 종류의 상황들에서 느낀다. 이런 경우, 이 증상은 환자에게 있는 여러 종류의 양식들과 연관이 있다. 예를 들어, 어떤 환자는 앞에서 언급한 여러 상황에서 자해를 가할 수 있다. 심한 식이장애를 앓거나 또는 폭식을 간헐적으로 하는 환자들은 이러한 증상들을 스스로 벌하는 수단이라고도 한다. 이런 폭식이나 잘못된 섭식은 자기 자신에 대한 평가절하("폭식을 한 뒤, 내 자신에게 '이 뚱뚱한 돼지야. 죽을 때까지 그냥 먹어라.'라고 말해요.")와 고통(배가 아플 때까지 먹는다)과 관련이 있다. 이런 경우에 폭식은 처벌하는 부모 양식의 일부분이다. 그러나 이러한 증상을 호소하는 환자들은 다른 상황에서는 자신의 외로움과 감정적 허기를 채우기 위해 지나치게 많이 먹기도 한다. 이런 경우, 먹는 행위 또는 과식은 또 다른 형태의 자위자 대처 양식이라고 볼 수 있다. 이 증상은 양식 모델의 여러 다른 모델들과도 연결된다. 이러한 증상들의 치료에 있어 치료자와 환자는 이런 갑작스러운 상황에서 나타나는 문제가 어떤 양식과 가장 밀접하게 연관이 있는지 우선 알아봐야 한다.

　　몇몇 증상은 한 특정한 양식의 전형적인 요소들이다. 예를 들어, 해리 증상은 항상 회피하는 대처 양식과 관련이 있다. 그러나 다른 증상들은 환자 개개인 그리고/혹은 특정한 문제가 되는 상황에 따라서 다른 종류의 양식의 요소일 수 있다. 이런 연결 고리들은 치료자와 환자가 함께 꼭 알아내고 이해해야 한다.

2) 환자가 살아온 배경에 대한 정보

개개인을 위한 양식 모델을 구성할 때 필요한 정보 중 두 번째로 가장 중요한 요소는 환자가 살아온 삶과 배경에 대한 정보이다. 치료자는 환자들에게 직접적으로 환자 자신이 살아온 삶과 증상과의 관계에 대해서 질문해야 한다. 치료자는 환자의 현재 감정이 자신의 어린 시절이나 청년 시절과 연관이 있는지 혹은 어린 시절에 지금과 같은 문제 상황을 비슷하게 겪은 적이 있는지의 여부 등을 질문해야 한다. 요구하는 부모 양식이 심하게 나타나는 환자를 예로 들어 보자. 이 환자들은 종종 어떤 경우에는 자신의 부모님이나 선생님으로부터 높은 수준의 성취를 이루도록 강요받았다고 한다. 그러나 어떤 경우에는 부모가 환자의 어린 시절에 직접적으로 압박을 주지는 않았으나, 부모 자신의 강한 야망을 통한 요구하는 부모 양식을 환자가 모방한 것일 수도 있다. 몇몇 환자는 살아오면서 어떻게 자기 자신을 평가절하하는 심리도식이 발달하게 되었는지 자발적으로 설명할 수도 있다.

한편, 치료자들은 환자들이 말하는 심리도식 양식과 연관된 삶의 배경 정보 이외에도 치료자 자신만의 가설도 세워야 한다. 그리고 이 가설을 환자와 함께 검토해야 한다. 예를 들어, 한 환자가 먼 거리를 계속해서 이사를 하며 어린 시절을 보냈다고 하자. 이런 반복적인 이사 경험을 통해 새로운 환경을 직면한 경험은 환자의 어린 시절 스트레스 요인이었을 것이다. 이러한 경험들은 특히 환자가 새로 이사한 곳에서 혼자라는 느낌을 받았을 때, 아마도 '사회적 고립' 심리도식을 만드는 토대를 제공했을 것이다. 그러나 몇몇 환자의 가족은 이러한 상황 속에서 환자가 경험하는 스트레스 요인을 잘 처리해 주었을 수도 있고, 그러한 경우 환자에게는 '고립' 심리도식이 존재하지 않을 수도 있다. 이렇기 때문에 환자와 함께 공개적으로 치료자가 자신의 가설을 의논해야 하는 것이다. 비슷한 맥락으로 환자가 치료시간에 말하는 부모님과의 매우 친밀한 관계(예를 들어, 30세 환자가 매주 주말마다 부모님 집에 가고, 매일 어머님과 전화 통화를 하는 경우)는 '융합' 심리도식, 의존적 아이 양식 또는 환자의 자율성을 질문해 볼 수 있는 역기능적 부모 양식에 대해서 단서를 제공해 줄 수 있다.

환자의 자기 보고나 열린 대화에 덧붙여서, 진단적 심상 작업은 현재의 감정 문제나 패턴에 깔린 환자의 삶의 배경적 근원을 더 깊게 이해하기 위해 시행한다. 이 훈련에서 환자들은 현재의 문제 상황을 심상 속에서 다시 경험하면서, 대부분 이러한 현재의 문제 상황을 어린 시절과 같은 인생 초창기의 기억들 및 기억의 잔상들과 연결 지어 보게 된다. 이러한 진단적 심상 작업 훈련은 사례 개념화에 중요한 정보를 제공해 준다.

사례　**살아온 배경 정보의 사용–자기 보고**

캐서린은 23세 경계성 성격장애 환자이고 음식에 의해 강한 역겨움의 감정과 메스꺼움 및 자기 증오가 유발되기 때문에, 거의 잘 먹지 못한다. 무언가를 먹으면 캐서린은 마음속 깊은 곳에서 자신이 마치 아주 '나쁜' 사람인 것처럼 느껴진다. 캐서린은 어린 시절에 자신의 수양 어머니가 종종 부당하게 자신이 음식을 훔쳐 먹었다며 혼냈다고 보고한다. 그런 때면 수양 부모는 캐서린을 가족 식사에서 제외하여 식사를 하지 못하게 하는 벌을 주었다고 한다. 그러므로 음식과 관련된 자기 증오는 처벌하는 부모 양식과 관련되어 있고, '넌 나쁜 사람이기 때문에 먹을 자격도 없는 거야.'라는 말도 하게 되는 것이다.

사례　**살아온 배경 정보의 사용–심상 작업**

마리아는 42세 심리학자이며 조건이 까다로운 모임에 속해 있다. 마리아는 그 모임에 대해서 비판하는 식의 말을 했다는 이유로, 모임의 멤버 언니가 자신과 의절한 뒤 우울증을 겪게 되었다. 비록 마리아는 자신이 비판을 한 것이 매우 정당하다고 생각하지만, 이렇게 된 상황에 대해서 속상해한다. 그리고 이제는 버림받을 것에 대해서 걱정한다. "내가 지금 이런 상태인 것에 대해서 괜찮지 않아요." 라고 말한다. 얼핏 봤을 때, 이런 마리아의 강렬한 반응은 의외이다. 왜냐하면 마리아는 남편과 가족들과 매우 행복하게 살고 있으며, 그 언니와의 관계에 그렇게 의지하고 있지 않기 때문이다. 심상 작업에서 현재의 감정들을 어린 시절과 연결시키자, 마리아는 어머니와 있었던 상황을 회상한다. 마리아의 어머니는 마리아의 어린 시절에 마리아가 어머니를 비판하거나 반박하면 마리아에게 주던 사랑을 박탈함으로써 처벌했다. (어머니와 같은) 언니라는 인물이 연을 끊는 행동을하자, 이와 관련된 처벌하는 부모 양식과 감정들이 다시 유발된 것이다.

3) 환자의 상호작용 패턴

치료 과정의 진행과 함께 형성되는 사회적 맥락에서 환자가 실질적으로 하는 행동들은 세 번째로 중요한 정보의 원천이다. 치료자의 관찰을 더 풍부하게 하기 위해, 치료자는 환자가 타인들과 어떻게 상호작용을 하는지에 대해서도 환자와 직접 대화해야 한다. 치료적 관계 안에서 환자가 매우 순종적으로 행동하는 것 같다고 생각되면, 치료자는 이런 특징을 치료 초기에 반드시 강조해야 하며, 동시에 환자의 양식 모델을 구성해 나가야 한다. "저에게 매우 친절하시고 신중하게 대해 주시는 것이 보이네요. 가끔은 심지어 순종적인 경향으로 보이기도 합니다. 제가 어떤 의미로 말씀드리는지 혹시 아십니까? [만약 환자가 치료자의 말을 즉시 제대로 이해하지 못하면, 예를 들어서 설명을 해 줘야 한다.] 혹시 타인들을 대할 때도 이와 비슷한 방식으로 대하십니까?" 치료자는 치료적 관계에서 나타나는 양식들과 대인관계 패턴들이 환자가 타인들과 갖는 관계 속에서도 나타날 것이라는 점을 어느 정도 인지하고 있어야 한다.

사례 　필립의 양식 모델을 토대로 한 필립과 치료자의 상호작용의 이용

　　치료자는 치료시간에 필립이 매우 지배적이고 자기애적인 행동을 나타낸다는 것을 관찰한다. 필립은 타인들과 교류할 때, 불안감, 무기력감, 무력한 분노감을 느낀다고 말한다. 치료자는 관찰한 바를 필립에게 그대로 말하고 치료시간에 필립의 행동 패턴을 과잉보상 양식의 사례 개념으로 만들 것이라고 말한다. 이런 이야기를 하면서, 필립은 타인들로부터 자신이 지배적 성향이 있고 자기애적 성향이 있다는 이야기를 들었다고 한다. 하지만 그 사람들이 도대체 무슨 이야기를 하는지 이해할 수 없었다고 한다. 구체적으로는 필립과 헤어졌던 여자친구들은 필립에게 매우 거만하고 지나치게 지배적이라고 했다고 한다. 치료자는 필립의 치료를 찍어 둔 비디오 영상을 보여 주면서 필립의 행동 예시를 보여 준다. 자신의 행동을 관찰하는 입장에서 필립은 자신의 행동에서 과잉보상을 하려는 성향을 확인하고, 양식 모델에 과잉보상 대처 양식을 포함하는 것에 동의한다.

사례 　마리아의 양식 모델에 치료적 관계에서 얻은 정보를 이용

　　마리아는 치료를 받으면서 항상 친절하고 쾌활해 보였다. 치료시간을 시작할 때마다, 치료자에게 마치 매우 친한 친구에게 대하는 듯이 안부를 물었고, 자신의 안부보다는 치료자의 안부에 대해서 더 관심이 많았다. 치료자는 마리아에게 받았던 인상에 대해서 말하고 이렇게 과도하게 다른 방향으로 설정된 상호작용이 순종적이고 굴복하는 대처 양식과 관련되어 있을 가능성에 대해서 이야기한다. 이 양식이 가동될 때, 어린 시절 어머니와 아이로서의 자신을 연관 짓는 것처럼, 커서도 다른 여성들에게 자기 헌신적이고 이타적인 방식으로 연관 짓는 것을 인지하게 된다. 그래서 마리아는 치료자가 이 주제에 대해서 의논해 보자는 것에 절대적으로 동의한다.

　　이런 경우, 사람들이 마리아가 주변에 있으면 기분이 좋다고 말하거나 마리아를 매우 좋아하는 것과 같은 사회적인 환경 여건에 의해 마리아의 행동이 강하게

강화된다는 것을 아는 것은 중요하다. 마리아의 순종하는 굴복자 대처 양식은 마리아가 자신의 욕구를 들여다보고 성찰하는 능력을 확실히 저하시키기 때문에, 마리아의 자기희생적인 행동들이 언제 적합하고 제 기능을 하며, 언제 순종하는 굴복자 대처 양식으로 역기능적으로 변하는지를 구별하는 것이 마리아에게 매우 중요하다. 마리아의 양식 모델은 [그림 2-2]와 같다.

처벌하는 부모 양식
마리아의 어머니는 마리아가 자신의 욕구를 표현할 때, 이상한 별명들로 놀린다.

순종하는 굴복자 대처 양식
다른 사람들의 욕구에만 온전히 집중을 한다. '절친'으로서의 역할을 톡톡히 한다(특히 다른 여자들에게 더 그런다). 자신의 욕구들은 억누른다.

이 패턴은 치료 상황에서도 나타난다.

취약한 아이 양식
버림받음, 사랑받지 못함

[그림 2-2] 마리아의 양식 모델

4) 부록: 분노와 연결된 다른 양식들을 구별하기

분노나 울화를 표현하는 것은 몇몇 양식에서 중요한 역할을 한다. 특히 성난 혹은 울화통 터진 아이 양식, 성난 보호자 양식, 위협 양식 등에서 그렇다. 가끔 이 양식들은 결합되어 가동되기 때문에 환자의 문제가 되는 행동에 명확히 어떤 한 양식이라고 명칭을 붙여 주는 일이 쉬운 일은 아니다. 예를 들어, 위협 양식은 환자의 욕구가 충족되지 못해서 환자가 화가 났을 때, 종종 나타나곤 한다.

다행스럽게도 이 양식들을 구별하는 방법에 대한 기본적인 지침은 있다. 성난 아이 양식은 분노 혹은 울화가 통제되지 못하거나 유치한 방식으로 나타날 때 이 양식이라고 명칭 지어 줄 가능성이 가장 농후하다(심지어 자신의 분노가 과장된 것이라는 것을 알고 있더라도). 이 상황이 상대방을 화나게 만들 것이란 사실을 충분히 알고, 그것에 대해서 공감할 수 있을 때나 환자가 성난 아이 양식일 때, 혹은 자신이 아이나 청소년이 된 것처럼 느껴진다고 말할 때 나타난다고 볼 수 있다. 이 양식에서 환자는 타인들이 자신의 욕구를 충족시켜 주지 못할 때, 자신들의 욕구에 대해서 매우 강하게 주장한다. 타인들과 거리감을 조성하기 위해서 화를 내는 것이 아니라 오히려 관계를 복구시키려고 맹렬히 맞서기 위해서 상대방에게 화를 내는 것이라고 보면 된다.

성난 대처 양식들(성난 보호자 양식, 위협 양식)에서는 다른 한편으로 분노의 표현은 실질적인 감정의 역할보다는 대처하는 기능을 수행한다고 볼 수 있다. 그래서 분노는 1차적 감정이라고 하기보단 2차적 감정이라고 봐야 한다. 비슷한 맥락으로, 환자가 성난 대처 양식일 때면, 치료자는 환자에게서 가까운 관계의 느낌을 받을 수 없다. 오히려 치료자들은 보통 공격당하거나 지배받는다는 느낌을 받는다. 환자는 치료자와 될 수 있는 한 거리를 두려고 한다. 이때 환자가 행할 것 같은 대처 기능은 타인을 지배하려 들거나 부정적인 감정들에서 자신의 주의를 돌리려고 하는 등의 행동들이다. 몇몇의 경우, 이 양식들은 한 특정한 상황에서 나타나는 것이 아니고 만성적인 것이며 분노로 인한 충동적인 감정을 보이지 않을 때도 있다. 환자들은 이때 자신을 어린 아이로 느끼지 않는다.

위협 양식과 성난 보호자 양식은 치료자의 역전이 경험을 통해 구별될 수 있다. 환자가 치료자와 거리를 두기 위해 또는 환자 스스로가 자신의 부정적인 감정과 거리를 두기 위해 분노를 '사용'한다고 치료자가 느낄 때 주로 성난 보호자 양식이 가동되고 있다고 볼 수 있다. 이 양식이 매우 지배적인 방식으로 치료자에게 다가온다고 느껴지면 혹은 치료자가 위협당하거나 지배받는 느낌을 받으면, 위협 양식이 활성화된 것이다. 가끔은 환자의 성난 대처 양식은 성난 보호자 양식과 위협 양식의 중간에 있는 것처럼 여겨지기도 한다. 이런 특성은 양식 모델에서 설명해 주어야 한다. 이 두 양식들을 치료하는 주요 전략들(직면, 타당화, 기능 논의, 한계 설정 등)이 기본적으로 같기 때문에 항상 함께 나타나는 양식들을 구별하면서 환자의 양식 모델을 복잡하게 만들기보다는 둘이 혼합된 것을 하나로 여기고 정의를 내리는 것이 더 편하다.

3. 다른 종류의 여러 성격장애의 구체적인 양식 모델

심리도식 양식 모델은 다른 종류의 장애들이나 문제들에 적용할 수 있는 일반적인 모델이다. 그러나 구체적인 장애들을 연구한 자료들을 보았을 때, 각기 다른 장애들, 특히 성격장애들에 맞게 구체적인 모델들이 만들어졌다 (Bamelis et al., 2011; Lobbestael et al., 2007, 2008). 이 구체적인 양식 모델들은 각각의 장애들을 가지고 있는 환자들에게서 나타나는 양식들의 원형을 제시한다.

영 박사 등(2003)은 경계성 성격장애와 자기애적 성격장애에 상응하는 구체적인 양식 모델들을 처음으로 정의했다. 영 박사의 모델을 토대로 한 경계성 성격장애의 치료는 아른츠와 반 겐데렌(Arntz & van Genderen, 2009)이 매뉴얼로 개발했다. 경계성 성격장애를 치료하는 데 있어서 심리도식치료가 갖는 효과를 연구하는 초기 연구들(Farrell et al., 2009; Giesen-Bloo et al., 2006; Nadort et al., 2009)은 이 치료 매뉴얼을 사용하면서 시행되었다. 이 연구들이 경계성 성격장애에 심리도식치료가 매우 좋은 효과를 가지고 있다는 결과들을 계속해서 보여 주다 보니, 더 나아가 다른 성격장애들을 위한 구체적인 양식 모델들도 개발되었다.

이 모든 모델은 원형으로 쓰이기 위해 만들어진 것이다. 그러나 이 원형적인 모델로는 한 환자의 사례를 충분히 설명할 수 없다. 성격장애를 가지고 있는 환자들은 보통 여러 장애가 공존하기도 하고 복잡하기도 해서 특정한 개인에게는 원형 양식 모델들을 더 확장해야 하는 경우도 종종 있다. 이는, 즉 각각의 환자들의 패턴과 개인의 문제들에 양식 모델이 들어맞아야 한다는 것이다. 양식 모델이 들어맞기 위해서 치료자는 환자와 양식 모델을 함께 논의하고 개개인의 전형적인 행동 패턴과 양식 모델에 있는 다른 양식들을 연결시켜 줘야 한다. 궁극적으로 여러 장애가 공존하거나 환자가 진단받은 주요 성격장애 외의 문제들은 추가적인 양식이나 주어진 양식에 구체적인 문제들을 연결하는 작업들을 통해서 치료에 포함될 수 있다.

각각의 양식 모델에 토대를 둔 심리도식치료는 개인의 양식 모델이 형성되고 만들어지는 것에서 시작된다. 이 모델은 환자의 주요 증상들과 문제들을 체계적이고 논리적인 방식으로 포함시키는 작업을 포함한다. 환자와 치료자 둘 다 양식 모델에 대해서 서로 합의를 했을 때가 더 유리하다. 만약 환자와 치료자 간 모델에 대한 의견 불일치가 있을 경우, 의견의 차이가 있는 것을 서로 인정하고 차후에 이 모델에 대해서 다시 논의하기로 합의한다. 예를 들어, 경계성 성격장애를 가지고 있는 여러 환자가 처벌하는 부모 양식을 초기에는 잘 인식하지 못하는데, 보통 치료를 받고 몇 달이 지나면 인식하기 시작한다. 비슷한 경우로, 강한 과잉보상 양식을 가진 환자들의 경우, 치료 초기에는 환자의 의식에서 취약한 아이 양식이 종종 숨겨져 있다(Bamelis et al., 2011; Young et al., 2003). 이 절에서는 우리의 연구를 통해 지금까지 만든 구체적인 양식 모델들을 설명하려고 한다.

1) 경계성 성격장애

다음은 경계성 성격장애의 양식 모델의 중심이 되는 네 가지의 역기능적 심리도식 양식들이다. 이 심리도식 양식들은 아른츠와 반 겐데른(Arntz & van Genderen, 2009)의 연구에 매우 자세히 설명이 나와 있다.

- 버림받은, 학대받은 아이 양식은 버림받거나 위협받는다는 강렬한 감정이 드는 것이 특징인데, 다시 학대받거나 버림받게 될 것에 대한 두려움과 일반적으로 연관이 있다.
- 성난 충동적인 아이 양식은 환자가 어린아이일 때, 공평하게 대우받지 못한 것에 대한 분노를 표출하는 양식이다. 종종 이 양식은 훈육되지 않은 혹은 충동적인 아이 양식과 함께 나타나기도 한다. 그리고 결과와 무관하게 누군가의 통제 없이 자신의 욕구를 충족하고자 하는 욕구를 반영한다.
- 처벌하는 부모 양식은 부모 양식들 중 가장 역기능적인 양식으로 환자가 자신을 극심하게 평가절하하는 특징이 있다. 이 양식을 가지고 있는 환자들은 대부분 자기 증오감을 가지고 있는 것이 발견된다.
- 분리된 보호자 양식은 주요 대처 양식이며, 환자가 아이 양식과 부모 양식과 연관이 있는 감정들로부터 자기 자신을 보호하는 역할을 가지고 있다. 일반적으로 사회적인 활동으로부터의 철퇴나 회피, 물질 남용, (항불안) 약물 남용, 폭식 등과 같은 행동 문제들과 연관되어 있다.

사례 경계성 성격장애

제인(75~76쪽 및 [그림 2-3] 참조)은 타인들을 만날 때, 일반적으로 자신의 '허울'을 내세운다. 이 허울은 제인의 분리된 보호자 양식에 포함된다. 제인의 취약한 아이 양식(어린 제인)은 강렬한 수치심과 위협감을 느끼게 하며 스트레스를 많이 받을 만한 사회적 상황에서 매우 쉽게 나타난다. 이 양식이 가동되면 제인은 사랑받지 않고, 혼자가 되었고, 거부당했다고 느낀다. 그러나 많은 경우에 제인은 주체할 수 없는 분노를 겪으며, 타인들이 이런 부정적인 감정을 유발하는 힘을 가지고 있다고 느껴서 기분이 안 좋아진다(성난 어린 제인). 이 양식들을 가동시키는 사회적 상황들은 보통 제인이 생각하기에는 진심이 담기지 않거나 친절하지 않은 어조로 동료가 인사를 건네는 것과 같은 사소한 사건들이다. 제인의 처벌하는 부모 양식은 어린 시절에 문제가 되었던 여러 인물들처럼 보일 수 있다. 제인의 아버지는 알코올 중독이었고, 취했을 때 공격적이고 위협적으로 행동했다. 제인의 어머니는 가족의 상황 때문에 과도한 스트레스를 받았고, 어린 제인과의 관계 속에서는 냉정하고 비판적이었다. 더군다나 고등학교 시절 제인은 체중이 많이 나가서 친구들에게 따돌림을 당했다. 이 모든 주변 사람은 제인의 처벌하는 부모 양식 형성에 가담했다.

처벌하는 부모 양식
위협적인 아버지,
차가운 어머니,
괴롭히는 친구들

분리된 보호자 양식
'허울', 물질 남용, 굶기,
'내면 세계'와 분리

'어린 제인'
창피한, 거절당한
───────────
'성난 어린 제인'
타인에 대한 절망적 분노

[그림 2-3] 제인의 양식 모델

사회적 상황에서의 '허울'은 제인의 분리된 보호자 양식의 주요 특징만은 아니다. 제인은 신경 이완성 약물을 복용해서 '스위치를 *끄는*' 것이 가능하도록 하고, 자신이 그 어떤 감정이라도 느끼는 것을 멈추게 한다. 한편으로는 자신의 몸무게에 대해 악담을 하는 처벌하는 부모 양식의 영향을 받아서 굶기도 한다(고로 이런 신경성 식욕 부진은 처벌하는 부모 양식과 연결이 되어 있다고 볼 수 있다). 다른 측면으로는 공복 상태가 되는 것도 감정을 무디게 하는 경향이 있기 때문에 그 어떤 감정을 느끼는 것을 막기 위해서 굶기도 한다. 감정을 무디게 하기 위한 것이 가장 주요한 원인이라면 굶을 때의 공복은 분리된 보호자 양식의 일부라고 여길 수도 있다. 덧붙여, 제인은 스트레스를 많이 받을 법한 상황에서 뒷걸음질 치고 환상으로 가득 찬 그녀의 완벽한 내적 세계로 들어간다. 이런 몽상가와 같은 패턴은 해리의 양상을 강하게 띠고 있으며, 제인이 자신의 감정에 대처하는 데 도움이 된다는 이유로 분리된 보호자 양식과 연결되어 있다.

2) 자기애적 성격장애

자기애적 성격장애의 주요 양식들은 다음과 같다.

- 외롭고 취약한 아이 양식은 종종 열등감이나 모욕감이 특징이다.
- 극심하게 요구하는 부모 양식
- 울화통 터진 아이 양식은 취약한 아이 양식이 활성화되려고 하는 위협감이 들면, 환자들은 자기애적 분노를 느끼고 자신의 공격성을 제어할 수 없게 된다.
- 자기과시자 양식은 대처하는 양식들 중 가장 뚜렷하게 나타나는 양식이며, 타인들을 평가절하하거나 자기 자신을 이상화하는 경향이 있다. 이 양식이 가동되면 실패감이나 열등감을 느끼는 것에 대해 과잉보상을

한다.

- 분리된 자기 자극 혹은 자위자 양식은 도박, 약물 복용(특히 코카인과 같은 자극적인 약물), 포르노를 과도하게 본다거나, 지나치게 성관계를 갖는 등의 행동을 한다. 과도한 일 중독도 이 양식의 일부이다.

사례 **자기애적 성격장애**

마이클이 외래에서 정신치료를 받으면서 하는 주된 호소는 그의 충동적이고 중독성을 보이는 행동 패턴들에 대한 것이다. 마이클은 대부분의 시간을 컴퓨터 게임을 하거나 포르노 사이트에 접속하는 것으로 보낸다. 이런 행동들은 직업적으로나 금전적으로 이미 문제들을 일으킨 바 있다. 마이클은 빈번하게 성매매를 하기도 하는데 이 행동도 역시 중독으로 변했다. 현재 그의 직업적 계획은 성공한 음악 프로듀서가 되는 것이다. 그러나 마이클은 현재 지역 파티 밴드에서 때때로 돕는 일을 할 뿐, 이 일은 그에게 한정된 성공만을 보장한다. 타인들이 자신의 잠재력과 재능을 알아보지 못한다고 생각하며, 받아야 마땅한 존경과 사랑을 받지 못한다고 생각한다.

어린 시절, 마이클의 부모는 매우 성공한 회사를 소유하였다. 부모님 두 분 다 엄청 바쁘게 일을 했고, 아들인 마이클을 그저 후계자이자 미래에는 자신들의 회사를 상속할 사람으로만 여겼다. 그러나 상속 분쟁과 안 좋은 상황들이 생기면서, 결국 마이클은 회사에서 영향력 있는 사람이 되지 못했다. 이로 인해 자신이 실패했다고 느꼈다. 몇 년 전에 부모님이 회사 일을 그만두면서 마이클의 금전 상태는 더욱 악화되었다. 자신이 중독된 행동들을 하면서 돈을 많이 탕진했고, 이제는 빚더미에 앉아 있다. 가족은 더 이상 마이클에게 금전적 지원을 해 주지 않고 생활비를 보태 주지 않는다. 자신이 거부당했다는 느낌에 매우 화가 나 있으며, 반복적으로 가족들과 불꽃 튀는 싸움을 벌인다. 치료자는 마이클에게 금전 상태와 관련하여 어떤 부정적인 감정들을 느끼느냐고 물어보지만, 마이클은 이 사안에 대해 이야기하는 것을 피하고 치료자의 질문에 짜증을 섞어서 반응한다.

치료자가 마이클이 직업적으로 실패한 것에 대해서 언급하자, 마이클은 격분하면서 치료자에게 말로 공격한다.

　마이클의 양식 모델([그림 2-4])에서 중독된 행동들(온라인 도박, 포르노 시청, 강박적으로 성매매를 하는 것)은 자기 자극 양식과 관련이 있다. 자기애적 자기과시자 양식은 마이클이 자신의 음악으로 성공하는 것에 대한 비현실적이고 지나치게 높은 기대들과 연결되어 있다. 그리고 자기 자신을 '특별한' 존재로 여겨 주지 않는 타인들을 평가절하하는 것과도 관련이 있다. 자신의 중독 행동과 기강이 바로 잡히지 않은 행동과 관련된 문제들에 대해서 가족들이 돈을 내야 한다는 마이클의 생각은 자기애적 자기과시자 양식과도 연결이 되어 있다. 마이클의 부모님이 어린 시절에 보여 준 지나친 강요는 요구하는 부모 양식으로 개념화될 수 있다. 비록 마이클이 강렬한 부정적인 감정들(부분적으로만 타당화되는 실패감을 제외하고)을 최근 들어 느꼈다고 말한 적은 없지만,

요구하는 부모 양식
성취와 성공을 위해 노력하는 부모 모델

자기애적 자기과시자
자신의 직업적 성공에 대한 비현실적인 생각
타인이 자신을 존중하지 않기에 평가절하한다.

취약한 아이 양식
실패자처럼 느껴진다.

울화통 터진 아이 양식
타인이 취약한 아이 양식과 관련된 문제에 초점을 맞추면 공격적으로 된다.

자기 자극
온라인 도박을 한다.
포르노를 본다.
성매매를 한다.

[그림 2-4] 마이클의 양식 모델

치료자는 마이클에게 취약한 아이 양식이 있을 거라고 추정한다. 다른 누군가가 마이클에게 실패와 관련한 감정을 불러일으키고, 마이클이 이에 대해 자신의 대처 양식으로 대응하는 데 실패하면, 마이클에게서 취약한 아이 양식 대신에 울화통 터진 아이 양식이 활성화되어 상대방을 공격할 수도 있다. 만약 마이클이 울화통 터진 아이 양식을 표출해 내는 것을 제어하고 과잉보상하는 행동들을 멈춘다면, 수치심과 버림받은 느낌과 같이 실패감과는 거리가 있는 감정들을 아마 느끼게 될 것이다. 이런 주제는 마이클의 치료 과정 중 후반부로 갈수록 더 다루도록 할 것이다.

3) 연극성 성격장애

다음과 같은 양식들은 연극성 성격장애를 가진 사람에게 흔히 나타난다.

- 취약한 아이 양식
- 충동적/훈육 안 된 아이 양식
- 과잉보상적 관심 추구 양식은 연극성 성격장애의 전형적인 행동 패턴이라고 할 수 있는데 극화시키기, 과도하게 과장하기 또는 과한 성적 행동 등이 해당한다.

사례 **연극성 성격장애**

엘리사는 실험실 조수로서 대인관계 문제, 불안감, 불안정감, 그녀가 '조력자 증후군'이라고 부르는 문제 때문에 심리치료사를 찾게 되었다. 그녀가 묘사하는 문제들은 다소 모호했고 진정한 문제를 명확히 하는 데 도움이 되지 않았다. 한편으로는 자신을 굉장히 망가진 사람으로 묘사했다. 첫 번째 치료시간에서 엘리사는 울음을 터트렸다. 그렇지만 울음과 관련된 감정들은 비현실적이며 빨리 사라지는 것 같았다. 다른 한편으로 극적이고 목소리를 크게 내서 자신을 굉장히 유능한 사람으로 설명했다. '조력자 증후군'에 대해서 말할 때는 자기 자신을 억제할 수 없다고 말했다. "마지막에는 제가 항상 타인들의 일을 도맡아 하고 있더라고요."라는 것이 설명이다. 엘리사와의 대인관계 상호작용은 표면적 감정의 빠른 변화, 자신의 문제에 대해서 극적이고도 일관성 없는 설명, 과장되고 지배적인 행동으로 특징지을 수 있다. 어린 시절에 대해서는 가학적인 부모의 손에서 자라 극심한 트라우마를 가지고 있다고 말했다. 이러한 경험들에 대해 이야기할 때, 엘리사의 감정이 조금 더 진솔된 것처럼 보였다.

엘리사의 양식 모델은 [그림 2-5]에 제시되어 있다. 치료 초기에 이러한 감정들은 잘 보이지 않았지만, 자신의 트라우마 경험과 그와 관련된 불안감은 상처받기 쉽고 학대받은 어린 시절과 밀접한 관련이 있다. 부모로부터의 학대 경험은 처벌하는 부모 양식과 관련이 있다. 극적인 대인관계 양상은 관심 추구 대처 양식과 연결되어 있다.

관심 추구 양식
극적이고 현혹적인 행동 패턴
피상적인 감정

처벌하는 부모 양식
학대하는 부모

'어린 엘리사'
학대받고 거절당한

[그림 2-5] 엘리사의 양식 모델

4) 회피성 성격장애

다음과 같은 양식들은 회피성 성격장애를 가진 사람에게 흔히 나타난다.

• 외롭고 취약한 아이 양식
• 처벌하는 부모 양식은 특히 죄책감을 유발한다.
• 회피하는 보호자 양식은 환자 내면의 욕구, 감정, 생각들로부터 멀어지게
  만든다.
• 순종하는 굴복자 대처 양식은 회피성 성격장애를 앓고 있는 환자에게서 흔
  히 나타나는 순종적 태도로 남들의 필요와 생각에 맞추는 것을 말한다.

5) 의존성 성격장애

다음과 같은 양식들은 의존성 성격장애를 가진 사람에게 흔히 나타난다.

• 강한 버림받은/학대받은 아이 양식
• 의존적 아이 양식은 일상의 과제들을 스스로 헤쳐 나갈 수 없을 것 같이
  느끼는 환자의 상태와 관련되어 있다.
• 처벌하는 부모 양식은 환자가 자신의 욕구를 먼저 내세우면 죄책감이 생
  기며, 회피성 성격장애 환자에게서도 나타나는 증상이다. 하지만 환자
  들이 결정을 자기 스스로 하려 하거나, 자립심을 키우려고 할 때에도 나
  타난다('너는 그것을 할 줄 모르잖아').
• 순종하는 굴복자 양식은 의존성 성격장애의 주요 대처 양식이다.

사례   의존성 성격장애와 회피성 성격장애가 모두 있는 환자의 경우

나딘은 21세 환자로 극심한 사회 불안 증상 때문에 치료를 받으러 왔다. 불안 정함, 열등감, 무력감 등을 거의 모든 종류의 사회생활에서 느낀다. 과거에 전문 훈련이나 일자리들을 몇 개월만 하고 그만둬야 했던 경험이 있다. 요즘은 직업이 없고 집에서 대부분의 시간을 보낸다. 대인관계를 형성할 때, 항상 타인이 무엇이 필요할지를 생각하는데, 이는 타인에게 순종하는 것이 자신이 받아들여지고 인정받는다는 느낌을 주는 유일한 방법 같다고 생각하기 때문이다. 하지만 갈등을 대면해야 할 때, 예를 들어 회사에서 갈등을 겪을 때, 과도한 스트레스(자신은 이 스트레스 감정을 조절할 수 없다고 한다)를 받고, 그 상황을 견뎌 내지 못하며 또 다른 사건들을 피하기 위해 집에 있다고 한다. 중요한 문제는 상사가 굉장히 친 근하게 대해 주는 사람이었음에도 회사생활에 대한 조언을 구하지 못하는 것이 다. 그녀는 불가능할지라도 모든 일을 완벽하게 스스로 해내지 못하면 패배자처 럼 느낀다.

치료 과정에서 나딘은 굉장히 친근하고 공손하며 열심히 참여하는 모습을 보 였다. 나딘에게는 굉장히 의지할 수 있고 사려 깊은 남자친구가 있다. 그럼에도 불구하고 자신이 원하는 바와 필요한 것을 정확하게 말할 수 없다. 둘이 함께 보 내는 시간에는 자신이 무엇을 좋아하고 싫어하는지와 상관없이 남자친구가 무 엇을 원하는지 항상 알아내고자 한다. 남자친구가 어떠한 제안을 하면, 사람들 이 자신의 과하게 순종적인 면에 대해 짜증나 하는 것을 알면서도 불안정함을 느 끼고 정확한 답을 줄 수 없다.

유년기에 나딘의 아버지는 다혈질에 술을 많이 마셨다. 나딘이 열 살이 되고 부모님이 이혼을 하기 전까지 어머니는 아버지에게 복종하며 공격적인 아버지로 부터 나딘을 지켜 주지 못했다. 이혼 후에 어머니는 굉장히 우울해졌으며 무력감 을 느꼈다. 어머니가 어려운 상황을 이겨 내지 못할까 봐 무서웠던 나딘은 어머 니를 기쁘게 하려고 어떠한 노력도 불사했다. 어린 나이였음에도 불구하고 어머 니의 행복을 책임졌던 것이다. 친구들과 즐거운 시간을 보낼 때조차도 어머니가

우울해하고 있을 것을 생각하면 엄청난 죄책감이 느껴졌다. 부모화와 어머니에 대한 책임감이 지금 나딘의 순종적인 대인관계와 자신의 필요를 피력하지 못하는 문제의 원인으로 보인다.

나딘의 양식 모델([그림 2-6])에서 불안정함, 열등감, 의존성은 취약한 아이 양식과 관련이 있다. 비판적인 부모 양식은 처벌적이고 공격적인 아버지와 항상 자신의 감정이 먼저인 어머니의 내면화를 포함한다. 어머니가 나딘에게 자신을 돌봐 달라고 직접적으로 요청했는지, 단순히 나딘의 내면적 욕구였는지는 중요하지 않다. 대처 양식에 있어서 환자가 끊임없이 타인의 감정을 신경 쓴다는 점과 완벽주의적 성향은 순종하는 굴복자 양식으로 개념화된다. 회피하는 행동 성향(나딘에게 있어서는 스트레스 상황에 있어서의 사회적 철퇴라고 할 수 있다)들은 회피하는 보호자 양식과 관련되어 있다.

요구하는 부모 양식
타인의 욕구가 더 우선시된다.

순종하는 굴복자
타인을 많이 배려한다.
언제나 완벽하려고 한다.

취약한 아이 양식
무력함, 불안정감,
열등감을 느낀다.

회피하는 보호자
갈등을 피하기 위해 사회적으로
철회한다.

[그림 2-6] 나딘의 양식 모델

6) 강박성 성격장애

다음과 같은 양식들은 강박성 성격장애를 가진 사람에게 흔히 나타난다.

- 외로운 아이 양식은 대개 치료 시작 단계에서는 잘 보이지 않는다.
- 요구하는/처벌하는 부모 양식
- 완벽주의적 과잉통제자 양식은 실수를 한 뒤 갖게 될 죄책감 같은 감정들을 피하기 위해 미리 실수나 사고를 피하려는 것이 목표이다. 과도하게 보상적인 양식이며 일 중독과도 관련될 수 있다.
- 자기과시자 양식은 자기애적 대처 양식이다. 환자가 자신의 완벽주의가 남들보다 도덕적으로 우월하다고 생각하는 감정과 관련이 있다. 타인들은 믿을 수 없고 완벽하지 않다고 생각한다.

사례 **강박성 성격장애**

피터는 40세 교사이며 만성 우울증에 시달리고 있다. 긍정적인 활동은 거의 하지 않는다. 대신 사소한 것에 에너지를 낭비한다. 그래서 충분한 시간이 있어도 매일 해야 하는 일을 하지 못하거나, 주어진 일을 끝내지 못한다. 이를 보상하기 위해 과도하게 '해야 하는 일' 목록을 고친다(해야 하는 일을 완수한 적은 없다). '해야 하는 일' 목록에 의미 있는 활동 또는 작업이 있다고 하더라도 결국은 TV를 보거나, 와인을 마신다든가 하며 하루를 마무리 짓는다. 자신의 행동에 문제가 있다고 정확히 이해한다. 하지만 자신의 여유시간에 하는 활동들(TV를 보고, 와인을 마시는 것 등)을 결코 포기하고 싶지 않다.

유년기에 가난한 가정에서 자랐다. 여기서 가난한 가정이라 함은 사치품들을 살 수 없는 형편을 이야기한다. 그래서 피터는 조심스럽게 소비하고 아끼는 법을 배웠다. 현재는 돈을 충분히 벌고 즐거운 활동들을 즐길 수 있는 시간이 충분히 있어도 인색하다. 낮은 지위를 보상하기 위해 그의 가족은 서로 지나치게 가깝게 지낸다. 그래서 사춘기 때 자기만의 시간이 더 필요하다고 하자, 부모님은 굉장히 서운해했다("우리와 같이 있는 게 즐겁지 않니?"). 어른이 되어서도 대인관계를 형성할 때, 자신의 욕구와 원하는 바를 관찰하는 데에 어려움을 겪었다. 쉽게 죄책감을 느꼈고, 사랑하는 사람이 자신의 생각을 수용할지에 대해 망설였다. 몇 차례 친밀한 이성관계가 있었지만, 지금까지의 여자친구들은 공통적으로 그에 대해 너무 복잡하고 돈에 대해 인색하다고 느꼈다. 지금은 독신이다. 누구도 피터를 컴퓨터나 TV에서 떼어 놓을 수 없기에 우울 증세가 더욱 악화되었다.

다음은 피터의 양식 모델([그림 2-7])이다. 죄책감과 소외감은 취약한 아이 양식과 관련이 있다. 비판하는 부모 양식은 자신만의 물건에 대한 소유욕뿐 아니라, 부모와의 애착과 자율성을 동시에 확보해야 할 필요성을 받아들이지 않는 것이다. 세세한 것에 지나치게 집착하는 점과 지나친 인색함은 완벽주의적 과잉통제 대처 양식이라고 볼 수 있다. 지나친 TV 시청과 음주 습관은 자기 자극 양식으로 개념화가 가능하다.

비판하는 부모 양식
자신의 욕구나 바라는 것에
대해 처벌한다.

완벽주의적 과잉통제자
세세한 것과 해야 할 일에 대해
강박적이다.
인색하다.

취약한 아이 양식
외롭고 고립된

자기 자극 양식
TV, 술

[그림 2-7] 피터의 양식 모델

7) 편집성 성격장애

다음과 같은 양식들은 편집성 성격장애를 가진 사람에게 흔히 나타난다.

- 버림받은/학대받은 취약한 아이 양식은 대개 치료 시작 단계에서는 잘 나타나지 않는다.
- 울화통 터진 아이 양식
- 처벌하는 부모 양식
- 편집증적 과잉통제자 양식은 편집증적 경험과 행동을 반영한다.
- 추가로 회피하는 보호자 양식은 성격장애에서 흔히 발견되는 사회적 회피와 음주 문제를 보인다.

사례　**편집성 성격장애**

　　에릭은 54세의 페인트공이다. 아내로부터 의사에게 음주 습관에 대해 상담 받으라는 잔소리를 듣는다. 사람들이 보기에 그는 못마땅해 보이고 언제든 폭발할 것 같은 사람이다. 아내는 그가 술을 마실 때 이웃과 잦은 마찰을 일으킨다고 말한다. 이미 몇 건의 법정소송을 진행 중인데 주변의 이웃들과 소소한 다툼으로 시작하여 소송까지 번진 것이다. 타인이 평소처럼 대해도 자신을 모두가 싫어하고 음해하려고 한다고 생각한다.

　　에릭은 굉장히 폭력적인 가정에서 자랐다. 알코올 중독자였던 아버지는 언어적·신체적으로 에릭을 학대하다가 에릭이 다섯 살이 되던 해에 집을 나갔다. 유년기와 청소년기 모두 고아원과 위탁 가정을 전전하며 보냈다. 시설에서 그는 더 큰 학대를 당했다. 온순한 사람들과의 갈등과 음주 습관은 삶에서 지속되어 온 문제이다. 그는 아무도 신뢰하지 않기 때문에 친구가 없다. 이 불신은 그의 치료자가 말한 폭력성과 깊은 관련이 있다.

　　에릭은 학대와 버림받음 모두를 경험했기에 취약한 아이 양식([그림 2-8])은 불신, 위협, 버림받음 등을 포함한다. 에릭이 남을 잘 믿지 않고 법정소송을 잘

거는 등 공격적인 행동을 보이는 것은 편집증적 과잉통제자 양식으로 개념화할 수 있다. 사회적 고립과 음주 습관은 회피하는 보호자 양식으로 볼 수 있다.

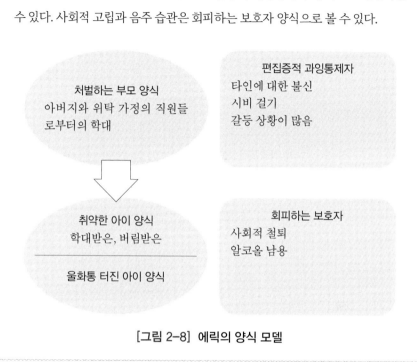

처벌하는 부모 양식
아버지와 위탁 가정의 직원들
로부터의 학대

편집증적 과잉통제자
타인에 대한 불신
시비 걸기
갈등 상황이 많음

취약한 아이 양식
학대받은, 버림받은

울화통 터진 아이 양식

회피하는 보호자
사회적 철퇴
알코올 남용

[그림 2-8] 에릭의 양식 모델

8) 범죄에 연루된 환자

범죄에 연루된 환자를 위한 양식 모델은 B군 성격장애를 가진 환자들을 설명하기에 적절하다. 법정신의학 치료의 주된 목적이 비행 행동을 이해하고 환자들이 이를 일으키는 빈도를 줄이는 것이므로, 이 모델은 특정한 정신질환을 설명하는 것은 아니고 비행 행동들과 관련된 양식들을 보여 준다. 다음과 같은 양식들을 보이면 범죄에 연루된 환자로 봐도 무방하다.

- 취약한 아이 양식 그리고 울화통 터진 아이 양식은 다른 성격장애와 비슷하다.
- 역기능적 부모 양식은 다른 성격장애와 비슷하다.

- 위협 양식은 범죄에 연루된 환자에게 특징적으로 나타나는 과잉보상 대처 양식으로 환자가 자신이 원하는 바를 달성하기 위해 계획적으로 공격적인 행동 양상을 보이는 것을 말한다.
- 과잉보상적 속이기 양식은 거짓말하고 속이는 행동 패턴을 포함한다. 목적 달성을 위해 타인들을 희생시키는 한이 있더라도 거짓 행위를 하는 것을 말한다. 여기에 속하는 환자가 보이는 대표적인 행동 양식은 거짓말이다. 환자는 교도관이든, 병원 직원이든, 그 어떤 대상이든 간에 그들에게 자신의 역할을 수행하고 있는 것처럼 보이려고 한다. 징계를 피하거나 자신의 필요를 충족시키기 위해 거짓말을 하거나 중요한 정보를 숨긴다.
- 포식자 양식에 속한 환자는 자신의 이익을 위해서 혹은 자신이 싫어하는 사람을 제거하기 위해 누군가를 차갑고 계획된 방식으로 해치거나 죽인다.

범죄에 연루된 환자는 대부분 심각한 성격장애(반사회적 성격장애/경계성 성격장애 둘 중 하나 또는 둘 모두 해당)가 있다. 따라서 이와 관련된 성격장애들의 양식 모델은 범죄에 연루된 환자 양식 모델에 포함시켜야 한다.

사례 범죄에 연루된 환자

니콜은 31세 환자로, 경계성 성격장애와 반사회적 성격장애의 기준에 모두 해당된다. 수년 동안 마약과 범죄현장에서 살아왔다. 열두 살부터 매춘부로 일을 하였으며 마약 거래를 주선했고 포주와 심한 갈등을 겪었다. 유년기에 심한 신체적·성적 학대를 당했다. 부모 모두가 마약 중독이었다(마약 중독으로 범죄에 연루되기도 하였다).

니콜은 매우 취약한 버림받은/학대받은 아이 양식, 아주 강한 울화통 터진 아이 양식, 처벌하는/학대하는 부모 양식 등 경계성 성격장애에 해당하는 모든 양식을 가지고 있다. 매춘부로서의 직업과 성적으로 폭력적인 남자친구를 견디기 위해 마약을 한다. 마약을 하는 것은 분리된 보호자 양식으로 개념화할 수 있다. 니콜이 주로 하는 공격은 신체적·언어적 폭력이다. 포주와의 싸움, 대인관계 갈등 등은 이와 같은 맥락이라고 볼 수 있다. 니콜은 사람들을 협박하고 싸운다. 무기를 사용하는 경우도 있다. 이러한 부분은 위협 양식으로 개념화할 수 있다([그림 2-9]).

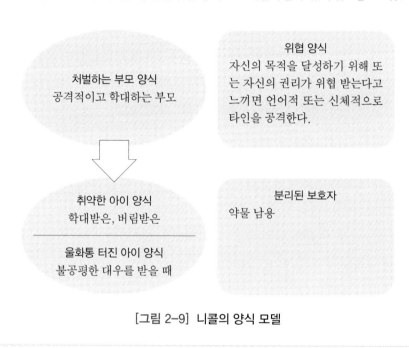

[그림 2-9] 니콜의 양식 모델

9) 만성적인 I축 장애

성격장애는 심리도식 양식 모델을 잘 활용하여 개념화하고 치료할 수 있다. 하지만 양식 모델은 다른 만성적 정신질환을 앓고 있는 환자들에게도 사용할 수 있다. 아른츠(Arntz, 2008)는 식이장애를 겪고 있는 환자들이 다음과 같은 특징을 가지고 있다고 설정했다. ① 취약한 아이 양식(환자는 사랑, 인정, 자율성이 필요하지만 거부당하고 학대받으며 비판받는 느낌을 가진다), ② 요구하는/처벌하는 부모 양식(부모의 비판이나 높은 기준을 내면화한 경우이다. 대개 이러한 경우 먹는 것이나 체형과 관련되기는 하지만 꼭 이에 한정되는 것은 아니다), ③ 분리된 보호자 양식(환자는 폭식을 하거나 굶음으로서 불편한 감정을 피한다), ④ 과잉통제자 양식(환자들은 음식의 섭취와 체형뿐만 아니라, 부모의 관심과 힘을 과하게 통제하려고 한다. 하지만 이러한 행동은 진정한 자율성을 발달시키는 데 도움이 되지 않는다. 대신, 부모가 환자를 더욱 걱정하며 과잉통제하는 결과를 가져온다. 그래서 환자와 부모 간의 기 싸움, 자율성에 대한 다툼이 일어난다) 등이다.

다음은 소위 거식증을 찬양하는 웹 사이트인 애나(Ana)에서 발췌한 글들이다.[1] 괄호 속에 환자가 속하는 양식을 적어 놓았다.

- "지구상에 존재하는 생물 중에 나야말로 가장 못되고, 가치 없으며 쓸모 없는 사람이라고 믿고 있어." (처벌하는 부모)
- "죄책감 없이는 아무것도 먹지 못해." (처벌하는 부모)
- "나는 나를 통제할 수 있다고 믿어. 통제를 해야만 혼돈 그 자체인 내 삶에 규칙을 세울 수 있어." (과잉통제자 양식)

심리도식치료를 통해 치료할 수 있는 또 다른 질병은 만성 우울증이다(예: 재발성 우울증, 기분부전증, 병전 상태로 완전히 회복되지 않는 우울증 등이 있다; Renner et al., 2012). 하지만 심리도식 양식 모델을 사용한 치료법은 많은 저자에게 알려지지 않은 영역이다. 그럼에도 C군 성격장애에서 흔히 발견되는 양식들이(Bamelis et al., 2012) 만성 우울증(버림받은 아이 양식과 다른 취약한 아이 양식들, 처벌하는/요구하는 부모, 분리된 보호자)에서 눈에 띄게 보이는 것을 추측

---

1) 원서의 출판 시점에, 원래의 웹 사이트로 더 이상 접근이 가능하지 않았다. 그럼에도 소위 '거식증 찬양(pro-ana)' 사이트라 불리는 많은 웹 페이지가 여전이 존재하고, 이들 대부분은 '마르기 위한 10계명'을 기재하고 있는데 공통적으로 '처벌 없이 먹지 않는다(thou shalt not eat without punishment)'라는 문구를 포함한다. 노리스 등(2006)이 이러한 거식증 찬양 웹 페이지에 대한 질적 분석을 시행한 바 있다. 또한 위키피디아(http://en.wikipedia.org/wiki/Pro-ana)를 참고하라.

해 볼 수 있다. 경험 회피는 만성 우울증을 지속시킨다(예: Hayes et al., 2005). 또한 분리된 보호자 대처 양식과 관념적으로 중첩된다는 것을 쉽게 확인할 수 있다. 양극성 성격장애의 위험 요소와 이론화 작업에 관한 연구에 따르면, 양극성 성격장애의 심리도식 양식 모델에서 자기과시자 대처 양식(아마도 자위자 양식에 덧붙여져서), 요구하는 부모 양식, 훈육 안 된 아이 양식과 취약한 아이 양식 모두가 중점적인 역할을 한다는 것을 가정할 수 있다(Hawke et al., 2011).

Gross 등(2012)의 연구를 보면, 강박장애 환자들을 심리도식 양식 모델 내에서 개념화하려는 시도가 있다. 강박장애 환자들은 대부분 취약한 아이 양식, 매우 요구하는 부모 양식, 분리된 보호자 양식, 과잉통제자 대처 양식 등을 보인다. 강박장애 증상들은 각기 다른 양식들로 설명할 수 있다. 만일 환자가 통제라는 수단을 통해 완벽해지려고 하거나 지나치게 높은 기준에 도달하려고 할 때, 이는 요구하는 부모 양식과 주로 관련이 있다. 하지만 강박장애 증상들은 불쾌한 감정들을 줄이거나(분리된 보호자 양식), 타인들을 통제하려고 하는 행위(과잉통제자 양식)에 영향을 줄 수 있다.

사례 **강박증 환자의 양식 모델**

에블린은(74~75쪽 참조) 52세의 비서로 강박증 문제로 10년 전에 은퇴했다. 20세 때부터 심한 강박과 집착에 시달렸다. 씻고 싶은 충동과 통제하고자 하는 욕구가 교차적으로 나타났다. 때로는 두 가지의 강박이 동시에 일어나기도 했다. 씻는 행위, 통제하고자 하는 강박은 모두 질병에 걸리거나 중독될지도 모른다는 불안감에서 비롯된다. 통제 강박 때문에 에블린의 집에 불이 날 뻔한 적도 있었다.

유년기에 에블린의 가정환경은 매우 불안정했다. 아버지는 양극성 기분장애를 앓았고 알코올 중독자였다. 조증과 알코올 중독 증세가 있던 아버지는 갑자기 공격적으로 변하기도 했다. 어린 에블린은 언제 폭발할지 모르는 아버지가 자신과 어머니를 해칠지도 모른다고 생각하며 항상 두려움에 떨었다. 에블린의 어머니는 자주 아팠다. 어머니의 건강이 안 좋았기 때문에 가정문제는 더 심각해졌다. 에블린은 어머니가 가정문제들을 견디지 못할까 봐 두려웠다. 이러한 가정환경 때문에 에블린은 부모님과의 마찰이 발생할 상황이 생기면, '위험한' 상황을 겪게 될까 봐 이를 미리 피하고 싶었기 때문에 내성적으로 변하고, 친구들과 거의 왕래를 하지 않는 아이로 자라났다. 그 결과, 건강한 관계를 맺지 못하게 되었다. 두려움 없이 사람에게 다가가는 법을 배우지 못했으며, 대인관계 내에서 자신의 욕구를 표현하는 방법을 몰랐다. 자라 온 성장 배경을 생각해 봤을 때, 남자친구들이 주도권을 쥐거나 공격적인 알코올 중독자였다는 것은 낯설지 않다. 그녀의 어머니가 그랬듯이 자신을 복종시키는 남성들을 택한 것이다. 치료자나 담당 의료인들을 제외하고는 에블린이 생각하기에 친근하거나 지지해 주는 그 어느 누구와도 연락을 취하지 않았다.

　치료 과정에서 에블린은 모든 도움에 감사함을 표하고 마음이 열려 있으며 친근했다. 강박장애가 있기 때문에 다양한 입원 또는 통원 치료를 받았다. 치료를 받을 때마다 성공적으로 집착과 강박 증상을 떨쳐 냈지만, 치료가 끝나면 재발하기 일쑤였다. 최근 받은 치료 중 직면 치료를 받을 때도 차근차근 과정을 밟았다. 직면 치료를 할 때는 부엌에 있는 물건들을 손을 씻지 않고 만지는 불쾌하고 어려운 연습을 했다. 입원 치료를 할 때, 자기가 먹을 음식을 만들거나 다른 환자들을 위해 요리를 하기도 했다. 같은 병동의 다른 환자들과 여러 가지 활동을 같이 하기도 했다. 하지만 집으로 돌아가는 순간 병은 재발했다. 집단 치료를 위해 개인 치료에서 자신의 생각과 욕구를 표현하는 연습을 치밀하게 했지만, 막상 환자 집단 속에서 실천하지 못했다.

　일상생활을 하는 데 있어서 강박과 집착이 어떻게 나타나는지 보면, 강박으로 인해 에블린은 자신과 타인의 관계에 거리를 둔다. 특히 현재 남자친구에게 이러한 경향은 도드라진다. 강박이 심할 때, 남자친구를 자신의 집이나 침대에서 자지 못하게 한다. 소파에 앉지 못하게도 한다. 남자친구는 에블린에게 언어적·신체적으로 공격적 행동을 보인다. 에블린도 이러한 행동에 대해 어디까지 선을 그어야 할지 모를 뿐만 아니라, 어떻게 건강한 관계를 맺는지도 모른다. 강박 증상이 폭력적인 남자친구와 거리를 두게 하는 결과를 초래해서 어떤 측면에서는 도움이 되기도 한다. 직면 치료 기간 동안, 에블린은 강한 슬픔, 절박함, 외로움에 시달렸다. 가까운 사람의 죽음, 예를 들어 작년에 있었던 여동생의 죽음과 같은 일이 그녀를 더욱 강박적으로 만든다고 호소했다. 아마도 강박 없이는 슬픔을 견뎌 낼 수 없을 것이라고 말한다. 삶에 있어 긍정적인 관계는 존재하지 않기 때문이다.

　에블린의 양식 모델([그림 2-10])은 의존적·회피적 성격장애의 양식 모델과 겹치는 부분이 매우 많다(공존질환 진단을 받기도 하였다). 외로움과 자신을 가치 없는 존재로 느끼는 것은 취약한 아이 양식과 관련 있다. 자신이 무엇을 필요로 하는지 정확하게 표현해 내지 못하는 것은 요구하는/처벌하는 부모 양식과 관련이 있다. 타인에게 자신을 복종시키고 자신의 욕구에 귀를 기울이지 않는 것은 순종하는 굴복자 양식으로 개념화가 가능하다. 강박행동을 통해 부정적인 감정을 줄일 수 있기 때문에, 강박은 분리된 보호자 양식과 관련이 있다. 에블린에게 있어 강박행동은 자신의 욕구를 표현하는 수단이다. 남자친구가 자신을 폭력적으로 대하지 않았으면 하는 바람이 반영되어 있다. 강박행동을 통해 그녀는 정신건강의학과 치료체계의 도움을 청할 수 있다. 의료인들만이 에블린이 믿을 수 있는 유일한 사람들이다.

요구하는/처벌하는 부모 양식
공격적인 아버지, 요구하는 어머니

순종하는 굴복자
자신의 욕구를 표현하지 않는다.
→ 자신을 돌보고 강박 증상으로
만 도움을 요청한다.

취약한 아이 양식
무력한, 위협받는

분리된 보호자
강박 증상을 통해 부정적인 감정
으로부터 분리

[그림 2-10] 에블린의 양식 모델

만성적인 I축 장애 양식 모델에 속하는 환자들에 대해 논하기 이전에 해당 환자가 가지고 있는 또 다른 성격적 병리를 이해할 필요가 있다. 이는 먼저 환자가 앓고 있는 성격장애의 양식 모델에 따라 문제 행동들을 개념화하고, 그다음에 I축 증상들(강박장애 증상, 우울증 증상 등)이 개별 환자마다 어떠한 기능을 하는지에 따라 결정하는 것을 의미한다.

I축 장애에 대해 특정한 양식 모델을 실험한 적은 없다. 대게 이미 앓고 있는 II축 병리와 가장 잘 맞는 모델이 환자들의 기초 모델로 사용된다. I축 장애 증상들은 다른 성격장애 환자들의 문제와 비슷한 방식으로 기초 모델에 통합된다.

일부 I축 증상들은 특정한 양식과 관련이 있다는 점을 기억하자. 대표적인 예로, 알코올 남용을 들 수 있다. 환자는 알코올 남용을 통해 부정적인 감정으로부터 자신을 분리시킬 수 있다. 이에 따라, 알코올 남용은 분리된 보호자 양식과 관련이 있다. 그러나 다른 I축 증상들은 조금은 다른 방식들로 분리된 보호자 양식과 연관이 있다. 우울 증상은 극심한 슬픔이라는 점을 생각해 보았을 때, 취약한 아이 양식의 일부라고 할 수 있다. 하지만 환자가 높은 수준의 회피 성향을 보일 때, 우울증에서 비롯한 동기 결여는 회피하는 보호자 양식의 일부일 수 있다. 또는 우울증이 회피의 결과라고 볼 수도 있는데, 이는 회피행동의 지속이 강화(reinforcement)의 부재를 야기하기 때문이다.

환자의 개별적 양식 모델은 치료 초기에 치료시간을 몇 회기 진행하고 나면 개념화할 수 있다. 자기 보고식 질문지, 치료자의 관찰 결과, 이전 치료자나 가족들의 관찰 결과, 환자의 신상정보 등 다양한 정보를 이용할 수 있다. 양식 모델을 결정할 때에는 항상 환자와의 대화를 통해 이루어져야 한다는 것을 기억하자(3장 참조).

10) 부록: 양식 모델에 있어서의 성적 문제들

성적 취향이나 연인 관계와 관련된 문제들은 환자에게 큰 영향을 줄 수 있음에도 불구하고 치료상에서는 주목을 받지 못한다. 심리도식치료에서 성적 행동이나 성적 문제는 해당 행동이나 문제의 기능에 따라 각기 다른 심리도식 양식과 관련될 수 있다.

(1) 취약한 아이 양식

직관적으로 성적 행동을 아이 양식과 연관 짓는 사람은 별로 없을 것이다. 우리는 흔히 성적 행동을 성인의 삶의 일부라고 보기 때문이다. 그러나 문제 있는 성적 행동 패턴은 취약한 아이 양식과 관련이 있을 수 있다. 환자가 상대방에게 성적으로 관심이 있어서가 아니라 대인관계에서 오는 따뜻함과 친근함을 느끼기 위한 유일한 전략으로서 성관계를 시작하는 것이 이런 경우라고 할 수 있다. 이러한 환자들은 굳이 원하지 않아도 누군가와 연결되어 있다는 감정, 애착, 신체 접촉 등을 느끼기 위해 성관계를 한다고 한다.

예를 들어, 수잔(19~20쪽 참조)은 성관계를 갖기 위해 전 남자친구를 만나는데 이는 수잔이 원해서가 아니라(오히려 수잔은 성관계 자체를 역겹다고 생각한다), 이러한 만남이 어떠한 측면에서는 긍정적인 것이라고 생각해서이다. 수잔에게 있어 전 남자친구는 유일하게 친절하며 안아 주는 사람이다. 이는 취약한 아이 양식과 관련이 있다(신체 접촉을 조금이라도 하기 위해서는 어떠한 일이라도 마다하지 않는 것). 상대방을 원하지도 않으면서 성적 욕구를 충족시키는 것 또는 성적 욕구를 채워 주어서 감사하다고 생각하는 것은 순종하는 굴복자 대처 양식과 관련이 있다.

(2) 과잉보상

문제되는 성적 행동은 의외로 자주 과잉보상 대처 양식과 관련이 있다. 남을 유혹함으로써 주도적이고 강하게 느끼는 환자들이 이에 해당한다고 볼 수 있다. 예를 들어, 니콜(104~105쪽 참조)은 "나는 어떤 남자도 유혹하고 언제든 버릴 수 있어요. 남자들은 내게 중요한 존재가 아니지만, 그들을 유혹할 때 내가 강하다고 느껴져요."라고 말한다.

(3) 회피하는 대처 양식

회피하는 대처 양식은 친밀감의 부족이나 성관계를 갖지 않음 등의 문제를 야기할 수 있다. 이에 해당하는 환자들은 복잡한 감정에 휘말리기 싫기에 성관계를 피하거나 친밀함을 표현하는 접촉을 중요하지 않다고 본다.

회피하는 대처 양식 중 하나인 자기 자극 양식에서는 성행위가 강력한 자기 자극의 역할을 한다. 매춘부, 포르노, 과도한 자위 등을 통해 복잡한 감정이나 따분함을 떨쳐 내는 환자가 이 경우에 해당한다. 환자는 배우자와의 관계에 악영향을 미칠 수 있음에도 불구하고 불륜을 저지르기도 하는데 부정한 관계에서 얻을 수 있는 자극과 짜릿함을 즐기기 때문이다. 또는 답답한 기분을 풀기 위해 일상생활에 지장이 있는데도 포르노나 인터넷 채팅을 이용하기도 한다(예를 들어, 근무시간 중에 또는 돈이 바닥날 때까지 포르노를 보는 것).

(4) 처벌하는 부모 양식

환자들이 자기 자신을 성적 행동으로 처벌할 때, 문제적인 성적 행동은 처벌하는 부모 양식과 관련이 있다. 대표적인 예로, 자기 자신이 혐오스럽다고 느낄 때마다 바람을 피우는 환자를 들 수 있다. "나는 너무 더럽기 때문에 전혀 소중하지 않아요." 다른 환자의 경우 피가학성애자가 아님에도 불구하고 성적으로 피가학적인 행위를 당한다고 한다. 이 환자들은 고통을 견디는 이유로 "나는 함부로 대해도 되는 존재이고 소중하지 않기 때문이에요."라고 말한다. 환자들은 자신의 성적 행위에 대하여 말하기 위해 주로 인터넷 채팅방을 많이 이용한다. 일반적 피가학성애자와 구분되는 점은, 피가학성애자들은 피가학적 환상을 통해 성적 흥분을 느끼고, 심지어 성행위에 있어서 피가학적 행위가 필요하다. 피가학성애자들은 이미 사춘기 이전에 피가학적 환상을 통한 성적 흥분을 느낀다.

> 변태 성행위를 모두 병적이라고 치부하기는 어렵다. 그렇지만 문제되는 성적 행동은 모든 종류의 대처 양식과 관련될 수 있다. 치료자는 치료에서 모든 가능성을 열어 두고 명확한 치료적 자세를 견지하는 동시에 이러한 양식들을 자세히 살펴볼 필요가 있다.

환자가 자발적으로 앞에서 언급한 성적 문제나 문제 행동을 말하지 않을 것이라는 사실을 기억하자. 환자들은 자신의 성적 행동에 대해 수치심을 느낄 가능성이 크다. 아직도 변태적인 성적 행위에 대해서 말하는 것은 금기시되는 사항이다. 이는 해당 행동이 사회적으로 받아들여지지 않을 때(성매매나 피가학적인 온라인 만남) 더욱 극명하게 나타난다. 하지만 환자가 어떠한 성적 행동을 보이는지, 과도한 포르노 시청 또는 비정상적인 성적 환상을 가지고 있는지 등을 모르면, 환자의 문제가 무엇인지 정확히 파악할 수 없다. 뿐만 아니라 잠재적으로 포르노를 과도하게 시청할 수 있는 가능성이 있는 환자, 비현실적인 성적 환상을 가지고 있는 환자들을 치료자가 감지하는 것도 중요하다. 여기에서 치료자가 금기를 깨고 이러한 문제들을 환자와 함께 찾아보는 것은 매우 중요하다.

환자들과 이에 관한 이야기를 할 때, 탐색 과정에서 환자가 하는 행동들이 비정상적인 것이 아니라고 인식시키는 것이 중요하다. "인터넷상에서 많은 영상을 보고 도박을 한다고 말씀하셨죠? 그런 습관을 가지고 있는 사람들 중 상당수가 포르노를 보거나 포르노 웹 사이트에 방문을 한답니다. 그렇지만 그러한 행동이 꽤 많은 사람이 하는 행동이라고 하여도 이에 대해 자연스럽게 이야기하진 않죠. 우리 모두 알다시피, 구글에서 사람들이 가장 많이 검색하는 단어는 '섹스'라고 합니다……. 당신은 어떤가요?" "방금 온라인상에서 새로운 친구를 만난다고 했는데 많은 환자가 온라인상에서 친구를 만났다고 제게 말했어요. 그리고 이런 만남은 성적인 관계로 이어지죠. 어떤 환자는 성관계만을 위해 온라인상에서 사람을 만난다고 해요. 당신이 말한 친구들은 이러한 친구들인가요?"

환자의 정보에 대해 단도직입적으로 물어보는 것은 개념화 작업에서 매우 중요하다. 환자의 삶에서 가장 큰 문제이지만 금기시되는 것에 대해 말하는 것은 환자가 어떠한 모델에 속하는지 결정하는 데 중요한 역할을 한다. 또한 문제되는 성적 행동에는 환자가 가장 가깝게 지내는 사람들(가족, 친지 또는 연인)과의 관계가 위태로워지거나, 성매매 연루, 폭력적 성관계를 통한 성병 감염 등 많은 위험이 존재한다. 이러한 점들을 고려해 보았을 때, 환자의 성적인 문제에 대해 치료자가 주의를 기울일 이유가 충분하다.

4. 자주 묻는 질문들

(1) 양식 모델을 완수했다는 것을 어떻게 아나요?

어느 시점에서 환자의 심리도식 모델이 실제로 '충분히 완성되었다'고 말할 수 있는지를 정확히 정의하기는 어렵습니다. 다만, 환자가 가진 주요 문제들, 중요한 증상, 대인관계상의 이상 행동들에 초점을 맞출 필요가 있습니다. 환자가 문제라고 인식하고 치료를 받게 된 이유들을 양식 모델에 반영시키는 것이 핵심이라고 할 수 있습니다. 만일 환자가 지나치게 많은 문제를 언급한다면(예를 들어, 환자가 자신의 삶 전반에 있어 극단적인 문제들이 있다고 하여도 어떤 부분에서는 충분히 주어진 역할을 잘 수행하고 있을 때), 또는 여러 가지 문제들에 대해 갖가지 불평을 늘어놓을 때, 이러한 점들이 양식 모델에 반영되어야 하는 것입니다(예를 들어, '관심 추구 양식'으로 분류하는 것). 치료를 할 때, 환자가 대인관계에서 하는 행동 중에 치료자가 판단하기에 명백히 문제라고 생각하는 부분을 포함하는 것을 잊지 마십시오. 이를 환자가 언급하지 않거나 알아차리지 못한다고 해도 치료자가 환자의 문제 행동을 파악하는 것은 매우 중요합니다. 하지만 적정선을 유지하기 위해 양식 모델에 모든 문제 행동을 포함시킬 필요는 없습니다. 명백한 성격을 가지고 있지 않은 문제 행동은 제외시켜도 무관합니다. 대부분 최초의 가설적 양식 모델인 치료회기가 1회에서 5회 정도 진행되었을 때 결정됩니다. 하지만 치료를 진행하는 동안에 환자의 새로운 정보를 계속 추가할 필요가 있습니다.

(2) 치료 초기에 중요한 정보를 간과할 수 있는 가능성이 있나요?

많은 경우 환자들은, 치료자가 환자 자신을 이해하고 양식 모델을 완성시키는 데 있어서 중요할 수 있음에도 금기시되는 주제들은 잘 말하지 않으려고 합니다. 그러므로 단도직입적으로 공감하는 자세를 가지고, 치료자가 이들에게 물어보는 것이 치료자의 중요한 역할이라고 할 수 있습니다(111~114쪽 참조). 우리의 경험에 기반하자면, 다음과 같은 주제들은 환자가 자발적으로 말하지 않기 때문에 적절한 주목을 받지 못합니다(분노, 수치심, 성적 취향, 마약, 약물 남용, 식이 문제, 인터넷 **포르노**, 말도 안 되는 환상 등). 물론 포르노를 보는 것 자체를 병적이라고 연관 짓기에는 무리가 있습니다. 환자의 삶에 문제를 일으킬 때에 한해서 양식 모델과 관련지어 생각해 볼 수 있는 것입니다. 예를 들어, 포르노를 지나치게 많이 보는 것이 일상생활을 불가능하게 할 정도이거나 대인관계에 악영향을 미칠 때, 포르노를 보는 습관을 양식 모델과 연관 지어 생각해 볼 수 있습니다.

강한 과잉보상 양식에 해당하는 환자들은 대부분 취약한 아이 양식을 경험하거나 이해하지 못합니다. 이들의 양식은 취약한 아이 양식을 경험하거나 인정하지 못합니다. 과잉보상 양식의 주요 기능은 취약한 아이 양식을 외면하는 것입니다. 환자의 과잉보상 양식이 강할수록 자신의 모델에 취약한 아이 양식이 있다는 것을 부정할 것입니다.

(3) 문제나 증상을 어떻게 양식과 연관 짓나요?

환자의 증상, 문제 또는 대인관계에서의 상호작용 패턴과 특정 모델은 그 문제가 환자의 삶에 어떠한 영향을 미치는가에 따라 결정됩니다. 항상 지녀야 하는 의문은 '환자는 어떻게 느끼는가?'와 '치료자는 어떻게 느끼는가?'입니다. 강력한 부정적 감정은 아이 양식과 관련 있습니다. 억압, 자기 혐오 등의 감정은 부모 양식과 관련이 있습니다. 감정의 상실 또는 필요 이상의 긍정적인 태도를 보이는 것 등은 대처 양식과 관련이 있습니다. 치료자가 자신의 감정에 대해 다시금 돌아보는 것은 특히 과잉보상 양식을 식별해 내는 데 중요합니다. 치료자가 환자에 의해 위협당하고 지배되며 통제받고 있다는 느낌을 받으면 환자가 과잉보상 양식에 속할 가능성이 큽니다. 치료자는 자신의 감정을 기반으로 하여 환자가 모를 수도 있는 양식을 유추하는 것이 가능합니다.

(4) 양식 모델 수립은 언제 시작하나요? 종료까지는 얼마나 많은 시간이 걸리나요?

심리도식치료에서 치료자는 치료 첫 회기부터 환자의 양식에 신경을 기울입니다. 첫 번째 회기에서 얻은 정보를 바탕으로 임시 모델을 세울 수 있습니다. 평균 다섯 회기 후에 환자를 통해 양식과 관련된 핵심 정보를 얻을 수 있을 것입니다. 이를 바탕으로 초기 정보와 함께 환자와 양식 모델에 대해 의논해 볼 수 있습니다. 양식 모델의 도출은 치료 기간 내내 '진행 중인 작업'이라는 점을 염두에 두십시오. 치료 기간 동안에는 어떠한 정보도 추가할 수 있습니다. 예를 들어, 증상의 이동과 변화는 같은 양식의 다른 변종이라고 볼 수 있습니다. 제인(75~76쪽 참조)은 치료 중에 약물을 남용하는 버릇과 해리 경험을 극복하려고 노력하였으나, 동시에 거식증에 해당하는 극단적 식단을 시작했습니다. 굶는 행위를 통해 감정을 둔하게 만들고 불편한 감정으로부터의 탈피가 가능한 것이기에, 거식증은 약물 남용과 같은 역할을 한다고 볼 수 있습니다. 해리와 약물 남용은 분리된 보호자 양식의 일부로 거식증이 이들을 대체한 것입니다.

(5) 환자와 양식 개념을 어느 정도까지 공유해야 하나요?
3장에서 이 문제를 심도 있게 다룰 것입니다.

(6) 양식, 그와 관련된 문제들, 증상들에 대해서 환자들에게 어느 정도까지 직접적으로 물어봐야 하나요? 특히 수치스러운 주제들에 있어서 환자 자신이 편하게 자발적으로 말할 때까지 기다려 줘야 하는 것이 옳지 않나요?
관련 정보에 대해 치료자가 직접적으로 물어볼 필요가 있습니다. 약물 남용이나 비정상적 성행위 등 수치심과 관련된 주제에 대해 직접적으로 물어보는 것이 환자에게 도움이 됩니다. 해당 주제들은 환자와 그들의 양식을 이해하는 데 상당한 도움을 주지만, 환자들이 부끄러워서 말하지 않을 가능성이 큽니다. 치료자는 치료 초기에 환자에게 양식 개념에 대한 기초적 이해를 교육시킬 필요가 있습니다(3장 참조). 이를 통해 금기시되는 주제를 말하는 것의 중요성을 강조해야 합니다. 이렇게 하면 환자는 복잡한 주제에 대해 질문하는 치료자의 의도를 이해할 수 있습니다. 우리가 경험한 바에 따르면, 시간이 지나도 굳이 수치스러운 기억에 대해 이야기하지 않는 환자가 있습니다. 이러한 경우, 중요한 정보를 숨겼다는 점에서 환자는 더 큰 수치심을 느낄 수 있습니다.

(7) 환자가 부정적인 감정에 대해 전혀 이야기하지 않을 경우 어떻게 하나요?
우리는 '환자가 자신의 문제를 느끼지 않는 한 치료를 받으러 오지 않을 것이다'라는 전제하에 시작합니다. 첫 회기에서 환자들이 취약한 아이 양식으로 말미암아 부정적인 감정에 대해 말하지 않더라도, 그들이 우울감 또는 불안감 때문에 치료를 받으러 왔다는 것은 명백합니다. 그러므로 치료자들은 최소한의 정보로 감정 양식을 개념화할 수 있고, 이를 바탕으로 환자와 직접적인 대화를 나눌 수 있습니다. "제가 방금 취약한 아이 양식에 대해서 설명했을 때, 취약한 감정을 많이 느끼지 않는다고 하셨는데요. 이렇게 치료를 받으러 예약을 하신 건 사회생활에서 느끼는 불안감에 대해서 도움을 받고 싶어서이죠? 불안한 감정에 대해 조금 더 말해 주실 수 있으신가요? 저와 함께 불안한 감정과 취약한 아이 양식이 관련이 있는지 알아볼 수 있을 것 같네요."

그럼에도 부정적인 감정을 말하지 못하는 환자가 적지 않습니다. 누군가의 강력한 설득(주로 배우자)을 통해 병원에 오게 된 자기애성 환자의 경우, 치료자는 '자기애적 대처 양식 근저에 있는' 부정적 감정을 중요시하며, 환자를 철저하게(5장 참조) 탐색해 나가야 합니다. 이러한 경우에 환자가 부정적인 감정에 동화되기 전에 대처 양식을 완전히 이해하는 것이 중요합니다(치료가 장기간 진행되는 것을 가정할 때).

사례 치료 초기에 부정적 감정을 말하지 않는 환자

중학교에서 부교감으로 재직 중인 마크(48세)는 계속 일을 하고 싶은 의사가 있음에도 불구하고 교장이 은퇴를 종용하고 있기에 외래에 정신치료를 받으러 왔다. 교장의 이상한 은퇴 요구 말고는 어떠한 문제도 없다고 했다. 치료자는 마크의 공격적이고 지배적인 소통 성향에 집중했다. 똑똑한 환자일수록 직장동료나 상사에 대해 평가절하하며 말할 가능성이 크다. 마크는 어리석게 일 처리 하는 동료들에 비해 자신이 얼마나 완벽한지를 강조했다. 당연히 직장 동료들로부터 소외를 받지만, 이에 대해 굳이 불만스럽게 여기지는 않는다("그런 덜 떨어진 사람들하고 내가 어울려야 한다고 생각해요?"). 치료자는 마크가 대인관계에 있어 아주 두드러진 자기애적 자기과시자 대처 양식을 보인다고 판단해서 그의 삶에 있어 다른 관계에 미치는 부정적인 영향을 알아보았다. 마크의 부인은 이

해가 되지 않는 비난을 하며 2년 전에 떠났고, 친구 관계도 대부분 단절되었다고 한다(친구 관계를 마크가 시작하거나, 옛 친구가 먼저 손을 먼저 내밀었는지 상관없이).

마크는 옛 친구에 대해 굉장히 무시하는 어조로 이야기를 한다. 치료의 첫 회기에서 치료자는 환자의 과잉보상적 양식과 강하게 대치했고, 대화를 통해 이 양식을 '슈퍼맨'이라고 명명하였다. '슈퍼맨'과 환자의 다른 자아들과의 대화를 의자기법을 통해 진행했다. 그는 빈 의자기법 초반에는 감정과 관련된 어떠한 작업도 거부 반응을 보였다. 빈 의자기법을 통한 치료를 진행함에 따라 환자가 고립된 사회생활에서 얻는 외로움과 무기력감이 차례로 나타났다. 환자는 점차 자신의 감정에 대해 말할 수 있게 되었다.

(8) 긍정적인 양식도 존재하나요?

심리도식 양식 모델에서 긍정적 양식으로서 행복한 아이 양식과 건강한 어른 양식이 있습니다. 이 양식들은 기능적이고 즐거운 행동 그리고 경험과 관련이 있습니다. 하지만 심리도식 모델은 모든 가능성이 열려 있으므로 환자의 긍정적 양식은 차후 추가할 수 있습니다.

(9) 대처 양식을 중요한 치료적 자원으로도 생각할 수 있나요?

몇몇 기능적 대처 양식이 있는 것은 사실입니다. 환자의 과거, 특히 유년기의 대처 양식은 환자에게 있어서 생존 전략이었을 가능성이 큽니다. 적정한 대처 양식은 건강한 성인 모두에게 필요합니다. 대처 양식을 다루는 법은 5장에서 심도 있게 다룰 예정입니다.

(10) '분노'와 관련된 각기 다른 양식들을 어떻게 구분하나요?

성난/울화통 터진 아이 양식, 위협 양식, 성난 보호자 양식들은 분노의 표현과 관련이 있고, 때로는 서로 구분하는 것은 어렵고 복잡합니다. 한 예로,

성난/울화통 터진 아이로부터 자극되어 위협 양식이 발동된 환자의 경우를 들 수 있습니다. 하지만 분노의 성질에 따라 각 양식들을 구분할 수 있습니다. 성난/울화통 터진 아이 양식에서 환자의 분노는 강렬합니다. 마치 어린 아이가 화를 내는 것과 같습니다. 환자가 분노를 통제하지 못하고 화가 충동적일 때 이러한 양식에 해당한다고 할 수 있습니다. 반대로, 위협 양식을 가진 환자는 남들을 겁주기 위해 분노를 통제된 방식으로 표현합니다. 환자와도 이러한 차이점들에 대한 충분한 대화를 나눠야 합니다.

하지만 환자가 성난 보호자 양식일 때 치료자는 환자의 분노 감정과는 별개로, 분노가 부정적인 감정을 피할 수 있도록 해 주는 비상구이거나 치료자와 더 이상 가까워지는 것을 피할 수 있게 하는 표현이라고 느끼게 됩니다. 역전이를 통해 치료자는 환자와의 사이에 분노라는 아주 두껍고 거대한 벽이 있다고 느낄 수 있습니다. 이러한 경우 분노의 표현은 강렬하지 않지만 지속적입니다.

(11) 건강한 어른 양식과 분리된 보호자 양식은 어떻게 구분하나요?

건강한 어른 양식과 분리된 보호자 양식을 구분 짓는 것은 굉장히 어려운 작업입니다. 두 가지 양식 모두 환자들이 '생각 있는' 어른으로 보이기 때문입니다. 환자들이 어떻게 자신의 욕구를 표현하는지를 바탕으로 두 양식을 구별 지을 수 있습니다. 건강한 어른 양식의 환자는 자신의 감정을 인지하고 표현할 수 있으며, 이에 상응하는 적절한 행동을 합니다. 분리된 보호자 양식의 환자는 자신이 현재 느끼는 감정과 필요를 명확히 알지 못합니다. 겉으로는 성숙해 보이는 행동을 해도 환자는 자신이 느끼는 감정이나 필요에 대해 적절히 다루지 못합니다.

(12) 완벽주의자의 완벽주의적 과잉통제자 양식은 요구하는 부모 양식과 어떻게 다른가요?

이 둘을 구분 짓는 것은 어렵습니다. 두 가지 양식 모두 높은 수준의 성취를 기대하기 때문입니다. 만일 환자가 엄청난 압박에 고통받고 기대에 부응해야 한다는 사실에 대해 계속 고민한다면 해당 환자는 요구하는 부모 양식과 관련되었을 가능성이 큽니다. 대신, 계속 일을 하는 행위와 완벽주의적 성향이 부정적인 감정을 회피하거나 요구하는/처벌하는 부모 양식이 발동되는 것을 막기 위함이라면 환자는 과잉보상 양식과 관련될 가능성이 큽니다(요구하는/처벌하는 부모 양식이 발동되면 환자는 취약한 아이 양식이 활성화되어 기분이 나쁘고 패배한 것처럼 느껴진다). 그러므로 완벽주의적 과잉통제자 양식은 오히려 반대의 행동을 함으로써 취약한 아이 양식이 활성화되는 것을 미연에 방지합니다. 후자의 경우, 치료자는 환자가 생존을 위한 극심한 경주를 지속하고 있으며, 만약 이러한 달리기가 멈추어질 경우, 자신의 요구하는/처벌하는 부모 양식의 활성화와 부정적 감정의 경험에 대처하기 어려워할 것 같다는 인상을 받습니다.

(13) 심리도식 개념과 심리도식 양식 개념을 어떻게 대응시키나요? 심리도식과 심리도식 양식들을 구분할 수 있나요?

대개의 경우 심리도식과 심리도식 양식은 명확한 관련성이 있습니다. 예를 들어, I축 정신장애의 심리도식과 연관된 심리도식 관련 감정들은 거의 항상 동전의 양면과 같이 취약한 아이 양식과 역기능적 부모 양식에 부합한다고 할 수 있습니다. 일부 대처 양식들은 특정 심리도식들과 중첩되는데, 예를 들어 순종하는 굴복자 양식과 복종 심리도식, 자기과시자 양식과 웅대성 심리도식 등입니다. 이러한 경우, 환자와 치료자가 양식 개념이 필요하다고 동의한다는 가정하에, 양식 개념과 함께 심리도식을 참조할 수 있습니다. 하지만 치료자의 쉬운 접근을 위해 심리도식 양식을 사용해 작업을 할 수 있습니다.

(14) 심리도식 양식 개념이 있는데 심리도식 개념이 필요한가요?

많은 경우 심리도식 양식 개념은 심리도식 개념보다 간단합니다. 환자의 상태나 문제는 주요 감정만 보면 하나의 심리도식 양식과 관련되었을 가능성이 높습니다. 하지만 심리도식 양식만 사용하게 된다면 문제가 복잡해질 수 있습니다. 환자의 한 임상 양상이 다른 심리도식들과 연관이 있을 수도 있기 때문입니다. 또한 어떤 행동 패턴이 심리도식 그 자체인지(예: 복종 심리도식) 또는 대처 양식(예: 버림받음 심리도식에 대한 굴복 대처 양식)에 관련된 것인지 불분명할 수 있습니다. 조금 다른 각도로 생각해 보았을 때, 심리도식 개념은 심리도식 양식 개념보다 환자의 상태를 더 잘 설명한다고 할 수 있습니다. 위험과 질병에 대한 취약성 심리도식 또는 융합 심리도식이 좋은 예라고 할 수 있습니다. 이에 해당하는 환자들은 주로 과도하게 조심스럽고, 과잉보호적이거나 융합적인 부모상에 대해 토로합니다. 앞서 말한 부모상은 처벌하는 또는 억압하는 부모에 해당한다고 볼 수 없습니다. 앞에 언급한 심리도식들과 더불어 환자들이 감정적 문제에 대해 표현하지 않을 때 심리도식 양식 개념의 사용은 원래 심리도식 모델보다 환자의 모델을 단순화하지 못합니다.

CHAPTER 03

환자에게 양식 개념 알려 주기

심리도식치료의 초기 단계에서 치료자는 환자와 함께 양식 모델과 이것이 치료에 줄 수 있는 영향을 충분히 논의해야 된다. 이 절차는 인지행동치료에서도 유사하다. 치료는 환자와의 열린 대화를 바탕으로 특정한 행동 또는 문제에 대한 분석부터 시작한다.

사례 **필립의 양식 개념에 대해 토의하기**

필립 씨, 저와 함께 두 회기의 치료를 진행하셨는데요, 필립 씨에 대한 저의 생각과 문제에 대해서 이야기를 나눠 볼까 합니다. 심리도식치료에서는 모든 사람이 내면에 또 다른 부분들을 가지고 있다고 가정합니다. 심리적인 문제는 내 안의 다른 부분들이 충돌을 일으키면서 생깁니다. 이 점을 아시면 문제를 이해하는 데 도움이 될 것입니다. 제가 다른 부분에 대해서 이야기를 꺼낸 건, 필립 씨가 조현병이나 다중 성격을 가지고 있다는 것이 아닙니다. 어느 누구라도 각기 다른 상황에서 다르게 행동할 수 있다는 거죠.

많은 심리적인 문제에 있어, 사람에게는 취약하고 연약한 부분이 존재합니다.

많은 환자가 우리에게 마치 내면에 어린아이가 있는 것 같다고 말합니다. 우리는 자주 이를 '내면의 아이' 또는 '어린 자기'라고 부릅니다. 당신도 또한 그런 부분을 가지고 있는 것 같습니다. 특히 불안함을 느낄 때에는 또래로부터 집단 따돌림을 당했던 유년기 또는 사춘기와 정서적으로 연관되면서 내면의 아이가 나타납니다. 이런 개념에 대해서 어떻게 생각하세요? [치료자는 대답을 기다린다.] 자신의 그 부분에게 어떤 이름을 붙여 주시겠어요? 아마도 '부끄러운 필립'? [치료자는 대답을 기다린다.]

필립 씨의 또 다른 부분은 부당하게 대우 받았을 때, 심하게 화를 낸다는 점이에요. 꽤 자주 일어나는 일이죠. 타인이 보기에는 별일 아닌 것 같은데도 그러는 경우가 종종 있죠. [치료자는 대답을 기다린다.] 이러한 부분에 대해서는 무슨 이름을 붙여 줄까요? '울화통 터진 필립?' [치료자는 대답을 기다린다.]

필립 씨의 다른 부분('울화통 터진 필립')은 같은 반 친구들에게 괴롭힘 당해서 생긴 결과라고 볼 수 있어요. 학대나 괴롭힘을 당한 사람들은 자신을 평가절하하거나 가치 없다고 여기며 우스꽝스럽다고 생각해요. 객관적으로 정말 괜찮은 사람인 걸 알면서도 자신이 아주 못생겼다고 자주 느낀다고 했죠? 내면의 비판적이고 처벌하는 자아에 대해서는 어떻게 생각하세요? [치료자는 대답을 기다린다.]

치료자는 취약한 아이 양식과 처벌하는 양식을 동그라미로 종이 왼쪽 면 또는 차트에 그려 준다(〈표 2-1〉 참조). 치료자가 그려 준 모형은 어릴 때 경험했던 따돌림을 표현한다. 그리고 계속 말을 이어 나간다.

어린 필립 또는 처벌하는 성향들이 일으킨 극심한 정서적 스트레스를 가지고 살아가려면 대처 양식이 필요하죠. 스트레스를 일으키는 감정을 대처하기 위한 한 가지 방안은 이를 억제하는 것입니다. 제 생각으로는 필립 씨가 이러한 행동 양상을 보이는 것, 제가 처음 만났을 때 과잉보상이라고 했던 것이 일종의 대처 양식이라고 봅니다. 이것을 기억하십니까? [치료자는 대답을 기다린다.] 이런 과잉보상 대처 양식은 처벌하는 부모 양식과 아이 양식에 의해서 일어나는 고통을 다루기 위한 전략일 수도 있다는 것을 이해하실 수 있겠어요? [치료자는 대답을 기다린다.] 이 대처 양식은 어떻게 부르면 좋을까요? 두목은 어때요? 아니면 단순히 과잉보상자라고 부를까요? [치료자는 대답을 기다린다.]

이전에 대인관계나 어떠한 상황에서 극심한 스트레스를 받으면 그 자리를 피한다고 하셨죠? 우리는 이런 회피하는 행동을 회피하는 보호자 대처 양식이라 부르고, 이것을 양식 모델에 포함시킵니다. [치료자는 대답을 기다린다.]

물론 필립 씨가 문제가 되는 양식들만 가지고 있는 것은 아니에요. 건강한 삶을 영위하게 해 주는 건강한 부분도 있어요. 이를 '건강한 어른 양식'이라고 부릅시다.

대부분의 사례에서는 처음에 환자와 상담을 시작할 때, 취약한 아이 양식부터 풀어 가는 것이 도움이 된다. 그다음에 처벌하는/요구하는 부모 양식에 대해 말하는 것이 바람직하다. 이 순서를 따르면 환자가 치료 초기에 부정적인 감정에 대해 말하지 않아도 부정적인 감정을 알아챌 수 있다. 이 타당화는 환자가 다음 단계에서 대처 양식을 마주할 때 도움을 줄 수 있는 완충 역할을 할 수 있다. 직면하기 과정에서 환자는 매우 긍정적이지도 않고 기능적이지도 않은 부분에 대해 적나라하게 이야기를 해야 되기 때문에 환자에게나 치료자에게나 직면하기는 불편하다. 환자들 자신이 겪고 있는 심리적인 문제를 먼저 정확히 인지하면, 해당 부분에 대한 양식 모델을 이해하기가 훨씬 용이하다. 마지막으로, 건강한 어른 양식에 대해 환자와 이야기를 한다. 이는 환자에게 재확인시켜 주는 작업이라고도 할 수 있는데, 이를 통해 환자는 자신에게도 기능적인 부분이 있다는 사실을 인지할 수 있다.

심리도식치료를 시작함에 앞서, 환자와 양식 모델에 대해 상세하게 이야기를 나눌 필요가 있다. 처음에 취약한 아이 양식과 역기능적 부모 양식을 설명하는 것으로 시작한다. 그다음에는 대처 양식과 건강한 어른 양식에 대해 이야기한다. 양식에 대한 이해에 관해 치료자와 환자가 다른 의견을 가지고 있으면 충분한 대화를 통해 명확하게 하는 과정이 필요하다.

치료자는 환자 내부의 모든 중요한 양식을 짚고 넘어가는 것이 매우 중요하다. 반면, 환자를 특정한 모델로 밀어붙이려 하지 않는 것이 중요하다. 치료자는 환자의 양식 모델에 대해 다양한 방면에서 솔직하고 열린 마음으로 수용하는 자세가 필요하다. 환자와 치료자가 환자의 문제를 두고 다른 의견을 가질 때는 허심탄회한 대화를 통해 치료자와 환자 모두가 만족하는 결과를 도출하도록 한다.

우리 경험에 따르면 환자는 취약한 아이 양식과 역기능적 부모 양식에 대해 이야기를 할 경우에 매우 쉽게 그런 개념에 동의한다. 그러나 대처 양식과 관련해서는 동의하기 어려워하는 경우가 많다. 한 가지 해결책은 환자가 동의하지 못하는 양식에 치료자가 동의해 주는 것이며, 추후 치료 후반에 그 문제로 다시 돌아올 수 있다.

부모 양식과 관련하여 치료 초기에는 환자의 부모가 유년기에 아주 복잡한 사람들이었다면, 그들의 부모 양식을 형성하게 된 삶의 배경에 대해 정확하게 말하기 어려울 수도 있다는 점을 기억하는 것이 중요하다. 이는 부모에 대한 도리와 큰 관계가 있다. 환자들은 자신의 심리적 문제의 원인이 부모와 관련되어 있다는 것에 대하여 죄책감을 느낄 수 있기 때문이다. 이 문제는 환자의 가정환경이 부모 모두 또는 둘 중 하나가 우울증을 겪었거나 피해자 역할을 했을 때나 어린 환자에게 무언의 죄책감을 유도했을 경우에 특히 두드러진다. 환자들은 자신의 문제에 대해 부모를 탓하는 대신, 자신에게서 원인을 찾으려고 하며, 심지어 부모의 문제도 자신 때문이라고 생각한다. 이러한 경우에 환자에게 흔히 역기능적 부모 양식이 환자의 실제 부모를 정확하게 반영하지 않을 수도 있다는 점을 강조하는 것이 중요하다. 대신, 치료자는 부모와 환자의 관계에서 생긴 소위 '낙인' 또는 '내사(introject)'를 잡아내야 한다. 치료 초기에 자신을 부정적으로 평가하는 환자들에게는 낙인의 원인을 알아내기 전에 환자가 자신을 지나치게 압박하고 저평가한다는 사실을 일깨워 주는 것도 하나의 효율적인 방법이 될 수 있다. 현재 문제의 발단이 부모에게 있는 것은 치료 후기 단계에 알려 줘도 괜찮다. 우리가 말하는 부모 양식이 실제 부모가 아닌 반 친구나 환자에게 특정한 권한을 가질 수 있었던 타인의 영향으로 형성되고 지속되었을 가능성도 열어 둬야 한다.

대처 양식에 대해 환자와 치료자는 매우 다른 평가를 할 수 있다. 특히 치료 초기에 의견을 달리한다. 과잉보상 대처 양식에서 특히 이러한 양상이 두드러진다. 환자가 과잉보상 대처 양식의 행동 패턴을 보이고 이에 대한 해석을 거부했을 경우가 이에 해당한다. 치료자가 해석에 대해 확신을 가지고 있어도 환자와 자유롭게 토의를 해야 한다. 치료자와 환자의 대화에서는 환자도 자신의 관점을 자유롭게 피력할 수 있어야 한다. 물론 치료자와 환자가 어떤 결론을 짓기 전에는 모든 가능성을 열어 두어야 한다. 치료자의 맥락에서 환자의 어떤 특정한 행동 패턴이 역기능적으로 보이더라도, 때로는 그것이 환자의 삶에서는 기능적일 수도 있다(예를 들어, 환자의 직업적 상황). 높은 수준의 과잉보상 대처 양식이 두드러지는 직업군, 즉 자선 사업가나 의료 종사자가 좋은 예라고 할 수 있다. 아마 지배적이고 공격적인 행동 패턴이 치료회기에서는 부적절하게 보일 수 있지만, 환자의 직업적인 면에서는 이러한 부분들이 굉장히 기능적일 수 있다. 이러한 양식을 일터가 아닌 다른 장소에서 보였을 때 환자는 역기능적으로 보일 수 있다.

사례 필립과 함께 대처 양식에 대해 토의하기

필립 씨는 부모 양식과 아이 양식에 대해서는 동의한다고 하셨죠. 그렇지만 자신의 자기애적이고 과잉보상적인 부분에 대해서는 아니라고 하셨어요. 자신의 지배적인 상호작용 패턴과 관련하여, 저에게만 그것이 뚜렷하게 보이는 것일까요? [필립은 지배적인 상호작용 패턴이 정상적이라고 설명한다. 그렇게 행동하지 않으면 아무도 자신을 주목하지 않을 거라는 것이다.]

필립 씨, 방금 하신 말은 굉장히 흥미로운데요. 제 해석과는 완전 반대라서요. 저도 과잉보상적인 부분이 사람들의 이목을 끄는 효율적인 패턴이라고 생각합니다. 이러한 이유 때문에 필립 씨가 과거부터 이러한 패턴을 키워 왔다는 것도 이해합니다. 이러한 행동은 삶에 좋은 기능을 한다고 볼 수도 있겠죠. 하지만 과잉보상적이라는 점은 바뀌지 않습니다. 그 이유로는 첫 번째, 당신이 이런 지배적인 방식으로 이야기를 할 때 끼어들기가 굉장히 어렵습니다. 저는 통제받고 있다는 느낌을 받으며, 당신 또한 제 의견을 설명하는 것을 허락하지 않는 것 같아요. 어떤 의미인지 아시겠어요? 타인들이 당신을 지나치게 지배적이거나 통제적이라고 말한 적 있나요? [필립은 이에 대해 동의한다. 그의 전 부인은 필립이 지배적이고 오만하다며 비난했다고 한다. 이에 질세라 필립도 전 부인의 단점에 대해 비난을 시작했다.] 필립 씨, 결혼 생활이 굉장히 복잡했었겠네요. 그리고 전 부인과 당신 모두 힘들었을 거라고 생각해요. 과잉보상 양식이 모든 대인관계에 있어서 당신이 겪었던 모든 문제의 근원이라고 말하지는 않겠어요. 그렇지만 지배적인 행동 패턴에 대해 타인들이 비슷한 의견을 냈다는 것은 주목할 만합니다. 한번 설명해 주시겠어요? [필립은 자신은 이러한 반응에 대해 전혀 이해하지 못하며 설명하지 못하겠다는 의견이다.] 필립 씨, 당신이 이렇게 행동했을 때 사람들이 보이는 반응과 그것이 무엇을 의미하는지를 제대로 이해하지 못한 것 같군요. 치료 시간에 이에 대해 좀 더 상세하게 대화를 나눠 보는 건 어떨까요? 치료 과정을 녹화하고 이를 같이 보는 것도 도움이 되겠네요. 그러면 제가 필립 씨가 보이는 행동 중 제 눈에 어떤 점이 눈에 띄는지를 정확히 설명해 드릴 수 있죠. 물론 타인의 관점을 받아들인다는 것이 결코 쉬운 것은 아닙니다. 하지만 당신의 행동을 영상을 통해 다시 보면 사람들이 왜 그런 말들을 했는지 이해가 갈 겁니다. 어떻게 생각하세요?

치료자가 처음에 제시한 양식 모델들에 대해 환자가 동의하지 않는 반응이 반드시 환자의 '방어'로만 치부될 수는 없다. 첫 양식 모델을 만들 때, 치료자는 한편으로는 환자가 겪고 있는 현재 문제와 증상과의 관계를, 또 다른 면으로는 환자의 성장 배경 등을 근거로 하여 가설을 많이 세운다. 이는 굉장히 중요한 작업으로 환자와의 소통이 꼭 필요한 부분이다. 치료자의 판단이 틀릴 수도 있으므로 완전한 모델을 확립하기까지는 환자와의 충분한 소통이 필요하다.

우리의 경험을 기반으로 보았을 때, 심리치료사들은 환자가 맺는 친밀한 관계에 대해 자주 엉뚱한 결론에 도달하곤 한다. 환자가 자신의 나이보다 훨씬 많거나 어린 애인을 만날 때, 치료자는 이를 양식 모델의 특성과 연관 지을 수 있다. 하지만 환자가 관계를 잘 풀어 나가고 있고 괜찮다고 느낀다면 이는 양식 모델과 전혀 관련이 없다. 그러므로 양식 모델을 만들 때, 오해를 미연에 방지하기 위해 치료자가 환자의 의견을 반복적으로 물어보는 것이 중요하다.

환자의 양식 모델에 대한 의견과 생각은 매우 중요하다. 환자가 치료에 적용하는 양식 모델을 결정짓는 과정에 참여하는 것이 중요한데, 각기 다른 양식들에 대해 환자 나름의 개인적 의미를 스스로 부여할 수 있기 때문이다. 치료에 있어서 모든 설명적 모델처럼, 환자가 정서적으로 양식에 많이 공감할수록 심리도식 모델은 더욱 도움이 된다.

환자를 치료할 때, 치료자는 환자에게 자신만의 관점으로 서로 다른 양식들의 특성을 인지하도록 하고, 그다음에는 환자의 성장 배경과 어떻게 심리적인 문제가 발생했는지를 환자 스스로가 설명하도록 유도한다. 예를 들어, 치료자가 환자에게 처벌하는 부모 양식에 대해 알려 줬을 때, 환자 자신이 받은 처벌과 비판에 대해 말하는 것은 매우 바람직하다고 할 수 있다. 환자가 제공한 정보에 대해 치료자는 특별히 더 주의를 기울여야 하며, 이러한 특성을 양식 모델에 포함시켜야 한다. 다른 양식에 대해 알아보기, 환자의 성장 배경에 대해 이야기해 보기 등은 나중에 의자기법이나 심상 각본수정 등의 치료적 개입을 사용할 때 유용한 정보가 될 수 있다.

1. 양식 모델 치료 계획하기

　환자의 양식 모델에 대한 충분한 대화가 이루어지고, 환자와 치료자 간의 의견 일치가 이루어지면, 이 양식 모델에 해당하는 치료적 접근에 대해 이야기해야 한다. 다시 말해, 취약한 아이 양식을 달래고 약화시키는 것이 치료의 목적이라고 할 수 있다. 이러한 과정은 성난 아이 양식의 환자가 화를 부적절한 방법으로 표현하는 것을 막을 수 있다. 같은 맥락으로 치료 과정에서 처벌하는 부모 양식을 점차 감소시키는 것이 중요한데, 이는 환자의 삶에서 부모의 영향을 줄이기 위해 필수적인 과정이다. 역기능적 대처 모델은 치료 과정에서 더 유연해져야 한다. 치료자에게는 환자가 타인과의 교류에 있어 더 유연한 선택지가 있고, 건강한 어른 양식의 강화와 같은 다른 건전한 방법이 있다는 것을 학습하도록 도와줘야 한다. 다른 치료 목적에 사용되는 치료적 개입은 간단히 정의할 필요가 있다.

　양식 모델과 이를 이용한 치료계획에 대한 첫 번째 토의를 할 때, 각각의 양식들이 균형 있게 강화되는 방법이나 각 양식들이 기능적으로도 균형을 가질 수 있는 방법들에 대해서 의논하는 것도 좋다. 부모가 규율 없이 키웠거나 배우자가 늘 원하는 대로 할 수 있게 해 줘서 생겨난 버릇없거나 훈육 안 된 아이 양식의 환자는 자신의 양식을 교정하여서 더 책임감을 갖거나, 만족을 지연시켜야 하고, 자신의 능력을 더 계발해야 할 것을 감안하게 될 것이다. 그래서 이 양식에 대한 치료 작업을 하는 것이 달갑지 않고 자신에게 이득이 된다고 생각하지 않을 수도 있다. 이는 더 높은 수준의 스트레스와 긍정적 강화의 상실과 연관될 수 있다. 해당 문제에 대해서 치료 초기에 최대한 일찍 환자와 개방적인 대화를 해야 한다는 점을 명심해야 한다. 하지만 때로는 치료의 초기에 이런 문제가 명확하게 드러나지 않을 수도 있다. 환자들은 치료회기마다 자신의 역기능적 양식을 변화시키려는 동기가 저하된 모습으로 보일 수 있는데, 이때 이러한 문제들이 드러날 수 있다. 왜냐하면 환자들이 긍정적 강화를 많이 받지 못했기 때문이다. 이런 환자의 문제가 뚜렷하게 드러날 때, 치료자는 가능하면 빨리 환자와 이에 대해 대화를 해야 한다.

2. 자주 묻는 질문들

(1) 단지 몇 차례 치료회기를 진행한 후에 환자에게 작동하는 양식 모델을 완전히 알아내는 것이 가능한가요?

우리의 경험에 기반해서 답을 하자면, 환자와 몇 번 만나지 않고도(3~5회기 정도), 첫 양식 모델을 소개할 수 있습니다. 물론 이 모델이 환자에 대한 모든 상세한 정보를 담고 있지는 않습니다. 하지만 양식을 설명하고 탐구하는 작업에 집중하면, 가장 중요한 환자의 특성과 성장 배경을 알아낼 수 있을 것입니다.

(2) 이 모델은 다소 제시적인 면이 있습니다. 환자와 관계없는 것을 적용시키는 것은 아닐까요?

개념화와 양식 모델에 대해 논하는 과정의 체계는 매우 잘 짜여 있으며, 치료자는 환자의 문제와 양식의 연관성에 대해 적극적으로 설명합니다. 그러므로 환자와 세세한 부분까지 대화를 나누고 환자의 의견을 듣는 것이 중요합니다. 환자와의 충분한 대화 없이 양식 모델만을 제시하는 것은 의미가 없습니다.

(3) 치료 초기에 환자의 대처 양식이 너무 강해서(예를 들어, 통제적이고 자기애적인 패턴을 보이는 환자의 경우) 환자가 자신의 양식 모델을 살펴보려 하지 않으면 어떻게 하나요?

핑장한 불만을 가지고 있는 환자(성난 보호자 양식 또는 관심 추구 양식 등), 양식 모델을 만들려는 치료자를 과소평가하는 자기애성 환자, 또는 강한 관심 추구 양식을 가진 극적인 성향의 환자들은 문제가 될 수 있습니다. 때로는 앞의 사례처럼 양식 모델에 대해 환자와 적극적으로 이야기하는 것이 도움이 될 수 있습니다. 타인으로부터도 비슷한 평가를 받은 경험이 있는지(불평을 지나치게 많이 하거나 자기애적으로 행동하거나 극적인 행동을 하는 등) 여부가 환자가 양식 모델에 관심을 갖게 하는 것에 도움을 줄 수 있습니다. 심한 과잉보상 또는 불평하는 성난 보호자 양식을 가진 환자의 경우, 치료를 받으러 오기 전에 이미 많은 사람으로부터 문제 행동에 대한 비판을 받았을 것입니다. 타인의 비판이 치료자의 의견에 대한 타당성을 환자에게 입증하는 근거 자료가 될 것입니다. 또는 역할극처럼 환자의 대처 양식을 치료자가 그대로 흉내 내어 보여 주는 것도 도움이 될 수 있습니다. 이 방식은 매우 화나 있거나 공격적인 대처 양식을 가진 환자에게 특히 효과적입니다. 하지만 일부 환자의 경우, 자신의 대처 양식에 갇힌 나머지 자신의 다른 부분에 대해 파악조차 하지 못할 수도 있습니다. 이러한 경우에 대처 양식을 다루는 것을 치료의 첫 번째 목표로 설정해야 합니다. 완전한 양식 모델에 대한 논의는 환자가 자신의 대처 양식에 대해 바라보고, 그 패턴을 객관적으로 살펴볼 수 있을 때까지 미룰 수도 있습니다. 제5장에서 이에 대한 이야기를 더 상세하게 다룰 예정입니다.

PART
2

치료

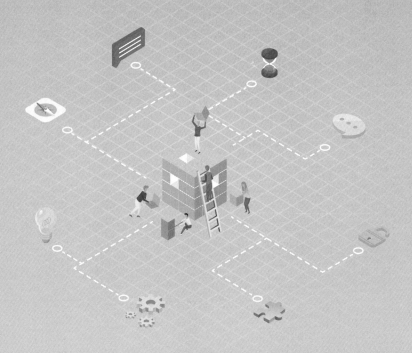

치료 개관

치료를 시작하기 전에 환자와 양식 개념에 대한 충분한 대화를 해야 한다. 환자의 양식 모델은 주요 문제, 증상, 관계 맺기 양상을 함축적으로 나타낸다. 양식 개념은 환자나 치료자 모두에게 합리적이며 수긍이 가능해야 한다. 진행할 치료에서 각 양식마다 추구하는 치료 목표가 있다([그림 4-1] 참조). 치료 요소들의 조합, 각기 다른 치료 방법들이 가지는 상대적 중요성, 특정 증상을 치료하기 위한 개입과 성격장애 증상을 치료하기 위한 개입 간의 균형 등은 환자 개개인에게 맞춰 적용해야 한다.

1. 각 양식에 따른 치료 목표

1) 취약한 아이 양식

심리도식치료 관점에서 본 취약한 아이 양식의 치료 목표는 환자가 자신의

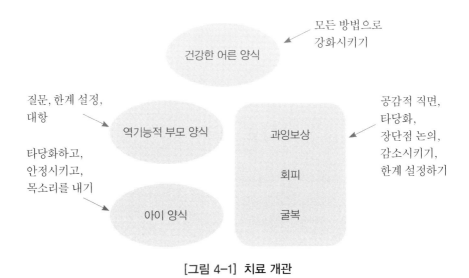

모든 방법으로
강화시키기

건강한 어른 양식

질문, 한계 설정,
대항

역기능적 부모 양식

공감적 직면,
타당화,
장단점 논의,
감소시키기,
한계 설정하기

과잉보상

타당화하고,
안정시키고,
목소리를 내기

회피

아이 양식

굴복

[그림 4-1] 치료 개관

필요를 돌볼 수 있도록 하는 것이다. 환자들은 자신의 필요에 대해 좀 더 세심한 주의를 기울일 필요가 있다. 자라면서 중요한 정서적 그리고 사회적 요구를 충족시킬 수 있는 활동들을 만들고 강화해야만 한다. 치료자가 취약한 아이 양식을 다루는 데 있어서 가장 중요한 것은 타당화하기, 달래 주기, 학대와 그 외의 부정적 경험의 처리를 돕는 것이다. 그러므로 치료자는 환자의 취약한 아이 양식을 돌볼 수 있는 양식(환자 스스로 돌볼 수 있는)을 제공한다.

2) 성난/울화통 터진 아이 양식

이 양식은 치료에 반드시 반영해야 한다. 환자들이 분노의 감정을 경험하고 정확히 표현할 수 있도록 격려한다. 자신의 욕구가 제대로 충족되지 않았을 때, '분노'라는 감정을 느끼고 이 정서를 중요한 감정으로 간주해야 한다. 치료 과정에서 환자는 이러한 연관되는 욕구가 타당화되고 수용되는 경험을 한다. 하지만 환자는 자신이 원하는 욕구를 적합한 방식으로 소통하는 방법을 배워야 한다.

3) 충동적/훈육 안 된 아이 양식

성난 아이 양식처럼, 충동적/훈육 안 된 아이 양식 뒤에 숨겨져 있는 일반적인 욕구들을 타당화해 주고 수용해야 한다. 이러한 양식을 가진 환자들의 경우, 자신의 욕구를 과장되게 표현한다. 충동적/훈육 안 된 아이 양식을 가진 환자를 치료하기 위해서는 이러한 양식들에 대하여 적절한 한계를 정하고 이러한 양식과 연관된 욕구와 관련하여 보다 현실적인 기대를 찾도록 도와줘야 한다. 더구나 환자는 규율을 배우고 좌절을 감내할 능력을 배워야 한다.

4) 역기능적 부모 양식

역기능적 부모 양식의 치료 목표는 이 양식을 약화하는 것이다. 역기능적 부모 양식에 대하여 질문하고 제한을 두며, 심지어는 싸워야 한다. 치료자는 이 양식과 연관하여 환자들이 가지는 지나치게 높은 기준과 자기 평가절하를 줄이도록 도와야만 한다.

5) 역기능적 대처 양식

처음에 환자들은 자신의 역기능적 대처 양식에 공감적으로 직면해야만 한다. 어린 시절에 이러한 대처 양식이 자신에게 왜 중요했는지, 그때 당시 얼마나 자신이 보호되었는지 등을 의논해야만 한다. 이와 동시에 그런 대처 양식들의 부정적 결과에 대해서도 이야기해야만 한다. 환자가 스트레스를 많이 받는 상황에 유연하고 적절하게 대응하도록 양식의 영향력을 줄여야만 한다. 역기능적 대처 양식이 치료의 과정을 제한하는 경우에는 명확한 한계를 그어야 한다.

6) 행복한 아이 양식과 건강한 어른 양식

치료 과정에서 행복한 아이 양식과 건강한 어른 양식은 강화해야 한다. 이 양식들의 활성화 강도와 빈도를 증가시켜야 한다.

2. 치료 기법

심리도식치료는 인지적 · 정서적 · 행동적 개입을 모두 사용한다.

1) 인지적 개입

인지적 개입([그림 4-2] 참조)은 장점과 단점의 토론을 통해 심리도식이나 양식의 타당성과 '진실성'을 검증하는 데 사용된다. 인지적 재구성 기법을 통해 여러 가지 다른 '심리도식 또는 심리도식 양식에 대한 증거'들을 역으로

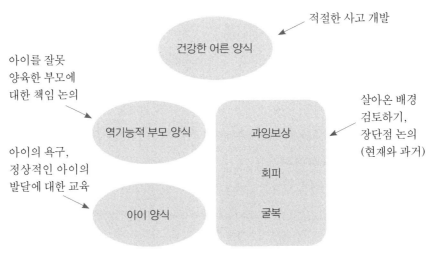

[그림 4-2] 인지적 치료 개입

환자에게 설명할 수 있다. 모든 종류의 인지적 개입이 사용될 수 있다. 예를 들어, 치료자는 환자와 아침에 마트의 계산대 직원이 환자에게 아침 인사를 하지 않았는지에 대해 토의할 수 있다. 환자는 자발적으로 이를 특정 심리 도식과 연관 지어 설명할 수도 있으며 그 과정에서 인사를 하지 않는 행위를 거절의 표시로 여길 수 있다. 인지적 기법은 환자들이 다른 관점을 가지고 더욱 기능적인 해석을 선택하는 데 도움을 줄 수 있다. 이와 비슷하게, 추론하는 데 있어 심리도식과 일치하는 오류와 대처 전략의 장단점에 대해 환자와 대화해 볼 수 있다. 심리교육도 상당히 중요한 역할을 한다. 치료자는 환자에게 정상적인 아이라면 느끼는 욕구, 감정, 행동 패턴 등을 설명해 주고, 건강하고 정상적인 아이의 발달 과정과 환자 자신의 어린 시절과의 차이점을 알려 준다.

> 인지적 개입은 모든 인지행동치료(CBT)에서 사용되는 방법들을 포함한다. 재구성, 추론의 오류에 대한 논의, 장단점 목록 사용하기가 그 예라고 할 수 있다.

(1) 아이 양식

인간의 기본적 욕구에 대한 심리교육은 중요한 인지적 기법이다. 매우 심한 성격장애 환자의 경우, 자신이 아이로서 어린 시절에 실제로 어떻게 대우를 받았어야 하는지에 대한 구체적이고 명확한 생각이 없다(이런 환자들의 대부분은 타인이나 비슷한 상황의 아이들 또는 자신의 자녀들이 어떤 대우를 받아야 하는지 이미 알고 있다는 점을 감안해도 그렇다).

(2) 역기능적 부모 양식

인지적 개입에 있어 환자와 집중적으로 이야기해야 할 부분은 죄책감과 환자의 어린 시절에 있어서 부모가 양육을 적합하게 했는지 여부이다. 환자들은 대부분 부모가 자신을 잘못 대한 것은 자신이 그럴 만한 잘못을 했기 때문이라고 생각한다. 이런 잘못된 해석은 인지적 치료 기법을 통해 재귀인 해야 한다. 중요한 기법은 외부적 관점에서 바라보기이다. "만일 다른 아이였다면 부모가 그 아이를 막무가내로 대하는 행위에 대한 이유와 죄책감이 아이 때문이라고 할 수 있나요? 아니면 아이가 어린 시절에 자신이 처해진 상황에 있다고 생각해 봅시다. 정말 그 아이의 잘못인가요?" 일부 환자들은 어렸을 때, 자기가 기질적으로 까다로운 아이였다고 한다. 만일 이것이 사실이라 해도, 부모가 아이에게 까다롭다고 비난하는 것은 부모로서 적절하지 않은 반응이라고 환자에게 알려 줘야 한다(아이들은 기질을 선택하지 않았다). 부모는 아이의 기질에 맞춰 그에 상응하는 양육을 할 책임이 있다. 인지적 접근에서 자주 치료자가 환자와 상의하거나 확실하게 해 두어야 할 주제들은 다음과 같다. (1) '불운'이라는 요소를 제외하고, 환자가 실제로 책임을 져야할 때(역기능적 부모 양식에 '불운'이라는 요소는 흔히 포함되어 있지 않다), (2) 실수를 할 수 있는 기본적 권리, 새로운 것을 배우기 위해 실수를 하는 것의 필요성, (3) 아이의 기본적 욕구와 권리(세계아동인권선언 참조).

(3) 대처 양식

어린 시절에 발달한 대처 양식이 환자 자신을 보호하는 데 중요한 역할을 했다는 것을 타당화한다. 그다음에 대처 양식의 장단점을 환자의 어린 시절과 현재 상황에 견주어서 논의한다. 치료적 상황 내에서 그리고 추후에 환자의 삶의 전반에서 대처 양식을 줄이기 위한 방안이 논의되어야 한다. 인지적 작업은 정서중심 개입에 포함된다. 예를 들어, 의자기법을 사용해서 역기능적 부모 양식과 건강한 어른 양식의 대화를 통해 죄책감의 적절성을 다룰 수 있다. 심리도식치료에서 쓰이는 더욱 명확한 방법으로는 심리도식 일지 또는 심리도식 플래시 카드(6장), 대처 양식 또는 심리도식의 장단점 목록(5장) 등이 있다.

2) 정서적 개입

정서적 개입은 환자가 슬픔과 분노를 표현할 수 있도록 돕는다. 감정을 느끼고 처리하는 과정은 환자가 자신의 욕구에 더욱 귀를 기울이고 목표에 집중하도록 도움을 준다. 나중에는 자신을 보다 중요하며 긍정적이고 가치 있는 사람으로 여기게 된다. 문제가 되는 감정들은 정서적 기법을 통해 개선할 수 있다.

정서적 개입 기법에는 대표적으로 심상 작업과 의자기법이 있다.

(1) 심상 작업

심상 작업에서 현재의 감정을 심화시키고 이를 살아온 기억과 연관지어서 심리도식이나 양식이 활성화된다. 아동기의 외상적 기억에 대한 주요 개입 기법으로는 '심상 각본수정'이 있다. 심상 각본수정 연습을 통해 외상적이거나 힘든 상황이 상상을 통해 아이의 욕구가 충족된 경험으로 바뀔 수 있다.

폭력적이고 억압적인 가해자를 멈추고 아이를 그 상황에서 구출하여 돌보는 것 등을 의미할 수도 있다. 심상 훈련은 아동기 기억을 치료하는 데에만 쓰이는 것은 아니라, 생애 후기에 있을 외상을 각본수정하거나 미래의 상황에 환자가 대비하도록 사용될 수 있다(Hackman et al., 2011 참조). 심상 작업은 6장에서 더 심도 있게 다룬다.

심상 각본수정 연습과 이외의 정서적 개입들은 환자들에게 욕구가 충족되는 경험을 하도록 도와준다. 예를 들어, 처벌하는 부모 양식에 대해서는 분노를 느끼고, 취약한 아이 양식에 대해서는 공감을 하는 것 등이라고 할 수 있다.

(2) 의자기법

의자기법을 이용한 치료 작업(Kellogg, 2004의 개관)에서 다른 양식들 사이에 또는 환자의 심리도식과 건강한 양식 간의 대화가 이루어진다. 환자의 다른 부분은 다른 의자들로 표현된다. 의자기법은 환자가 가진 각기 다른 양식들에서 느끼는 감정들을 표현하도록 돕는다. 울화통 터진 아이 양식을 의자에 앉히고 성난/울화통 터진 감정을 수용하거나, 건강한 어른 양식을 의자에 앉히고 요구적이고 처벌하는 부모 양식에 반하여 정서적−인지적−행동적 반응을 개발할 수 있다. 의자기법은 특히 환자가 양가감정을 느끼거나 내적 갈등을 명확히 해야 하는 환자들에게 도움이 된다. 8장에서 의자기법에 대해 전반적이고 심도 있게 다루도록 한다.

양식 모델([그림 4−3] 참조)에 관련하여 심상 각본수정 연습은 취약한 아이 양식을 치료하는 데 가장 중요하다. 역기능적 부모 양식 또한 심상 훈련을 통해 부모 양식의 심상(가해자 심상)을 중지시키거나 없애는 등의 치료 대상이 될 수 있다. 의자기법을 사용해서 역기능적 부모 양식과 싸우거나 이를 감소시킬 수 있다. 매우 지배적인 대처 양식(특히 과잉보상 대처 양식)에 한계

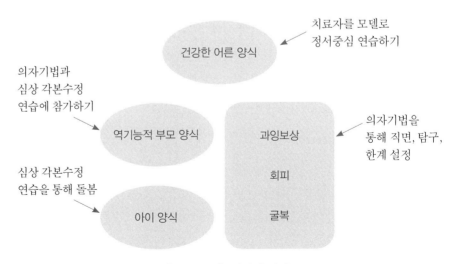

치료자를 모델로 정서중심 연습하기

건강한 어른 양식

의자기법과 심상 각본수정 연습에 참가하기

역기능적 부모 양식

과잉보상

의자기법을 통해 직면, 탐구, 한계 설정

심상 각본수정 연습을 통해 돌봄

아이 양식

회피

굴복

[그림 4−3] 정서적 개입

를 설정할 때에도 의자기법을 사용할 수 있다. 이러한 개입은 역기능적 대처 양식을 타당화하고, 이해하며, 직면하도록 돕는다.

3) 행동적 개입

행동 패턴 깨기와 증상의 치료에 기본적으로 모든 행동치료 기법이 사용될 수 있다. 역할 연기, 과제 할당, 직면 기법, 사회기술 훈련, 이완 훈련 등이 행동적 기법의 예이다.

행동적 개입은 특정한 심리도식치료 개입과 함께 사용할 수 있다. 그 예로, 심리도식 플래시 카드나 다른 기억 보조장치(역주: '큐시트'라고도 한다. 기억을 환기시키는 것) 등을 들 수 있다. 이들은 주로 증상이나 행동적 문제를 관련된 심리도식 양식과 연결 지을 수 있다. 사회기술 훈련, 완벽주의 약화하기, 긍정적 활동 횟수 늘리기, 규칙적 운동, 욕구를 명확하게 표현하기와 같은 인지행동치료 기법이 적용된다.

양식 모델([그림 4-4])과 관련하여, 아이 양식을 치료하기 위한 중요한 행동적 기법에는 사회기술 훈련이 있다. 사회기술 훈련을 통해 환자는 가까운 대인관계 형성, 도움이 되고 지지적인 사람들과의 관계 강화 등을 배울 수 있다. 환자는 행동적 관점에서 역기능적 부모 양식과 싸우는 법을 배우게 된다. 예를 들어, 과도한 목표를 이루려고 노력을 하지만 빈번히 실패하는 대신에 완벽주의 약화시키기, 자신의 실수와 오류 인정하기, 성취감을 얻을 활동에 참여하기 등이 있다. 행동적 개입은 대처 양식이 아닌 행동 패턴(역기능적 대처 양식에 더 적은 시간을 투자하기)을 수립하는 것이 주목적이다. 이러한 행동적 개입은 사회활동, 여가활동, 스포츠 등을 포함한 건강한 어른으로서의 대인 간 상호작용 도입과 연결되어 있다.

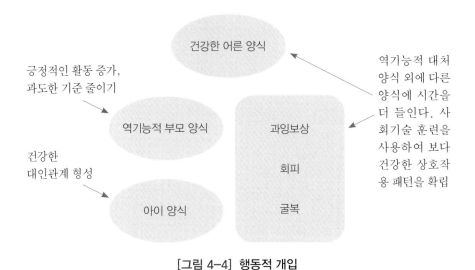

[그림 4-4] 행동적 개입

3. 치료적 관계

　치료적 관계에 있어, 치료자들은 환자와의 상호작용을 환자의 심리도식과 양식에 연결시킨다([그림 4-5]). 예를 들어, 감정적으로 매우 우울한 환자는 특별히 따뜻한 마음으로 정서적 돌봄을 가지고 치료한다. 반면, 의존성이 높은 환자의 경우, 보다 자율적으로 행동하게 격려한다. 치료자는 환자와 함께 의존적 소통 패턴을 충족시키는 것이 도움이 되는지 여부에 관하여 토의한다. 환자를 짜증 나게 하거나 좌절시키려는 것이 아니고, 환자의 자율성을 더 길러 주기 위한 것임을 강조한다.

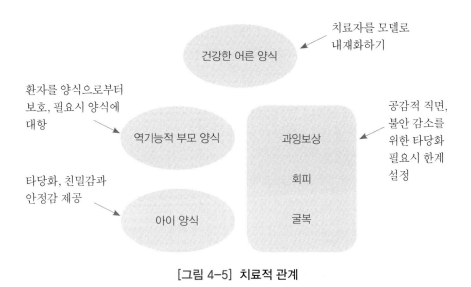

[그림 4-5] **치료적 관계**

1) 공감적 직면

'공감적 직면'은 중요한 기법으로 환자들이 치료적 관계를 통해 자신의 대인관계 패턴을 매우 분명하게 볼 수 있다. 이러한 만남은 '공감적'인데, 치료자가 환자의 대인관계 패턴을 성장 배경을 통해 설명하고 타당화하며 환자가 자신의 욕구를 역기능적 방식으로 충족해 왔음을 해석해 주기 때문이다. 환자들은 자신의 욕구를 표현하는 데 있어 보다 건강한 방법을 배우게 된다.

> **사례** 치료회기에서 대처 양식에 대한 공감적 직면
>
> 필립(52~59쪽 참조)은 치료 과정에서 자주 과잉보상적 양식을 보인다. 그는 이 양식에 따라 말하며 자신의 능력과 경험을 뽐낸다. 회기에서 이 양식이 나타날 때, 불안을 건설적인 방식으로 표현하는 것이 불가능하다. 치료자는 두 번째 회기에서 이러한 상호작용 패턴에 대하여 이야기한다. "필립 씨, 지금까지 제가 치료회기에서 경험한 것을 바탕으로 제 생각을 말씀드릴게요. 저는 당신의 불안

을 감지하기가 정말 힘들어요. 왜냐하면 당신이 다양한 많은 일에 대하여 매우 영리하게 말하기 때문이죠. 우리의 대화에 저는 거의 기여할 수가 없군요. 당신의 말에 끼어들 틈이 없어요. 제가 받은 느낌은 당신이 이 방에서 대장이 되는 것을 매우 중요하게 여긴다는 거예요. 어린 시절에 당신이 괴롭힘을 당한 것이 이런 식의 과잉보상 대처 양식을 통하여 무기력함과 버림받는 느낌으로부터 당신을 지켜 줬을 거예요. 어떻게 생각하시죠?"

필립은 과잉보상 대처 양식과 지속적인 성격 패턴에 동의한다. 치료자는 필립의 과잉보상 대처 양식이 생겨난 성장 배경과 이것이 삶에 어떻게 나타났는지에 대하여 필립과 함께 대화해 본다. 토론하는 중에 치료자는 환자와 가까운 대인 접촉을 유지하고, 필립은 다시 과잉보상 대처 양식으로 되돌아간다. 치료자는 바로 그를 멈추고 양식의 이동이 있었음을 알려 준다. 몇 분 후에 치료자는 이 패턴이 주는 역기능적 측면에 대해 설명한다. "어떻게 보면 역설적이죠. 이 패턴이 어렸을 때는 당신을 보호해 주며 상황을 주도한다는 느낌을 주는 중요한 역할을 했다면, 지금은 당신의 문제의 중요한 부분이 되었네요. 만약 당신이 항상 이 양식에 있다면, 저와 진실되고 긍정적인 관계를 형성하기 어렵겠네요. 다른 관계에서도 분명히 이런 문제가 있을 거예요. 맞죠? 이것은 버림받음의 느낌을 실제로 증폭시킬 거예요. 동의하세요?"

2) 제한된 재양육

심리도식치료에서는 치료적 관계를 '제한된 재양육'이라고 개념화한다. 치료자는 환자가 아동기나 사춘기에 부모 또는 부모상이 되는 인물이 충족해 주지 못했던 욕구를 제한된 수준이지만 충족시켜 준다. 예를 들면, 특히 그런 면에서 경계성 성격장애를 가진 환자는 치료의 초기가 중요하다. 치료자는 건강한 어른 양식 모델로서 심상 각본수정 연습을 통해 환자의 외상이 있었던 상황으로 들어간다. 치료의 첫 단계에서 치료자는 경계성 성격장애와 같은 심각한 정서장애를 가진 환자에게 치료자가 애착 대상으로서의 역할을 해 줄 필요가 있다는 점을 수용해야 한다. 돌봐 주는 부모상이 되기 위하여 치료자는 치료에서 자신이 '실제 사람'임을 보여 주어야만 한다. 이것은 정신분석적 환경에서 이루어지는 전통적으로 중립적인 치료적 관계와는 큰 차이가 있다. 또한 치료자가 따뜻하게 보듬어 주는 역할보다는 소크라테스 역할을 하는 인지치료에서의 관계 모델과도 다르다. 재양육은 환자의 취약한 아이 양식을 치료한다. 이 점을 환자에게 확실하게 인식시켜야 하면서도 환자와의 전문가적 경계 설정 또한 확실히 해야만 한다.

3) 한계 설정

부모의 양육은 한계를 설정하는 과정을 포함한다. 한계 설정은 심리도식 치료에서 흔히 필수적이다. 예를 들어, 치료자는 버릇이 없고 훈육되지 않은 등의 부적절한 행동 패턴에 한계를 설정해야 한다. 다른 개입 기법에서도 그렇듯이, 필요하다면 치료적 관계에 있어 이러한 측면을 치료자가 설명해 줘야만 한다. 치료자가 왜 한계 설정을 하는지 환자가 이해하는 것은 매우 중요하다.

> 치료적 관계에서 '제한된 재양육'은 치료자가 환자를 따뜻하게 돌보는 것을 의미한다. 그러나 치료자는 또한 환자의 역기능적 행동에 대해서는 한계를 설정해야 하는데, 이것은 마치 건강한 부모가 아이를 양육할 때 하는 것과 같다.

다른 양식들에 관련하여 치료자는 치료적 관계에서 다음과 같은 사항들을 고려해야 한다.

4) 아이 양식

　환자가 취약한 아이 양식일 때, 그들은 타당성의 인정과 편안함 그리고 위로가 필요하다. 이것은 취약한 아이 양식으로 저절로 바뀌는 경우에도 마찬가지이다. 치료자는 따뜻하고 돌보는 심정으로 정서적 기법 범위 내에서 치료에 임해야 한다. 심상 각본수정 연습에서 치료자는 환자 내면의 아이를 달래고 돌봐 주어야 한다. 의자기법에서 치료자는 취약한 아이 양식의 역할을 하는 의자에게 따뜻하고 돌봐 주는 식으로 이야기해야 한다.

5) 역기능적 부모 양식

　치료적 관계 내에서 환자들은 역기능적 부모 양식으로부터 보호되어야만 한다. 정서적 개입과 자발적으로 발생하는 상황 모두에 적용된다. 치료자는 환자가 심상 각본수정 연습을 하거나 의자기법 중에 역기능적 부모 양식과 싸우는 환자를 적극적으로 지지해 주어야 한다.

사례 치료회기 내에서 처벌하는 부모에 맞서기

　니콜(51~52쪽 참조)은 취업 면접을 보러 가려 했다가 마지막 순간에 회피하였다. 회피적인 태도를 가진 자신을 평가절하고 끔찍한 실패자라고 불렀다. 치료자는 대답한다. "니콜, 면접에 가지 않았다니 안타깝군요. 그렇지만 니콜이 느끼고 있는 자기 평가절하와 자기 혐오는 당신의 처벌하는 부모 양식에서 비롯된 거예요. 처벌하는 부모가 여기에서 목소리를 내게 해서는 안 됩니다. 왜냐하면 처벌하는 부모는 당신을 더욱 비참하게 만들고, 미래에 비슷한 상황을 처리하기 위하여 좋은 방식을 발견하는 데 있어 도움이 되지 않습니다."

6) 대처 양식

환자의 역기능적 대처 양식을 다루기 위한 치료자의 중요한 과제 중 하나로 공감적 직면을 꼽을 수 있다. 공감적 직면은 타당성을 인정해 주는 것과 돌봐 주는 치료적 태도 사이에 균형을 맞춰야 한다. 환자가 치료적 관계에서 안전하고 돌봄을 제공받게 될 때, 환자는 더 이상 종전의 역기능적 대처 양식의 사용이 필요치 않음을 느끼게 되고, 환자는 그들의 대처 양식을 훨씬 잘 멈출 수 있다. 하지만 매우 지배적인 과잉보상 대처 양식의 경우에 치료자는 환자와 분명한 한계를 설정할 필요가 있다(가능하다면 장난스럽게). 만일 치료자가 한계를 설정하는 데 있어 지나치게 엄격한 태도를 취하면 환자는 치료자가 통제력을 잃는 것을 두려워한다고 느끼거나 힘겨루기를 시작한다고 생각할 수도 있다.

사례 **과잉보상 대처 양식에 명확한 한계 설정하기**

> 치료 초기에 니콜은 위협 양식을 지속적으로 보였다. 치료자는 그녀와 진정한 소통을 하기가 굉장히 어려웠다. 몇 차례의 치료회기 후에 치료자는 명확한 한계를 설정한다. "니콜 씨, 잠시 말하는 것을 멈춰 주세요. 제가 우리의 대화에 참여하는 것은 매우 중요합니다. 저는 이 치료가 당신을 도울 것이라고 확신해요. 그러므로 가끔 당신이 말하는 도중에 끼어들어 이 양식을 멈추어야겠어요. 대신에 우리 둘 사이에 연결의 대화를 했으면 좋겠어요. 괜찮으시겠어요?"

4. 자주 묻는 질문들

(1) 치료계획을 어디까지 환자(특히 정서적 개입과 치료적 관계에 있어)와 함께 공유해야 하나요?

기본적으로 심리도식치료사들은 매우 투명합니다. 투명하다는 것은 환자와 함께 치료적 관계와 정서적 개입에 대해 터놓고 이야기하는 것을 의미합니다.

(2) 실제 심리도식치료(정서적 기법, 제한된 재양육 등)는 언제 본격적으로 시작하나요?

많은 심리치료처럼 심리도식치료도 시작됨과 동시에 진행됩니다. 이러한 경우에 환자의 문제와 증상이 치료를 시작함과 동시에 양식 모델을 이용해서 개념화되고 설명되고 이를 바탕으로 치료가 이루어져야 합니다. 가장 이상적인 것은 치료를 시작하고 3회기가 진행되는 동안 최소한 한 번의 진단적 심상 작업이 이루어져야 하고, 양식 모델에 대한 환자와의 대화가 한 차례 정도 이루어져야 합니다(가능하다면 예비적으로).

치료자는 치료 후기에 심리도식치료로 전환하자고 제안하는 경우도 있습니다. 환자가 인지행동치료를 받고 성격적 병리가 파악되며 증상의 호전을 보여서 치료적 변화가 요구될 때가 좋은 예라고 할 수 있습니다. 이러한 접근법(인지행동치료를 처음에 하고 심리도식치료를 그다음에 진행하는 것)은 필연적으로 가능합니다. 하지만 이러한 사실 또한 환자와 토의해야만 합니다.

(3) 심리도식치료적 요소를 실용적인 수준에서 어떻게 적용할 수 있나요?

인지행동치료처럼 치료자는 환자와 함께 사례 개념화를 합니다. 치료 계획은 환자의 치료 목표와 치료자의 전문가적 의견을 반영해서 치료자와 환자가 함께 수립합니다. 그다음, 환자와 치료자가 치료 계획을 따르는 것입니다. 인지행동치료처럼 치료 계획과 환자가 치료회기 동안 다루고 싶어 하는 문제 사이의 균형을 맞추는 것이 중요합니다. 대부분 환자가 전형적으로 겪고 있는 문제는 양식 모델과 연관되어 있으며, 치료 계획에 먼저 작성되어 있는 것에 상응하는 심리도식치료 기법으로 치료를 합니다.

대처 양식 극복하기

치료자가 면담에서 대처 양식에 대한 작업을 시행하는 가장 주된 목적은 내담자로 하여금 자신의 대처 양식을 구체화하여 직면하도록 돕고, 자신의 대처 양식이 어떻게 발달하게 되었고 어떠한 기능을 수행하는지를 이해하도록 돕는 것이다. 대처 양식의 사용을 줄이고, 이를 보다 건강한 대처 양식으로 바꿔 나갈 수 있도록 돕기 위함이다. 많은 환자가 어린 시절에 견디기 어려운 환경 조건을 경험했던 가운데, 이에 대한 하나의 반응으로서 과잉보상적이거나 혹은 회피적인 대처 양식을 발달시켜 왔다는 것을 스스로 이해하는 것이 중요하다. 내담자의 대처 양식에 대하여 논의할 때에는 대처 양식이 내담자의 현재 삶에 미치는 긍정적인 영향과 부정적인 영향에 대해서도 이야기해 봐야 한다. 보통 내담자의 유년기 또는 청소년기 동안에는 어떠한 측면에서는 대처 양식이 환경 적응에 도움을 주는 방향으로 작용했지만, 성인이 된 삶에서의 (어린 시절의 견디기 어려운 환경 조건에 대응하기 위한 반응으로서 구축된) 대처 양식은 대인관계를 형성하는 데 심각한 어려움과 관련되기도 한다. 장기적인 관점에서, 환자는 결국 자신의 대처 양식의 사용을 줄이고 좀 더 많은 시간 동안 건강한 어른의 대처 양식을 사용하는 방법을 배워야만 한다.

1. 치료적 관계

환자에게 대처 양식이 나타날 때, 치료자는 환자에게 매우 친근하고 보살펴 주는 태도를 취해야 한다. 대처 양식은 하나의 방어기제라고 볼 수 있으며, 방어기제의 작동에 대한 치료자의 친근한 반응은 환자가 평정을 찾는 데에 도움을 주고, 결국 방어기제의 사용을 줄일 수 있도록 도움을 주는 역할을 한다. 환자가 치료자와의 관계에서 안전감을 느낄 수 있어야 하고, 자신의 마음을 치료자에게 개방할 수 있도록 치료자는 최대한 격려해야 한다. 치료자의 자세는 공감적인 치료적 관계가 환자의 방어를 줄이고 환자가 경험하고 있는(치료의 대상이 되는 혹은 문제시되는) 감정에 대한 접근을 도울 수 있다는 심리치료의 기본 관점과 그 맥락을 같이한다.

하지만 때로는 치료자가 환자의 대처 양식을 명확하게 환자에게 알려 주고, 환자의 대처 양식 유지에 치료자가 개입해서 저지하고, 이러한 대처 양식의 사용이 환자의 대인관계에 미치는 영향에 대해 직면하도록 돕는 것이 중요할 때도 있다. 심리도식치료에서 '공감적 직면'은 환자의 반응에 대한 염려와 배려를 바탕으로 대처 양식에 대한 명확한 직면을 시행함을 말한다. 치료자는 환자의 안녕감 유지에 매우 큰 관심을 가지고 있고, 결코 환자를 위협하지 않으며, 환자들이 자신의 일상에서 자기 본연의 욕구를 보다 잘 만족시킬 수 있도록 돕는다. "환자분이 매우 고통스러운 감정적 경험에 대해 이야기해 주고 있지만, 제가 보기에 종종 자신의 감정과 자신의 욕구로부터 마음의 거리를 둘 뿐만 아니라, 자신의 감정과 욕구를 실제로는 잘 느끼지 못하는 것 같습니다. 제가 보기에 이렇게 스스로가 처한 상황뿐만 아니라, 이러한 상황을 경험하고 있는 자신으로부터도 마음의 거리를 유지함으로써 스스로를 보호하려는 것 같습니다. 치료자로서 저는 환자분이 어린 시절에 자신이 처한 상황과 자신으로부터 마음의 거리를 두는 방법을 통해서 스스로를 보호해야만 했던 이유에 대해 탐색해야 할 것 같습니다. 이와 같이 자신의 삶과 감정, 필요에서 거리를 두는 대처 양식이 현재의 자신에게 여전히 필요하다고 느끼는 이유에 대해서도 궁금합니다." 조심스럽고도 친밀한 대면 방식은 일반적으로 강한 회피 대처 양식을 사용하는 환자들(치료자와 매우 피상적인 교류만을 지속하거나 혹은 매우 조용하고 위축되어 있는 환자들)에게 도움이 된다.

1) 과잉보상적 대처 양식

환자가 강한 과잉보상적 대처 양식을 사용할 때, 대처 양식에 대해 공식적으로 이름을 붙이고, 치료적 관계에서 과잉보상적 대처 양식의 사용을 제한하는 것이 필요할 수 있다. 이런 경우에, 비록 치료자의 치료적 한계 설정이 치료자가 환자에게 친밀감과 보살핌을 제공하려는 태도를 일시적으로 중단하는 것을 의미할지라도 치료적 한계는 설정해야만 한다. 자신의 아이를 양육하는 과정에서 적절한 행동 제한을 설정하는 것이 부모 역할의 일부인 것처럼, 치료적 한계 설정은 심리도식치료에 기반한 치료적 재양육 과정의 일부로 간주할 수 있다. 강한 과잉보상을 보이는 환자의 치료 과정에서 반복적인 치료적 한계 설정과 적용은 대부분 필수적이라는 것을 인식해야 한다. 아이들을 양육할 때에도 그런 것처럼, 강한 과잉보상을 사용하는 환자의 심리도식치료 과정에서 단 한 번의 치료적 한계 설정만으로는 보통 충분하지 않다.

사례 위협 양식을 사용하는 니콜의 치료 과정에서 치료적 한계 설정하기

니콜이 '위협'의 대처 양식을 사용할 때, 자신의 삶에 등장하는 타인들에 대해 매우 안 좋게 말하고 모두 싸잡아 비난하고('실패자와 꼰대들'), 큰 목소리로 말하고, 과도하게 호언장담하고, 과격한 행동을 보인다. 치료자는 니콜에 의해 조종당하는 것처럼 느끼고, 더 이상 감정적으로 연결되어 있지 않다고 느끼게 된다. 이때 치료자는 니콜의 말과 행동을 잠시 중단시키고, 치료의 진행을 위해 발언하는 것조차도 힘이 든다. 이런 사례가 '강한 과잉보상 대처 양식'을 환자가 사용하는 전형적인 상황이다. 치료자는 다음과 같이 환자의 상황에 개입하여 치료적 한계를 설정해야 한다. "니콜, 몇 분 동안만 제 이야기를 들어 주기를 부탁합니다. [치료자는 환자의 반응을 기다린다. 니콜은 잠시 말을 멈추고 불신에 찬 눈으로 치료자를 응시한다.] 니콜, 지금 제가 당신에게 느끼는 바를 설명하고 싶군요. 당신은 지금 매우 말이 많고, 이 상황을 지배하려고 합니다. 당신이 많은 것에 화가 났고, 주변의 많은 사람과 다투고 있음을 감지하고 있습니다. [이제 니콜은 치료자의 말을 중단시키려고 한다.] 니콜, 잠깐만요! 저에게도 몇 분만 말할 시간을 주세요! 제가 이렇게 니콜 씨의 말을 중단시키지 않으면, 당신은 계속 타인을 향한 분노만 표출하면서 치료시간 전체를 보내 버리게 될 거예요. 그렇게 되면 저는 니콜 씨가 혼자 있는 시간에 부정적인 감정들을 어떻게 경험하는지에 대해 파악하지 못하게 됩니다. 저는 치료를 위해 니콜 씨에 대해서 더 잘 알아 가고 싶고, 니콜 씨도 저를 잘 알게 되면 좋겠습니다만, 환자와 치료자 사이의 공간이 어느 정도 있어야 합니다. 제가 니콜 씨처럼 강력하고 신속하게 행동하는 편이 아니더라도 이해해 주셨으면 합니다."

치료적 한계를 설정함으로써, 치료자는 환자의 대처 양식 사용에 개입하게 된다. 이로써 치료자는 어떠한 대인관계에서든지 양측(관계를 구성하는 두 사람 모두) 모두 자신의 욕구에 대하여 관심을 기울이고, 이를 충족시킬 권리를 가지고 있다는 것을 환자가 경험하고 배울 수 있는 하나의 모델을 치료적 관계 안에서 구현하게 된다. 환자는 자신의 욕구를 관계 안에서 주장하고 만족시키는 건강한 대처 양식을 경험할 수 있다. 더욱이 대처 양식 안에 계속 머물고 있으면, 환자

는 결코 정서적 학습을 수행할 수 없기에, 기존 대처 양식의 사용을 환자가 줄일 수 있도록 치료적 한계를 설정해야 한다.

2. 인지적 기법

인지적 수준에서 환자의 대처 양식을 확인하고 이름을 붙이고, 환자가 매일의 일상생활에서 자신의 대처 양식이 나타나는 것을 인지할 수 있도록 돕는 것이 중요하다. 지금까지의 일생에 걸친 대처 양식의 발달사를 환자와 치료자가 논의해야 하고, 발달된 대처 양식이 환자의 어린 시절과 현재의 삶에 있어 어떻게 기능하고 있는지에 대한 논의도 함께 이뤄져야 한다. 최종적으로 환자의 현재 삶에서 기존의 대처 양식을 고수하여 나타나는 장점과 단점에 대해 논의해야 한다. 환자는 다른 사람이 어떻게 대처 양식을 사용하는지 습득해야 하며, 이러한 대처 양식의 사용이 그 사람의 삶에 미치는 영향에 대해서도 이해할 수 있어야 한다. 또한 대처 양식을 대신할 수 있는 대안적 행동 패턴들에 대해서도 배워야 한다(177~183쪽 참조).

1) 대처 양식을 확인하고 이름 붙이기

환자가 특정한 정신과적 질환을 치료하기 위한 목적으로 특정한 심리치료 또는 집단치료에 참여하게 되었을 때, 정신과적 진단명을 가진 환자들의 경우, 일반적으로 잘 나타나는 대처 양식들이 대개 사전에 정의된 방식처럼 이미 이름 지어져 있다. 예를 들면, 경계성 성격장애 환자를 대상으로 하는 심리도식치료 기반 집단치료에서는, '처벌하는 부모 양식' '학대받은/버림받은 아이 양식' '분리된 보호자' 등의 용어를 사용한다. 개인 심리치료에서는 환자가 주로 사용하는 각각의 대처 양식에 대하여 개별적인 이름들을 환자와 치료자가 붙인다. 각 환자 사례마다 개별적인 대처 양식의 확인과 이름 붙이기는 환자로 하여금 '대처 양식 모델'에 대해 더 많은 것을 배우게 해 준다. '분리된 보호자 양식'에 대해 '벽' '롤링 셔터' '허울' '가면' '나의 차가운 측면' 등의 좀 더 개성적인 이름을 붙일 수 있다. 자기애적 과잉보상 대처에 대해서는 '멋진 놈' '슈퍼맨' '영웅'과 같은 이름을 붙일 수 있다. 각 사례에서 대처 양식에 이름을 붙일 때, 그 이름이 나타내는 대처 양식의 주요 기능을 잘 반영하고, 환자와 치료자가 동시에 받아들일 수 있는 이름을 붙이는 것이 중요하다.

치료 상황에서 환자의 대처 양식에 대해 논의할 때, 환자가 치료 상황 밖의 일상 속에서 자신이 특정한 대처 양식을 사용하고 있다는 것을 어떻게 감지할 수 있는지도 함께 다뤄야 한다. 대처 양식에 대해 좀 더 배우기 위해, 타인들이 주로 사용하고 있는 대처 양식을 관찰하는 작업도 도움이 될 수 있다. 환자가 대처 양식을 확인하는 작업을 도울 때, 치료자는 면담 시간 중에 환자가 대처 양식을 활성화하는 순간을 지적해 줘야 한다. "롤링 셔터가 지금 막 다시 내려오는 것을 감지했습니다. 당신도 감지했나요? 어떠한 연유로 롤링 셔터가 활성화되었는지 아시겠어요?" 추가로 환자 스스로가 자신의 대처 양식을 어떻게 경험하고 있는지(신체 감각의 양상, 감동을 느끼는지, 화가 나거나 지루함을 느끼는지, 아무런 감정도 느껴지지 않는지 등)에 대해 함께 논의하는 것도 도움이 될 수 있다. 이러한 인지적 기법은 환자가 자신의 대처 양식을 감지하는 방법을 배우는 과정에 도움이 되는 것으로 보인다.

2) 대처 양식의 살아온 배경

치료자는 환자의 삶 속에서 대처 양식이 어떻게 발달되었는지의 과정을 충분히 논의하여야 한다. 이때 논의해야 할 중요한 주제들은 환자의 대처 양식이 삶의 역사 속에서 어떤 기능을 수행해 왔는지, 환자의 가족 및 환자가 어린 시절 만났던 타인들 중에서 환자와 비슷한 대처 양식을 사용한 일종의 모델과 같은 존재가 있었는지 등이다(개인의 대처 양식 발달과정을 탐색하기 위한 유용한 질문들의 예를 〈글상자 5-1〉에서 참조할 수 있다). 사회적 학습의 관점에서, 환자들은 종종 부모님 중 한 분이 환자의 대처 양식과 비슷한 방식의 행동을 과거에 했거나 지금도 하고 있음을 보고한다. 대리 학습은 대처 양식을 습득하는 매우 강력한 수단으로 작용할 수 있다. 환자의 아버지가 화를 잘 내거나 혹은 과격한 모습을 보일 때, 어머니는 아마도 이를 피하려고만 하고, 과도하게 환자의 아버지에게 순종적인 태도를 취했을 수도 있다. 그래서 환자는 마치 아버지를 위해서 할 수 있는 것은 아무것도 없고, 아버지의 과격한 행동을 막는 것은 불가능하다고 인지했을 수 있다. 반면, 자기애적 과잉보상 대처 양식을 사용하는 환자는, 사회적 관계망 내에서 매우 극단적인 흑백논리를 구사하는 아버지가 역할 모델일 수도 있다. 그들의 관점에서 사람은 승리자이거나 패배자이거나 둘 중의 하나일 수밖에 없고, 그래서 가장 강력한 승리자가 되는 것은 항상 중요한 일이다. 어떤 경우에는 환자가 어린 시절에 '승리자 혹은 패배자'의 이분법적 관계 구도에서 패배자가 되어 '희생자'의 역할을 수행하기도 한다. 그러나 어떤 환자들은 이러한 위치에 놓여 본 적도 없이 자기애를 바탕으로 한 세계관에 단순히 피상적으로 동화된 것처럼 보이기도 한다.

　대처 양식은 일반적으로 환자가 아이거나 청소년이었을 때 중요한 역할을 수행한다. 우리는 환자가 구사하는 대처 양식이 환자의 현재보다 환자가 아이였을 때 더 적합한 기능을 수행했을 것으로 본다. 예를 들어, 강력한 '분리된 보호자 양식'을 구사하는 환자는 이미 매우 어린 시절에 이러한 대처 양식을 습득했던 경우가 많다. "내가 정말 공포에 질리도록 엄마가 크게 소리를 질렀을 때, 나는 언제나 얼어붙었어요. 그러면 상황을 견디는 것이 좀 더 쉬워졌죠."

　환자의 대처 양식에서 살아온 기원이 발견될 때, 대처 양식의 적응적인 측면이 강조된다. 치료자는 환자가 아이였을 때, 대처 양식을 구사하는 것이 얼마나 중요한 일이었는지를 환자와 반드시 이야기해야 한다. 사회적 학습이 환자의 대처 양식 발달에 중요한 역할을 했을 경우, 치료자는 환자에게 사회적 학습의 중요성을 설명해 줘야 한다. 아이는 종종 타인들의 행동을 관찰하고 이를 모델로 삼아 대인관계 행동을 학습하는데, 이러한 행동이 기능적이든 아니든 상관없이 배우게 된다.

글상자 5-1 환자의 대처 양식을 탐색할 때 사용 가능한 질문들

"이러한 대처 양식을 얼마나 오랫동안 사용해 왔나요?"

"어린아이였을 때 이런 대처 양식이 그토록 중요했던 이유는 무엇인가요?"

"어린 시절에 이런 대처 양식은 어떤 점에서 유용했나요?"

"이런 대처 양식을 사용할 때 타인들은 어떤 반응을 보였나요? 만약 좀 다르게 행동할 때는 타인들이 어떤 반응을 보였나요?"

"가족이나 자주 만나는 사람들 중에서 이런 대처 양식과 비슷한 대처 양식을 사용하는 사람이 있었나요?"

"어머니께서 당신의 대처 양식과 매우 비슷한 행동을 보이셨다고 말씀하셨지요. 그렇다면 당신이 이런 대처 양식을 어머니의 행동으로부터 배웠다고 생각할 수도 있을까요?"

3) 장단점 논의하기

인지적 치료 개입의 수준에서, 환자가 사용하는 대처 양식의 장단점을 논의해야 하는데, 구체적으로 논의해야 하는 장점과 단점들이 〈표 5-1〉과 같이 정리되어 있다.

사례 분리된 보호자 양식의 장점과 단점

수지는 공황장애와 해리 증상으로 고통을 받고 있다. 그러나 외부 활동과 사회 활동의 양상은 수지가 보고하는 증상들과는 상반되는 듯 보인다. 매우 쿨하

고 자신감 있어 보이고, 말을 많이 하고, 사람들과 수다를 즐기며, 별로 불안해 보이지도 않는다. 그러나 수지와 그녀의 치료자 모두 이러한 행동이 피상적인 겉치레임을 느낀다. 수지는 실제로 느끼는 감정을 절대 드러낼 수 없다고 말한다. 이러한 대처 양식은 분리된 보호자 양식으로 개념화된다. 수지는 이런 대처 양식을 자신의 '허울'이라고 부른다. '허울'을 겉으로 드러내면서 수지는 많은 상황에 도움을 받는다. 분리된 보호자 양식의 허울을 전면에 내걸었을 때, 마치 자신이 모든 종류의 사회적 상호작용에 준비되어 있는 것처럼 느낄 수 있다. 하지만 수지는 허울을 내건 상태로는 진정한 자기 자신과 접촉할 수가 없다. 실제로 자신이 무엇을 필요로 하는지 종종 알아차리기 힘들고, 자신을 위해 무엇을 해야 할지 모르고, 즐거움을 위해 혹은 여가 시간에 무엇을 해야 할지 잘 모른다고 느낀다. 타인들과의 접촉도 역시 줄어든다. 수지는 자신의 감정에 대해서도 그리고 그 외의 개인사에 대해서도 사람들과 잘 이야기하지 않는다. 치료 면담에서 분리된 보호자 양식의 장점과 단점을 하단의 〈표 5-1〉에서 요약했다.

표 5-1 수지의 '분리된 보호자 양식'의 장점과 단점

장점	단점
• 스스로 유능하고 자신감 있는 모습으로 행동할 수 있다. • 내가 문제를 가지고 있다는 것을 타인들이 잘 알아차리지 못한다. • 직업상으로는 큰 문제없이 무난하게 일한다. • '사이코'처럼 보이지 않는다. • 안전하게 느낀다. • 분란을 피할 수 있다. 나는 타인들로부터 공격을 당하지 않는다. • 모임이나 직장에서 적절한 겉모습을 유지하는 데 도움이 된다.	• 나의 진정한 감정을 잘 느끼지 못한다. • 나의 감정을 타인들과 나눌 수 없다. • 항상 타인들에게서 분리되어 있는 느낌이 들고, 내가 그들을 좋아하거나 그들이 나를 좋아하는 경우에도 마찬가지이다. • 슬프고 외로운 느낌이 자주 든다. • 타인과 안전하면서도 친밀한 유대관계를 경험할 수 없기에 내가 느끼는 사회 불안과 불안정감을 누그러뜨릴 수가 없다.

사례　니콜의 위협 양식이 갖는 장점과 단점

　　니콜이 위협 양식을 사용할 때, 자기 자신과 친한 친구들의 관심사를 타인들의 관심사보다 우선시하며, 타인들에게 모욕감을 주고, 관련된 모든 상황을 자신의 통제하에 두려 한다. 이러한 행동 양식을 사용하는 니콜과 우호적인 상호작용을 형성하기는 거의 불가능하며, 그녀는 종종 경찰, 가게 주인, 자신이 공격한 타인들과 심각한 충돌에 휘말리게 된다. 니콜의 위협 양식이 가지는 장점과 단점에 대해 치료 면담에서 〈표 5-2〉와 같이 정리했다.

표 5-2　니콜의 위협 양식이 갖는 장점과 단점

장점	단점
• 타인들이 나를 존중해 주는데, 그건 타인들이 나를 두려워하기 때문이다. • 내가 원하는 것을 어떻게든(무리해서라도) 얻어 낼 수 있다. • 상황을 통제하는 위치에 있다고 느끼면 기분이 좋다. • 내가 강하다고 느낀다. 누구도 나를 해칠 수 없다. • 나는 다시는 학대를 당하거나 상처 입지 않을 것이다. • 나보다 약한 사람을 내가 보호할 수 있다.	• 내가 타인들과 우호적인 대인관계를 맺는 것은 거의 불가능하다. • 타인들이 나를 두려워한다. 이것이 그들이 나를 좋아하지 않는 이유이다. • 나는 반복적으로 법적인 문제 또는 경찰 등과의 문제에 휘말린다. • 나는 평화롭고, 안전하고, 우호적인 대인관계를 경험할 수 없다. • 내가 이런 행동 양식을 사용하는 것을 알거나 알게 된 사람들은 나를 신뢰할 만한 사람으로 여기지 않을 것이다. • 사실 나는 이런 공격적인 행동 양식을 취하는 것을 좋아하지 않는다. 나의 어머니가 비슷한 행동 양식을 사용했고, 나는 언제나 그걸 싫어했다.

　　인지적 개입은 치료자가 제공하는 구조적 요소와 더불어 환자가 경험하는 주관적 의미 요소 모두를 균형 있게 고려하면서 이루어져야 한다. 인지적 개입의 구조적 요소 측면에서 치료자는 환자가 구사하는 대처 양식이 가

지는 장점과 단점 모두를 엄격하게 찾아내야 한다. 환자가 관련 논의를 회피하도록 허락해서는 안 된다(이와 같은 회피 상황은 빈번하게 발생할 수 있고, 특히 환자의 대처 양식이 강력하고, 이야기의 초점을 자주 바꾸는 행동 양식을 포함하고 있을 때에는 더욱 그렇다). 그러나 환자의 개인적 경험, 의견과 느낌 그리고 추가적인 말에 주의를 기울이는 것도 중요하다. 대처 양식에 대해 환자 스스로 중요하게 생각하는 논점들이 치료 논의의 중심에 있다고 환자가 느낄 때에만 대처 양식의 장점과 단점에 대한 정리 작업이 환자 자신에게 의미가 있는 것이다. "당신이 저와 함께 자신의 '위협 양식'에 대한 논의를 진행하고자 하는 의지를 가졌다는 점이 매우 기쁩니다. 이러한 대처 양식이 삶에 미치는 장점과 단점에 대해 살펴보고 싶습니다. '위협 양식'이 자신의 삶에 미치는 장단점을 생각했을 때 어떤 생각이 자동적으로 떠오르시나요?" 일반적으로 환자들은 먼저 대처 양식의 장점과 긍정적인 기능에 대해 언급한다. 이런 반응은 보통 치료자에게 유리한 반응이고, 치료자는 환자의 이런 언급에 대해서 강하게 지지해 줘야 한다. 왜냐하면 장점을 언급하는 것이 환자가 자신의 양식을 인정하는 토대가 되기 때문이다. "이 대처 양식의 측면들 중 이미 매우 중요한 몇 부분을 언급했습니다. 이런 대처 양식은 상황을 계속 통제할 수 있도록 도와주고 원하는 것을 얻어 낼 수 있도록 도와주기도 합니다. 또 다른 장점들에 대해 더 생각해 보실 수 있나요?" 환자가 사용하는 대처 양식의 유용한 측면에 대해 충분히 세밀하게 논의를 한 후에, 대처 양식의 부정적인 측면에 대한 접근을 조심스럽게 해야 한다. 환자가 자신이 사용하는 대처 양식의 부정적인 측면에 대해 말하기 시작할 때, 환자의 언급들을 차트나 종이에 기록해야 한다. 그러나 대처 양식의 부정적 측면에 대한 논의는 긍정적 측면에 대한 논의가 총체적으로 이루어지는 시점까지는 일단 미루어져야 한다. 환자의 입장에서 자신이 사용하는 대처 양식의 장점에 대해 충분히 논의하고 평가를 한 후에, 부정적인 측면에 대해 주목하는 것이 보통 더 받아들이기 쉽다. 정신역동적 관점에서 방어기제의 일종인 대처 양식의 장단점에 대해 평가해 보는 인지적 작업은 환자의 심리적 저항을 감소시키고, 환자가 자신의 힘든 감정적 문제나 대인관계의 어려움에 대해 터놓고 말할 수 있도록 도와준다. "당신이 사용하는 대처 양식의 장점에 대해 엄청나게 긴 목록을 함께 만들었습니다. 오늘 논의의 처음 부분에서 사실 당신이 이 대처 양식을 좋아하지 않는데, 그 이유는 이 대처 양식과 비슷한 행동을 했던 어머니를 떠올리게 하기 때문이라고 잠깐 언급하셨지요. '위협 양식'이 갖는 또 다른 단점들도 떠오르시나요?"

환자의 대처 양식들은 일반적으로 환자의 생애 초기부터 발달되어 온 경우가 많고, 매우 끈질기게 유지되는 경향을 보인다. 환자는 이러한 대처 양식을 매우 오랜 시간 동안 사용해 왔다. 한 번의 면담으로는 결코 충분하지 않음을 유념하는 것이 중요하다. 환자가 자신이 사용하는 대처 양식이 이미 성인이 된 후에는 자신의 삶에서 더 이상 유익하게 작용하지 않는다는 사실을 안정적이고 지속적으로 통찰할 수 있는 수준에 도달하기까지는 상당한 시간이 걸린다. 그러므로 면담 치료의 전체 기간에 걸쳐 대처 양식의 장단점에 대한 논의를 수시로 하고 이를 다루어 주는 작업이 매우 중요하다.

> 환자의 대처 양식이 가지는 장점과 단점에 대해 환자와 치료자가 논의하는 것이 인지적 개입의 가장 중요한 요소이다. 대처 양식에 대한 평가를 진행하기 위해, 치료자는 항상 대처 양식의 장점에서 시작해야 한다.

3. 정서적 기법

대처 양식과 관련된 치료 과정에서 보통 인지적 기법과 행동적 기법을 많이 강조하고 사용한다. 그러나 어떤 사례들의 경우에는 정서적 기법을 사용하는 것도 중요하다.

1) 두 개의 의자기법

두 개의 의자를 이용하여 진행하는 치료적 대화는 종종 환자의 대처 양식이 갖는 장단점을 논의한다는 점에서 이전과 비슷한 목표를 갖는다. 그러나 두 개의 의자를 이용한 대화는 보다 강하게 정서적으로 더 큰 영향을 미칠 수 있다. 두 개의 의자를 이용한 대화는 환자가 자신의 대처 양식이 가지는 장단점에 대해 논의하기를 매우 두려워하는 경우에 종종 추천하는 방법이다. 심리도식치료자는 다양한 대처 양식을 다루기 때문에 환자가 자신의 대처 양식에 대해 논의하면서 경험하는 불안감도 다양한 형태로 드러날 수 있음을 염두에 두어야 한다. 때로 환자들은 불안감을 직접적으로 표현할 수 있다. 그런 경우, 치료자는 환자가 경험하고 있는 불안감을 간략히 함께 검토하고, 이러한 불안감의 발현이 취약한 아이 양식과 관련되어 있음을 환자에게 설명해 주어야 한다.

두 개의 의자기법에서는, 두 개의 의자가 치료 공간에 놓여서 환자가 대처 양식과 외부의 관점 사이를 오가는 과정을 보조한다. 이러한 대화 중에 환자의 대처 양식이 발달한 과정과 환자의 삶에서 해 온 역할에 대해 충분히 면담이 이루어져야 한다.

때때로 환자는 두 개의 의자기법을 사용하자는 치료자의 제안에 대한 반응으로 자신의 대처 양식을 강화하는 경우도 있다. 자기애적 환자는 자신의 자기애적 행동 패턴을 증가시킬 수도 있다. "아, 그래요. 그 기법은 이미 들어 봤어요. 모든 치료자가 다 비슷한 생각을 하죠. 끔찍한 자기애성 성격장애자! 그게 접니다. 축하해요, 단지 한 번의 면담 만에 그걸 알아냈군요! 그래서 전문가인 선생님이 저의 초자아를 치료하기 위해 어떤 치료 방침을 내놓을 건가요?" 반면에 거리 두는 보호자 양식을 강하게 사용하는 환자는 치료 면담 중에 해리 증상과 대인관계에 대한 회피 행동을 강화하는 반응을 보일 수도 있다. 이런 상황에서 비록 환자에게 이 기법을 소개하고 함께 활용하는 것이 상당한 시간과 노력이 필요할 수도 있지만, 두 개의 의자기법을 사용하는 것을 더욱더 추천한다. 두 개의 의자기법을 사용해서 치료자가 환자의 대처 양식에 매우 효과적으로 개입할 수 있고, 이를 통해 환자가 실제로 자신의 대처 양식에 대해서 보다 더 객관적인 검토를 시작하도록 도울 수 있다.

> 특히 환자가 치료 면담 중에 자신의 주된 대처 양식에 대해 이야기하기 힘들어할 때, 두 개의 의자기법은 자신의 대처 양식에 대한 환자의 탐색을 도울 수 있다.

사례 환자의 대처 양식을 탐색하기 위한 두 개의 의자기법

치료자: 사비나, 좀 이상하게 들릴 수도 있는 한 가지 활동을 해 볼 것을 제안하고 싶군요. 이 활동을 저와 함께 시도하고 싶다면 좋을 것 같군요.

사비나: 네?

치료자: 당신이 타인들과 함께 있을 때, 보통 자신을 숨기기 위해 사용하는 이 '벽'에 대해 우린 이제 막 논의를 시작했어요. 이 '벽'은 당신에게 매우 중요하기에 저는 이에 대해 좀 더 알아 가고 싶군요.

사비나: 흠…….

치료자: [두 개의 의자를 가져와서 서로 반대편에 있도록 배치한다.] 저는 당신이 이 두 개의 의자 중 하나에 앉아서, 완벽하게 '벽'의 관점을 취해 보도록 요청합니다. 말하자면 저는 당신이 말 그대로 '(타인들과 있을 때 자신을 숨기려고 사용하는) 벽 그 자체'가 되어 보기를 권하며, 그러한 '벽'인 당신과 이야기해 보고 싶습니다. 제가 하는 말을 잘 이해하실 수 있나요?

사비나: 네, 그런 것 같아요.

치료자: 좋습니다. [사비나는 '벽'을 의미하는 쪽의 의자에 앉고, 치료자는 그 반대편의 의자에 앉는다.] 제가 이러한 방식으로 당신과 이야기할 때 당신을 '벽'이라고 불러도 괜찮을까요?

사비나: [고개를 끄덕인다.]

치료자: 고맙습니다. 그럼 저는 이제 사비나에 대해 '벽'과 이야기해 보겠습니다. 다시 말하면, 저와 '벽'은 함께 사비나에 대해 이야기하며, 사비나에게 '벽'이 필요한 연유에 대해 이야기해 보겠다는 의미입니다. 괜찮을까요?

사비나: [다시 고개를 끄덕인다.]

치료자: 좋습니다. 그럼 함께 시작해 봅시다. [치료자는 심호흡을 하고 '벽'에게 말을 걸기 시작한다.] 안녕, '벽'아. 분명히 넌 사비나에게 매우 중요한 존재야. 어떠한 연유로 사비나가 너의 존재를 필요로 하는지 설명해 줄 수 있니?

사비나: 음, 사비나에게 나라는 존재가 있음으로써, 사비나는 약간의 평화와 고요함을 경험할 수 있게 되지.

치료자: 지금 그 말이 정확히 어떤 의미이지? 네가 사비나를 정확히 누구로부터 혹은 무엇으로부터 보호해 주는 거야? 약간의 평화와 고요함을 경험하기 위해 사비나는 어떠한 연유로 너의 존재를 필요로 하는 거니?

사비나: 나의 존재로 인해, 타인들이 사비나에게 별로 신경 쓰지 않게 되는 거야. 그럼, 사비나는 위협받거나 공격받는 일이 없을 거고, 따라서 크게 공포에 질리게 되지도 않는 거지.

치료자: 내가 너의 말을 정확히 이해했니? 즉, 네가 사비나를 타인들의 위협과 공격으로부터 보호해 준다는 말이지? 그리고 사비나가 사회적인 상황 속에 있을 때 경험하게 되는 부정적인 감정으로부터 너의 존재가 사비나를 보호해 준다는 거지?

사비나: [고개를 끄덕인다.] 맞아. 정확히 이해했어.

치료자: 네 말을 들으니 너의 존재가 사비나에게 정말 중요한 것처럼 들리는구

나. 네가 사비나의 삶에서 이러한 역할을 하기 시작한 시점을 혹시 알고 있니?

사비나: 아주 오래전부터지. 사비나가 나 없이 살았던 적이 있는지조차 기억이 잘 나지 않을 정도야.

치료자: 그러니까 사비나가 아주 어렸을 때부터 너는 사비나를 부정적인 감정과 타인들의 공격으로부터 보호해 왔다는 거구나?

사비나: 응, 정확해, 그리고 내가 사비나를 보호하는 건 그 애의 삶에서 정말 필수적인 일이었어!

치료자: 오, 그래. 네가 말하는 상황을 상상할 수 있을 것 같아! 사비나가 나에게 그녀의 어린 시절에 대해 그리고 그녀의 아버지가 얼마나 위협적이고 공격적인 모습을 보이곤 했는지 말해 주었었거든. 너는 사비나의 아버지에게 대처하는 문제에서도 사비나에게 중요한 역할을 해 왔던 거니?

사비나: 응. 내가 없었다면, 사비나는 종종 위협적이고 공격적인 아버지로부터 대처할 수 없었을 거야.

치료자: 너의 말을 정말로 믿어. 너는 사비나의 어린 시절에 네가 사비나를 돕기 위해 어떻게 행동했는지 아직 기억하고 있니?

사비나: 아버지가 소리를 지르기 시작하면 내가 전면에 나섰지. 그럼, 사비나는 자신이 보호받고 있다고 느낄 수 있었고, 차분해지는 느낌을 받으면서 아버지가 소리 지르는 일에 지칠 때까지 가만히 기다릴 수가 있었어.

치료자: 나는 너의 존재가 어린 사비나에게 얼마나 중요했었는지 정말로 이해해. 시간이 지나면서 너와 사비나의 관계는 어떻게 이어졌니?

사비나: 글쎄, 사비나가 더 나이를 먹는 동안에도 상황이 별로 나아지지 않았어. 반 친구들은 항상 사비나를 따돌렸고, 그래서 나의 존재가 정말 유용했었지.

치료자: 응, 어떠한 상황이었는지 짐작할 수 있어. 요즘에는 어떠니?

사비나: 지금도 나는 사비나를 돌보고 있어. 이전에 사비나에게 일어났던 나쁜 일들은 앞으로는 사비나에게 절대 다시 일어나지 않을 거야. 사비나는 다신 그렇게 상처받아선 안 돼.

치료자: 그래, 너의 그 말 역시도 무슨 뜻인지 알겠어. 요즘에 너는 사비나를 누구
　　　　로부터 혹은 무엇으로부터 보호해 주고 있니?

사비나: 음, 사실 요즘엔 내가 여전히 사비나를 보호해 주고 있는 건지 아닌지 잘
　　　　모르겠어. 요즘 나는 단지 사비나와 함께 있으면서 아무런 나쁜 일도 일
　　　　어나지 않는다는 것을 확신시켜 줄 뿐이야.

치료자: 너와 함께 있을 때 사비나는 어떻게 느끼니?

사비나: 음, 사비나는 안전하다고 느끼지. 하지만 때때로 사비나는 좀 외롭다고
　　　　느낄 때도 있을 거야.

치료자: 사비나와 타인들과의 교류가 너무 적어서 외롭게 느낄 수도 있지 않을
　　　　까? 어쩌면 네가 때로는 사비나를 너무 과보호하는 건 아닐까?

사비나: 글쎄, 네 말이 맞는 경우도 때로는 있겠지.

　두 개의 의자기법을 진행할 때, 환자는 자신의 '대처 양식에 완전히 몰입
해서' 치료자에게 오직 몰입한 관점에서만 이야기를 하도록 요청받는다. 치
료자는 환자를 대처 양식에 붙인 이름으로 호칭하는데, 마치 환자의 대처 양
식에만 국한하여 이야기하는 듯한 느낌을 준다. 이런 기법은 환자가 사용하
는 대처 양식의 중요성을 부각시키는 역할을 하는데, 환자의 대처 양식을 평
가하는 역할도 하고, 보다 세분화되고 결정적인 논의를 진행하기 위한 좋은
출발점이 된다. 환자가 사용하는 대처 양식의 기능적인 측면을 잘 받아들이
고 인정하며, 지속적으로 두 개의 의자기법을 이용한 치료적 개입 과정에 참
여하도록 환자를 북돋우는 것이 매우 중요하다는 점을 기억해야 한다.

　환자의 잘못된 대처 방식을 발견하기 위한 두 개의 의자기법에서 대처 양
식의 타당성을 함께 검증하는 방식으로 직면이 이뤄졌다. 이런 접근 방법은
환자가 사용하는 대처 양식의 부정적인 측면에 대해서도 생각하고 논의해
볼 수 있도록 하는 데 도움이 된다. 앞에서 제시한 표준적인 두 개의 의자기
법을 변형해서 내담자의 대처 양식의 타당성을 함께 검증해 본 후, 치료자는

환자 편에 또 다른 빈 의자를 놓아둘 수 있다. 치료자는 이 새로운 빈 의자가 '어린 사비나'라고 말하고 '벽'에게 지금 '어린 사비나'가 어떻게 느끼는지 물어본다. 이런 치료적 개입의 맥락 안에서 환자는 보통 취약한 아이 대처 양식이 친밀한 대인관계를 가로막아서 자신에게 외로움을 느끼도록 만든다는 것을 깨달을 수 있다.

치료자는 두 개의 의자기법을 마무리할 때, 환자가 치료 상황 안에서 분리된 보호자 양식의 사용을 줄이는 행동 실험을 기꺼이 시도할 용의가 있는지 물어볼 수 있다. 이런 질문은 두 개의 의자기법 도중에 또는 두 개의 의자기법을 마친 후 언제라도, 치료자와 환자가 함께 환자의 대처 양식을 검토해 보고 있을 때 제시할 수 있다. 치료자와 환자가 협동해서 환자의 취약한 어린아이와 같은 모습을 돕고, 그를 다치지 않게 하기 위해 최선을 다할 것임을 약속함으로써 환자의 불안을 달래 준다. 치료자와 환자는 추후 있을 치료 면담에서 '벽'의 존재에 대해 주목할 것이다. 만약 추후의 치료 면담에서 다시 '벽'이 등장한다면, 치료자는 환자에게 그 시점에 '벽'을 등장시키는 환자의 반응이 필요했던 이유에 대해 물어보려고 노력할 것이다.

이런 형태의 두 개의 의자기법은 위협 양식 또는 자기애적 자기과시자 양식과 같이 과잉보상 대처 양식을 사용하는 환자의 경우에도 사용할 수 있다. 이런 경우 취약한 아이를 상징하는 빈 의자를 하나 더 놓아두는 것이 면담 진행에 매우 도움이 된다. 취약한 아이 양식을 상징하는 의자를 빈 채로 두지만, 치료자는 환자에게 과잉보상 대처 양식에 대해서 취약한 아이와 같은 마음은 어떻게 느낄지를 물어보면서 이 의자를 면담에 등장시킬 수 있다. 심지어 환자는 면담 중에 취약한 아이 양식을 상징하는 의자에 직접 앉아서, 취약한 아이 양식을 사용하는 자신의 느낌에 대해 이야기할 수도 있다. 대화의 가장 중요한 목적은 환자의 과잉보상 대처 방식이 대인관계에 가져오는 파괴적인 영향을 직면할 수 있도록 돕는 것이다. 환자 마음의 한 측면이 자신의 과잉보상 대처 양식에 가린 상태에서 취약한 아이 양식이 경험하는 외로움의 감정을 부각하는 것이 직면 과정에서 중요한 기능을 수행할 수 있다. 다음의 사례에서 방금 언급한 전략을 단적으로 볼 수 있다. 강력한 과잉보상 대처 양식을 사용하는 환자가 자신의 취약한 아이 양식을 언급하고 다룰 수 있기까지 어느 정도의 시간이 걸릴 수 있음을 명심하자.

사례 필립의 자기애적 자기과시자 양식을 다루기 위한 두 개의 의자기법

치료자: 저와 함께 의자기법을 사용해서 우리가 '슈퍼 필립'이라고 칭한 당신의 과잉보상 대처 양식과 대화를 시도할 겁니다. 괜찮을까요?

필립: [고개를 끄덕인다.]

치료자: 그럼, 이제부터 당신은 완전히 과잉보상 대처 양식의 관점에 몰입하고, 질문에 답해 주시기를 요청합니다. 당신을 '슈퍼 필립'으로 보면서 말할 것이며, [치료자는 필립의 쪽에 놓인 빈 의자 한 개를 가리킨다.] 여기 빈 의자는 '어린 필립'입니다. 아시겠지요?

필립: [고개를 끄덕인다.]

치료자: '슈퍼 필립', 당신이 수행하는 가장 중요한 기능은 무엇인가요?

필립: 음, 아주 명확합니다. 타인보다 우월해지고, 상황을 통제하고, 약하지 않은 상태를 유지하는 것입니다.

치료자: 그럼, '어린 필립'을 위해서는 어떠한 기능을 수행합니까?

필립: 내가 그 아이를 보호해 준다고 봅니다.

치료자: 만약 '어린 필립'을 그런 방식 (타인보다 우월함을 유지하고 상황을 통제하고 약해지지 않으려 하는)으로 보호하지 않았다면, 어떤 일이 생겼을까요?

필립: 음, 만약 필립이 약함을 감추지 못했다면, 타인들이 약점을 이용했겠지요. 난 그 누구도 필립에게 상처 주지 못하게 할 겁니다!

치료자: 음, 좋습니다. 무슨 말씀을 하시는지 알 것 같습니다. '어린 필립'이 당신에 대해 어떻게 느끼는 것 같으세요?

필립: 글쎄요, 난 내가 있어서 '어린 필립'이 기쁠 거라고 생각합니다.

치료자: ['어린 필립'을 상징하는 빈 의자를 가리킨다.] 저 의자에 앉은 후, '어린 필립'처럼 느끼려고 노력해 보세요.

필립: ['어린 필립'을 상징하는 의자에 앉는다.]

치료자: '어린 필립' '슈퍼 필립'의 과잉보상 대처 양식이 사람들을 완전히 통제하고 있을 때 기분이 어떠니?

필립: 음, 너무 외로워져요.

치료자: 그래, 너의 마음을 알 것 같아. [치료자는 환자가 '어린 필립'을 상징하는 의자에 앉아 있는 상태에서 '슈퍼 필립'을 향하여 말한다.] '슈퍼 필립', 당신이 모든 사람을 완전히 지배하려고 시도하고 있을 때, '어린 필립'은 자연스럽게 기분이 좋아지는 게 아니라는 사실을 당신이 이해하는 것이 중요하다고 생각합니다. 주변 사람들이 지배당하기 싫어서 당신을 거부할 때, '어린 필립'은 정말 외로워지고 배척당하는 느낌을 받을 거예요. '어린 필립'이 타인들과 친밀하고 따뜻한 관계를 경험할 수 있도록 허락하는 것이 중요합니다. ['어린 필립'에게 말한다.] 내가 지금 제안한 것처럼, 네가 타인들과 친밀하고 따뜻한 관계를 경험할 수 있는 기회가 생기면 어떨 것 같니?

필립: 좋아요!

2) 장난감이나 인형을 사용한 두 개의 의자기법의 변형

어떤 환자들은 그들의 대처 양식에 완전히 '포로가 된' 상태일 수도 있다. 이러한 환자들은 두 개의 의자기법에 참여하지 않거나 혹은 완전히 해리 현상을 보일 수 있어서, 두 개의 의자기법을 이용해서 환자의 잘못된 대처 양식에 일시적으로 개입하는 것조차도 어렵다. 해리 현상은 분리된 보호자 양식이 매우 강력하고 심하고, 만성적인 경계성 성격장애 환자들 같은 경우에 발생할 수 있다. 이런 경우, 처음에는 의자보다 좀 더 작은 물건들을 사용하면서 점진적인 접근 방식으로 두 개의 의자기법을 환자와 시도할 수 있다. 의자 대신 장난감 블록 등의 물건들을 사용해서 점진적 접근 방식을 취할 수 있다. 만약 환자가 몇 분 동안 조용히 앉아 있기만 하고, 눈에 띄게 분리된 보호자 양식을 강하게 사용한다면, 치료자는 환자와 치료자 사이의 탁자에 몇 개의 장난감 인형들을 정렬하여 작은 아이 인형(환자의 취약한 아이 양식을 상징하는)이 더 큰 몸집을 가진 인형(현재의 해리 현상/분리된 보호자 양식을 상징하는) 뒤에 숨듯이 앉거나 누워 있고, 큰 몸집의 인형 앞에 서 있는 치료자(제3의 인형으로 상징되는)는 그 뒤에 숨은 아이 인형과 만날 수 없는 상황(그 시점에서 환자의 심리도식 양식 활성화 양상을 상징적으로 표현해서 보여 주면서)에 대한 감정을 소통하고자 시도할 것이다. 치료자는 이와 같이 세 개의 인형을 정렬한 것에 대해서 다음과 같이 설명한다. "제가 지금 우리의 치료 상황에서 경험하고 있는 것을 당신과 이렇게 공유하고 싶습니다. 당신의 일부[아이 인형을 가리키며]가 끔찍한 고통을 경험하고, 매우 도움을 필요로 하고, 아마도 절망적인 기분을 느낄 거라는 것을 이해합니다. 그러나 이런 당신의 취약한 부분 앞에서 버티고 서서 제가 당신에게 다가갈 수 없도록 막고 있는 당신의 또 다른 부분[덩치가 큰 인형을 가리킨다.]이 있습니다. 취약한 당신의 일부를 가리고 있는 당신의 다른 부분이 마치 넘어설 수 없는 벽이나 가리개처럼 존재하면서 상호작용을 합니다. 제가 하는 말을 이해하실 수 있나요? [치료자는 환자의 반응을 기다린다.] 지금 저는 단지 어떤 이유로 당신에게 이런 분리된 보호자 양식의 사용이 필요했는지를 조금이나마 더 잘 이해하고 싶습니다." 버티고 서 있는 덩치 큰 인형이 상징하는 분리된 보호자 양식이 환자에게 가지는 기능, 환자의 삶 속에서 이런 양식이 발달해 온 과정과 성격에 대한 탐색이 이어진다. 많은 환자는 자신의 감정적 경험에 대해 의자기법보다 이렇게 거리를 두는 방식으로 다루면 좀 덜 위협적으로 느낀다. 하지만 거리를 두는 방식으로 논의하는 것은 심리도식 양식의 관점에서 환자의 감정 경험에 초점을 맞춘 치료 작업을 시작하기 위한 목적으로 이루어져

야 한다. 장기적으로, 치료자는 반드시 환자가 실제 의자를 사용한 대화 작
업을 시작하도록 용기를 북돋워 줘야 한다. '진짜 의자'를 활용한 의자기법은
환자의 강렬한 감정을 더 불러일으킬 수 있으며, 이런 움직임은 실질적인 감
정 변화에 필요한 필수 요건이자 중요한 요소이다.

3) 부모의 모습과 어린아이의 모습을 한 대처 양식들을 의자기법을 이용한 대화에 등장시키기

앞에서 언급한 의자기법과는 별개로 다른 형태의 의자기법에서도 대처 양
식을 다룰 수 있다. 이를 통해 환자가 자신의 처벌하는 부모 양식에 맞서 싸
우거나 건강한 어른 양식을 통해 취약한 아이 양식에게 위로를 해 줄 수 있
다. 의자기법을 사용한 면담에서 환자에게 강렬한 감정이 생겼을 경우, 환자
는 분리된 보호자 양식으로 태도를 바꾸기도 한다. 분리된 보호자 양식을 꺼
낸 환자는 "이런 작업은 사실 저에게는 너무 버거워서 왜 우리가 이런 작업
을 해야 하는지 잘 모르겠어요."라고 말하거나, "정말 지금 이 방을 떠나 버
리고 싶어요."라고 말하기도 한다. 강렬한 감정 경험을 회피하고 싶은 욕구
를 표현할 수도 있다. 환자의 감정 표현 과정에 지장은 없지만, 환자가 이런
류의 표현을 하는 경우에 치료자는 "이런 작업은 정말 스트레스를 야기하는
힘든 일이란 걸 저도 잘 알아요! 지금 잘하고 있어요!"라고 말하며 환자의 노
력을 간략히 인정해 주며 이어 나갈 수 있다. 하지만 환자가 분리된 보호자
양식을 더 강하게 사용해서 의자기법 중에 감정의 흐름이 끊기면, 분리된 보
호자 양식이 활성화된 것으로 봐야 한다. 일반적으로 환자의 대처 양식을 치
료자가 인정하고 받아들여야 한다. 이런 면에서 의자기법은 활성화된 대처
양식을 상징하는 의자를 새로 하나 추가하면서 환자에게 상황을 설명하는
것이 용이해진다. 새로 추가한 의자는 대처 양식의 관점을 의미하고, 치료자
는 환자에게 이 의자에 앉아서 활성화된 대처 양식의 입장에서 대화를 해 보

라고 권유하면 된다. 보통 회피적인 대처 양식을 갖고 있는 환자는 주로 강렬한 부정적 감정을 피하려고 하는데, 이는 이런 부정적 감정을 감당하기가 너무 힘들기 때문이다. 의자기법에서 부모 양식 또는 아이 양식을 다룰 때, 치료자는 치료의 초점이 되는 양식의 입장에서 환자가 말해 보도록 함으로써 환자가 사용하는 양식의 유효성에 대한 검증을 시행해야 하지만, 그보다는 환자의 감정 경험에 초점을 맞추어 다루는 작업을 이어 나가려고 노력해야 한다. 어떠한 경우에는 환자의 아이 양식 또는 부모 양식에 대한 간략한 타당화 이후에 의자기법을 이어 나가는 것 자체가 가능하지 않은 때도 있다. 이런 경우에는 아마도 환자의 양식 자체에 다시 한 번 면담의 초점을 맞추는 것이 필요할 것이다. 환자의 양식이 갖는 장점과 단점을 다시 한 번 환자와 함께 논의하거나 환자의 대처 양식과 건강한 어른 양식 각각을 상징하는 두 개의 의자를 배치하고 의자기법을 시행할 수 있다.

사례 환자의 대처 양식을 직접 우회하기

몇 차례의 치료회기를 진행한 후, 필립과 치료자는 좀 더 친밀한 관계를 구축하였고, 필립은 자신의 문제가 심리도식 양식 모델을 통해 구체적으로 잘 설명이 된다고 느꼈다. 하지만 이후의 치료회기에서 다시 한 번 매우 강력한 과잉보상 대처 양식을 사용하게 된다. 필립은 치료회기를 진행하는 클리닉의 행정 관리의 문제점을 비판하면서 이야기를 시작했고, 자신이라면 어떻게 그 문제를 해결할 수 있을지를 장황하게 설명했다. 치료자는 필립의 역기능적 대처 양식을 직접 우회해 보기로 결정했다. "필립, 제가 보기에 오늘은 과잉보상 대처 양식이 정말 강하게 나타나고 있어요. 우리가 지난 면담에서 논의했던 자기애적 상태예요. 제 말에 동의하나요?" 필립은 가볍게 고개를 끄덕이면서도 장황한 설명을 이어 나가려고 시도한다. 치료자는 다시 한 번 필립을 제지한다. "당신은 어떤 이유로 과잉보상 대처 양식이 활성화되었는지 아나요? 뭔가 스트레스 받는 일이 있었나요? 이러한 과잉보상 대처 양식을 보이는 이면에는 감정적 어려움이 있는 것이 분명해요." 치료적 개입이 환자로 하여금 현재의 과잉보상 대처 양식에서 한 걸음 물러서게 도와줄 수 있다. 필립은 집단치료회기에서 다른 환자가 필립의 과도한 타인 통제 행위에 대해 비난했다고 설명한다. 필립은 상처받았다고 느껴서 자신의 등을 벽에 기대고 있었다.

치료자는 다른 환자의 비난을 받고 뚜렷하게 활성화된 필립의 취약한 아이 양식을 직접적으로 다루는 것을 제안한다. "집단치료시간에 경험한 일은 어린 필립에게 정말 힘든 일이었을 거예요, 그렇지요? 아마도 어릴 때 그랬던 것처럼 자신이 따돌림당하고 모욕당했다고 느꼈을 것 같아요." 필립은 치료자의 해석에 동의한다. "따돌림당하고 모욕당했다고 느낀 감정에 대해 심상 작업을 해 보는 것이 좋겠어요. 괜찮으시겠어요?" 이어지는 심상 각본수정에서(215~240쪽 참조), '어린 필립'의 감정은 변해서 더 이상 모욕당하고 고립되었다고 느끼지 않고, 자신이 집단치료의 일원인 것처럼 느끼게 되었다.

4) 환자의 대처 양식을 직면하는 것과 '직접 우회하는 것'의 차이

치료 과정에서 환자의 역기능적 대처 양식이 갑자기 나타날 때, 치료자는 이를 다루기 위해 보통 두 가지의 기본적인 대안 중 하나를 선택하게 된다. 첫 번째 선택 가능한 대안은, 치료자가 환자의 양식을 직면하고, 이 장에서 논의한 여러 전략 중 하나를 사용해서 현재 활성화된 환자의 양식을 탐색해 나가는 것이다. 치료적 개입을 통해서 환자가 사용하는 대처 양식의 기능을 논의하고, 환자는 단계적으로 자신의 대처 양식의 사용을 줄여 나가도록 동기를 부여한다. 치료의 초기 단계에서 환자의 대처 양식을 이와 같은 방식으로 다루어 나가는 것이 유용한데, 이는 아직 환자와 치료자 사이의 치료적 관계가 충분히 친밀해지지 않았기 때문이다. 정신역동의 용어를 빌려 표현하면 환자의 방어기제를 먼저 다루는 것이 필요하다는 말이다.

반면, 환자와 치료자 사이의 치료적 관계가 잘 구축되어 있고, 환자가 이미 치료 상황에서 자신이 느끼는 취약한 아이로서의 감정 경험을 잘 표현한다면, 환자의 대처 양식을 직접적으로 우회하는 두 번째 대안이 생긴다. 직접적으로 우회한다는 말은, 즉 환자가 현재 활성화시킨 대처 양식 뒤에 숨어 있는 또 다른 양식(취약한 아이 양식 혹은 처벌하는 부모 양식)에 바로 논의의 초점을 맞춘다는 의미이다. 정신역동의 표현으로 바꿔 말하면, 치료자와 환자가 환자의 내적인 감정 경험에 대해 이미 친숙해진 상태에서는 치료자가 환자의 방어기제를 뚫고 들어갈 수 있다는 말이다. 이와 같이 환자의 역기능적 대처 양식을 직접적으로 우회함으로써, 치료자는 환자의 대처 양식을 간략하게만 언급하고 바로 이어서 환자의 감정 경험에 조금 더 관련된 주제로 논의를 진행해 나간다. "어젯밤 있었던 일에 대해 말하기 시작할 때, 당신은 분리된 보호자 양식을 사용하기 시작했어요. 어떤 이유 때문인가요? 어젯밤에 일어났던 일들 중 어떤 것이 지금 당신에게 분리된 보호자 양식을 활성화하도록 자극한 건가요?" 우리는 항상 환자의 역기능적 대처 양식이 환자의 감정적 스트레스 경험에 의해 활성화된다고 가정한다. 장기적인 관점에서는, 심상 각본수정 연습과 같이 환자의 감정 경험에 초점을 맞춘 치료 기법을 이용해서 환자의 고통스러운 감정 경험을 경감시켜 나가는 것이 가장 중요하고, 치료에 효과적이라고 여기고 있다. 환자가 자신의 대처 양식을 우회해서 자신에게 부정적인 감정을 촉발한 경험을 떠올려 다룰 수 있을 때, 치료자는 부모 양식 또는 아이 양식과 관련된 환자의 부정적인 감정에 가능한 직접적으로 초점을 맞추고 면담을 진행한다(6장과 7장 참조).

4. 행동적 기법

행동적 수준에서 치료의 주된 목표는 환자가 건강한 대처 양식의 활성화와 이에 기반한 건강한 행동 패턴의 사용 빈도를 더욱 증가시키도록 돕고, 환자가 대처 양식의 사용을 줄이도록 돕는 것이다. 자신의 중요한 욕구들을 느끼고 표현하도록 돕는 것을 포함한다. 실제적인 증상에 따라, 환자의 증상을 조절하기 위한 개입 기법들이 중요한 역할을 할 수 있다. 강박 증상이나 자해 행동이 환자를 자신의 부정적인 감정으로부터 떼어 내는 역할을 할 경우(분리된 보호자 양식), 치료자는 행동적 기법(직면 및 반응방지 기법을 통해 강박 행동을 감소시키도록 돕거나 또는 자해 행동을 대체하기 위한 자조기술 훈련과 같은)을 환자가 숙지할 수 있도록 해서 환자의 증상 조절을 도울 수 있다. 환자가 자신의 대처 양식이 무의식적으로 나타나고, 행위 중독이나 강박 행동과 같은 성격을 띤다고 보고하는 경우 그리고 환자의 대처 양식이 (반)자동적인 방식으로 작동하거나 환자가 자신의 행동을 스스로 조절할 수 없다고 느끼는 경우에 이러한 행동적 기법을 통해 치료적 대안을 제시해 주는 것은 더욱 중요하다. 하지만 환자가 자신의 부정적인 감정을 건강한 방식으로 다루는 방법을 습득하지 못한 상태로 단지 증상을 조절하기 위한 행동적 기법만을 제한적으로 사용하는 경우에는 치료적 시도가 실패로 돌아갈 가능성이 크다. 그러므로 환자의 대처 양식을 다루기 위한 행동적 기법을 소개하면서, 환자의 대처 양식이 나타나게 하는 충동적인 부정적 감정 경험을 다루기 위한 건강한 대처 양식의 개발을 함께 진행해야 한다.

1) 건강한 양식을 증가시키고 역기능적 양식을 감소시키기

분리된 보호자 양식을 강력하게 사용하면서 사회적으로 위축된 생활을 하고 있는 환자들은 사회 활동과 관련된 행동을 더욱 증가시켜야 한다. 자신이 타인들과 감정적으로 연결되어 있고 친밀한 관계를 맺고 있다고 느낄 수 있게 해 주는 활동들을 늘려야 하며, 감정을 보다 명료하게 표현하는 방법을 배워야 한다. 치료자는 환자가 모든 순간에 사회적 관계를 유지하면서 그 속에서 자신의 강렬한 감정을 그대로 드러내기를 바라지는 않는다. 환자는 '자신의 감정을 좀 더 드러낸다는 것'이 곧 자신이 스스로 취약하다고 느끼는 감정을 표현하는 것이라고 믿기도 한다. 이런 환자에게는 타인들과 함께하는 활동이 사람들과 연결되어 있다는 느낌을 주고, 친밀함을 경험하면서(부정적 감정보다는) 이와 연관된 긍정적 감정을 더 증가시킬 수 있게 해 준다고 설명해 주는 것이 도움이 될 수 있다. 스포츠나 운동, 요리를 하거나 빵 만들기, 협업 작업하기, 누군가를 도와주는 일 등의 일상 활동들 모두가 이에 해당한다. 우울증 환자들을 위한 인지행동치료에서 긍정적 감정을 활성화하는 데 도움이 된다고 하는 어떤 활동이든 모두 도움이 된다. 환자에게 권유하는 긍정적인 활동 목록을 제공하는 것도 치료적으로 좋다.

환자가 회피하는 보호자 양식을 강력하게 사용하는 경우, 회피 행동을 감소시키는 것이 최우선 치료 과제이다. 과제나 직면 요법 등 인지행동치료의 전형적인 기법을 사용할 수 있다. 환자도 이를 받아들이고 회피 행동을 극복하려는 시도를 하면, 치료자는 반드시 환자의 행동을 평가하고 구체적으로 격려해 줘야 한다. 회피적 성향이 매우 강한 환자의 경우에는 단지 사회 활동뿐만 아니라 향이 강한 음식, 감정을 자극하는 책이나 영화 등을 포함한 모든 종류의 강렬한 자극을 회피한다는 것을 인지해야 한다(Taylor et al., 2004). 행동 요법을 과제로 내줄 때는 이와 같은 환자의 다양한 회피 행동 양식에 대한 문제도 염두에 둬야 한다.

2) 자신의 욕구를 적절하게 표현하도록 가르치기

대처 양식을 사용할 때, 환자는 보통 자신의 필요나 욕구를 적절한 방식으로 표현하지 못한다. 분리된 또는 회피하는 대처 양식을 사용할 때, 표현은 둘째 치고 자신의 욕구나 필요 자체를 깨닫기 힘든 것이 보통이다. 이런 환자들은 자신의 욕구를 표현하는 방법을 더 배우는 것이 필요하다. 환자에게 여가

시간에 주로 하는 활동을 가족이나 친구들에게 함께 하자고 제안하게 하거나 직장이나 집에서 도움을 요청하는 활동을 해 보도록 과제를 내줄 수 있다.

강력한 과잉보상 대처 양식을 사용하는 환자들은 보통 자신의 필요를 과장되고 왜곡되고 공격적이거나 지나치게 앞세우는 방식으로 표현한다. 역설적으로, 이러한 과잉보상 대처 양식은 자신의 욕구 충족을 실패하게 하는데, 이는 타인들이 환자의 이런 대처 양식에 질려서 환자를 돌보거나 도와주고 싶지 않아지기 때문이다. 과잉보상 대처 양식의 장단점을 논의하는 등의 인지적 접근 방법을 통해 문제를 환자와 함께 논의할 수 있고, 사회기술 훈련을 함께 해서 환자가 더 친근하고 적절한 방식으로 자신의 욕구를 표현하는 방법을 가르쳐 줄 수도 있다. 자신의 욕구를 표현하는 행동을 비디오로 촬영한 후, 함께 보면서 환자의 행동에 대한 피드백을 제공하는 것도 치료적으로 매우 유용하다.

3) 치료회기에서 자신의 욕구를 표현해 보도록 하는 연습

치료적 관계는 환자가 자신의 욕구를 더 적절한 방식으로 표현할 수 있도록 연습해 볼 수 있는 좋은 환경이다. 치료자는 환자가 다음과 같은 표현을 위해 이러한 환경을 사용하도록 분명히 격려해야 한다. "타인들에게 자신이 원하는 바를 상대방이 잘 이해할 수 있는 방향으로 표현하는 방법을 배울 수 있으면 좋겠습니다. 동시에, 타인들에게 친절하게 대하는 것도 중요합니다. 사람들에게 친절하게 대하면 타인들이 더욱 당신을 돕고 싶고 지지하고 싶어질 것이기 때문이지요. 두 가지 사안이 지금까지 당신에게는 매우 복잡한 문제였습니다. 자신의 욕구를 타인들에게 표현하려는 노력을 아예 하지 않았습니다. 그런데 간혹 자신의 욕구를 타인들에게 표현할 때에는 과잉보상 대처 양식을 택합니다. 이런 과잉보상 대처 양식은 타인들을 쫓아 버리고 당신으로부터 멀어지게 만들지요. 타인들의 반응이 당신에게 취약한 느낌을 들게 하고, 그럴수록 스스로 위축되어 더 이상 스스로의 필요와 욕구에 대해 아무 것도 표현하지 않으려 하지요, 그렇지 않나요? 저는 우리의 치료회기를 통해 당신의 필요와 욕구를 적절하게 표현하는 법을 익히는 기회로 삼을 수 있다면 매우 기쁠 것입니다. 저는 언제나 당신의 필요와 욕구에 대해 관심을 기울이려 노력할 것입니다. 당신이 욕구를 개방적으로 표현할 수 있는 기회를 찾기 위해서 우리는 함께 노력해야만 합니다." 환자가 치료적 관계 안에서 자신의 욕구를 더 적절한 방법으로 표현하려고 노력할 때, 치료자는 반드시 이러한 환자의 노력을 구체적인 언어 표현으로 격려해야 한다. "원하는 바에 대해 방금 굉장히 멋진 방법으로 표현했다는 것을 느꼈나요? 정말 훌륭하군요!"

환자가 자신의 필요를 치료적 관계 안에서 표현하려고 노력할 때, 내적으로 경험하는 바에 대한 치료적 검토도 함께 이루어져야 한다. 환자가 자신의 욕구를 표현하는 것이 많은 상황에서 스스로에게 만족스러운 경험이 될 수 있지만, 치료자(또는 환자 삶에 존재하는 타인들)는 현실적 한계로 인해 환자의 욕구를 완전히 만족시켜 줄 수 없기에 어느 정도의 실망을 야기하기 마련이다. 환자와 현실적 한계에 대해 논의하는 것이 중요하다. 우리의 욕구와 필요가 완벽하게 충족되기는 어렵다. 하지만 우리의 모든 욕구가 항상 완벽하게 만족될 때에만 우리가 심리적으로 건강한 사람이 될 수 있는 것은 아니다. 대부분 우리의 필요와 욕구는 어느 정도까지는 상당 수준 충족되어야 하지만, 우리에게는 욕구를 충족하는 데 자연스럽게 오는 좌절을 견디는 능력 또한 필요한 것이다.

4) 특정한 증상을 조절하기 위한 행동적 기법

환자의 역기능적 대처 양식과 관련 있는 심각한 증상들은 해당 증상에 맞는 일반적인 인지행동치료 전략을 이용해서 행동 수준에서 반드시 조절해야 한다. 폭식 증상은 분리된 보호자 양식 혹은 자위자 양식의 일환일 수도 있다. 환자의 취약한 아이 양식을 조절하기 위한 환자의 감정 경험에 초점을 둔 치료적 접근을 통해 환자의 심각한 행동 증상들이 감소하는 경우도 있다. 치료자는 환자의 문제 행동 자체에 대한 치료적 개입을 시행해야 하는 경우도 많다. 환자의 행동을 조절하기 위한 치료 전략들은 환자의 감정 경험에 초점을 맞추는 치료 전략이나 인지치료 전략들이 그런 것처럼 심리도식 양식 개념과 연관되어 있을 수 있음을 명심하자.

강박 증상의 경우, 과잉보상을 하거나 강렬한 감정을 회피하는 기능을 하는 대처 양식의 일부일 수도 있다. 지나치게 완벽주의에 가까운 과잉보상 대처 양식이나 분리된 보호자 양식이 그렇다. 강박 증상은 심상 각본수정 연습을 통해 취약한 아이 양식에 치료적 개입을 해서 호전될 수도 있다. 하지만 보다 많은 사례에서 취약한 아이 양식에서 환자가 느끼는 감정들에 대한 접근 자체를 시행하기 전에 (직면 및 반응 방지 훈련과 같은) 행동 전략을 사용하는 것이 우선적으로 필요하다. 직면 훈련과 같은 행동치료를 시행하면서, 추가적으로 취약한 아이 양식을 사용할 때 겪는 감정 경험에 대한 적절한 치료 전략을 사용해야 할 것이다. 다음의 두 사례는 이러한 두 가지 치료적 접근 방법의 예시이다.

사례 강박증 환자에서 분리된 보호자 양식을 감소시키기 위한 행동적 개입

29세의 강박증 환자 루시는 전염병에 대한 걱정과 관련된 통제 강박 증상으로 고통받고 있다. 증상은 루시가 13세 때, 어머니가 사망한 후 시작되었다. 어머니의 모습 또는 어머니에 대한 기억에 직면하게 될 때, 루시는 스스로를 진정시키기 위해 강박 행동을 사용한다(강박증이 분리된 보호자 양식의 일부분이다). 직면 및 반응 방지 훈련을 하는 동안 루시는 강렬한 마음의 고통과 슬픔을 경험하기 시작했다. 치료자는 직면 훈련을 하는 동안 루시가 강박 행동을 하지 못할 때 떠오르는 슬픔과 고통에 연결된 어린 시절의 기억을 소재로 심상 각본수정 연습과 직면 훈련을 함께 결합하여 시행하는 것을 권했다.

환자의 대처 양식과 관련된 약물 남용은 특정한 행동치료 기술로 치료할 수 있다. 약물 남용에 대한 공감적 직면을 반복해도 효과가 없고 오히려 행동이 더 자발적인 경우에는 특히 더 효과적이다. 환자가 분리된 보호자 양식의 일환으로 자해 행동이나 해리 증상을 보일 경우, 환자의 역기능적 대처 양식을 다루기 위한 치료 작업의 일환으로서 변증법적 행동치료(Dialectical Behavioral Therapy: DBT)를 사용해서 환자의 문제 행동을 일시적으로 대체할 수 있다. 고도로 구조화되고 매뉴얼된 변증법적 행동치료(Linehan, 1993)의 훈련 방법과는 달리, 치료자는 환자 개개인에 맞춘 행동 전략의 적용에 보다 관심을 기울여야 한다. 정교한 구조로 구성되어 있고, 매뉴얼이 잘 만들어져 있는 변증법적 기술 훈련보다는 환자 개인에게 맞춘 기술 전략들을 더 찾아봐야 한다. 환자가 잘 발달시킨 건강한 어른 양식으로 감정과 스트레스를 건강한 방식으로 다룰 수 있을 때까지는 개인에게 맞춘 기술 전략들을 임시로 사용하도록 한다. 심리도식치료의 관점에서도 몇몇 기술 전략은 환자를 분리하는 경향이 있을 수도 있다. 어떤 상황에서는 분리된 보호자 양식이 환자에게 도움이 될 수는 있지만, 치료자는 환자가 자신의 감정 경험과 스트레스를 다루는 보다 적절한 방법을 개발할 수 있기를 원한다.

사례 강박증 치료의 주된 방법으로 심상 각본 수정을 사용

35세 여성인 마리아는 순서 세우기 강박을 경험하고 있는데, 강박 증상은 그녀가 사회적 상황에서 불안감을 느낄 때 전형적으로 증가된다. 감정적으로 그녀는 종종 외로움을 느끼고, 다른 사람들로부터 분리되어 있고, 또한 집단에 소속되어 있지 않다고 느끼는데, 이러한 감정은 학창시절 또래들에게 괴롭힘을 당하고 따돌림을 당했던 경험과 관련되어 있다. 그녀는 치료 세션 안에서 따돌림과 괴롭힘의 경험에 대한 일련의 심상 각본수정 작업을 진행하고 있다. 이러한 작업을 진행한 후 그녀의 강박 증상은 증상 자체에 대한 보다 직접적인 추가적 치료 개입 없이도 현격한 호전을 보였다.

5. 자주 묻는 질문들

(1) 심리도식치료에서 환자를 직면시키는 과정이 너무 직접적인 것 같습니다. 이러한 접근이 좀 무례할 수 있지 않나요?

심리도식치료에서 치료자는 종종 보다 명료하고 직접적인 태도를 취하도록 요구받습니다. 특히 환자의 과잉보상 대처 양식에 대한 직면을 시도할 때, 그렇습니다. 자신을 단지 착하고, 친절하고, 환자를 돌보아 주는 모습으로 환자에게 비춰진다고 생각하는 치료자의 경우에 심리도식치료에서 나오는 이런 요구는 낯설게 느껴질 수도 있습니다. 하지만 환자의 역기능적 대처 양식이 환자에게 큰 문제라는 것을 기억해야 합니다. 대처 양식을 고수하게 되면, 결국 환자의 대인관계가 망가지고 파괴됩니다. 치료자의 책무는 환자들의 가장 파괴적인 대인관계 방식을 이해할 수 있도록 돕는 것입니다. 만약 환자의 가장 파괴적인 대인관계 방식이 과잉보상 대처 양식에서 비롯된 것이라면, 치료자는 환자에게 자신의 대처 양식을 직면시키는 것을 주저하지 않아야 합니다.

치료자는 심리도식치료의 직면 전략을 사용할 때, 자신이 나쁜 사람인 것처럼 느껴질 수도 있습니다. 치료자 자신의 심리도식 양식이 죄책감을 일으키는 처벌하는 부모 양식을 취하고 있을 때, 특히 중요한 치료 주제에 대해서 환자를 직면시키지 못하도록 스스로 막아설 수 있습니다. 치료자의 처벌하는 부모 양식은 아마도 '넌 언제나 타인의 행복이 커지도록 노력해야 해.'라고 말하거나 또는 '너의 환자는 반드시 너와 치료하는 동안 좋은 기분을 느껴야만 해'라고 말할 것입니다. 이런 처벌하는 부모 양식을 사용하는 치료자의 과거력에는 보통 심리적인 문제를 가진 부모(예컨대, 치료자가 어린 시절 아이로서 돌봄의 책임을 느꼈던 자신의 우울한 어머니)가 있습니다. 이런 경우라면, 치료자는 자신의 역기능적 대처 양식을 보다 잘 이해하려고 노력해야 합니다. 치료자로서 환자를 역기능적 대처 양식에 직면시키고자 할 때, 스스로 좀 더 편안해질 수 있어야 합니다. 심리도식치료에서 환자를 역기능적 대처 양식에 직면시키는 것이 환자를 과소평가하거나, 환자에게 공격적이거나, 과도하게 비판적인 접근 방식이 아니라는 것을 치료자는 기억해야 합니다. 심리도식치료에서의 직면은 보다 유희적이거나(자기애성 성격장애 환자들과 함께 작업할 경우와 같이) 혹은 보다 공감이 되는 접근 방식을 취할 수도 있습니다.

⑵ 환자의 역기능적 대처 양식이 강화되는 상황에서 치료자는 무엇을 할 수 있나요?

환자의 역기능적 대처 양식은 환자 자신에게는 보상이 될 수 있습니다. 특히 양식이 과보상적이거나 환자의 기분을 자극시키거나, 타인의 관심을 끄는 방식일 때에 더욱 그렇습니다. 이런 대처 양식은 종종 자신의 마음에 들지 않는 일에 대항해서 느슨해진 자기 규율과 업무 수행 지연 등의 행동 양식과 결합되어 나타나는, 훈육이 안 되고 충동적인 아이와 같은 양식의 일환입니다. 자극, 주의 집중, 상황 통제의 느낌 등과도 연관이 있습니다. 분리된 또는 회피하는 대처 양식도 환자에게 매우 보상적인 기능을 수행할 수 있습니다. 이런 대처 양식을 사용하면서 즉각적인 불안 감소 효과를 경험하기에 이런 경험은 매우 중독적일 수 있기 때문입니다. 역기능적 대처 양식을 사용하면서 자신에게 돌아오는 손해가 명백하거나, 심지어 자신의 도덕성에 대한 의문이 제기되는 경우에도 환자는 대처 양식의 활성화를 통해 자신에게 보상이 되는 내적 경험을 할 수가 있습니다. 역기능적 대처 양식을 유지함으로써 강력한 심리적 보상을 얻게 되면 그런 양식을 바꾸고자 하는 의지가 감소합니다.

'전통적인' 인지행동치료에서와 마찬가지로, 환자의 증상과 양식이 갖는 긍정적이고 부정적인 강화 효과를 고려하고 환자와 함께 논의하는 것은 중요합니다. 157~164쪽에서 다룬, 대처 양식의 장단점에 대해서 인지적 관점으로 환자와 하는 논의라고 볼 수 있습니다. 자신의 역기능적 대처 양식을 감소시키고자 하는 환자의 의지를 강화하는 목적을 가집니다. 만약 환자의 대처 양식이 심리적으로 강한 강화 효과를 일으키고, 이런 강화 효과를 환자가 자신의 주관적인 관점에서 좋다고 받아들이면, 환자는 대처 양식을 바꾸지 않기로 마음먹을 수도 있습니다. 이런 경우에 치료자는 환자가 자신의 대처 양식을 변화시키고자 하는 동기를 강화할 수 있는 부분에 대해서 치료적 논의를 다시 진행하도록 합니다. 만약 환자가 자신의 대처 양식을 계속 갖고 있고자 하는 결정이 명확하다면, 치료자는 이런 사실도 받아들여야 합니다. 가끔은 환자가 대처 양식을 줄이지 않겠다는 결정이 치료자와의 치료적 관계 자체를 유지하지 않겠다는 결정으로 이어지기도 합니다. 그런 경우, 치료자는 환자에게 만약 마음이 바뀌면 다시 치료를 시작할 수 있다는 것을 반드시 알려 줘야 하고, 환자가 억지로 치료를 지속하도록 강제해서는 안 됩니다.

　치료자는 자신의 한계에 대해서도 생각해 봐야 합니다. 환자가 범법 행위나 극도로 자신을 망가뜨리는 행동을 보고하면서 이러한 행동을 바꾸고자 하지 않을 경우, 치료자는 환자가 자신의 생활과 행동을 변화시키지 않는 동안에는 그 어떤 치료도 제공하지 않는다고 결정해야 할 수도 있습니다. "당신은 성매매와 약물 사용을 포기해야 할 이유를 찾을 수 없다고 말합니다. 당신 삶의 이런 부분에서 아무런 변화를 만들지 못한다면 감정적인 어려움을 호전시키는 방법을 알지 못합니다. 이런 상황에서 치료의 지속이 어떤 의미가 있는지 모르겠습니다. 훗날 자신의 삶을 변화시키기로 결심하고 다시 저를 찾아와 주기를 바랍니다." 만약 환자가 지속되는 문제 행동 기저에 있는 취약한 아이 양식을 변화시키고자 하는 의지가 있고, 그런 작업에 참여할 수 있을 경우에 치료자는 일시적으로 환자의 역기능적 대처 양식을 참아내며 치료를 지속해야 할 경우도 있습니다(이는 환자의 문제 행동을 용납하는 것과는 다릅니다). 역기능적이고 미성숙한 대처 양식에 대한 적절한 치료가 충

분히 진행되면 환자가 자신의 대처 양식을 고수해야 하는 필요에 대한 인식
도 줄어들 것입니다. 따라서 자신의 역기능적 대처 양식을 치료적으로 다루
고자 하는 동기도 강화될 것입니다.

(3) 환자가 치료 과정에 함께 참여하는 대신, 침묵으로 일관하면 어떻게 해야 하나요?

치료 과정에서 발생하는 문제는 심리도식치료의 역기능적 대처 양식에 대
한 모델을 이용해서 개념화할 수 있습니다. 치료회기 중 환자가 아무 말도
하지 않을 때, 이런 침묵은 보통 분리된 또는 회피하는 보호자 양식으로 개
념화할 수 있습니다. 환자의 이런 역기능적 대처 양식이 치료에 가져다주는
부정적인 영향을 감소시키기 위해 회피적이거나 분리된 환자의 침묵은 제한
해야 합니다. 치료적 한계를 설정하면 환자가 보다 적극적으로 치료 과정에
참여하게 되고, 환자에게 자주 피드백을 요청하는 질문을 할 수 있게 됩니
다. 치료자도 환자가 사용하고 있는 대처 양식을 평가하고 그런 양식이 작동
하는 배경을 탐색할 수 있습니다. "당신은 치료 면담 중 가끔 매우 조용해지
기도 합니다. 그런 행동을 하게 되는 이유가 무엇일까요? 무언가로부터 자
신을 보호해야 하기 때문인가요?" 이런 치료 전략이 면담 중 환자의 침묵을
줄이는 것에 효과적이지 않을 경우, 더 구체적인 치료적 한계 설정이 필요할
수 있습니다. "어떻게 치료회기를 지속하면 좋을까요? 당신이 치료에 참여
하지 않으면, 저는 당신을 도울 수 없습니다."

CHAPTER 06

취약한 아이 양식 치료하기

강렬한 부정적 감정은 심리도식 양식 중 취약한 또는 버림받은/학대받은 아이 양식과 관련이 있다. 환자들은 역기능적 대처 양식을 동원해서 보통 이런 부정적인 감정을 회피하거나 과잉보상적으로 대항하려 한다. 환자의 취약한 아이 양식을 치료적으로 다루는 데 있어 가장 중요한 것은 환자의 감정 경험에 초점을 맞춘 치료적 접근(심상 각본수정 연습과 의자기법)을 이용해서 자신의 부정적인 감정에 접근하고 이를 처리하면서, 자신의 감정을 긍정적인 방향으로 변화시켜 나갈 수 있도록 도움을 받는 것이다. 그러므로 환자들이 가진 심리적 문제들은 근본적으로 치료가 된다.

한마디로 취약한 아이 양식을 치료하는 주된 목표는 환자의 대처 양식을 평가하고, 환자를 안정적인 치료적 관계 속에서 자신의 양식과 관련된 (외상적인) 기억과 감정 및 인지 과정을 치료적으로 다루는 경험을 하도록 돕는 것이다. 나아가, 환자들은 취약한 아이와 같은 내면의 모습을 더 잘 돌볼 수 있도록 치료자의 지지를 받는다. 매일의 일상에서 자신의 욕구와 필요를 더 진지하게 다루도록 격려받는다. 이전의 건강하지 않은 대인관계 속에서 환자의 욕구와 필요는 흔히 충족되지 않는다. 따라서 환자의 취약한 아이와 같은 내면을 돌보기 위해 보다 건강한 대인관계의 확립이 필요해진다. 대인관계의 안팎에서, 환자의 필요와 욕구가 더 잘 충족되면 환자는 굴복하기, 회피하기, 분리하기, 자위하기, 타인을 학대 또는 경멸하기 등과 같은 자신의 역기능적 대처 양식들을 덜 사용하게 된다.

1. 치료적 관계 속에서 재양육과 추가적 재양육

치료시간 중 환자의 취약한 아이 양식이 불쑥 나올 때, 치료자는 환자의 반응을 인정해 주면서 환자의 행동을 매우 따뜻하게 감싸 주고 반겨 주어야 한다. 제한된 재양육은 환자를 칭찬해 주고 감정적 지지를 제공해 주는 활동을 포함한다. 치료자는 환자에게 치료자를 상징하는 치료적 대체물을 제공하거나, 환자의 마음을 진정시키기 위해 치료시간에 곰인형을 가지고 오거나 하는 등 환자에게 '추가적 재양육'을 제공한다. 영 등(Young et al., 2003)이 제안한 기존의 심리도식치료 방법에서, '추가적 재양육'은 환자가 치료시간 이외에 치료자에게 연락할 수 있는 전화번호를 제공하는 것을 포함했다. 하지만 많은 치료자는 일과 개인 생활이 서로 얽히는 것을 원하지 않기에 이와 같은 치료 지침을 불편하게 느꼈다. 나도트 등(Nadort et al., 2009)은 (특히 심리 위기지원이 치료적으로 중요할 것으로 여겨지는) 경계성 성격장애 환자에게 정규 치료시간 이외에 제공하는 심리 위기지원의 효과를 연구했는데, 추가적 심리 위기지원의 치료 효과는 확인되지 않았다. 그래서 경계성 성격장애 환자의 치료 프로토콜에서 정규 업무 시간 이외에 환자에게 추가적 심리 위기지원을 제공할 것을 권고하는 지침은 제외되었다. 환자의 취약한 아이 양식이 활성화되고 있는 상황에서 치료자에게 메시지를 보낼 수 있도록 치료자의 이메일 주소를 제공하는 것은 한 대안이 될 수도 있다. 이메일은 치료자가 정규 업무 시간 이외에 과도하게 사생활을 침해당하지 않으면서도 낮은 강도의 연결성을 치료자와 환자 사이에 유지할 수 있도록 해 주기 때문이다. 환자가 치료회기에 자신을 심리적으로 취약하게 하는 주제들을 정규 치료회기에서 직접 치료자와 공유하기 전에 이메일을 통해 이러한 주제들을 보고하기 시작했다는 것을 치료자들은 종종 이야기한다.

어떤 환자들은 음성사서함 메시지를 통하여 치료자의 목소리를 들을 수 있도록 전화번호를 제공받는 것을 더 선호할 수도 있다. 치료자의 목소리를 환자에게 제공할 수 있는 다른 방법들도 도움이 될 수 있다. 치료자는 환자의 취약한 아이 양식에게 전하는 음성 메시지를 환자의 휴대폰에 녹음해 주고 환자가 필요할 때면 언제든 치료자의 메시지를 들을 수 있도록 할 수도 있다. 심상 각본수정도 환자를 위해 녹음할 수 있다. 경계성 성격장애 환자를 위한 심리도식치료에서 모든 치료회기는 녹음하고, 환자에게 치료 과정에서 주는 과제의 일부로 녹음된 치료회기를 청취할 것을 요청하기도 한다.

1) 인지적 기법

인지적 수준에서 환자들은 종종 아이의 정상적인 욕구와 권리에 대해 배운 것을 아이로서의 자신의 욕구와 권리에 연결시켜야 할 필요가 있다. 심리적 외상을 입은 환자들은 종종 (외현적으로 또는 내재적으로) 자신이 경험한 학대가 스스로의 탓이라고 가정하거나, 복잡한 가족 내 갈등을 해결하는 것이 자신의 책임이라고 간주한다. 이러한 비현실적인 인지는 치료적 기법을 사용하여 감소시킬 수 있다. 인지치료 기법들은 또한 취약한 아이 양식과 연결된 절망감과 무력감을 감소시키기 위해 활용할 수 있다.

2) 정서적 기법

취약한 아이 양식의 치료에서 주된 정서적 기법은 심상 각본수정 연습이다. 심상 각본수정 연습에서 환자는 현재 경험하는 부정적 감정과 관련되며 심상화된 형태의 외상적 기억을 떠올린다. 이런 외상적 기억의 심상은 아이로서의 환자(또는 다른 연령의 환자)의 필요와 욕구가 충족되는 방향으로 바꾼다. 위협감, 불안, 수치심, 죄책감, 혐오감과 같은 부정적인 감정들은 감소하고 안전감과 안전 애착은 증가한다.

3) 행동적 기법

행동적 수준에서 환자에게 현재 지속되고 있는 착취적 관계도 종결해야 한다. 환자가 어린 시절에 경험한 학대적 관계가 그랬던 것처럼, 현재의 착취적 관계 경험도 환자에게 동일하게 파괴적인 영향을 미치기 때문이다. 이런 관계의 경향은 삶에서 반드시 감소시켜야 한다. 만약 환자의 현재 관계가 학대적이지는 않지만, 많은 중요한 욕구나 필요들을 만족시키지 못하고 있다면, 환자가 타인보다는 자신의 욕구에 더 높은 우선순위를 두고 타인들과 더 효과적으로 의사소통하도록 요구한다. 치료적 관계 속에서 환자가 자신의 필요와 욕구를 적절하게 표현하는 방법을 연습하고 실험해 볼 수 있는 최적의 기회를 제공받을 수 있게 해 준다. 때때로 치료적 관계 속에서 환자는 처음으로 자신의 욕구와 필요를 이해하고, 그러한 이해를 바탕으로 타인과 소통하려고 시도한다. 치료적 관계 속에서 필요와 욕구를 표현하는 것에 대한 긍정적인 경험을 하고 몇 차례 행동 수정도 해 보면서, 환자는 다른 인간관계에서도 자신의 필요와 욕구를 더 명료하게 표현하려고 노력해야 한다. 이러한 맥락에서 집단치료는 특별한 치료적 의미를 가진다. 집단치료의 환경은 환자가 안전함을 느끼면서 자신의 필요와 욕구를 표현해 볼 수 있는 많은 다양한 관계를 제공한다. 치료자가 환자에게 부모 역할을 제공하면서 하나의 새로운 부모의 모델이 되는 것처럼, 집단치료의 다른 구성원들도 환자에게 형제자매의 역할을 해 줄 수 있다.

4) 치료적 관계

환자가 취약한 아이 양식에 있을 때, 치료적 관계 속에서 주된 과제는 환자의 역기능적 대처 양식을 검토하고 환자의 감정 경험과 욕구를 돌보아 주는 것이다. 이는 모든 종류의 치료 상황과 치료 기법에 두루 해당된다. 환자의 취약한 아이 양식이 활성화될 때, 언제든지 치료자는 환자에게 매우 따뜻하고 돌보는 방식으로 반응해야 한다. 환자의 취약한 아이 양식과 관련된 부정적인 감정 경험을 '존중받아야 하고 중요하게 여기며 치료적으로 다루어야 하는 감정'(다음에 등장하는 사례 참조)과 같이 단도직입적으로 설명하는 것이 치료에 도움이 된다. 치료자는 환자의 모든 취약한 감정 경험을 다루면서, 그것이 환자와 치료자의 논의 과정에서 나타나든(즉, 치료회기 내에서 발생하든 밖에서 발생하든) 또는 환자의 감정 경험에 초점을 맞춘 치료 기법(심상 각본수정 연습 또는 의자기법)의 사용 중에 나타나든 상관없이 환자의 감정을 존중하고 돌봐주는 방식으로 반응해야 한다.

사례 **치료시간에서 취약한 아이 양식의 타당함을 인정하기**

회피적인 행동을 보이고 경계성 성격장애를 앓고 있는 학생 루시가 치료자의 정규 업무 시간에 치료자에게 전화를 걸었다. 루시가 전화로 이름을 말하자마자 절망적인 감정 상태인 것이 명확해졌다. 치료자는 즉시 그녀의 감정 상태를 언급하고 타당함을 인정해 주었다. "안녕하세요, 루시 양. 지금 기분이 매우 안 좋은 것 같아요. 전화해 줘서 고마워요! 무슨 일인가요?" 루시는 지금 막 대학교에서 예정된 일정에 따라 시험을 치르기 어려울 것 같다고 알리는 이메일을 받았다고 설명했다. 루시는 대학의 시험과 관련해서 내린 최종 결정 사안을 내일까지 알 수 없다고 했다. 대학 사무실이 오늘은 이미 업무를 종료하였기 때문이었다. 말을 이어 갔다. "이 문제를 선생님이 해결해 주실 수 없다는 것도 알고 선생님이 매우 바쁘시다는 것도 알아요. 하지만 선생님께 전화드려서 말하는 것 이외에 어떤 행동을 해야 할지 알 수 없었어요."

치료자는 루시의 감정을 가라앉히고 감정을 검토해 보면서 루시에게 재양육의 경험을 제공하는 것에 집중하고자 했다. 동시에 지금의 전화 면담을 간략한 형태로 유지하려고 노력했다. 그렇지 않을 경우, 지금의 전화 면담은 제한된 재양육(정상적인 치료적 관계의 한계 상황 속에서 치료자가 환자에게 재양육을 제공하는 것)에 해당되지 않기 때문이었다. 환자는 환자의 감정 경험이 충분히 치료적으로 검토되고 있다면, 이런 치료적 한계 상황을 보통 잘 견뎌 낸다. 치료적 한계가 환자에게 고통스러울 수 있지만, 환자들은 치료적 한계를 지켜야 한다는 것을 잘 인지한다.

치료자: 루시, 미안하지만, 지금은 루시와 전화로 몇 분 정도 이야기하는 것 말고는 달리 도와드리기 어렵군요. 곧 다른 환자와 면담을 해야 하고, 그 면담이 끝난 후에는 운전해서 제 아이를 어린이집에서 데려와야 해요. 내일 모레 우리의 치료시간에서 더 많은 시간을 가지고 이야기할 수 있을 겁니다. 오늘 전화로 이야기할 수 있는 시간보다 더 많은 시간이 필요하다면 내일 다시 제가 전화를 걸 수도 있습니다. 그래도 저에게 전화해 줘서 기쁘네요. 아마도 더 마음을 가라앉힐 수 있도록 제가 도울 수 있을 것 같군요. 이런 상황에서 자신이 완전히 혼자라고 느끼지 않는 것이 매우 중요하다고 생각합니다.

루시: 지금 말씀하신 것이 제가 오늘 선생님께 전화드린 이유라고 저도 생각해요.

치료자: 훌륭합니다. 저도 동의하고요. 오늘 전화해 준 것을 고맙게 생각합니다. 오늘 예정된 시험에 응시할 수 없을지도 모른다는 메시지가 당신을 매우 화나게 했다는 것을 이해합니다. 제가 올바르게 이해하고 있나요?

루시: 예, 맞아요. 제가 어떻게 해야 할지 정말 모르겠어요. 제가 지금 어떻게 해야 할까요?

치료자: 지금은 현실 상황에 대한 구체적인 대응 자체보다는 오늘 대학으로부터 시험에 대한 안내를 받았을 때, 어떠한 감정이 자극되었는지를 저와 함께 이야기해 보는 것이 더 중요할 것 같아요. 대학에서 시험 응시가 어려울 수 있음을 알리는 메일을 받았을 때의 느낌에 대해서 저에게 이야기해 주실 수 있나요?

루시: 너무 스트레스 받아요. 공황이 오는 것 같고…… 제가 지금 상황을 전혀 통제할 수 없다고 느껴요. 저를 학교에서 쫓아내 버릴 것 같고 저는 아무런 대응도 할 수 없고…….

치료자: 그렇군요. 대학에서 오늘 받은 메일을 어떠한 이유로 위험 신호처럼 받아들이게 되었는지 좀 더 잘 이해하게 되었습니다. 제가 이해한 바로는 오늘 대학에서 받은 메일은 예정된 시험에 응시할 수 있을지 대학 측에서 아직 확신할 수 없다는 내용이었어요. 아직 최종 결정이 내려진 것이 아니지만, 그 메일은 감당할 수 없는 불확실성을 마주한 느낌을 주었고, 스스로 아무 힘이 없어서 공황 발작에 빠질 것 같고 도움을 필요로 한다는 느낌을 갖게 했지요. 취약한 아이 양식을 상징하는 어린 루시가 이런 상황에 의해 다시 활성화되어 아이였을 때 그랬던 것처럼 압도적인 부정적 사건에 대해 다시 무력하게 느낀 것 같아요. 그랬을 가능성이 있나요?

루시: 흠…… [잠시 생각한다.] 예, 선생님 말씀이 맞는 것 같아요…….

치료자: 그래요, 오늘의 대화가 정말 화가 났을 때, 자신이 어떤 감정 경험을 하고 있는지에 대해 우리가 더 잘 이해할 수 있도록 도움을 줄 것 같아요. 그리고 자신의 필요와 욕구에 대해서도 더 잘 이해할 수 있게 될 것 같군요. 취약한 아이 양식이 활성화되었을 때, 어떠한 욕구와 필요를 느끼나요?

루시: 명확함을 원하는 것 같아요. 제가 오늘 받은 것은 단지 모호하고 좀 위협적인 메시지였어요……. 제 운명이 온전히 타인들의 손에 달려 있다는 느낌을 받았어요……. 저는 제 자신이 처한 상황에 약간이라도 영향을 미칠

수 있기를 원해요⋯⋯. 그리고 심리적인 지지가 필요합니다.

치료자: 물론입니다. 그리고 상황에 대한 명확한 이해를 원하고, 자신이 처한 상황을 조금이라도 통제할 수 있기를 바라고, 타인의 심리적인 지지를 원하는 것 모두 건강한 욕구입니다. 그런 욕구를 저에게 표현하고 함께 공유할 수 있다는 것이 멋집니다. 그리고 루시의 욕구와 필요를 저와 공유함으로써 제가 루시를 도울 수 있게 됩니다. 잠깐 시간을 좀 봐야 하겠군요⋯⋯. 아쉽게도 지금은 더 길게 이야기를 하기가 어렵습니다만, 공황 상태에 빠질 것만 같은 어린 루시의 감정이 매우 강렬하고, '나는 지금 도움이 필요해.'라고 느낀다는 것을 이해합니다. 하지만 루시에게 몇 가지의 방법을 제공할 수 있습니다. 첫째, 저에게 이메일을 보내면 제가 내일 아침에 답변해 드릴 수 있습니다. 둘째, 제가 내일 정오 무렵에 아마 15분 정도 시간을 마련해서 전화를 드릴 수 있을 것 같고, 그럼 오늘 함께 논의한 주제에 대해 함께 이야기할 수 있습니다. 또는 셋째, 우리는 앞의 두 가지 방법 모두를 선택할 수도 있습니다. 제가 말씀드린 방법 중 마음에 드는 것이 있나요?

루시: 선생님께 이메일을 드릴게요⋯⋯. 그렇게 하면 저의 느낌을 선생님과 더 공유할 수 있을 것 같아요⋯⋯. 그리고 내일 선생님의 전화를 원하는지에 대해서 이메일을 통해 말씀드려도 되나요?

치료자: 물론이죠!

루시: 좋아요.

치료자: 지금은 기분이 어떤가요?

루시: 좀 나아졌어요. 하지만 나중에 공황 발작에 빠질 것 같은 느낌이 다시 시작될까 봐 좀 두려워요⋯⋯.

치료자: 걱정마요. 이메일을 보내 주세요. 그리고 내일 다시 전화드리기를 원하는지 메일로 알려 주세요. 전화해 주어서 고마워요. 그리고 꼭 메일 보내 주세요. 잘 있어요, 루시 양.

치료자는 환자의 취약한 아이 양식과 관련된 감정 경험을 따뜻하게 다루고 환자와 함께 검토한다. 이는 치료회기 안팎에서 환자와 이야기할 때, 감정 경험에 초점을 맞춘 치료 작업을 수행할 때에도 마찬가지이다. 환자의 감정 경험에 초점을 맞춘 치료 작업에서 의자기법을 이용한 면담과 심상 각본수정 연습을 통해 치료자는 환자의 아이 양식을 따뜻하게 돌봐 주고, 처벌하는 부모 양식에 대항해서 함께 싸워야 한다. 심상 각본수정 연습에서의 제한된 재양육을 다음 사례에서 다룰 것이고, 심상 작업에 대한 보다 구체적인 지침을 215~240쪽에서 제공한다. 의자기법을 이용한 면담 중에 치료자는 취약한 아이의 모습을 한 환자의 내면과 이야기할 때, 매우 따뜻하고 배려적인 태도를 가져야 하며, 취약한 아이 양식과 관련되어 있는 환자의 감정과 욕구, 필요를 탐색해야 한다(의자기법에서의 제한된 재양육에 대해 사례 참조).

사례 **심상 각본수정 연습에서 취약한 아이 양식 돌보기**

　루시는 7세 때, 자신이 과제를 이해하지 못하고 '멍청한 실수'를 한 것에 대해 어머니가 자신을 비웃던 장면을 떠올린다. 어머니는 루시를 도와주지 않았고 그녀를 비웃고 외면했다. 마음속의 심상에서 어린 루시가 책상 앞에 앉아 있다. 어린 루시는 외로움을 느끼고, 슬프고, 사랑받지 못하고 있다고 느끼며, 타인이 이해해 주고 사랑해 주고 어머니가 그녀를 지지해 주기를 갈망하고 있다. 루시의 마음속 심상 안으로 치료자가 들어와서 말한다. "이제 제가 방에 들어왔어요. 제 모습을 떠올리실 수 있나요?" 환자가 고개를 끄덕인다. "처음에 제가 어린 루시에게 다가가서 옆에 앉습니다. 제가 이제 어떻게 하면 좋을까요? 제가 지금 있는 자리에 머물면 좋을까요, 아니면 제가 루시를 포옹해 주거나, 어린 루시가 제 무릎에 앉는 것이 좋을까요?" 환자는 어린 루시가 치료자의 무릎에 앉고 싶을 거라고 말한다. "좋습니다, 제 무릎에 앉으세요. 어린 루시를 포옹해 드리겠습니다. '안녕 어린 루시야. 네가 이렇게 슬퍼해서 마음이 아프구나. 너는 사랑스러운 어린 소녀란다. 학교에서 배운 것을 잘못 이해해서 과제를 하다가 좀 실수하는 것은 아주 정상적인 일이란다. 그런 과정은 새로운 일을 배우는 과정의 일부이기도 하니까! 너에게 학교에서 배운 내용을 다시 한 번 더 설명해 줄 누군가가 필요한 것뿐이란다. 종종 모두에게 일어날 수 있는 아주 정상적인 일이란다.'"

사례 의자기법에서의 제한된 재양육

앨런은 자신의 필요나 욕구가 부인의 욕구와 매우 다르고, 부인이 자신을 대하는 방식에 불만이 있음에도 불구하고, 결국 부인의 필요와 욕구에 굴복하는 일이 빈번하다. 치료자는 관계 속에서 앨런이 자신의 필요와 욕구에 더 초점을 맞출 수 있도록 돕기 위해 의자기법을 이용한 면담을 해 볼 것을 권유한다. 앨런과 부인의 관계에서 앨런이 가지는 순종하는 굴복자 양식은 과거 앨런과 그의 어머니 사이의 관계와 매우 비슷한 양상이다. 앨런의 어머니는 남편과 일찍 사별했고, 앨런은 아이일 때부터 어머니를 감정적으로 지지해야 한다는 책임감을 느끼며 자라났다. 그로 인해 앨런은 자신의 필요와 욕구에 초점을 맞추는 방법을 배우지 못했고, 타인들이 자신에게 감정적으로 지지해 주도록 요청하는 방법을 배우지 못했다. 이로 인한 문제적 패턴은 결혼 생활에서도 반복되고 있다.

면담 초기에 의자기법을 이용한 면담은 앨런의 내부에 있으면서 그로 하여금 항상 부인의 필요와 욕구에만 초점을 맞추도록 강요하는 요구하는 어머니 양식을 다루었다. 이러한 요구하는 어머니 양식이 미치는 강력한 영향을 경험할 때, 앨런은 매우 슬퍼지곤 했다. 앨런이 느끼는 슬픔은 취약한 아이 양식의 존재를 암시하는 것으로 여겼다. 의자기법을 이용한 면담에서 치료자는 앨런의 요구하는 어머니 양식의 영향력을 감소시키고, 앨런의 슬퍼하는 아이 양식을 달래는 것을 목표로 하였다. 두 가지 목표 모두 자신의 욕구와 필요를 더 우선시하고, 이것들을 타인들과 더 직접적으로 의사소통하는 것이었다. 그리고 자신의 욕구와 필요가 충족되지 못하는 상황에서 보다 명확한 한계를 설정하도록 도와주는 것이었다. 목표의 달성을 위해 치료자는 환자의 건강한 어른 양식을 상징하는 의자에 앉아서 모든 인간은 자기 자신의 욕구와 필요를 돌볼 수 있는 권리를 가지며, 타인들의 필요에만 오직 초점을 맞추는 것은 건강한 행동이 아니라고 설명했다. 처음에 치료자는 엄격한 목소리로 환자의 요구하는 어머니 양식을 상징하는 의자를 향해 이런 말을 했고, 이어서 좀 더 따뜻하고 배려하는 목소리로 어린 앨런을 상징하는 의자를 향해 다시 말했다. "어린 앨런아, 너는 사랑스러운 아이이고, 나는 네가 여기 있어서 행복해. 들어 보렴. 너의 권리와 욕구는 그 자체로 괜찮은 거야! 필요로 하는 것을 타인들에게 표현하는 것이 중요해. 우린 여기서 건강한 어른의 모습을 한 앨런이 너를 더 잘 돌보도록 하기 위해 무엇이든 할 거야. 그럼, 너는 더 이상 슬퍼하지 않게 될 거야."

앨런은 울기 시작하고, 이런 치료자의 말을 듣는 것이 얼마나 좋은 기분을 가져다주는지 말한다. 치료자는 이런 좋은 기분을 탐색하고, '어린 앨런에게 보내는 치료자의 메시지'를 다시 반복해서 말한다. 이제 치료자와 앨런은 (적어도 어느 정도는) 성난 아이 양식을 상징하는 의자에 머물 때, 분노를 느낄 수 있는지 확인해 보려 한다. 환자의 취약한 아이 양식이 앨런을 더 쉽게 장악하고 두드러지는 행동을 하게 하면, 앨런은 분노를 느낄 가능성도 커지고, 이런 분노를 느끼는 상황이 실질적으로는 앨런의 현재 상황과 치료에 큰 도움을 주는 요소가 된다.

치료적 관계에서 제한된 재양육은 심리도식치료의 중심 요소이다. 성격장애의 바탕에 있는 역기능적 심리도식을 치유하기 위해서 안전하고 지지적인 치료적 관계의 경험이 중요하다. 치료자가 제공하는 안전 애착 경험은 환자가 과거 어린 시절에 경험한 안전하지 않은 애착 경험을 상쇄시킬 수 있다고 본다. 치료적 관계에서 경험하는 재양육 경험을 환자와 함께 검토하고, 그 한계점에 대해서도 논의하는 것이 중요하다. 환자가 치료자에게 의존적인 관계 양상을 보이면, 재양육 과정은 아마도 종결될 수 없을 것이다. 재양육은 환자가 심리적으로 어른이 되어, 자신의 필요와 욕구를 감지하고 표현

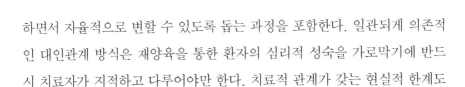

하면서 자율적으로 변할 수 있도록 돕는 과정을 포함한다. 일관되게 의존적인 대인관계 방식은 재양육을 통한 환자의 심리적 성숙을 가로막기에 반드시 치료자가 지적하고 다루어야만 한다. 치료적 관계가 갖는 현실적 한계도 중요한 논의의 초점이 될 수 있고, 이에 대해 환자와 터놓고 논의해야 한다.

5) 제한된 재양육의 한계: 도움되는 재양육 대 역기능적 의존 패턴을 지지하기

제한된 재양육(환자의 감정을 검토하고, 누그러뜨리고, 지지하는 일)은 심리도식치료를 통해 환자에게 변화를 가져다주는 핵심 도구이다. 제한된 재양육은 환자가 치료자에 대한 신뢰감을 쌓는 데 도움이 되고, 치료적 관계는 안전함을 느끼도록 배우는 데 도움이 된다고 여긴다. 치료자와의 관계에서 환자가 신뢰감과 안전함을 느끼는 것은 치료의 첫 과정일 뿐이다. 환자는 치료적 관계 이외의 다른 대인관계에서도 더 건강한 상호작용을 시도해야 한다. 환자가 치료 환경 밖에서 건강한 대인관계 양식을 강화시키려 노력할수록 치료자는 환자에게 점점 덜 중요한 대상이 된다.

치료자는 환자가 자신의 욕구와 필요를 말로 표현하고 충족하는 것을 시범으로 보여 줄 수 있는 모델로 여겨진다. 환자는 치료자의 건강한 어른 양식을 내재화해야 하고, 환자 자신을 더 잘 돌보고 일상생활에서 자신의 욕구와 필요를 충족하기 위한 타인과의 한계 설정을 명확히 하는 데에 도움을 받는다. 환자가 건강한 어른 양식을 잘 형성할수록 치료적 관계 자체는 환자에게 점점 덜 중요한 것이 된다.

환자는 의자기법을 이용한 면담이나 심상 각본수정 연습 중에 자신의 욕구와 권리를 치료자가 얼마나 강력히 지지해 주고 있는지를 인식하고 크게 놀라기도 한다. 심리도식치료를 시행하는 치료자는 이 시점에 인지치료를 시행하는 치료자와 매우 다른 자세를 취한다. 심리도식치료의 시행 중에 치료자가 왜 이토록 지지적이고 양육적인지에 대한 환자의 이해를 돕기 위해, 심리도식치료를 시행하는 치료자는 심리도식치료에서의 치료적 관계의 본질에 대해 더 터놓고 설명하도록 한다. 치료적 관계에 대한 논의를 통해, 환자가 현재 일상에서 맺고 있는 대인관계의 본질에 대해 숙고해 본다. 각각의 현실 속 대인관계에서 상대방과 자신의 권리와 필요 사이의 적절한 균형이 유지되고 있는지에 대해 생각해 보도록 돕는다. 자신이 현실 속에서 타인과 맺고 있는 관계의 본질에 대한 성찰을 통해 자신의 관계를 더 건강한 방식으로 이끌어 갈 책임을 질 수 있는 기반이 마련된다.

사례 **치료적 관계에서의 제한된 재양육에 대해 설명하기**

앨런은 자신의 취약한 아이 양식을 다루었던 의자기법 면담을 회상한다 (198~199쪽 참조). "저를 편안하게 해 줘서 참 좋았어요. 마지막 치료시간에서 했던 심상 각본수정 연습에서 선생님이 그 장면 속으로 들어와 어린 앨런을 친절하게 돌보아 주셨던 경험과도 비슷했어요. 그때 저는 완벽하게 안전하다고 느꼈어요. 사실, 어린 시절에는 한 번도 그런 안전함을 느낀 적이 없었어요. 하지만 좀 두렵기도 합니다. 제가 선생님에게 완전히 의존적으로 될 위험은 없나요?" 치료자는 다음과 같이 답한다. "지금 심리도식치료의 매우 중요한 측면을 지적하고 있습니다. 우리는 당신이 어렸을 때 안전함을 느끼는 방법을 배우지 못했을 것으로 가정합니다. 왜냐하면 방금 말씀한 것처럼 어릴 때 안전함을 경험해 보지 못했으니까요. 따라서 자신의 필요와 욕구를 말로 표현하고 타인에게 지지를 요청하는 방법도 배우지 못했을 것입니다. 대신, 자신과 관계를 맺고 있는 사람들에게 굴복하는 방법만을 배웠고, 지금도 결혼 생활에서 그렇게 하고 있습니다. 심리도식치료에서는 우선 대인관계가 안전하고 지지적일 수 있다는 것을 먼저 배워야 한다고 봅니다. 관계 속에서 안전함을 느낄 수 있게 된 후에 비로소 결혼 생활과 같은 관계 속에서 더 확신 있게 행동할 수 있게 될 것입니다. 그래서 저는 안전함과 돌봄받는 느낌을 경험하고 내재화할 수 있는 치료적 관계를 제공해 주고 싶

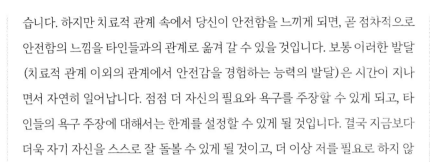

습니다. 하지만 치료적 관계 속에서 당신이 안전함을 느끼게 되면, 곧 점차적으로 안전함의 느낌을 타인들과의 관계로 옮겨 갈 수 있을 것입니다. 보통 이러한 발달 (치료적 관계 이외의 관계에서 안전감을 경험하는 능력의 발달)은 시간이 지나면서 자연히 일어납니다. 점점 더 자신의 필요와 욕구를 주장할 수 있게 되고, 타인들의 욕구 주장에 대해서는 한계를 설정할 수 있게 될 것입니다. 결국 지금보다 더욱 자기 자신을 스스로 잘 돌볼 수 있게 될 것이고, 더 이상 저를 필요로 하지 않게 될 것입니다. 더 이상 저에게 의존 욕구를 느끼지 않게 될 것입니다."

경계성 성격장애 환자는 한동안은 특별히 더 가까운 치료적 관계를 필요로 한다. 가까운 치료적 관계 속에서도 제한된 재양육은 이루어질 수 있다. 환자는 어린 시절에는 가능하지 않았던 안전함의 경험과 안전 애착의 경험을 발달시켜 나갈 수 있다. 의존의 위험이나 치료자에게 환자가 지나치게 애착을 갖는 위험은 심리도식치료에서는 보통 문제가 되지 않는다. 하지만 물론 전문가적인 치료 관계의 한계를 유지하는 것은 반드시 필요하다. 환자와 매일 밤 전화를 하거나, 지속적으로 추가 면담을 하거나, 환자와 지나친 신체 접촉을 하는 것은 심리도식치료의 환경에서도 적절하지 않게 여긴다.

(1) 환자의 의존적 행동 패턴

시간의 흐름에 따른 치료적 관계의 변화 과정을 반드시 검토해야 한다. 치료가 시작되고 얼마 지나지 않아서 환자의 의존적 패턴이 치료 과정에 문제를 일으키기도 한다. 대인관계에서 의존적 패턴을 사용하는 환자는 치료의 초반부터 치료자의 감정적 지지를 기꺼이 받아들일 것이다. 따라서 치료 초반에 이런 환자에 대한 제한적 재양육 방식의 접근은 아주 잘 진행된다. 장기적으로 이런 환자는 치료적 관계 밖에서 자신의 필요와 욕구를 자기주장하기 위한 과정을 밟지 않으려 할 수 있다. 의존의 심리도식이 강력하거나,

의존성 성격장애의 증상을 보이는 환자들에서 흔히 나타나는 현상이다. 치료자는 종종 역전이를 통해, 환자의 지나친 의존적 행동을 감지하는데, 치료자가 얼마 지나지 않아 왠지 지치고 그만하고 싶은 느낌이 들기도 하고, 치료 과정이 잘 진행되지 않을 수도 있다.

치료에서 이와 같은 상황을 터놓고 언급하는 것은 매우 중요하다. 치료자는 종종 의존적 패턴을 가진 환자에게 직면시키는 것을 매우 불편하게 느끼기도 한다. 그러나 이와 같은 치료적 직면이 없다면, 치료는 환자에게 별 도움이 되지 않거나 장기적으로 환자에게 해가 될 수도 있다. 환자의 의존적인 관계 패턴은 적절한 때에 치료자가 지적하고 다루지 않으면 더 강화될 수 있기 때문이다. 의존적인 환자의 관계 패턴에 대해 치료적으로 직면하고자 할 때, 먼저 이런 환자의 관계 패턴을 환자가 이해할 수 있도록 함께 검토하는 것이 중요하다. 아마도 환자는 어린 시절부터 타인에게 의존해야 타인의 안정적인 지지를 받을 수 있었을지도 모른다. 환자의 의존적인 대인관계 패턴에 대해 환자가 이해할 수 있는 방식으로 환자와 함께 치료적으로 검토하지 않는다면, 환자는 자신의 행동 패턴에 대한 치료자의 직면을 치욕적으로 느낄 수도 있다. 그리고 내재화된 처벌하는 부모 양식이 신속히 활성화될 수도 있다. "지난 회기에 제가 관찰한 바를 함께 나누고 싶습니다. 우리가 심상각본수정 연습을 하거나, 처벌하는 부모 양식을 다루기 위해 의자기법을 사용하는 등 감정 경험을 다루는 치료적 개입을 할 때에는 당신은 매우 잘 해냅니다. 좋습니다! 이런 연습들은 자신의 욕구와 필요를 일상에서 더 잘 돌볼 수 있는 감정적 기반을 마련할 수 있도록 돕기 위한 것인데, 최근 일상생활에서 자신의 필요를 충족시키는 데에 어려움을 겪고 있는 것처럼 보입니다. [환자의 반응을 기다린다.] 어린 시절에 자신의 필요와 욕구를 타인과 소통할 수 있는 기회를 가지지 못해 자신을 돌보는 방법을 배우지 못하고, 하나의 대처 양식으로 상당히 의존적인 패턴을 발달시키게 된 환자들을 종종 만나게 됩니다. 의존성이라고 하는 것은 자신을 돌봐 주고 필요와 욕구를 충족시키는 책임을 감당해 줄 타인의 존재를 필요로 하는 것인데, 스스로는 절대 이런 일을 감당할 수 없을 거라고 느끼기 때문입니다. 의존적인 패턴이 당신과 저의 치료적 관계에서도 작동하고 있는지 궁금하지 않나요?"

> 재양육이 환자 스스로를 더 잘 돌보게 하고 건강한 어른 양식의 사용을 증가시키는지 확인해 보는 것이 중요하다. 만약 환자에게 변화가 나타나지 않을 경우, 환자의 의존적인 패턴이 환자의 성숙을 방해하고 있을 가능성이 있다. 치료자는 이와 같이 환자의 의존적인 패턴이 환자의 건강한 어른 양식이 성숙하는 것을 가로막고 있는 상황에 대하여 환자에게 공감적 직면을 시켜야 한다.

(2) 경계성 성격장애와 의존성 성격장애가 공존하는 환자

경계성 성격장애의 정신병리와 의존적 성격을 함께 가지고 있는 임상 사례는 생각보다 흔하고, 치료자를 특별한 치료적 난관에 봉착하게 한다. 치료자는 자신이 환자의 취약한 아이 양식을 재양육하는 것과 환자의 의존적인 패턴을 제한하는 것 사이에서 갈등을 경험한다. 환자의 취약한 아이 양식을 재양육하는 것은 경계성 성격장애 환자에 대한 심리도식치료에서 장기간 동안 이루어져야 하는 매우 중요한 부분이다(Arntz & van Genderen, 2009). 하지만 치료 초기에 환자의 의존적 패턴은 종종 명확히 잘 드러나지 않는다. 치료자의 조언에 매우 잘 순응하는 모습을 보이기에, 치료 초기에 환자들은 별로 '복잡한' 사례처럼 보이지 않는다. 이전에 시도했던 많은 치료가 별로 효과가 없었다는 과거력이 환자의 의존적 성향에 대한 하나의 척도가 될 수 있다. 그래서 치료자는 종종 환자들에게 높은 강도의 재양육을 제공하기도 한다. 치료가 어느 정도 진행된 다음에서야 치료자는 환자의 의존적 패턴을 환자에게 직면시키는 것이 매우 어렵다는 것을 깨닫는다. 직면은 치료자가 환자에게 주로 돌봄과 정서적 지지를 제공하던 방침에서 변경하여 한계를 명확히 설정하고 환자의 자율성 향상을 유도해야 하기 때문이다.

치료의 초기부터 환자의 의존적 패턴을 중단하도록 강하게 권하는 것은 별로 도움이 되지 않는다. 의존적 패턴을 보이는 경계성 성격장애 환자들은 의존적 패턴이 치료의 진행을 명백히 가로막는 상황이 될 때 비로소 치료적으로 직면되어야 한다. 치료자가 의존성을 직면하기로 결정했을 때, 치료자는 한편으로는 환자의 의존적인 부분에 대한 한계를 설정하고 다른 한편으로는 환자의 취약한 아이 양식에 대하여 매우 따뜻한 돌봄을 제공하려는 자세를 함께 유지해야 한다. 이런 두 가지 역할을 치료자가 동시에 잘 수행할 수 있는 최선의 방법은, 환자의 감정적 의존 욕구와 일상생활에서의 기능적 의존 욕구를 명확히 구별하고, 이에 따라 대응하는 것이다. 치료자는 보통 치료 기간 중에 어떤 때에는 치료자에 대한 감정적 의존 욕구를 환자가 느끼는 것이 괜찮다고 설명한다. 감정적 의존성은 환자가 치료자의 지지가 없이는 견디기 어렵다고 느끼는 것을 의미한다. 환자가 점차 생활 속 기능적인 면에서 독립적이고 자율적으로 행동할 수 있도록 변화되는 것도 중요하다. 기능적 의존성은 환자가 자기 일상의 거의 모든 생활을 하면서 치료자의 실질적인 도움을 필요로 하는 것을 의미한다. 환자의 기능적 독립성을 발달시키는 것(다른 말로 하면, 환자의 자율성을 증진시키는 것)은 치료적 관계에서뿐만 아니라 환자의 다른 관계에서도 사회적으로 더 적극적으로 활동할 수 있게 해 준다. 일상 속에서 환자를 기꺼이 도와주려고 하는 지지적인 사람들을 스스로 찾아낼 수 있도록 하는 등의 변화도 포함한다.

의자기법은 환자가 자신의 의존적인 부분을 이해하는 데 있어 중요한 도구이다. 환자의 의존적인 부분을(환자의 역기능적 대처 양식이 일으키는 주된 효과에 따라 의존적인 아이 양식으로 규정되든 또는 순종하는 굴복자 양식으로 규정되든) 상징하는 별개의 의자를 배정한다. 환자의 의존적인 부분은 의자기법 중에 환자를 통해 표현되고, 환자가 그것을 이해하고, 환자와 함께 검토할 수 있게 된다. 환자는 자신이 구사하는 의존적 대처 양식을 확인하고 대

처 양식의 패턴을 이해할 수 있다. 의존적인 부분이 이전에는 치료자와 환자
가 미처 인지하지 못했던 또 다른 '환자의 부분'으로서 치료시간 속에서 환
자에게 소개되고 스스로 비난받는다고 느끼지 않도록 해야 한다. 치료자는
의존적 대처 양식을 환자에게 직면해 주는 과정에서 대처 양식이 갖는 타당
성을 검토하고 환자에게 돌봄을 제공하는 자세를 취하여야 한다. 자신의 대
처 양식이 역기능적이라는 것을 이해하기 힘들어할 수도 있고, 처음에는 비
난받는다고 느낄 수 있기에, 치료자는 환자와 이 주제를 다루기 위해 충분한
시간을 확보해야 한다. 자신이 벌받고 비난당한다고 느끼기 쉬운 경계성 성
격장애 환자와의 작업에서 이는 특히 더욱 중요하다. 치료자가 환자를 벌주
고 싶어 하지 않음을 명확하게 환자에게 설명하는 것이 중요하다. "당신은
제게 중요합니다. 그리고 어린 ○○는 특히 더욱 중요합니다." 그러나 치료
자는 환자에게 역기능적 대처 양식을 직면하게 해 주는 책무를 회피해서는
안 된다. "우리가 당신의 의존적 패턴에 대해 논의하는 것이 매우 중요하다
고 생각하는데, 그 이유는 의존적 패턴이 당신의 삶에 큰 영향을 주고 있기
때문입니다. 의존성이 단기적으로는 긍정적인 효과를 주기도 하지만, 당신
의 의존적 패턴이 스스로의 삶에 미치는 영향이 어떠한 것인지 혼란스러우
실 수도 있습니다. 분명히 장기적으로는 삶에 부정적인 영향을 미칩니다."
경계성 성격장애를 앓고 있으며, 의존적 패턴을 사용하는 환자들의 치료에
서 치료자가 환자의 기능적 의존성과 감정적 의존성을 구별하고, 이에 따라
적절한 대응을 할 수 있도록 한다.

6) 치료적 관계에서의 한계

　제한된 재양육의 개념은 환자와 치료자 사이에 형성된 매우 친밀한 치료
적 관계를 제안한다. 그러나 치료자에게는 치료적 관계에서 적절한 한계를
설정하는 책임이 있다. 치료적 관계에서의 한계 설정에 대해 결국에는 환자

와 함께 터놓고 논의해야 한다. 처음에는 심리도식치료를 사용하는 치료적 관계에서의 한계 설정은 적어도 전통적인 정신분석치료를 진행하는 치료적 관계에서나 또는 소크라테스식 질문법을 변형하고 접목한 인지치료를 시행하는 경우와 같이 더 중립적인 치료적 관계에서보다는 덜 중요한 것처럼 여겨지기도 한다. 하지만 성격장애를 앓고 있는 환자를 치료한 임상 경험이 보여 주는 바로는 치료적 관계에서의 적절한 한계 설정은 이외의 치료적 관계에서도 매우 필수적이라는 것을 말해 준다.

심리도식치료를 시행하는 치료자가 빠지기 쉬운 '함정'들을 숙지하는 것은 매우 중요하다. 치료자가 환자를 과잉보호하려 한다면, 환자와 보호자는 치료자의 과잉보호적인 행동이나 치료자가 환자를 위해 너무 많은 책임을 짊어지는 것을 정당화하기 위한 도구로서 심리도식치료를 남용하고 있는지 반성해 봐야 한다. 심리도식치료의 기본 규칙은 치료자가 환자의 취약한 아이 양식을 교정하기 위한 심상 각본수정 연습과 같이 환자의 감정 경험에 대해 치료적 개입을 시행하는 한에서 어떠한 종류의 지지적 반응도 사용할 수 있다는 것이다. 환자의 취약한 아이와 같은 면이 경험하는 필요와 욕구는 **심상 각본수정** 내에서는 충분히 충족되어야 하며, 만약 필요하다면, 치료자의 존재를 통해 환자 내면의 아이에게 신체 접촉을 제공하거나, 아이와 같은 환자의 내면을 치료자의 집으로 데려오거나, 환자의 취약한 아이와 같은 내면을 치료자의 가족에 입양하거나, 환자를 학대한 가해자를 죽이는 것 등과 같은 필요가 충족되어야 한다. 하지만 이러한 치료자의 '완벽한 양육'은 심상 각본수정 연습 내에서만 한정해야 하며, 심상 각본수정 연습 내에서 완벽한 양육 과정을 허용하는 것은 환자가 안전함을 획득하고 어린 시절의 외상적 경험에 대한 감정들을 다시 처리하기 위해서이다. 현실에서 이러한 범위의 치료적 양육을 제공하는 것은 필요하지 않으며, 아마도 합리적인 치료자의 역할 범위를 벗어난 요구일 것이다! 대부분의 환자는 별다른 논의 없이도 '치료자의 완벽한 양육'이 심상 각본수정 연습 내에서 제한적으로 이루어질 것이라는 점을 보통 잘 인지하고 있다.

만약 환자가 치료자에게 치료적 관계의 한계를 넘어서는 것들을 요구한다면, 치료자는 먼저 환자의 이런 필요에 대해 함께 검토해 봐야 한다. "당신의 요청이 무슨 말인지 알겠어요. 만약 우리가 정말 친구가 된다면, 그게 당신에게 더 만족스러운 느낌을 줄 것이라는 당신의 생각은 어쩌면 사실일 수도 있습니다." 그리고 환자 삶의 (좌절스럽고 결핍되어 있는) 현실 상황을 인정해야 한다. "사실, 당신은 긍정적인 사회적 관계의 경험이 부족하고, 자신을 돌봐 줄 수 있는 좋은 친구를 필요로 하고 있습니다." 그러나 치료적 관계에서의 현실적 한계에 대해 분명히 어필해야 한다. "하지만 저는 개인적인 친구 관계에서가 아니라, 치료적 관계 안에서만 지지를 제공해 줄 수 있습니다. 때로는 가혹하게 느껴지더라도 그것이 현실입니다."

사례 치료적 관계에서의 한계 논의하기

> 환자: 저는 정말 선생님을 좋아해요. 선생님처럼 저를 잘 이해해 주시는 분은 처음이에요. 정말 선생님이 저를 인정해 준 것처럼 느껴져요.
>
> 치료자: 감사합니다. 좋게 말씀해 주셔서 감사합니다. 저도 마찬가지로 환자분을 좋아하고, 치료에서도 우리가 매우 잘 협력하고 있다고 생각합니다.
>
> 환자: 선생님이 제 진짜 친구가 되어 주셨으면 해요. 정말 잘 맞을 것 같아요. 제 말은 치료시간에서뿐만 아니라 밖에서도요. 한번 우리 집에 오셔서 제 그림들을 보시겠어요? 제 그림에 늘 관심이 많으셨잖아요.
>
> 치료자: 정말 감사합니다. 환자분의 말을 들으니 우쭐해지는군요. 하지만 저는 친구로서 필요한 감정을 당신에게 느끼지 않는 것 같아 걱정스럽군요. 저는 정말 환자분을 좋아합니다. 하지만 우리의 만남을 치료적 관계에 관련된 것으로만 국한시키고 싶군요. 만약 우리가 치료시간 이외의 상황에서 만남을 가진다면, 지금 우리가 치료시간에서 만나는 것과는 다른 느낌일 겁니다. 그렇기에 당신이 저를 사적인 친구로서 만나고 싶다고 제

안해 주신 것에 대해서는 감사드리지만, 그 제안을 받아들일 수는 없군
요……. 이런 제 말이 당신에게 어떠한 느낌을 주나요? [치료자는 치료자
의 거절이 환자에게 가지는 의미에 대한 탐색을 지속하고, 환자의 오해
를 교정하면서, 환자의 주요한 감정 반응을 허용하고, 이런 감정의 타당
성을 함께 살펴봐야 한다. 치료자가 만족시켜 줄 수 없는 감정을 치료자
를 향해 키워 왔다고 해서, 이에 대한 역전이 반응에 빠져들어 스스로 환
자를 비난하지 않도록 주의를 기울여야만 한다.]

치료 상황에서 환자와 치료자의 신체 접촉

신체 접촉과 관련하여 우리는 주의할 것을 제안한다. 해당 사회의 문화에
따라 치료시간의 시작과 끝에 환자와 치료자가 서로 악수하거나 때로 서로
포옹하는 것이 매우 정상적이고 문화적으로 요구되는 일일 수도 있다. 심리
도식치료라고 해서 이런 상황에서 치료자가 환자에게 과도하게 거리를 둘
것을 요구하지는 않는다. 치료시간 중 환자와 치료자의 신체 접촉은 결코 성
적인 의미를 풍겨서는 안 되며, 의심이나 걱정이 되는 경우에는 반드시 동료
치료자들로부터 지도감독을 받으며 논의해야만 한다. 치료자가 환자의 손
을 잡아 줌으로써 환자 자신이 치료자로부터 매우 지지받고 있다고 느낄 수
도 있다. 치료자의 신체 접촉 행동이 환자의 취약한 아이 양식을 지지하려는
목적이 명백하다는 전제하에 환자와 치료자 모두가 완전한 편안함을 느끼고
이를 통해 이완될 수 있다는 전제가 있어야 한다. 치료자가 환자의 손을 잡
아 주는 것은 환자에게 도움이 되고 또한 효과적인 치료적 개입이 될 수 있
다. 하지만 환자를 오랫동안 강렬하게 끌어안아 주거나, 심상 각본수정 연습
중에 환자의 손을 잡아 주는 등의 과도한 신체 접촉을 치료적 행동으로 오인
하여 사용하지 않기를 권장한다. 환자는 심상 각본수정 연습을 통해 안전 애
착을 경험하는 법을 배운다. 그러므로 강렬한 신체 접촉은 치료적으로 필요

하지 않으며, 오히려 환자를 돕기보다는 상황을 복잡하게 만들 수 있다. 환자가 치료자에게 불편한 신체 접촉을 요구한다면, 치료자는 자신의 경계를 준수해야만 하고 이를 환자에게 설명해야 한다. "당신이 이러한 신체 접촉을 필요로 한다는 것을 이해하지만, 저는 불편하게 느껴집니다. 당신의 요청이 잘못된 것이 아니라, 이것이 저의 개인적인 행동 경계를 넘어서는 것이기 때문에 당신이 요청한 신체 접촉을 하지 않으려는 것입니다." 이와 같은 치료자의 반응이 환자에게 일으키는 감정을(그리고 심리도식 양식을) 반드시 확인해야 한다. 치료자가 신체 접촉에 대한 자신의 결정을 치료자의 개인적인 가치관을 바탕으로 설명하고, "이건 금지되어 있습니다."와 같이 치료적 규칙에 기대어 설명하고 있지 않음을 주의해야 한다. 치료자의 행동을 자신의 개인적 이유를 바탕으로 명확히 하는 것은 심리도식치료에서 핵심적인 치료적 관계를 형성하는 데에 도움을 준다.

2. 인지적 기법

정서중심 기법과 치료적 관계는 환자의 취약한 아이 양식을 치료하는 과정에서 가장 중요한 요소이다. 인지적 기법도 중요하다. 인지적 기법은 환자가 자신의 취약한 아이 양식이 수행하는 기능과 그 양식의 욕구를 이해하고, 자신의 삶에서 취약한 아이 양식의 발달 기전을 더 배울 수 있도록 돕는다. 나아가, 환자가 일상에서 실제적 행동 변화를 시도할 때, 인지적 기법이 도움이 될 수 있다.

1) 인지 재구조화

인지 재구조화를 통하여 환자의 취약한 아이 양식과 연결된 무력감을 줄일 수 있다. 인지 재구조화의 대상이 되는 취약한 아이 양식의 전형적인 인지는 다음과 같다. '아무도 나를 좋아하지 않아. 아무도 나를 사랑하지 않을 거야.' '나는 완전히 쓸모없는 존재야.' '나는 실패자야.' 취약한 아이 양식에서 다음과 같이 왜곡된 인지 경험을 할 수 있다. '매리가 "안녕."이라고 말하면서 나를 쳐다보지 않았어. 더 이상 나를 좋아하지 않는 것이 분명해.' 이러한 왜곡된 인지는 의자기법의 주제가 될 수 있다. 소크라테스식 질문법이나 편향된 해석에 대한 질문 등과 같이 우울증 치료를 위한 전형적인 인지적 기법을 사용할 수도 있다.

2) 심리교육

환자의 취약한 아이 양식에 관한 심리교육은 주로 환자의 욕구와 감정이 정상적이고 이해 가능한 것임을 환자에게 가르쳐 주기 위한 목적이 있다. 사람은 타인에 대한 애착의 느낌을 가질 수 있어야 하고, 타인과 있을 때 안전함을 경험할 수 있어야 한다. 이러한 욕구들이 적절히 충족되지 않으면, 취약한 아이 양식의 감정이 튀어나온다. 어린아이는 자신의 욕구를 스스로 돌볼 책임이 없다. 부모가 아이의 욕구를 이해하고 충족시켜 줘야 한다. 부모가 아이를 학대하거나 아이에게 너무 많은 것을 요구한다면, 그것은 아이의 잘못이 아니다. 환자들은 자신을 '다루기 어려운' 아이였다고 말하기도 한다. 그들의 힘든 어린 시절 경험을 이런 말로 일부나마 설명할 수 있다고 하더라도, 아이는 이런 문제에 대한 책임을 감당할 수 없다. 자신의 아이를 지지하고 돌보아야 하는 책임은 부모에게 있다. 〈표 6-1〉은 취약한 아이 양식을 위한 심리교육의 주된 구성 요소들을 요약해서 보여 준다.

표 6-1 취약한 아이 양식을 위한 심리교육

- 골칫덩어리이고, 실수하거나 또는 완벽하게 행동하지 못해도 아이는 기본적으로 훌륭하고 소중한 존재이다.
- 아이는 근본적으로 좋은 사람이다. 누구도 나쁜 사람으로 태어나지 않는다.
- 부모 또는 타인으로부터 학대당하거나 상처받거나 방치된 아이에게는 죄가 없다. 자신의 문제를 극복하지 못한 부모나 타인이 아이에게 이렇게 행동한 이유가 이해가 가더라도 아이를 탓해서는 안 된다.
- 부모가 아이를 버거워한다면 도움을 구하는 것은 부모의 몫이다. 가족이 처한 어려운 상황을 해결하는 것은 아이의 책임이 될 수 없다.
- 모든 아이는 자신의 감정과 욕구를 가지고 있다. 지지와 도움과 사랑과 돌봄을 필요로 한다. 아이는 자신의 욕구가 적절하게 충족될 권리를 가진다. 이러한 욕구들이 적어도 어느 정도까지 충족되지 않으면 아이는 건강한 어른으로 발달할 수 없을 것이다.
- 욕구와 감정은 기본적으로 긍정적인 것이다.
- 부모들이 자신의 아이를 잘 돌보지 못한 이유는 당시의 사정을 고려하면 종종 이해가 가능하다. 부모들이 스트레스를 너무 많이 받았고, 스스로가 심리적인 문제를 겪고 있었고, 또한/또는 그들이 어렸을 때 제대로 된 돌봄을 받지 못했거나 학대를 당했기 때문일 것이다. 하지만 나쁜 대접을 받는 아이는 그 상황에서 객관적인 조망을 가질 수가 없다. 단지 고통받으며 상처받을 뿐이다.

심리교육은 다양한 다른 치료적 개입 방법들과 함께 사용할 수 있다. 심리교육은 환자에게 심리도식 양식 모델을 설명하는 과정의 일부로 사용된다. 치료자는 심리도식의 발달과정을 설명하고 환자가 특정 심리도식을 고집해 온 이유를 설명한다. 환자들은 어떤 이유로 자신이 항상 어떤 면에서 나쁘고, 외롭고 또는 벌 받아야 할 것 같은 느낌을 경험해 왔는지를 알고 싶어서 심리교육을 요청하기도 한다.

3) 정서에 초점을 맞춘 치료 기법

심리교육은 종종 정서적 기법의 맥락에서 중요성을 가진다. 취약한 아이 양식(=심상 속에서 아이로서 존재하는 환자)은 심상 각본수정 연습 중에 종종 죄책감을 경험하거나 복잡한 상황에 대해 과도하게 책임감을 느끼고 있다고 표현한다. 다음과 같이 말할 수도 있다. "저는 나쁜 아이였고, 그것이 제가 좀 더 나은 대접을 받을 자격이 없었던 이유예요." 치료자는 심상 각본수정 연습 안에서 환자에게 일반적인 언급이나 환자의 건강한 어른의 언급으로 심리교육을 시행해야 한다. "어린 수지야, 살아오는 내내 네가 그런 말을 들었기에 스스로 자신이 나쁜 아이라고 느끼는 것을 이해한단다. 하지만 애초에 나쁜 사람으로 태어난 아이는 없단다. 모든 아이의 경우와 마찬가지로 너는 근본적으로 좋은 사람이야. 너의 모습 그대로 너는 매우 가치 있는 사람이란다."

4) 의자기법

심리교육은 의자기법 연습의 일부가 될 수 있다. 치료자가 건강한 어른 양식을 상징하는 의자에 앉아서 환자의 취약한 아이 양식에 대한 돌봄과 공감을 표현할 때, 다음과 같은 심리교육의 요소를 포함할 수 있다. "너는 좋은 아이야! 어떤 아이도 나쁜 아이로 태어나지는 않아. 슬프게도, 어떤 아이는 타인이 자신을 나쁜 아이라고 말하는 것을 들으며 자란단다. 하지만 다른 모든 아이가 그렇듯, 너도 근본적으로 착하고 절대적 가치를 가진 존재라는 것을 이해하도록 도와주고 싶단다." 정서중심 기법에서 치료자는 앞에서와 같은 말을 따뜻하고 돌봐 주는 톤의 목소리로 표현하게 된다.

5) 심리도식 플래시카드와 다른 유인물들

'전통적' 인지행동치료에서와 같이 유인물은 환자의 일상에 변화를 가져오는 데 매우 도움이 될 수 있다. 긍정 일기처럼 자존감 향상에 초점을 맞춘 인지 개입은 특별히 유용할 수 있다. '심리도식 플래시카드'는 심리도식 양식과

표 6-2	심리도식 플래시카드

심리도식 플래시카드

• 현재 감정 식별하기
 –지금 나는 (감정)[   ]라고 느끼는데
 –왜냐하면 (촉발 요인) [   ]이기 때문이다.
• 심리도식 양식 식별하기
 –이것은 아마도 다음과 같은 심리도식 양식인 것 같다: [   ]
 –나는 아이로서 이 심리도식 양식이 발달해 왔는데, 이는 내가 어릴 때 겪은
  (살아온 배경) [   ]의 경험과 관련되어 있다.
 –나의 전형적인 대처 반응(회피, 과잉보상, 굴복)은
  (전형적인 대처 행동)[   ]으로 나타난다.
• 현실 검증
 –비록 나는 (부정적 사고) [   ]와 같이 생각하지만,
  실제로는 (건강한 사고) [   ]가 보다 현실적이다.
  증거:
• 대안적 행동
 –비록 나는 (기술한 심리도식 양식에서의 역기능적 행동) [   ]로
  행동하고 싶어지지만, 대신에 나는 (건강한 대안적 행동) [   ]로
  행동할 수 있다.

환자의 일상 경험에서 갖는 인지적 · 정서적 의미를 요약하기 위해 사용한다. 대안적 해석을 세밀하게 기술해 낼 수도 있다(〈표 6-2〉에 소개된 워크시트 참조). 워크시트를 심리도식 플래시카드 또는 종이, 핸드폰에 적을 수 있다.

사례 심리도식 플래시카드

　　루시와 치료자는 치료에서 심리도식 플래시카드에 사용할 문구를 다음과 같이 함께 만들어 보았다. '서로 며칠 이상 만나지 못한 다음에도 마리아가 나에게 전화하지 않으면, 나는 완전히 혼자인 것처럼 느껴지고 외로워져서 아무도 나에게 흥미를 가지지 않을 것처럼 생각하게 된다. 이런 느낌은 나의 취약한 아이 양

식인 어린 루시와 연결된 감정이다. 내가 어릴 때, 많이 외로워서 이런 식으로 느끼는 것은 완전히 이해할 만한 반응이다. 하지만 내가 완전히 혼자이고 외롭다는 것은 더 이상 사실이 아니다. 나에게는 좋은 친구들이 있고, 그중 몇 명은 내가 믿을 수 있고 나를 진정 좋아해 주는 친구들이다. 예를 들면, 나에게 고민이 있을 때, 마사가 내 말에 귀 기울여 줄 것이라고 확신할 수 있다. 조는 나와 함께 시간을 보내는 것을 얼마나 좋아하는지 말해 줬다. 합창단의 동료인 다른 여자애들은 나를 조금은 좋아하는 것 같은데, 그렇지 않다면 왜 자신의 생일파티에 나를 초대했겠나? 현재의 상황에서 덜 슬퍼하고 덜 외롭다고 느끼기 위해 나는 마리아에게 전화를 걸거나, 우리 합창단의 가장 최근 콘서트를 녹음한 음반을 들으면서 그때 함께한 내 친구들을 떠올리거나, 그냥 밖에 나가서 조깅을 하거나, 스스로를 차분히 진정시키기 위해 잠시 걸을 수도 있다.'

심리도식 플래시카드는 다음의 요소들을 반드시 포함해야 한다.

- 매일의 사건 경험에 의하여 촉발된 현재의 부정적인 생각과 감정 및 그와 관련된 (취약한 아이) 양식
- 심리도식 양식과 관련된 전형적인 대처 행동
- 현재 사건에 대한 현실 검증 및 보다 건강하고 적절한 사건 해석
- 보다 기능적인 대처를 위한 제안들(만약 필요할 경우에는 정서 조절 기법들을 포함하여)

3. 정서적 기법

취약한 아이 양식을 다루기 위한 정서중심 기법으로는 심상 작업과 의자 기법을 들 수 있다. 이 장에서는 심상 기법들을 좀 더 상세히 설명할 것이다.

의자기법에 대한 더 상세한 정보는 8장에서 확인할 수 있다.

심상 기법은 진단적 도구로서뿐만 아니라, 치료적 도구로서도 사용할 수 있다. 진단적 도구로서의 심상 작업은 항상 심리도식치료의 시작에서 사용한다. 진단적 심상 작업에서 현재의 부정적인 감정을 출발점으로 삼아 관련된 환자의 살아온 기억 속의 심상들을 탐색한다. 환자에게 자신의 부모와 자신의 어린 시절에 문제를 일으킨 모든 타인(가족, 친구 등)과의 기억을 떠올려 보도록 한다. 진단적 심상 작업은 심상 각본수정 연습의 시작 단계와 유사하지만(218~229쪽 참조), 각본수정은 포함하지 않는다.

부모가 반드시 환자의 심리적 문제 형성의 주된 이유는 아니다. 내재화된 처벌하는 또는 자기 평가절하의 요소는 환자를 따돌리고 못살게 굴었던 또래들과 같은 제3의 인물들과도 연관되어 있다. 많은 환자는 어린 시절 대인관계 이외에도 심각한 질병, 가족 구성원의 부재, 환자 자신의 외모(과체중, 심한 여드름 등)와 관련된 문제처럼 상황을 악화시키는 다른 환경적 요소들이 있었다고 보고한다.

l) 심상 작업의 목표

심상 작업의 주요 목표는 환자가 새로운 감정 패턴을 형성하는 것이다. 만성 정신질환을 앓고 있는 환자들은 일반적으로 어린 시절에 외상이나 학대에 가까운 상황을 경험했다. 이 환자들은 안전, 보안, 보호와 같이 안전 애착과 관련된 긍정적 감정을 경험하기 어려워한다. 심지어 위협적이지 않은 상황 속에서도 위협당하고, 망신당하고, 절망적으로 느끼고, 버려진 느낌 등의 부정적 감정을 경험한다. 심상 각본수정 연습에서 환자가 과거에 위협당했던 기억이 처리되고 변화된다. 부정적 감정들은 안전함, 보안, 즐거움, 기쁨과 같은 긍정적 감정으로 대체된다.

특정한 부정적 감정에 있어서 심상 각본수정 연습은 불안감, 위협감, 혐오감, 부끄러움, 죄책감과 같은 감정들을 바꿔 나가는 목적과 부합된다. 이런 감정들은 심상 각본수정 연습을 통해 상당 부분 감소될 수 있고 또한 그렇게 되어야만 한다. 하지만 슬픈 감정의 경우, 때로는 슬픈 감정 자체를 인정하고 받아들이고 환자가 애도의 과정을 잘 겪어 나갈 수 있도록 환자와 함께하는 작업을 심상 각본수정을 통해 할 수도 있다. 슬픔을 줄이려고만 하는 것보다 더 중요한 과정이 있다는 것을 임상 경험을 통해 깨닫게 된다. 환자들은 종종 어린 시절에 힘들었거나 상처가 되었던 기억들을 피하려 하는데, 어린 시절 힘들었거나 상처받았던 기억을 되살려 내면, '잃어버린 어린 시절'이라고 생각하며 슬퍼질거라고 믿기 때문이다. 그래서 슬픔을 직면하고 타당화하는 것은 중요해 보인다.

환자가 슬픔을 평가하고 타당성을 인정하는 것(그 감정을 줄이려고 하는 것과는 반대되는)이 심상 각본수정 연습의 목적과 반대되는 것은 아니다. 슬픔이 안전함, 보안, 안전 애착과 같은 긍정적 감정과 함께 존재할 수 있는 감정이기 때문이다. 슬퍼하는 아이는 심상 각본수정 연습 속에서(또는 의자기법을 이용한 치료 작업 속에서) 따뜻함과 돌봄을 제공하며, 아이를 돕는 인물의 역할을 맡은 치료자가 달래 줄 수 있다. 부끄러움, 불안감, 위협감과 같은 감정은 안전함과 위로받는 느낌 등의 감정과 호환되지 않는다. 부끄러움, 불안감, 위협감 등의 느낌이 환자에게 있다면 치료자가 환자의 취약한 아이 양식을 위로하기 전에 그런 감정을 자아내는 원천을 심상 각본수정 연습을 통하여 제거해야 한다.

불안감, 위협감, 부끄러움, 죄책감, 혐오감과 같은 감정은 심상 각본수정을 통하여 신속하게 바꿀 수 있다. 슬픔의 원천에 대한 애도의 과정 자체에 초점을 맞추는 것이 슬픈 감정 자체를 바꾸는 것보다 더욱 중요하다. 슬퍼하는 환자의 취약한 아이 양식에 대한 위로와 심리적 지지를 반드시 제공해야 한다.

2) 심상 각본수정 연습

심상 각본수정 연습에서 심상을 통해 감정적으로 스트레스를 주는 상황에 접근할 수 있다. 보통 과거(어린 시절의) 경험이 심상 각본수정 연습의 초점이 되지만 현재의 상황이나 미래의 가상적인 상황에 대해서도 심상 각본수정 연습을 적용할 수 있다. 환자가 문제가 되는 상황과 관련하여 고통스러운 감정을 느낄 때, 심상과 관련된 부정적 감정(죄책감, 부끄러움, 위협감 등)이 긍정적 감정(애착, 안전, 격려받음, 즐거움 등)으로 바뀔 수 있도록 심상을 바꿔 나간다. 심상 각본수정 연습은 매우 자유자재로 변화할 수 있는 창의적인 기법이다. 심상 작업의 구체적 내용은 결코 완벽하게 예측될 수는 없다. 하지만 심상 각본수정 연습 속에서 환자의 감정이 변화하는 과정은 명확하게 정의될 수 있으며, 심상 각본수정 연습의 실제 내용들을 안내할 수 있다. 해크먼 등(Hackman et al., 2011)은 이러한 치료 기법에 대해서 꼼꼼하게 전반적인

표 6-3　심상 각본수정 과정의 개요

(1) 이완을 위한 안내와 선택적으로 안전지대 심상을 제공한다.

(2) 심상 속에서 현재의 힘든 상황과 관련된 부정적 감정에 접근한다.

(3) 감정의 다리: 현재 상황의 심상은 마음속에서 지우고, 오직 현재와 연관된 감정만을 유지한다. 지금의 부정적 감정과 연관된 과거 힘든 기억의 심상을 떠올려 본다 (종종 어린 시절의 심상이 떠오르게 된다).

(4) 환자에게 떠오르는 어린 시절의 상황을 간략하게 탐색해 본다("거기에 누가 있나요?" "무슨 일이 벌어지고 있나요?"). 심상 속 아이(인 환자)의 감정과 욕구에 초점을 맞춘다.

(5) 어린 시절 환자의 욕구에 관심을 기울이고, 심상 속에 떠오른 과거의 상황을 바꾸어 아이가 안전하게 느끼고 욕구 충족을 돕는 조력자를 등장시킨다.

(6) 환자의 심상 속에서 당면한 위협이 사라지면, 환자가 안전함과 애착의 감정을 더 깊이 느낄 수 있도록 유도한다.

(7) 선택사항: 환자의 어린 시절의 심상에서 감정적 해결책을 찾았다면, 그 해결책을 현재 환자가 경험하고 있는 문제가 되는 상황에 대입하도록 한다.

정보를 제공한다. 〈표 6-3〉은 심상 각본수정 연습의 개요를 제공한다.

심상 각본수정의 각 과정이 보다 구체적으로 설명된 것이다. 심상 각본수정을 이용해 다루게 되는 전형적인 문제들 및 각 과정의 응용에 대해서도 함께 논의할 것이다.

사례 **심상 각본수정**

현재의 감정적 문제에 초점 맞추기

제인(75~76쪽을 참조)은 직장의 새로 온 동료 때문에 스트레스를 받고 위협감을 느낀다. 새 동료는 스스로를 잘 내세우는 경향이 있어서, 회사 내부 워크숍에서 사회적인 상황을 주도한다. 제인은 열등감, 희생양이 된 느낌, 위협감, 외로움을 느낀다. 새로운 동료를 두려워하며 미워한다. 치료자는 심상 각본수정 연습을 제안한다. 제인은 눈을 감고 잠시 이완하면서, 새 동료와의 힘든 상황을 떠올린다. 모두가 아침 휴식 시간에 커피를 마시고 있다. 제인의 새 동료는 처음에는 접근하는 듯 보이지만 곧 제인을 무시한다. 제인은 긴장하고, 놀라고, 화가 난다. 치료자는 제인이 느끼는 감정과 신체 감각에 대해 질문하면서, 자신의 감정과 신체 감각에 집중하도록 돕는다.

감정의 다리

치료자는 제인에게 현재의 마음속 그림을 지우고, 대신에 제인이 현재 느끼는 감정(긴장감, 놀람, 분노)과 연관된 어린 시절의 기억을 떠올리도록 요청한다.

어린 시절의 기억을 자세하게 드러내기

제인은 열두 살의 소녀였던 어느 더운 여름날, 학교를 마치고 집에 돌아가던 때의 심상을 떠올린다. 자신이 가장 좋아하는 화려한 긴 치마를 입고 있다. 같은 반 친구들이 놀린다. "제인은 이렇게 화려한 색의 옷을 입으면 안 돼! 뚱뚱한 엉덩이 좀 봐!" 어린 제인은 두렵고 수치심을 느낀다. 제인은 반 친구들에게 지금 얼마나 끔찍한 일을 하고 있는지 말해 줄 사람이 필요하다. "단점이 없는 사람은 없어. 그래서 나만 외톨이가 되기는 싫어."

조력자를 등장시키고 아이의 욕구를 충족시키기

치료자는 환자의 심상 속에 등장해서 어린 제인을 안아 준다. 그리고 반 친구들의 행동을 멈추게 한다. "너희들이 제인에게 하는 행동을 보니 정말 마음이 아프구나. 너희들은 다수이고 제인은 혼자이지. 너희는 비겁하고 겁쟁이야!" 환자는 이런 상황 개입을 반기고, 학교 선생님이 이 상황에 합류해서 함께 귀 기울여 주기를 바란다. 제인이 어렸을 때, 너무 창피함을 느낀 나머지 담임 선생님에게 반 친구들로부터 괴롭힘을 당하고 있다는 것을 차마 말하지 못하였다. 어린 시절의 담임 선생님이 상황에 합류하고, 치료자는 선생님에게 제인의 다급한 상황을 설명한다. 선생님은 어린 제인을 달래며 다음에는 꼭 도와주겠다고 말한다. 아직도 제인은 선생님의 말이 미심쩍게 들린다. 다음부터는 어린 제인의 등하굣길에 치료자와 선생님이 동행해서 상황의 변화를 지켜보겠다고 치료자는 약속한다.

안전감과 애착의 감정을 증가시키기

치료자는 어린 제인에게 지금 무엇을 하고 싶은지 물어본다. 어린 제인은 상점에 가서 멋진 여름용 상의를 사고 싶다. 그다음, 공원에 가서 치료자와 함께 아이스크림을 먹고 싶다. 이런 활동들을 심상 작업에서 진행하고 감각적으로 세밀한 수준으로 심화시켜 진행한다. (아이스크림의 맛을 상상하고, 공원에 핀 꽃들의 색깔을 상상하고, 내리쬐는 따뜻한 햇볕을 상상하는 식으로) 환자의 기분이 좋아지고 안전하다고 느끼게 될 때까지 이어진다.

(1) 이완하는 방법을 알려 준다

심상 작업 동안, 가능하다면 환자들은 눈을 감아야 한다. 눈을 감는 것에 너무 겁을 먹거나 불편하게 느끼는 환자들의 경우, 마룻바닥이나 천장의 특정한 지점에 시선을 고정할 수도 있다. 치료자도 눈을 감고 있으면 환자들이 좀 더 편안하게 느낀다. 궁극적으로는 거의 모든 환자가 작업을 편안하게 느끼고, 심상 작업 동안 눈을 감고 있을 수 있게 된다.

일반적으로 사용하는 이완 안내는 보통 심상 작업의 도입부에 제공한다.

"편안한 자세를 취하고 잠시 동안 자신의 호흡에 집중하세요." 치료자들은 안전지대 심상(환자가 자신이 안전하고 보호받고 있다고 느끼는 장소에 있는 것을 상상하는 것)을 심상 작업의 시작점으로, 때로는 또한 심상 작업의 도착점으로 사용한다. 안전지대 심상과 관련된 안전함이 환자가 심상 작업을 하면서 불러일으키게 되는 잠재적으로 위협적인 감정을 다룰 수 있도록 도와준다.

심각하게 상처받은 환자들(경계성 성격장애)의 경우, 안전지대를 확보하는 것이 매우 어려운 작업일 수 있는데, 어디에서도 안전감을 느끼지 못할 수 있기 때문이다. 환자가 자신의 안전지대를 찾아내고 심상 각본수정 연습을 수행하는 두 가지 작업을 한 번의 치료시간에 모두 수행하는 것이 너무 힘들 게 느껴질 수도 있다(그리고 너무 시간이 많이 걸릴 수 있다). 안전지대를 찾느 라 너무 많은 시간을 소비하는 것은 환자에게도 좌절감을 느끼게 하는 힘든 일이고, 자신이 안전함을 확보하는 능력이 부족하다는 것을 되새기게 만들 수도 있다.

긍정적이고 안전한 느낌을 증가시키는 것이 심상 각본수정 연습의 주요 목표이다. 그러므로 안전지대 심상을 추가적으로 사용하는 것을 반드시 요 구하지는 않으며, 치료자와 환자의 선호도에 달려 있다. 환자는 치료자와의 치료적 관계 자체 속에서 안전지대를 경험할 수 있어야 한다. 환자들이 치료 자와의 치료적 관계 속에서 (아직) 안전감을 느끼지 못한다면, 어떠한 경우 에도 환자들은 감정적으로 강렬한 심상 작업을 기꺼이 하려 하지 않거나 혹 은 할 수 없을 것이다.

(2) 어려운 감정에 관련된 심상에 접근하기

환자의 힘든 감정 상태를 재활성화하기 위해, 환자들은 최근의 힘든 현 실 상황 속에 있는 자신을 머릿속에 그려 보게 된다. 가능하다면 환자는 실 제 그 현장 속에 있는 자기 자신으로서의 시점을 유지해야만 한다. 즉, 상황 을 자신의 눈으로 봐야 한다(외부의 관찰자로서가 아닌). 환자가 눈을 감은 상태로 현재의 어려운 상황에 대해 세밀하게 묘사하면서도, 실제로 자신이 그 상황 속에 몰입하고 있지 않는 경우도 있다. 치료자는 지금 치료 작업이 환자의 감정 경험에 초점을 맞추고 있음을 간략히 설명하고, 이와 관련된 질문을 해야 한다. "치료자로서 지금 당신이 묘사하는 최근의 힘든 상황을 이해할 수 있다고 생각합니다. 심상 속에서 최근의 힘든 상황에 자기 자신을 다시 데려다 놓으니 어떤 기분이 드나요?" 만약 환자가 아직도 감정에 초점을 맞추려 하지 않거나, "끔찍해요."와 같이 모호한 답변만을 한다면 치료자는 환자가 실제로 느낄 수 있는 심상 속에 떠오른 최근의 힘든 상황과 관련된 감정에 직접적으로 접근해 볼 수 있다. "지금 어떤 감정을 경험하고 있나요? 슬픈가요, 불안한가요, 부끄러운가요? 어쩌면 지금 외로움을 느끼는 것은 아닌가요?" 초기 몇 회의 심상 작업에서 환자가 아직 이런 치료 기법에 익숙하지 않을 때에는 조금 더 직접적인 질문을 던질 필요가 있다. 환자의 현재 신체 감각 경험에 대해 탐색하는 것도 환자의 현재 감정 경험에 초점을 맞추는 데 도움이 될 수 있다. "지금 말씀하신 감정을 몸에서도 감각으로 느끼고 있나요?"

이러한 전략들은 환자들의 감정 경험을 증가시키는 데 도움이 된다. 그러나 특히 경계성 성격장애를 가진 환자들은 감정의 강도가 어느 수준 이상으로는 올라가지 않는다. 만약 감정 수준이 지나치게 되면, 그들은 대인관계를 끝내고 눈을 뜨며 감정 경험으로부터 해리 반응을 보일 수 있다. "저도 왜 그런지 모르겠어요. 그냥 감정이 사라졌어요." 이러한 경우에는 환자가 감당할 만한 수준으로 감정을 올리는 것이 필요하다. 그리고 심상 각본수정 연습의 다음 단계로 빨리 진행하는 것이 더 좋다.

이러한 단계에서 환자는 그들의 삶에 어려움을 일으킨 감정으로 들어가야만 한다. 그러나 심상 각본수정은 직면 기법이 아니기에 이러한 감정들에 오랫동안 머물게 할 필요는 없다. 환자가 감정이 올라오면 연습의 다음 단계를 바로 소개할 수 있다. "이제 당신은 우리가 이야기했던 감정을 느낄 수 있나요?"

(3) 감정의 다리

"이제 현재의 장면을 마음속에서 지우고 감정은 유지하세요. 어린 시절과 관련된 심상이 떠오르는지 한번 봅시다."와 같은 비교적 일반적인 안내만으로도 환자는 자신의 어린 시절 기억으로 되돌아간다. 종종 초기의 치료회기에 논의했던 어린 시절의 장면들이 떠오르지만 다른 심상들도 마찬가지로 나타날 수 있다. 환자가 접근하는 어떠한 심상에 대해서도 개방적인 자세로 임해야 한다.

때로 환자가 그 어떤 심상도 떠올리지 못하는 경우가 있다. "어떤 기억도 떠올릴 수 없어요." 치료자는 이런 환자를 이완시켜 줘야 한다. 적절한 심상이 떠오를 때까지 시간이 좀 걸릴 수도 있다. "지금까지 아무런 심상이 떠오르지 않았다고 해도 괜찮아요. 시간을 좀 가지고 어떤 일이 벌어지는지 함께 봅시다." 환자가 예민해지기 시작하면, 치료자는 어린 시절에 촬영한 사진과 같은 환자의 어린 시절의 모습을 요청할 수도 있다. "자신이 어린 시절에 찍었던 사진을 아직 가지고 있나요? 마음의 눈으로 어린 시절 사진 중 하나를 떠올려 볼 수 있나요?" 임상 경험에 비추어 모든 환자는 아이였던 자신의 시각적인 모습을 최소한 어떤 형태로든 간직하고 있다. 자신의 어린 시절에 촬영한 사진을 떠올리면 '지금 떠올린 어린 시절의 사진에 당시 환자의 삶을 채워 넣어 보도록' 요청한다. 이를 통해 어린 시절의 장면으로 진입해서 어린 시절 환자의 관점을 취해 보기 위해서이다. 환자가 심상 작업의 첫 부분을 수행하는 동안 강력한 감정을 끌어올리면 대부분의 경우, 자신의 강렬한 감정과 연관된 어린 시절의 기억 속으로 들어가 그 당시 시간 속에서 경험한 감정을 떠올리는 것이 가능하다.

(4) 환자의 당시 감정과 욕구에 초점을 맞추며 어린 시절 상황을 탐색하기

환자가 어린 시절의 기억을 접하면 자신이 떠올린 상황을 간략히 기술해야 한다. 치료자는 환자의 어린 시절 장면에 등장하는 사람들이 누구였는지,

당시의 주요 문제가 무엇이었는지를 알아야 한다. 하지만 모든 세부적인 사항을 다 이해할 필요는 없다. 환자가 자신이 떠올린 어린 시절의 상황을 너무 자세하게 묘사하기 시작한다면, 치료자는 그 상황에서 아이였던 환자의 느낌에 다시 초점을 맞추어야 한다. "지금 (어린 시절의 장면을 떠올리고 있는) 어떤 감정을 느끼나요?" "지금 어떠세요?" 어린아이였던 환자의 욕구에 대해 질문하는 것이 특히 중요하다. "지금 무엇을 원하나요?"

　심상 각본수정 연습은 직면 치료 기법이 아니다. 심상 각본수정 연습 과정에서 환자가 어린 시절의 상처를 재경험하는 것은, 앞선 심상 작업 과정에서 현재의 힘든 상황을 떠올리면서 느낀 부정적인 경험과 맞닿아 있는 과거의 기억과 경험의 시점을 확인하는 단계이다. 환자의 어린 시절 외상적 경험이 완전히 되살아날 필요는 없다. 오빠에게 반복적으로 성추행을 당한 환자가 심상 각본수정 연습 과정에서 과거의 성적 학대 경험을 과도하게 자세히 재경험하는 것은 필요하지 않다. 환자가 위협감을 느끼기 시작하는 지점까지 기억을 되살리는 것으로 충분하다. "오빠가 계단을 올라오는 소리를 들으면 오빠가 나에게 무슨 짓을 할지 알아요. 어린 나는 누구에게도 도움을 요청할 수 없다고 생각하고 모든 것이 오빠의 손에 달려 있다고 생각해요." 이 시점까지 도달한 후 심상 각본수정 연습을 시작한다. 이런 비직면적 치료 접근은 심상 각본수정 연습 과정에서 환자의 감정적인 스트레스를 줄일 수 있다. 비직면적 심상 각본수정 연습은 환자가 치료 과정에서 해리 경험을 하지 않고, 치료 작업 속에 머물러 참여할 수 있도록 도와준다. 외상 후 스트레스 장애 환자를 대상으로 하는 직면 치료와 비교해 봤을 때, 비직면적 심상 각본수정 연습의 효과에 대해서 실험적 탐구를 해 본 결과, 두 가지의 치료가 환자의 불안감 호전에 대해 비슷한 효과를 보여 준다는 것을 발견했다. 심상 각본수정 기법은 환자의 분노, 죄책감, 부끄러움과 같은 다른 문제 감정들의 조절에 있어 직면 치료보다 좀 더 강력한 치료 효과를 나타냈으며, 환자들 자신이 직면 치료보다는 비직면적 심상 각본수정 연습에 더 기꺼이 참여하려는 태도를 보였다(Arntz et al., 2007).

(5) 조력자를 등장시키는 심상 각본수정 연습

외상 경험의 상황을 실제로 재구조화하는 치료 작업은 창의적이며 완벽한 환상에 그칠 수도 있다. 현실 상황의 각종 제약들은 심상 작업에서는 유효하지 않다. 단, 한 가지 지켜야 할 것은 환자의 심상 속에서 가해자와 맞서 싸우는 조력자가 반드시 승리해야 한다는 것이다. 따라서 환자의 아이 양식은 치료시간이 끝나갈 무렵에는 안전함을 느끼고 안도할 수 있어야 한다. 최소한 심상 각본수정 연습의 시작 시점보다는 좀 더 안전함을 획득하고 기분이 좀 더 나아져야 하는 것이다.

조력자 심상 각본수정 연습에서 우리는 항상 조력자를 필요로 한다. 치료 작업에 적절한 조력자로서 어떤 인물이 등장해야 하는지에 대해서는 연구 문헌에 따라 다양한 의견들이 혼재한다. 반드시 어른으로서의 환자만이 심상 각본수정 연습 속에서 적절한 조력자의 역할을 담당할 수 있다고 주장하는 몇 가지 연구 문헌(예: Smucker et al., 1995)의 견해에 동의하지 않는다. 다른 연구자들은 환자의 현실에 실제로 존재하지 않는 조력자를 심상 각본수정 연습에 등장시키지 않도록 제안한다(Reddemann, 2001). 하지만 다양한 형태의 조력자가 심상 각본수정 연습에 등장해서 발휘하는 다양한 효과에 대한 실험적 탐색 연구는 아직 시행된 바가 없다. 심리도식치료에서는 모든 종류의 조력자를 치료에 적절히 사용할 수 있고 또한 실용적이다. 심상 각본수정 연습의 재구조화 부분에서 등장하는 조력자는 환자의 중요한 욕구가 충족될 수 있는 방향으로 심상 속에서 어린아이로서의 환자를 보호하고 도와야 한다.

심상 각본수정 연습에 등장하는 조력자를 선택하는 방향은 환자의 건강한 어른 양식에 달려 있다. 기본적으로 조력자를 세 부류로 분류한다. 환자의 건강한 어른 양식이 여전히 약할 때, 적절한 조력자의 이름을 하나도 생각해 낼 수 없는 경우가 많다. 정신역동의 관점에서 환자는 조력자로 기능할 수 있는 좋은 내적 대상을 발달시킬 수 없었던 것이다. 이런 경우, 치료자 자신이 환자의 심상 각본수정 연습 속 장면에 조력자로 등장해서 건강한 어른 양식의 역할을 모델링하고, 환자가 건강한 내적 대상을 마음속에 키워 나갈 수 있도록 도와야 한다.

보다 강하고 건강한 어른 양식을 가진 환자의 경우(또는 이미 치료자 자신이 조력자로 등장하는 내용의 심상 각본수정 연습을 수행한 환자의 경우), 다른 부류의 조력자 인물을 사용할 수 있다. 조력자는 아직 건강한 어른 양식으로서의 환자 자신은 아니고, 환자도 치료자도 아닌 제3의 인물이 되는 경우가 일반적이다. '제3의' 조력자는 환자의 선호도에 따라 실존 인물이 될 수도 있고 가상의 인물(예를 들면, 영화나 동화 속 등장인물)이 될 수도 있다. 실존 인물인 조력자는 환자의 친척이나 친구일 것이다(예를 들면, 환자를 돌봐 준 할머니, 좋은 아주머니 또는 친한 친구). 심상 각본수정 연습에 등장하는 조력자가 실제로 아직 살아 있는지 혹은 돌아가셨는지는 중요하지 않다. 환자의 어린 시절에 등장했던 사람들과 환자가 현재 알고 지내는 사람들을 등장시킬 수 있다. 환자의 취약한 아이 양식에게 안전함과 보호받는 느낌을 전달하기에 적절하기만 하면 된다. 그러므로 환자가 이중적인 관계를 맺던 사람들(예를 들면, 환자가 아직도 좋아하고 있는 옛 애인)을 심상 각본수정 연습에서 조력자로서 등장시키는 것은 추천하지 않는다. 환자가 제안한 조력자를 심상 각본수정 연습에 등장시키는 것에 치료자가 동의할 수 없을 때, 동의하지 않는 이유를 설명하고 환자와 논의해야 한다.

충분히 강한 건강한 어른 양식을 가진 환자는 자기 자신이 건강한 어른 양식으로서 심상 각본수정 연습에서 활동할 수 있고, 자신의 취약한 아이 양식을 돌볼 수 있다. 어떤 부류의 조력자를 심상 각본수정 연습에 등장시켜야 할지 모르겠으면 우선 시도해 보면 된다. 환자의 건강한 어른 양식이 심상 장면 속에 등장해서 적절하게 상황을 다룬다면 잘된 일이다. 어른으로서의 환자가 심상 각본수정 연습의 장면 속에 개입하기는 하지만, 그 상황 속의 가해자에게 겁을 먹었거나 아이 양식으로서의 자신을 싫어한다면, 환자의 건강한 어른 양식은 아직 충분히 강하지 않은 것으로 볼 수 있으며, 치료자 또는 제3의 조력자가 필요해진다. 만약 환자가 심상 각본수정 연습의 대상이 되는 장면 속의 가해자를 다룰 수 있을 만큼 충분히 강한 제3의 조력자를 생각해 낼 수 없다면 치료자가 반드시 그 장면 속에 개입해야 한다.

건강한 어른 양식이 매우 유약한 상태에 있고, 어린 시절에 심각한 심리적 외상을 경험한 환자들은 심상 작업을 시작했을 때, 자신을 제외한 누구도 심상 각본수정 장면에 등장하는 것을 허용하지 않을 수도 있다. 즉, '강박적 자율성'을 의미한다. 아마도 환자는 어린 시절에 제3의 인물이 상황을 도우려 나섰다가 안 좋은 상황을 더 악화시키는 것을 경험했을 수도 있다. 차라리 자신이 모든 일을 스스로 처리하는 것이 낫겠다는 결론에 도달했을 수도 있는데, 이해할 수 있는 반응이다. 니콜(51~52쪽 참조)은 심상 각본수정 연습 속에서 어린 니콜을 건강한 어른 양식으로서의 자신이 도와야 한다고 주장했고, 치료자가 심상 속에 등장하는 것을 원하지 않았다. 이런 경우 치료자는 어떻게든 심상 장면 속에 조력자로서 개입해야 한다고 주장해야 한다. 타인으로부터의 도움과 돌봄을 받아들이는 법을 배우는 것이 매우 필수적이다. 처음에는 환자가 소스라치게 놀라는 반응을 보일 수도 있어서, 심상 장면 속에 치료자가 등장하여 조력자로서 역할을 수행하는 것이 가지는 치료적 의미와 필요성 등에 대해 빠짐없이 충분히 설명해 주어야 한다. 니콜의 경우, 어린 시절에 사회복지사가 가정을 반복적으로 방문했지만, 니콜에게 긍정적인 경험이 아니었다. 사회복지사의 방문 이후 어머니가 종종 심리적으로 무너져 버리는 모습을 보였기 때문이다. 니콜은 잠재적으로 자신에게 조력자가 될 수 있는 사람들을 신뢰해서는 안 된다는 것을 배웠다.

환자의 건강한 어른 양식이 약해서 심상 각본수정 연습의 시작 단계에서 치료자가 조력자로서 환자의 심상 장면에 등장하기를 요구한다면, 조력자는 치료시간의 진행에 따라 차츰 제3의 조력자로 그리고 최종적으로는 환자의 건강한 어른 양식으로 바꿔 나가야 한다. 치료자 자신이 조력자로 등장하는 가운데 몇 차례의 심상 각본수정 연습을 마치고, 환자에게 제3의 조력자를 심상 장면에 등장시키도록 격려해 줘야 한다. 나중에는 환자 자신이 건강한 어른으로서 심상 각본수정 연습 속에서 활동하도록 격려해 줘야 한다는 의미이다.

처음에는 치료자 자신이 조력자로, 그다음 단계에서는 제3의 인물이 조력자로, 그리고 후반에는 환자 자신의 건강한 어른 양식이 조력자로서 심상 각본수정 연습의 심상 장면에 등장하는 치료의 진행 순서를 탄력적으로 적용할 수 있다. 환자 자신이 건강한 어른 양식으로 심상 장면에 등장하는 것에 대해 환자가 불편하게 느낀다면, 심상 각본수정 연습을 환자와 치료자가 협동하여 수행하는 것, 다시 말하면, 건강한 어른으로서의 환자와 치료자가 함께 심상 장면에 등장하는 것을 제안할 수 있다. 치료자가 환자의 취약한 아이 양식을 돌보는 동안에 환자의 건강한 어른 양식은 조언과 피드백으로 치료자의 작업을 조력할 수 있다. 치료자가 심상 장면 속 환자의 취약한 아이 양식에 대한 지지를 제공하는 가운데 환자의 건강한 어른 양식이 개입을 시작할 수도 있다.

우리는 심상 각본수정 연습에 등장하는 조력자의 형태를 세 가지로 분류할 수 있다. 환자의 건강한 어른 양식이 얼마나 강한지의 정도에 따라 적절히 선택한다. 심각한 정신병리를 앓고 있는 환자의 경우, 치료자 자신이 조력자의 역할을 맡게 된다. 강한 어른 양식을 가진 환자의 경우, 자신의 건강한 어른 양식이 심상 장면에 등장한다. 현실의 인물이든 상상의 인물이든 '제3자'인 조력자가 등장하는 것이 중간 단계이다. 다른 중간 단계는 치료자와 환자의 건강한 어른 양식이 협동해서 함께 심상 각본수정 연습을 진행하는 것이다.

(6) 애착, 편안함, 안전을 발달시키기

환자의 아이 양식이 조력자의 도움으로 편안함을 느끼는 심상 또는 환자의 아이 양식과 조력자가 함께 놀면서 즐겁게 지내는 심상 등으로 편안함과 안전함이 유도된다. 전형적인 심상들은 자연 속에서의 경험, 놀이를 즐기는 모습, 안전한 가족 내 환경 등과 관련되어 있다. 심한 혼란을 경험하고 있는 환자들은 치료자가 환자를 치료자 자신의(가상의) 가족에게로 데리고 와서 안전하며 돌봄을 제공받을 수 있는 환경을 제공하는 것이 필요할 수도 있다.

긍정적 감정과 관련된 신체 감각에 초점을 맞추고 "당신의 몸이 이완되는 느낌을 감지할 수 있나요?"라고 안내를 하면, 환자가 신체 감각을 즐기고 유지하며 더욱 심화시킬 수 있다. 최면요법(긍정적 감정과 연결되어 있는 상징, 노래, 움직임 등을 찾아내는)을 이용해서 긍정적 감정과 연결된 신체 감각에 머물 수도 있다.

3) 심상 각본수정의 과정

심상 각본수정 연습의 목적은 죄책감, 부끄러움, 위협감과 같은 부정적 감정을 줄이고, 안전함과 건강한 애착을 증진시키는 것이다. 연습의 과정은 이런 목표를 향하도록 설정되어 있다. 환자의 처벌하는/요구하는 부모 양식에 의해 어떤 감정이 환자의 취약한 아이 양식으로 유도되는지를 이해하는 것이 중요하다. 경계성 성격장애나 반사회성 성격장애를 앓고 있는 환자들은 단적으로 공격적이고, 학대적이고, 매우 위협적인 부모 양식을 상상한다. 이때 활성화된 부모 양식이 1차적으로 위협감과 불안감을 유발한다. 유발된 강렬한 불안을 제거하기 위해 환자의 부모 양식과 극적인 방법을 이용해서 맞서 싸워야 한다. 회피성 성격장애나 의존성 성격장애를 앓고 있는 환자들은 종종 매우 공격적이고 위험한 부모 양식을 상상하지는 않지만, 대신에 그들의 부모 양식은 환자의 취약한 아이 양식이 자신의 욕구를 표현할 때 죄책감을 느끼게 만든다. 이때 드러나는 전형적인 심상은 우울하고 눈물이 많은 어머니가 자신을 돌봐 주는 대신에 밖에 나가서 친구들과 놀고 싶다는 말을 들으면 더 기분 나빠하는 모습일 것이다.

　다양한 모습을 한 환자의 부모 양식은 그 특징에 맞는 다양한 방법으로 대항해야 한다. 공격적인 가해자를 다룰 때, 심상 각본수정 연습의 심상 속에 여러 명의 경찰관을 등장시켜 가해자를 잡아 감옥에 가두거나 심지어 죽여 버리는 작업이 필요할 수 있다. 환자의 부모 양식이 죄책감을 유발하는 우울한 어머니의 모습을 하고 있다면, 심상 속 장면에서 환자의 취약한 아이 양식에게 어린 시절 어머니가 우울증을 앓고 있었음을 설명해 주는 것이 더 나을 것이다. 환자의 어린 시절 어머니는 자신을 돌봐 달라고 요구하는 것 외의 더 나은 방법을 몰랐을지라도, 아이는 자기 어머니에 대한 책임을 질 수도 없고 도울 수도 없었다. 환자의 어머니는 전문적인 치료가 필요했기 때문이다. 치료자는 자신이 환자의 어머니를 돌볼 거라고 설명해서 아이인 환자를 명백하게 안심시켜야 한다. 아이인 환자를 어머니에 대한 책임에서 벗어나게 해 주고, 조력자가 어머니로 하여금 정신건강의학과 진료를 받게 하거나 심리치료를 받을 수 있도록 할 거라고 말해 준다.

　환자의 부모 양식을 무력화하고 심상 작업 속에서 안전함과 건강한 애착의 느낌이 자라날 것이다. 심각한 정신병리를 앓고 있는 환자들의 경우, 치료자가 심상 장면 속으로 들어가서 건강한 어른 양식의 모델로서 활동한다. 취약한 아이 양식을 치료자의 (가상의) 집으로 데리고 와서, (환자 자신의 어린 시절 살던 집보다는) 대안적이고 안전한 가정환경을 제공해 주는 것이 종종 필요하다. 심상 각본수정 연습의 주요 목표가 환자의 아이 양식을 우울한 어머니에 대한 책임감에서 벗어나게 해 주는 것이라면, 아이 양식은 자신이 또래들에게 받아들여지는 느낌을 받고, 자신의 중요한 욕구를 충족시키고자 하기 때문에 다른 아이들과 뛰어놀고 싶어 할 것이다. 이런 아이 양식은 종종 고립된 느낌을 경험하고 재미있게 웃고 즐기는 활동이 부족하다. 우울한 어머니에 대한 책임을 다른 누군가에게 넘기는 것이 가장 중요한 과제일 것이기 때문에, 이런 때에는 환자의 아이 양식에게 치료자가 가상의 대안적 가족 역할을 제공하는 것은 불필요할 수도 있다.

> **사례**
>
> 회피적인 성향과 의존적 성향을 보이는 환자인 수잔(19~20쪽 참조)은 일상의 사회적 활동을 할 때, 종종 완전히 압도되는 느낌을 경험한다. 심상 각본수정 연습에서 열 살 때 자신이 부엌에 있는 장면을 기억해 낸다. 어머니는 깊은 우울감에 빠져 탁자에 앉아 울고 있다. 어린 수잔은 어머니를 달래 드려야 한다는 책임감을 느낀다. 또한 죄책감도 느끼는데, 사실 어린 수잔은 어머니를 돌보기보다는 밖에 나가서 친구들과 어울려 놀고 싶었기 때문이다. 심상 각본수정 단계에서 치료자가 심상 장면에 개입한다. 치료자는 심상 장면 속 어린 수잔을 안아 주고 어린 수잔이 가지는 느낌을 인정해 주고, 어린 수잔이 친구를 만나고 자기 또래의 아이들과 어울려 노는 것의 중요함을 수잔 어머니에게 설명한다. 어머니는 더 예민해지고 어린 수잔이 방을 떠나는 것에 대해 더 우울해한다. 치료자는 우울증을 관리하는 것은 어머니 자신의 책임이라는 말을 하고, 치료자(조력자) 자신이 어머니의 외래 진료 예약을 잡아 드리겠다고 수잔 어머니와 어린 수잔 모두에게 설명한다. 치료자는 어린 수잔과 함께 놀이터에 간다. 치료자는 놀이터 벤치에 앉아서 어린 수잔이 다른 아이들과 어울려 노는 것을 바라본다.
>
> 감정적으로 불안정하고 사회공포증을 앓고 있는 36세의 환자인 카르멘은 16세에 강간당한 기억에 대해 심상 각본수정 연습을 진행하고 싶어 한다. 그녀는 파티에서 나와 집으로 오는 차 안에서 강간을 당했다. 가해자는 언니의 헤어진 남자친구였고, 카르멘에게 차로 집에 데려다 주겠다고 제안했다. 카르멘은 자신의 건강한 어른 양식으로서 강간 장면에 개입했다. 폭행당하고 있던 카르멘으로부터 가해자를 떼어 냈고, 두 사람 모두를 데리고 차를 몰아 다시 파티장으로 돌아갔다. 파티장에서 16세의 카르멘을 강간한 가해자를 공개적으로 고발하고, 가

해자를 사회적으로 격리시켰다. 카르멘은 그녀를 전적으로 신뢰하는 파티의 다른 참가자들로부터 지지를 받았다. 이런 심상 각본수정 연습이 카르멘에게 다시 안전함을 느낄 수 있게 해 줬다.

경계성 성격장애를 앓고 있는 20세의 환자인 클라우스는 종종 위협감을 느끼고, 깜짝 놀라고, 부당한 대우를 받았다고 느낀다. 클라우스를 감정적으로 자극한 현재의 상황은 과거 가족과 함께 휴가 차 방문한 이탈리아에서의 심상으로 이끈다. 어느 날, 클라우스는 조금 늦게 집에 갔다. 누가 봐도 가학적인 삼촌은 늦게 귀가한 것에 대한 벌로 클라우스를 어둡고 작은 창고에 가두고, 가족과 함께 식사하지 못하게 하겠다고 위협했다. 어린 클라우스는 창고 속에서 자신이 굶게 되고 방치되는 것을 두려워했다. 심상 각본수정 단계에서 치료자가 이 심상 장면에 개입해서 어린 클라우스를 구하고, 삼촌에게 잘못된 행동을 직면하게 했다. 심상 장면 속에서 클라우스의 삼촌이 공격적으로 대응해서 여섯 명의 경찰관이 함께 심상 장면에 동원되었다. 경찰관들은 삼촌을 연행하고 클라우스의 남은 휴가 기간 동안 삼촌을 인근 구치소에 수감시켰다. 다음으로 치료자는 어린 클라우스와 함께 해변에 가서 아이스크림을 먹고 다른 아이들과 어울려 즐거운 시간을 보냈다.

42세의 알코올 의존증 환자인 닉은 현재 금주 후 회복을 위한 클리닉에서 치료를 받고 있다. 타인들에 대한 과도한 책임감을 느끼면, 닉은 알코올에 대한 갈증을 느낀다. 닉이 경험하는 책임감은 슬픔, 죄책감, 과도하게 스트레스를 받는 느낌과 관련되어 있다. 이런 감정에 초점을 맞춘 심상 각본수정 연습에서 닉은 곧 여섯 살의 남자아이인 자신이 아버지의 임종 침상에 있는 모습을 떠올린다. 어린 닉은 아버지가 매우 편찮으신 걸 이미 알고 있었지만, 아버지의 죽음을 애도할 마음의 준비가 되어 있지 않았다. 4년 전에 이미 닉의 어머니가 돌아가셨다. 죽어가는 아버지와 단둘이 남겨져 있었다. 어린 닉은 '마치 어른인 것처럼' 이 상황을 이겨 내야 한다고 느꼈고, 아버지를 돌봐야만 했고, 그러는 과정에서 어떤 힘든 모습도 내비쳐서는 안 된다고 느꼈다. 슬픔과 절망감과는 별도로 어린 닉은 중압감과 압도적 책임감을 경험했다. 심상 각본수정 단계에서 닉의 부모님께서 모두

돌아가신 후, 함께 살았던 삼촌과 숙모가 심상 장면에 들어오셨다. 그들은 어린 닉을 아이로 대하고 잘 돌봐 주셨다. 심상 각본수정 연습에서 닉의 숙모가 심상 장면에서 어린 닉이 감당해야 했던 책임을 대신해서 감당했고, 닉의 아버지를 돌봐드렸다. 삼촌은 어린 닉을 데리고 방을 나갔다. 이처럼 어려운 상황은 여섯 살 먹은 아이가 감당할 수 없는 것이라고 말하며 닉을 안심시켜 줬다. 이렇게 슬픈 심상 각본수정 연습은 나중에 닉의 아버지가 돌아가신 뒤, 어린 닉과 삼촌이 아버지 집 앞 벤치에 함께 앉아 있는 장면의 심상으로 완료되었다. 심상 장면 속에서 닉의 삼촌은 어린 닉의 애도하는 마음을 살펴 주고 다독여 줬다.

(1) 심상 각본수정 연습에서의 공격성

심상 각본수정 연습 중에 환자의 취약한 아이 양식이 위협감을 덜 느끼는 데 도움이 되는 선에서 환자의 처벌하는 부모 양식에 맞서기 위해 적절한 도구를 사용할 수 있다. '적절한 도구'는 심상 속의 가해자와 신체적으로 싸우거나 가해자를 살해하는 것과 같은 공격적인 환상을 포함한다. 일반적으로 환자가 스트레스를 극복하는 것에 도움이 되는 어떤 종류의 환상도 심상 각본수정 연습의 일부로 사용할 수 있다고 가정한다. 심리적으로 건강한 사람들도 때로 공격적인 환상이나 복수를 실현하는 환상을 경험하므로, 이런 요소들을 심상 각본수정 연습에 사용하지 않을 이유가 없다고 본다. 저자들의 임상 경험은 이와 같은 견해에 힘을 실어 준다. 범죄에 연루된 환자들의 경우, 많은 치료자는 공격적인 행동이 환상 속에서 행해지는 내용을 포함하는 심상 각본수정 연습을 수행하면서 불편함을 느낀다. 공격적인 내용을 포함하는 심상 각본수정 연습이 환자로 하여금 현실에서 보다 공격적인 행동을 사용하도록 북돋우거나 공격성의 억제를 약화시키는 결과를 낳지 않을까 두려워한다. 저자들은 지금까지의 임상 경험에서 공격적인 내용을 포함하는 심상 각본수정 연습이 환자에게 부정적인 결과를 초래하는 사례를 아직까지는 경험하지 못했다. 외상 후 스트레스 장애를 앓고 있는 환자들의 치료에

사례 심상 각본수정 연습에 복수 환상 포함하기

> 샐리는 35세 여성으로 경계성 성격장애의 증상을 보이고 있으며, 어린 시절 사촌으로부터 성적 학대를 받았다. 이러한 기억을 심상 각본수정 연습에서 다룰 때, 그녀는 강한 증오를 느끼고 환상을 통해 사촌을 매우 고통스럽고 잔인한 방식으로 거세를 하며 복수를 하였다. 이후 그녀의 대인관계 문제와 정서 문제는 매우 개선되었다.

복수와 공격적인 자기방어가 허용된 심상 각본수정 연습을 사용한 한 연구에서, 심상 각본수정을 표준적인 심상 직면과 비교했을 때, 분노 조절 문제가 많이 감소했고, 분노가 행동으로 표출되는 성향이 줄어드는 결과를 가져왔다(Arntz et al., 2007). 공격적인 내용의 심상 각본수정 연습이 치료에 실제로 도움이 되는지 혹은 위험이 되는지의 여부는 아직 직접적인 실험 연구로서 탐색하지 못했으며, 공격성과 관련된 문제를 가지고 있는 환자군에 대해서는 더욱 그렇다. 우리는 공격적인 내용을 포함하는 심상 각본수정 연습을 시행하고, 예상치 못한 부작용이 발생할 수 있는지에 대해 아직 잘 모른다.

환자가 치료자에게 공격적인 행동(예: 가해자를 살해하는 일)을 할 것을 요청하기도 하는데, 치료자가 이를 불편하게 느끼면 딜레마가 발생한다. 치료자는 자신의 개인적인 행동 경계를 존중하고, 환자가 환상 속에서 공격적인 행동을 수행하는 것에 대해 비난하거나 그런 환상을 금지하는 식으로 대응하지는 않는다. 치료자 자신의 가치관으로 인해 환자의 요청을 수락할 수 없음을 환자와 공유하는 것이 중요하다. 이런 경우, 심상 각본수정 연습 속에서는 치료자가 아닌 다른 조력자가 환자의 요청에 따른 행동 수행을 맡아야 할 것이다.

환자가 공격적인 내용이 포함된 심상 각본수정 연습을 마친 후, 이를 현실 속에서 실행할까 치료자가 걱정을 한다면, 치료자가 환자에게 심상 각본수정의 목적(주로 심리적 경험 수준에서의 변화를 만드는 것이고, 행동 수준에서의 변화를 만드는 것이 아님)을 설명하고, 심상 각본수정 연습 속에서 시행한 공격적인 행동 중 어느 것도 현실 속에서 시행하지 않을 것임을 단도직입적으로 환자에게 요청(또는 요구)해야 한다. 환자가 현실 속에서 시행하고자 계획하는 일이 있다면, 실제로 시행하기 전에 반드시 그 행동 계획을 치료회기에서 치료자와 상의하도록 하는 것이 중요하다.

환자가 극도로 공격적인 환상에도 만족하지 못하는 경우가 종종 있다. 저자들은 환자의 심상 상황을 다시 처음으로 되돌려서 다른 방법으로 시도할 것을 제안한다. 한 환자는 환상 속에서 자신의 가학적인 어머니를 처음에는 살해했는데, 그것으로는 충분히 만족스럽지 않다고 판단했다. 다시 심상 장면을 처음으로 되돌린 후, 가학적인 어머니를 감옥에 가두고 그녀의 입을 테이프로 막아 버려서 환자가 하는 말에 토를 달지 못하게 하고 가만히 듣고만 있게 만들었다. 이런 시나리오에 환자는 더욱 만족스러워했다. 이런 사례는 치료자가 환자의 극단적인 시나리오에 대해 너무 불안해할 필요는 없다는 것을 말해 준다. 환자가 초반의 시나리오를 심상 속에서 시행한 다음에 종종 다른 행동으로 바꿔 보고 싶은 의사를 표현하기 때문이다.

(2) 심상 각본수정의 과정을 환자와 치료자가 함께 선택하기

심상 각본수정 연습의 실제 과정은 치료자와 환자 공동의 작업을 통해 자연스럽게 발달되어야 한다. 환자가 무엇을 해야 할지 전혀 모르거나 자신의 처벌하는 부모 양식에 대해 너무 겁을 먹고 있을 경우, 치료자가 심상 각본수정 단계에 필요한 요소들을 제안해 줘야 한다. 심상 각본수정 과정 중 환자에게 현재 취약한 아이 양식의 감정과 욕구 및 처벌하는 부모 양식의 반응에 대해 반복적으로 질문함으로써 환자의 감정 경험을 지속적으로 관찰해야 한다. 특정한 치료적 행동이 예상하는 효과를 가져오지 못할 때, 치료자는 심상 장면을 다시 처음으로 되돌려서 새로운 버전의 심상 각본수정 연습을 시작할 수 있다. 환자가 심상 각본수정 연습 후에 치료 과정 중 부모 양식에 맞서 싸운 것에 대해 죄책감을 느낄 때, 치료자는 치료 작업 속에서 환자가 현실의 부모님과 맞서 싸운 것이 아님을 환자에게 설명해야 한다. 환자를 고통스럽게 하는 환자 내면의 일부와 맞서 싸운 것임을 설명해야 한다.

환자가 자신이 사용하는 특정적 대처 양식과 맥락을 같이하는 해법을 심상 각본수정 단계에서 제안할 수 있다는 점을 유념하는 것이 좋다. 회피적인 환자는 심상 장면 속에서 부모님의 부부싸움이 끝날 때까지 방에 숨어 있거나 공격적인 아버지로부터 도망치는 대안을 제시할 수 있다. 현실에서 동떨어져 공상에 빠지면서 스스로를 위로하는 대처 양식을 사용하는 환자는 아마도 자신 특유의 공상에 빠지는 것을 대안으로 제시할 수도 있다. 환자가 심상 작업에서 제시하는 해결책이 환자의 대처 양식과 관련이 있고, 건강한 어른 양식과는 연관이 부족한 것으로 판단되면, 치료자는 환자에게 다른 해결책을 제안해야 한다. 심상 각본수정 단계의 작업이 치료적으로 적절하지 않은 방향으로 흘러갈 때, '장면의 테이프를 되감고' 새로운 환상을 시작하면서 심상 각본수정 단계의 작업은 언제나 교정할 수 있다.

(3) 심상 각본수정 연습 단계의 변형들

심상 각본수정 연습의 단계는 환자가 지닌 심상의 내용에 따라 다양하게 변형할 수 있다. 현재의 부정적 감정으로부터 심상 작업을 시작한다면, 감정의 다리 기법이 현재 환자의 감정과 관련된 과거의 힘든 기억으로 연결해 줄 것이다. 어떤 경우에는 감정의 다리 기법이 필요하지 않을 수도 있는데, 재구조화해야 할 환자의 자서전적 사건과 심상이 이미 명백하기 때문이다. 외상 후 스트레스 장애를 앓고 있으면서 침투적으로 나타나는 관련 기억들을 가지고 있는 많은 환자의 경우에 그렇다. 다른 정신과적 진단을 받은 환자들의 경우, 특정한 심상이 계속해서 나타나거나 마음을 지배하기도 한다고 말한다. 이런 경우, 심상 각본수정 연습은 환자의 마음속에서 반복적으로 재생되는 심상들을 기반으로 즉시 시작할 수 있다.

사례 심상 장면의 테이프를 되감기

수잔은 끔찍하게 생명의 위협을 받았던 성폭행의 기억에 대해 심상 각본수정을 해 보려고 한다. 가해자를 큰 칼로 찔러 살해하고 싶어 한다. 치료자와 두 명의 경찰관이 가해자를 살해한 뒤, 피가 낭자한 심상에 구토감을 느낀다. 그래서 심상 장면을 다시 처음으로 되감고, 가해자는 몸에 큰 돌이 매달린 채 깊은 강 속에 던져진다. 이제 수잔은 안도감이 들고 안전하다고 느낀다.

제인은 자위자 양식으로 자주 깊은 공상에 빠져든다. 초기의 심상 각본수정 연습에서 제인은 심리적 외상과 관련된 심상을 떠나서 자신에게 익숙한 공상에 빠져드는 것을 제안한다. 치료자는 이런 행동에 동의하지 않고, 대신에 치료자와 어린 제인이 함께 무언가를 해 보는 것을 제안한다. 제인은 "선생님은 제가 공상에 빠지는 것을 허락하지 않으시네요."라며 공격받았다고 느낀다. 진행 중인 심상 작업을 잠시 중지시키고, 제인에게 공상에 빠지는 것이 대처 양식에 해당함을 설명한다. 심상 작업에서 더 새롭고 도움이 되는 감정 작업의 재설정이 필요함을 설명한다. 제인은 치료자의 말에 동의하고, 제안한 바에 따라 심상 작업을 다시 계속할 수 있게 되었다.

비교적 덜 심한 정신병리를 앓고 있는 환자들의 경우, 심상 각본수정 연습에 추가적인 과정을 더하는 것이 종종 가능하다. 심상 각본수정 과정 후, 심상 작업의 시작점이었던 (현재의 힘든) 감정적 상황에 환자가 다시 들어간다. 환자는 곧 심상 각본수정 단계에서 발달시킨 긍정적 감정을 가지고 이 (현재의 힘든) 상황을 경험하거나, 자신의 자서전적 심상을 변화시킨 것과 비슷한 방법으로 그 상황을 바꾼다. 심각한 정신병리를 앓고 있는 환자와는 이런 작업을 해서는 안 된다는 점을 명심해야 한다. 이러한 환자는 살아온 기억의 심상을 재구조화하는 것만으로도 충분히 힘이 들 뿐 아니라, 추가적으로 현재 힘든 감정적 상황을 재구조화하는 작업을 수행하는 것이 과도한 스트레스가 될 수 있거나, 환자가 다시금 감정적으로 압도당하게 될 수도 있다. 임상 경험을 통해 환자의 살아온 기억을 재구조화하는 것이 환자의 현재 상황에 대한 심상 각본수정 연습을 추가적으로 시행하지 않고서 종종 현재 상황에서의 행동과 감정 변화로 이어진다는 것을 알게 되기 때문이다.

4) 심상 기법의 변형들

심상 기법은 다양한 방법으로 변형될 수 있다(Hackmann et al., 2011 참조). 어린 시절의 외상적 기억에 대한 심상 각본수정 연습이 가장 빈번하게 사용하는 치료 형태지만, 더 이후 시기의 외상적 경험들, 현재의 어려운 감정적 상황들, 미래에 발생할 수 있는 상황들도 심상 각본수정 연습의 초점이 될 수 있다.

현실 속 삶의 상황이 아직도 환자에게 상처를 주고 있다면, 현실에서 안전

사례 환자의 현재 상황에 대한 심상 각본수정 연습

제인은 동료들과 함께 사전에 계획된 여행을 떠나는 것에 대해 양가감정을 갖고 있다. 여행을 기대하고 있지만, 다른 한편으로는 동료들과 있을 때 자신이 안전하지 못하다고 느끼거나 동료집단에서 거부당할까 봐 두려워한다. 치료자는 심상 작업을 통해 여행을 준비해 보도록 제안한다. 제인은 자신이 (미래의) 여행 중에 거부당하는 느낌을 유발할 수 있는 장면을 상상해 본다. 두 명의 동료가 그녀가 없는 곳에서 이야기하고 있다. 인지적 수준에서 이렇게 동료 둘이서 이야기하는 것이 정상적이고 동료들이 제인을 싫어한다는 것을 의미하지는 않는다는 것을 알지만, 여전히 동료들로부터 거부당하고 있고 자신이 사랑받지 못한다고 느낀다. 심상 각본수정 단계에서 가까운 친구가 심상 장면에 나타나서 제인을 가볍게 안아 준다. 제인의 절친은 제인의 직장 동료 두 명이 따로 이야기하는 상황을 보며, 이 상황이 자신을 거부하거나 배척하는 상황이 아니라고 생각한다. 절친이 이렇게 생각하는 모습을 보며, 제인도 더 안전하고 이완된 느낌을 받는다.

을 확보하는 것이 우선시되어야 한다. 환자가 현실 상황에서 자신의 권리를 주장하기 위해, 파괴적인 관계를 변화시키거나 또는 종결하기 위해, 스스로 버티고 설 수 있는 힘을 키우기 위해 심상 각본수정 연습이 도움이 될 수 있다.

5) 환자의 정서중심 기법들을 이용해서 환자의 취약한 아이 양식을 편안하게 해 주기

심상 각본수정에서 사용하는 환자의 감정을 편안하게 하기 위한 치료적 개입은 다른 종류의 치료 기법을 통해서도 시행할 수 있다. 치료적 관계의 핵심 목표(환자의 취약한 아이 양식을 편안하게 해 주고, 강하게 만들고, 치유하기)와 기본적인 원칙들은 동일하다. 치료적 개입들에 대한 환자의 피드백을 요청하고 환자의 질문에 답하는 것도 항상 중요하다. 치료 작업들은 환자의 욕구와 선호도에 맞춰야 한다. 치료와 관련된 감정 경험에 대해 환자에게 피드백을 받고, 환자와 논의하면서, 환자가 치료에 대해 보다 높은 수준의 책임을 갖게 된다. 이것은 치료적으로 바람직한 일인데, 치료적 재양육을 제공하는 치료적 관계 속에서 치료자가 가지는 높은 수준의 책임과 환자가 치료에 대해 느끼는 책임이 이를 통해 더 균형을 이루게 되기 때문이다.

(1) 의자기법을 이용한 치료에서 환자의 취약한 아이 양식을 돌보기

심리도식치료에서 의자기법을 이용한 치료(305~329쪽 참조)는 심상 각본수정 연습과 비슷한 규칙을 따른다. 심상 작업과 마찬가지로 의자기법을 이용한 치료 작업에서 환자의 취약한 아이 양식을 타당화하고, 달래 주고, 편안하게 해 주고, 심상 작업에서 환자와 치료자가 처벌하는 부모 양식에 함께 맞서 싸우듯 의자기법을 이용한 치료 작업에서도 환자와 치료자는 함께 처벌하는 부모 양식에 맞서 싸운다. 치료자는 먼저 환자의 처벌하는 부모 양식을 상징하는 의자를 향해 말을 걸고, 처벌하는 부모 양식의 파괴적인 메시지에 답하면서 반격하고, 환자의 처벌하는 부모 양식을 상징하는 의자를 꺼내서 치료실 밖으로 던져 버린다. 치료자는 환자의 취약한 아이 양식을 상징하는 의자에게 다음과 같이 이야기할 수 있다. '어린 ○○아, 지금 여기서 너를 볼 수 있고, 너와 연결된 느낌이 있어 기쁘단다. 너는 사랑스러운 아이이고, 너의 욕구는 절대적으로 중요하단다.'

(2) 녹음 파일과 이행대상들

환자를 편안하게 해 주는 치료 기법도 이런 치료 설계하에 사용할 수 있다. 이행대상의 사용이 특별히 유용할 수 있다. (부드러운) 인형이나 치료자로부터의 개인적인 메시지가 적힌 엽서 등이 있다. 이런 물건들이 환자가 자신의 취약한 아이 양식과의 연결을, 그리고 치료자와의 연결을, 심지어 치료자가 지금 여기에 없을 때에도 유지할 수 있도록 돕는다. 이런 이행대상들은 환자가 치료자를 건강한 어른 양식으로서 내재화하는 과정에 도움이 된다.

녹음 파일에도 비슷한 원리를 적용한다. 치료자는 '어린 ○○에게 보내는 메시지'를 녹음해서 환자에게 제공할 수 있다. 많은 환자는 녹음 기능이 탑재된 휴대폰을 가지고 있고 녹음을 위해 휴대폰을 사용할 수 있다. 환자는 집에서 기분이 좋지 않거나 자신의 취약한 아이 양식을 돌보는 것과 관련된 치료시간의 과제를 해내는 것이 어렵다는 것을 느낄 때, 그 녹음 파일을 들을 수 있다.

심리도식치료의 기법들과 경계성 성격장애 환자를 위한 변증법적 행동치료의 몇 가지 행동적 기법들 사이에는 상통하는 부분이 있다(Linehan, 1993). 변증법적 행동치료에서 경계성 성격장애 환자들을 위한 대부분의 '방략 상자들'은 좋아하는 친구들의 사진, 환자를 격려하는 메시지가 담긴 우편 엽서들, 환자를 편안하게 해 주는 다른 종류의 물품들을 포함하고 있다. 이런 물품들은 각 환자의 삶에 따라 개별화되어 구비되어야 한다.

4. 행동적 기법

행동적 수준에서 환자는 자신의 욕구를 좀 더 적절하게 인정하고, 표현하고, 충족하는 방법을 배운다. 이 과정에는 인간의 욕구가 정상적이고 중요한 것임을 인정하는 것을 포함한다. 최소한 당신의 욕구들 중 일부분만이라도 만족될 수 있을 때, 당신이 심리적으로 건강을 유지할 수 있다는 것이다. 이 말은 인본주의 치료의 기본 가정과 같은 맥락이다. 욕구를 표현하는 것이 자신의 모든 감정과 모든 욕구를 즉각적이고 직접적으로 표현하는 것을 의미하지 않는다는 것에 주의해야 한다. 개인의 욕구는 사회적 상황에서 적절한 수준까지만 표현해야 한다. 사회기술이 어떤 환자들에게는 추천할 만한 치료 방법 중의 하나가 될 수 있다.

심리도식치료에서의 치료적 관계는 환자의 감정 표현과 욕구 표현을 연습하기에 안전한 장소이다. 치료자는 환자가 자신의 욕구와 감정을 적절하고 건강한 방식으로 표현할 수 있는 방향으로 강화해 줘야 한다. 환자의 사회기술 훈련도 이루어질 수 있다. 치료적 관계 안에서 환자가 자신의 욕구를 표현하는 능력이 심화되면서, 사회기술 훈련은 이제 치료적 관계 이외의 다른 관계에서도 욕구와 감정을 표현하는 것에 초점을 맞추어 진행해야 한다. 환자의 특정한 관계가 착취적일 경우, 그 착취적 관계 속에서 자신의 욕구와 감정을 표현하려 애쓰기보다는 차라리 그 관계를 종결할 수 있도록 격려해야 할 것이다. 환자는 치료 초기 단계에서 학대적인 관계를 차마 정리하여 끝내지 못하기도 한다. 학대적인 관계를 종결하는 것을 치료 계획에 포함해야 한다. 학대적인 관계가 지속되는 한, 환자는 안전함과 건강한 애착을 발달시킬 수 없을 것이기 때문이다. 환자가 환경적으로나 대인관계에서나 스스로의 한계를 설정하고, 주장할 수 있는 자신의 권리에 대해 이해할 수 있도록 돕기 위해 환자의 감정 경험에 초점을 맞춘 치료 방법을 먼저 사용해야 한다.

취약한 아이 양식을 치료하는 행동적 기법은 우울증 환자를 위한 인지행동치료와 닮은 점이 있다. 사회기술 훈련과 더불어 긍정적이고 환자의 사기를 향상시키는 활동들도 증가한다. 환자는 자신에게 안전함을 주고, 만족감을 주고, 즐겁게 해 주는 활동들을 수행해야 한다. 따뜻한 거품 목욕을 즐기는 것과 같은 작은 단계들과 더불어 오래전의 취미 활동을 다시 시작하는 것과 같은 좀 더 큰 변화 단계들을 모두 포함한다. 행동적 기법들을 심리도식양식 기반의 치료 접근과 연결하기 위해, 환자에게 자신의 행복한 아이 양식을 재미있게 해 줄 수 있는 활동들을 수행하도록 요청한다. 당신의 행복한 아이 양식은 무엇을 하고 싶어 하고, 그 활동을 누구와 함께 하고 싶어 할까? 과거로 시간을 거슬러 가서, 당신은 어렸을 때 어떤 활동을 좋아했었나?

5. 자주 묻는 질문들

(1) 심상 각본수정 연습 중에 항상 눈을 감아야만 하나요?

심상 작업은 눈을 감고 할 때, 더 감정적으로 강렬한 경험이 이루어집니다. 만약 환자가 처음에 눈을 감기 힘들어한다면, 눈을 감고 심상 작업을 진행하는 것에 대해 너무 엄격할 필요는 없습니다. 보통 어느 정도 시간이 흐른 다음에는 환자들이 심상 작업에 더 익숙해지면서 눈을 감고 작업할 수 있게 됩니다. 환자가 오랫동안 눈을 감지 않으려 한다면 이유를 물어봐야 하고, 나중에는 환자가 눈을 감고 진행하는 심상 작업에 적응할 수 있도록 해야 합니다. 어떤 환자들은 치료자도 눈을 감은 상태로 심상 작업을 진행하거나 치료자와 환자가 서로 등을 마주한 상태로 앉아서 심상 작업을 진행할 때 훨씬 이완이 잘 된다는 것을 발견합니다. 대부분의 환자는 얼마간의 작업 후에는 결국 눈을 감고 심상 작업을 잘 진행할 수 있게 됩니다.

(2) 심상 각본수정 연습에서 공격적인 행동이 이루어지는 것이, 예를 들면, 가해자가 살해당한다든지 하는 것은 위험하지 않은가요?

환자의 감정이 변화하는 과정에 대한 평가가 심상 작업의 질을 평가하는 주요 기준입니다. 심상 장면 속에서 가해자가 살해당했을 때 안전함을 느낀다면, 심상 각본수정 연습에서 가해자를 살해할 것을 제안합니다. 환자가 가해자를 폭력적으로 다루기를 원하지 않을 때에 치료자는 또 다른 해법을 찾아봐야 합니다. 환자가 심상 속에서 공격적인 행동 없이도 안전함을 느낄 수 있다면, 이 또한 괜찮습니다.

환자가 심상 각본수정 연습에서 복수하거나 폭력을 사용할 때, 치료자는 환자를 지지하기 어려울 수 있습니다. 부도덕한 일이라고 느낄 수도 있고, 심상 작업 속에서의 복수 행동을 하면서 환자가 현실 속에서의 공격성을 제어하는 심리적 장벽을 낮출 수도 있다며 두려워할 수도 있습니다. 복수심으로 몸부림치는 것이 매우 정상적인 행동이라고 할 수 있습니다. 화가 나거나 불합리한 대우를 받았다고 느낄 때, 많은 사람은 복수에 관한 환상을 가집니다. 복수에 관한 환상이 공개적인 공격성의 행동으로 이어지지는 않습니다. 오히려 복수에 관련된 환상을 가지면서, 현실의 삶에서 공격적인 과잉보상 행동을 하려는 심리적 압력을 줄여 줄 수도 있습니다.

아른츠 등(2007)은 단순 직면 치료를 시행하는 경우와 비교해서 심상 각본수정을 수행한 뒤, 외상 후 스트레스 장애 환자들의 분노라는 감정을 감소시키고, 분노 조절 능력을 증가시키는 효과가 더욱 강력하다는 것을 확인했습니다. 공격적인 내용의 심상 각본수정 연습이 이 연구에 포함되어 있습니다. 이 연구의 결과는 심상 작업에 공격적인 내용을 포함하는 것을 옹호하는 근거로 볼 수 있습니다. 심상 각본수정 연습에서 상상의 공격을 다룬 것이 현실 속의 공격적 행동을 유발했다는 어떤 사례도 들어 본 적이 없습니다. 관련 연구가 아직 진행 중입니다. 아직은 이 질문에 대해 확정적으로 답변할 수는 없습니다(Seebauer와의 개인적 의사소통).

(3) 심상 각본수정 연습에서 공격적 환상을 사용하는 것이 이미 현실 속에서 폭력적인 행동을 보인 환자들(범죄에 연루된 환자들과 같이)의 경우에도 추천되나요?

이 문제에 대한 논의는 여전히 진행 중입니다. 어떤 치료자들은 범죄에 연루된 환자들에게 공격적인 환상을 포함한 심상 각본수정 연습을 시행하는 것을 엄격히 반대합니다. 다른 치료자들은 범죄에 연루된 환자들에게도 공격적인 환상을 포함한 심상 각본수정을 적용하는 것을 선호합니다. 이런 사례에서 좋은 치료 결과를 얻은 임상 경험을 보고하기도 합니다. 결국 이 문제는 아직 실험 연구를 통해 충분히 다루어지지 않은 문제로 볼 수 있습니다.

(4) 환자들이 심상 작업과 현실의 경계를 잘 이해하는지, 특히 치료자가 심상 각본수정 연습에서 환자를 자신의 (가상의) 가족에게로 데려오는 경우에도 그러한가요? 이런 내용의 심상 각본수정 연습에서 환자로 하여금 치료자와 치료적 관계에 있어 과도하게 높은 기대를 갖도록 유발하는 것은 아닌가요?

임상 경험에 따르면 환자들은 심상 작업과 현실 사이의 차이를 알아서 잘 이해합니다. 환자의 취약한 아이 양식과 치료자 간의 친밀함을 포함하는 심상 각본수정 연습에서 환자가 대인관계에서 친밀함을 원하는 자신의 욕구와 연결되어 있을 수 있습니다. 사실, 이것이 심상 각본수정 연습의 목표입니다. 사랑과 애착의 가치가 심상 각본수정 연습에 자주 등장하는 소재입니다.

취약한 아이 양식과 치료자 간의 높은 친밀함 속에서 이루어지는 감정적으로 강렬한 심상 각본수정 연습은 주로 경계성 성격장애 환자의 경우에 중요해집니다. 덜 심각한 정신병리를 앓고 있는 환자들은 심상 각본수정 연습에서 취약한 아이 양식과 자신의 건강한 어른 양식 사이의 친밀함을 경험할 능력이 있기 때문입니다. 경계성 성격장애 환자들은 친밀함에 대한 강렬한 목마름을 전형적으로 경험합니다. 심상 작업에 기반한 치료적 개입의 결과라기보다 경계성 성격장애 환자 집단의 특징으로 볼 수 있습니다. 심리도식 치료 모델에 따르면 심상 각본수정 연습에서 애착을 경험하는 것이 환자로 하여금 실제로 원하는 감정을 경험할 수 있도록 도와줍니다. 치료 상황에서 분명하게 환자의 애착에 대한 갈망이라는 주제를 가져올 수 있게 됩니다. 환자들은 때로 치료자와 함께하지 않을 때에도 치료자를 그리워한다고 말하기도 합니다. 치료자가 심상 각본수정 연습을 진행하는 여부에 관계없이 경계성 성격장애 환자들은 강렬한 애착의 욕구를 경험합니다. 자신의 강렬한 애착의 욕구를 터놓고 치료자와 말할 수 있을 때, 치료시간에서의 이런 욕구는 논의 주제가 될 수 있습니다. 논의를 통해 환자와 치료자가 대인관계에 대해 건강한 어른의 수준에서 논의할 수 있는 기회를 제공받게 됩니다. 심각한 정신병리를 앓고 있는 환자들은 보통 이 지점에서 어려움을 보이지만, 이는 학습을 통해 습득할 수 있는 능력입니다. 환자는 치료자를 향한 자신의 그리움이 문제라고 느끼기도 합니다. "지난 일요일에 가장 최근 심상 각본수정 연습을 녹음한 테이프를 들었을 때, 기분이 나빠졌어요. 솔직히 선생님에게 화가 났는데, 현실에서 선생님은 선생님의 가족과 함께 즐거운 시간을 보내고 있는 동안, 저에게는 이 끔찍한 테이프밖에 없었으니까요." 이런 경우, 치료자는 한편으로는 환자의 애착 욕구를 인정하며, "당신이 외로움을 느꼈다는 것을 충분히 이해할 수 있을 것 같습니다. 저의 가족과 같은 건강한 가족과 함께 살게 된다면 그것은 분명히 멋진 일일 것입니다." 그리고 치료적 관계의 현실적 한계를 명확히 강조하여 설명해야 합니다. "불행하게도 저는 당신에게 그런 건강한 가족을 직접 제공해 줄 수는 없습니다. 당신이 심리적으로 충분히 성숙해져서 자신의 건강한 가족을 만들 수 있는 기회가 더 많아지도록 제가 도울 수 있기를 바랍니다."

(5) 어떤 치료자들은 심상 각본수정 연습 중에 경계성 성격장애 환자에게 강렬한 관계를 제공하는 것에 본능적인 불편감을 느끼기도 합니다. 이러한 치료자들이 자신의 직감에 따라 스스로 편안하게 느낄 수 있는 정도의 치료적 관계만 제공하면 안 되나요?

심상 각본수정 연습의 내용을 면밀히 검토하는 작업이 분명히 중요합니다. 심상 각본수정 연습은 환자의 취약한 아이 양식을 돌보기 위한 목적이 있습니다. 심상 각본수정 연습 중 환자에게 제공하는 애착과 친밀감은 환자의 취약한 아이 양식에 맞춰야 합니다. 환자의 어린아이 양식에게 제공할 모든 것을 그 과정에서 제공해야 하며, 포옹하고 보호해 주는 것도 포함합니다. 가족이 아이에게 안전하지 않을 경우, 이에 대한 대안적인 가족을 제공하는 것도 포함합니다. 치료적으로 제공하는 것들을 환자의 건강한 어른 양식과의 관계에 초점을 맞춰서는 안 됩니다. 당연히 그 어떤 종류의 성적인 친밀함도 용납되지 않습니다.

심상 각본수정 연습의 목표는 환자의 취약한 아이 양식으로 하여금 더 강한 안전함을 느끼게 하고 건강한 애착을 증진시키는 것입니다. 환자의 아이 양식이 느끼는 욕구의 방향이 치료의 진행을 인도하게 됩니다. 환자의 아이 양식이 반드시 치료자와 함께할 때만 안전함을 느낀다면, 환자는 심상 각본수정 연습에서 이런 경험을 해야 합니다. 치료자 자신의 개인적인 선호에 따라 심상을 유도하도록 허용하지 않습니다. 그보다 환자의 아이 양식의 욕구에 따라 유도되는 심상을 따라가도록 권장합니다. 심상 각본수정 연습은 매우 강력한 치료적 잠재력을 가진 치료 기법으로서 가능한 한 효과적으로 사용해야 합니다. 환자의 아이 양식을 치료자의 (가상의) 가족으로 데려가는 것을 포함한 몇몇의 구성 요소가 치료의 긍정적인 결과에 필수적인 것이며, 치료자는 이러한 기법을 사용할 준비가 되어 있어야 합니다. 치료자의 집과 가족은 가상을 통해 제공할 수 있습니다.

심상 각본수정 연습에서 환자가 취약한 아이 양식에게 치료자의 (가상의)

가족과 집을 제공하는 것을 주저한다면, 먼저 치료자가 시도해 보기를 제안합니다. 환자의 경우와 마찬가지로 치료자도 이런 치료 기법에 익숙해져야 합니다. 처음에는 어색하게 느껴질 수 있습니다. 여러 환자에게 강한 재양육의 경험을 제공하면서 심상 각본수정 연습의 치료들을 진행한 뒤, 치료자는 심상 각본수정 연습의 기법들을 좀 더 편하게 느끼기 시작합니다. 심상 각본수정 연습에서 환자에게 치료자의 (가상의) 가족과 집을 제공할 때, 치료자의 심리적 한계가 침해당하는 것 같은 느낌을 받기도 합니다. 치료자가 심상 각본수정 연습을 지속적으로 경험하면서, '다른 것들과 마찬가지로 치료 작업이라는 것'을 깨달으면서 점차 사라질 것입니다.

치료자가 이런 치료 작업을 시도조차 해 볼 수 없다는 느낌이 들거나, 여러 차례의 치료적 시도에도 불구하고 여전히 불편한 느낌이 들면, 느끼는 불편함의 원인을 이해하기 위해 노력해 봐야 합니다. 치료자가 심상 각본수정 연습 속에서 환자에게 제공하는 것과 동일한 (또는 최소한 치료자가 보통의 치료적 관계에서 제공하는 정도보다 훨씬 더 많은) 요소들을 현실에서도 환자에게 제공해야 할 것 같은 심리적 압박감을 느낄 수도 있습니다. 올바르지 않은 생각이고, 자신에게 내재한 죄책감을 유발하는 부모 양식이 나타난 것일 수도 있습니다. 치료적 관계의 한계는 심상 각본수정 연습의 내용에 달려 있지는 않습니다!

치료자가 치료적 관계에 대해 심리도식치료와는 다른 안내 기준을 제시하는 치료 모델로 훈련되어 왔기 때문에 불편함을 느끼는 경우도 있습니다. 환자의 취약한 아이 양식을 치료자의 가족에게 데려오는 것과 같은 심상 각본수정 연습의 구성 요소들은 (치료자가 이전에 훈련받은) 다른 치료 모델의 규범과 충돌을 일으킬 수도 있습니다. 치료자는 일상의 치료 지침의 어떤 부분을 바꾸어 심리도식치료의 지침을 받아들일 의지가 있는지를 판단해서 이에 따른 결정을 내려야 합니다.

(6) 심상 각본수정 연습에서 안전지대 심상을 반드시 사용해야 하나요?

많은 치료자가 안전지대 심상을 이용하는 작업을 선호하고 심상 각본수정 연습 과정에서 많이 사용합니다. 안전지대 심상은 치료 작업의 시작과 또한/또는 마침 부분에서 사용할 수 있습니다. 저자들의 시각에서는 사실 불필요합니다. 환자가 더욱 혼란스러운 상태일수록 사실 안전지대 심상이 다급히 필요한데, 안전지대 심상을 발달시키기가 어렵습니다. 경계성 성격장애를 앓고 있는 많은 환자가 안전지대 심상을 확보하는 것은 거의 불가능하다고 볼 수 있습니다. 치료의 시작 시점에서는 그렇습니다. 이런 경우에는 안전지대 심상을 사용하지 않습니다. 심상 각본수정 연습의 종결 시점에 환자의 긍정적이고 안전한 느낌을 강화시키기 위해 치료자로서 할 수 있는 모든 것을 해야 합니다. 심상 각본수정 연습 자체가 (그리고 심리치료 과정 전반이) 환자에게 안전지대가 되어 갑니다.

(7) 치료자로서 심상 장면에서 환자의 아이 양식을 어떻게 다루나요?

실제 어린아이에게 하듯이 항상 환자의 아이 양식을 격식 없이 대합니다. 평소에 환자에게 존대를 한다면, 심상 작업 과정에서 환자의 아이 양식과 이야기할 때는 아이를 부르듯이 이름을 불러야 합니다. 상황에 따라 격식에 맞추어 언어를 구분하여 사용하면, 환자의 취약한 아이 양식과 말할 때에는 격식 없이 말하는 형식이 적절합니다.

(8) 언제 실제로 심상 작업을 시작할 수 있나요? 시작하기 전에 치료적 관계 자체에 대해 얼마나 많은 사전 작업을 수행해야 하나요?

기본적인 규칙은 심상 각본수정 연습을 가능한 한 빨리 시작하라는 것입니다. 심상 각본수정 연습이 치료 초반에 도입될수록 환자는 이 기법에 좀 더 빨리 익숙해집니다. 치료의 두 번째나 세 번째 시간에 진단적 심상 작업을 사용할 수 있습니다. 심리도식 모델에 대한 파악과 개념 정립이 완료되기만 하면, 치료적인 심상 각본수정 연습도 치료 초반에 제공해야 합니다.

환자의 강력한 대처 양식이 환자의 감정에 대한 접근을 차단하면, 보다 심각한 정신질환을 앓고 있는 많은 환자는 심상 각본수정 연습을 치료 초반에 받아들이지 않고, 작업하지도 않으려 합니다. 환자의 대처 양식에 대해 먼저 치료적으로 다루는 것이 필요합니다. 시간이 많이 걸리는 작업이 될 수 있습니다. 경계성 성격장애 환자의 경우에는 일 년까지도 소요될 수 있습니다 (Arntz & van Genderen, 2009).

환자들의 경우, 심상 기법은 보다 천천히 단계적으로 치료회기에 도입할 수 있습니다. 환자들은 아마도 처음 몇 번의 심상 작업 과정에서는 눈을 뜬 채로 있고 싶어 할 것입니다. 치료자가 시간 제한을 결정합니다. 최대 10분 동안 시행하는 것으로 시간을 정하고 심상 작업을 시작하는 것입니다. 치료자는 긍정적인 심상(심상 작업의 첫 부분에 대해서는 환자와 치료자가 말로 논의한 후, 심상 각본수정 연습의 최종 장면만을 심상으로 그려 보는 식)에 초점을 두고, 심상 작업을 시작합니다. 환자가 심상 기법에 점점 더 친숙해질수록 단계적으로 정식 심상 각본수정 연습을 치료 과정으로 옮겨 올 수 있게 됩니다.

(9) 환자가 심상 작업을 아예 거부하는 경우에는 어떻게 해야 하나요?

먼저, 환자가 심상 각본수정 기법의 원리를 이해했는지 명확히 확인해야 합니다. 환자들은 이전의 치료 과정에서 심상 각본수정 연습을 하면서 이상한 경험을 했다고 보고하기도 합니다. 환자들은 (암묵적으로) 심상 작업이 많은 감정 작업을 요하지만, 자신의 감정이 변화하지 않는다는 생각을 품고 있기도 합니다. 환자가 스스로의 감정 경험을 매우 힘들어할 경우, 제한 없이 감정을 다루는 작업에 대해 예민하게 반응하는 것은 이해할 만한 반응입니다. 환자가 이전 치료 과정에서 심상 각본수정 연습을 수행하면서 겪은 이상한 경험이 있다면, 환자가 심상 각본수정 연습에서 이루어지는 감정 다루기에 대해 가지고 있는 부정확한 개념을 환자와 치료자가 함께 논의해야 합니다. 심리도식치료에서 사용하는 심상 각본수정 연습을 좀 더 전반적으로 자세히 환자에게 설명해야 합니다.

이전에 기술한 것처럼 환자가 심상 작업을 거부하는 특별한 이유를 발견할 수 없는 경우나 심상 각본수정 연습을 환자가 거부하는 경우는 분리된 보호자 양식의 일부로 간주해야 합니다. 환자는 강렬한 감정 경험을 두려워하고 있고, 스스로를 보호할 필요를 느낀다고 가정해야 합니다. 분리된 보호자 양식을 다루는 심리도식치료의 기본 원리들을 적용합니다(5장 참조). 치료자는 환자의 불안감을 면밀히 평가해야 합니다. 환자가 특정한 기억에 관련된 심상을 두려워한다면, 심상 각본수정 연습은 '좀 더 견디기 쉬운' 심상으로 시작해서, 단계적으로 치료 과정 중에 소개할 수 있습니다. 불신이 심한 환자는 심상 각본수정 연습을 수행하는 동안, 실제로 외상을 입을 수 있다고 생각하기도 합니다. 치료자가 실제로 자신을 공격할 수 있다는 걱정이나 자신이 눈을 감자마자 나쁜 사람이 치료실 안으로 들어올 것이라는 걱정, 이런 상황에서 어떻게 하면 환자가 더 안전함을 느낄 수 있는지에 대해 환자와 치료자가 함께 논의해야 합니다. 치료자는 치료시간 동안 치료실의 문을 잠글 수도 있고, 환자가 눈을 뜬 상태로 심상 각본수정 연습을 진행할 수도 있을 것입니다. 환자가 눈을 감고 감정 경험을 진행하는 모습을 치료자가 바라보고 있을 것이라는 생각에 부끄러워한다면, 치료자도 눈을 감은 상태로 심상 각본수정 연습을 진행하거나 환자와 등을 마주보는 자세로 앉아서 심상 각본수정 연습을 진행할 수도 있습니다.

환자들은 치료적 재양육을 함께 시행하는 심상 각본수정 연습을 마친 후 자신의 처벌하는 부모 양식이 '앙갚음'을 할까 봐 두려워합니다. 이런 걱정을 치료자는 심각하게 받아들이고, 적절한 해결책을 논의해서 심상 작업을 마친 후 몇 시간이 지나서 환자와 짧은 전화 통화 또는 이메일 주고받기를 하거나 환자의 처벌하는 부모 양식에 맞서는 내용의 음성 메시지를 녹음하는 등의 방안을 준비할 수 있습니다.

치료자는 매우 저항적인 사례에서만 혹은 매우 위태로운 상태의 환자에게 만(예를 들면, 쏟아지는 심상 속에서 갈피를 잃은 환자) 심상 각본수정 연습 없이 심리도식치료를 시행한다는 발상을 받아들일 수 있습니다. 심상 각본수정 연습은 매우 효과적인 치료 기법이고 쉽게 포기해서는 안 됩니다. 어떤 경우 에는 심상 각본수정 연습보다 드라마 기법이 더 좋은 치료 효과를 나타내기 도 했습니다. 어떠한 이유로는 환자들이 심상 작업보다는 드라마 기법에 좀 더 잘 반응하고, 드라마 기법이 심상 각본수정 연습에 대한 좋은 대안이 됩 니다(Arntz & Weertman, 1999). 정서중심 기법을 피하려 하는 것이 환자뿐만 아니라, 치료자도 그러할 수 있음을 기억해야 합니다. 치료자와 환자가 함께 심상 각본수정 기법에 대해 회피 행동을 보이지 않도록 주의해야 합니다.

(10) 심상 각본수정 연습을 하는 동안 환자가 스트레스를 견디지 못하고 심리적으로 무너져 내릴 위험은 얼마나 되나요? 환자가 서로 다른 종류의 감정들에 완전히 휩쓸려 버릴 수도 있나요?

덜 구조화된 형태로 이루어진 예전의 정서중심 기법들은 게슈탈트 치료처 럼 감정적으로 불안정한 환자들이 심리적으로 무너져 내릴 수 있는 위험을 가지고 있었습니다. 이런 치료 기법들은 심각한 심리적 외상을 입은 환자들 에게는 최근까지 추천하지 않았습니다. 심상 각본수정 연습에서 감정 경험 을 다루는 과정은 매우 구조화되어 있고 치료자가 안내하는 과정입니다. 치 료자는 지속적으로 아이 양식의 감정과 욕구를 질문함으로써 환자의 감정을 감찰합니다. 공포를 일으키는 가해자와 맞서 싸우는 것(치료자의 도움 속에서 시행하는)이 심상 각본수정 연습에서 필수적입니다. 치료자의 안내 없이는 외상 기억에 의해 환자의 심리 상태가 불안정해질 수 있는 위험성이 높아질 것입니다. 보통 환자의 처벌하는 부모 양식(이와 관련된 자기 혐오와 만성적으 로 지속되는 위협감)이 매우 강력한 힘을 발휘하기 때문입니다. 심상 각본수 정 연습에서 환자를 안내하는 치료자는 환자의 처벌하는 부모 양식의 활동반경을 명확하게 제한해야 합니다. 환자가 위협감을 느끼게 되는 즉시, 치료자는 능동적으로 강력한 심상 각본수정 연습을 시작합니다. 필요할 경우, 무기나 경찰관 등의 도구로 표현되는 폭력성을 동원해서라도 그렇게 해야 합니다. 심상 각본수정 연습에는 단 하나의 규칙만이 있습니다. 환자의 처벌하는 부모 양식과 맞서 싸울 때, 치료자가 항상 승자가 되어야만 한다는 것입니다! 그다음으로 중요한 것은 환자의 취약한 아이 양식을 달래고 편안하게 만들어 주는 것입니다. 이를 통해 환자가 더욱 강해지고, 환자의 처벌하는 부모 양식은 더욱 약화됩니다. 치료자가 심상 각본수정 연습의 권고 사항을 준수한다면, 환자의 감정을 다루는 과정이 적절한 통제를 유지할 수 있을 것이며, 환자는 부정적인 감정에 압도되어 심리적으로 무너지지 않을 것입니다.

더 큰 문제는 환자의 심리적 붕괴가 아니라, 강력한 감정 경험에 대한 회피입니다. 심리적 불안정이 심한 환자들은 보통 분리된 보호자 양식을 강력하게 사용합니다. 심상 각본수정 연습에서 환자가 자신의 심리적 상황을 세밀하게 (부적절한 세부 사항을 포함하여) 묘사할 때, 이러한 대처 양식이 활성화되어 환자는 반복적으로 눈을 뜨기도 하고, 감정이 고조될 때 해리 상태에 빠지기도 하는 등의 모습을 보입니다. 보통 치료자에게 가장 힘든 과제는 환자가 심리적으로 무너지는 것을 피하는 것이 아니라, 자신의 감정에 지속적으로 집중하면서 심상 각본수정 연습을 지속하도록 격려하는 것입니다.

(11) 환자가 정신과 약물을 처방받고 있을 때, 심상 각본수정 연습을 어떻게 진행하면 되나요?

벤조다이아제핀과 진정을 유도할 수 있는 항정신병 약물과 같은 정신과 약물들은 강력한 감정을 억제합니다. 환자가 진정이 되었을 때, 심상 각본수정 연습의 효과는 약화되거나 전혀 효과가 없어질 수도 있습니다. 기센-블루 등(Giesen-Bloo et al., 2006)은 환자가 심리도식치료 이외에 추가적으로 정신과 약물을 처방받아 복용할 때, 경계성 성격장애 환자의 치료에서 심리 도식치료의 효과가 감소했다는 결과를 발견했습니다. 임상적인 관점에서, 복용하면 진정이 되는 정신과 약물을 투여받은 상태에서 심상 각본수정 연습을 하면 환자의 감정 경험이 더 이상 강렬하지 않게 된 것 때문일 수 있습니다. 이런 가설은 아직 무작위로 대조 임상시험을 통해서 검증된 바는 없습니다.

(12) 다양한 외상 기억을 가지고 있는 환자를 어떻게 치료해야 하나요?

심각한 정신병리를 앓고 있는 환자들은 자신의 다양한 심상 상황과 각기 다른 감정들에 초점을 맞춘 많은 회기의 심상 각본수정 연습 시행이 필요합니다. 제인(75~76쪽 참조)은 다양한 문제가 되는 어린 시절의 기억들을 보고했습니다. 그녀의 어머니는 어려운 가족 내 환경으로 인해, 과도하게 스트레스를 받은 탓에 차갑고 제인을 무시하는 경향을 보였습니다. 제인의 아버지는 술에 취하면 언어 폭력을 일삼았습니다. 같은 반 친구들은 제인이 뚱뚱하다며 따돌렸습니다.

환자와 치료자는 심상 각본수정 연습을 통해 치료해야 하는 상황들을 목록으로 정리할 수 있습니다. 치료자는 덜 심각한 상황에서부터 접근을 시작해서 환자의 선호도에 따라 순서대로 치료를 진행합니다.

(13) 감정의 다리를 통해 행복한 어린 시절 기억의 심상으로 연결되는 심상 작업은 무엇을 의미하나요?

때로 감정의 다리를 건너서 환자의 마음속에 떠오르는 어린 시절의 심상이 부정적인 내용이 아닌 경우가 있습니다. 심지어 심상 작업이 처음에는 부정적인 감정으로부터 시작된 경우에도 그럴 수 있습니다. 이런 현상의 한 가지 간단한 이유는, 처음 심상 작업의 대상이 되었던 문제 상황이 일으킨 부적 감정 효과가 전적으로 그 상황 자체로만 설명이 가능하고, 환자의 삶의 방식과는 관련이 없기 때문일 것입니다. 또한 심상 각본수정 연습과 같은 치료적 중재의 적절한 대상이 아니기 때문일 것입니다.

때로는 현재의 문제가 환자의 삶의 방식과 명백히 연결되어 있는 경우에도 감정의 다리를 건너 행복한 심상이 떠오르는 경우가 있습니다. 심상 각본수정 연습이 아마도 적절한 치료적 개입이 될 수 있지만, 그전에 환자에게 떠오른 행복한 심상의 의미를 찾아내야 합니다. 저자들의 연구 결과들을 보면, 행복한 어린 시절의 상황은 종종 환자의 취약한 아이 양식보다는 대처 양식의 활성화를 보여 주는 것입니다. 이와 같은 대처 양식 활성화에 대해서 치료자와 환자가 함께 논의할 필요가 있습니다. 치료자로서 직접적으로 환자에게 '머릿속에 떠오르는 행복한 심상이 하나의 대처 양식이었던 것인지'를 물어볼 수도 있습니다. 또는 환자의 대처 양식을 찾아내기 위해서 심상 속의 상황을 더 탐색할 수도 있습니다. 치료자로서 환자에게 지금 무엇을 하고 싶은지 물어볼 수도 있고, 심상 속의 상황을 떠나 현재의 심상 속에는 없는 환자의 부모상과 접촉해 볼 것을 제안할 수도 있습니다. 치료자가 이런 심상 제안 혹은 치료를 진행하면서 환자의 감정이 변화하고, 결국에는 환자의 취약한 아이 양식이 활성화될 것입니다.

사례 어린 시절 기억의 심상 속 상황에 대처하기

사례 1: 자기희생

38세의 의사인 시몬은 학회 참석을 위해 여행할 때에 종종 자신의 가족의 안전에 대해 두려움을 느낀다. 이 두려움을 자신이 어린 시절 집의 거실에 있는 모습으로 심상화한다. 어머니도 함께 있다. 전반적인 분위기는 평화롭다. 어린 시몬은 강렬한 감정을 경험하고 있지 않다. 현재의 감정적 문제와 관련된 공포는 나타나지 않고 있다. 치료자는 지금 심상 작업 속에서 무슨 일이 일어나고 있는지를 이해하기 위해서 장면 전환을 제안한다. 치료자는 심상 속 어린 시몬에게 지금 무엇을 하고 싶은지 묻는다. 어린 시몬은 밖에 나가 정원에서 놀고 싶다고 말

한다. 날씨가 너무 좋았기 때문이다. 치료자는 어린 시몬에게 그렇게 할 것을 요청한다. 어린 시몬은 집을 나서자 불안감이 엄습한다. 감정적으로 불안정하고 만성적으로 우울한 어머니가 시몬이 집을 비운 동안에 기분이 나빠지거나 심지어 자해 행동을 할까 봐 어린 시몬은 겁에 질린다. 어머니 감정을 잘 맞추어 주지 못하는 것에 대해 심한 책임감을 느낀다. 심상 작업에서 심상의 전환은 환자의 아이 양식이 집에 어머니와 머무르며 어머니를 돌보는 가운데 고착화되었다는 것을 보여 준다. 이런 대처 양식을 방해하면 불안감이 엄습한다. 이런 양상이 어른인 현재의 시몬이 가족들에 대해 느끼는 공포의 양상과 닮아 있다. 어린 시절 시몬의 상황 대처는 자기희생적 대처를 반영한다. 이런 자기희생적 대처 양식이 현재 삶 속에서도 중요한 역할을 하고 있다.

사례 2: 사회적 철퇴와 자위

만성적인 섭식장애(식욕부진과 폭식), 알코올 남용, 경계성 성격장애를 앓고 있는 44세의 환자인 바바라는 최근에 와서 불공평한 대우를 받았고 거부당했다고 느꼈다. 이런 느낌에 대처하기 위해 술을 마셨고, 음주는 과식으로 이어졌다. 이런 감정으로 시작한 심상 작업에서 바바라는 열 살의 소녀인 그녀가 침대에서 뒹굴거리고 있는 것을 발견한다. 어린 바바라는 초콜릿을 먹고 있으며 기분이 좋은 상태이다. 치료자는 초콜릿의 심리적 의미를 탐색한다. 어머니가 보관하고 있던 초콜릿을 훔쳐서 한 덩어리 전체를 먹으려 하고 있다는 것이 밝혀진다. '나는 기분이 좋아져야 해.' 어머니가 자신의 도둑질을 발견하고서, 어린 바바라를 호되게 벌주지 않을까를 두려워하고 있다. 음식 섭취가 이미 바바라의 유년기로부터 자위자 대처 양식으로 발달해 온 중요한 요소임을 보여 준다. 어머니를 심상 속에 등장시키고, 심상 작업의 초점을 어머니와 어린 바바라의 상호작용으로 변경하고, 환자의 취약한 아이 양식과 처벌하는 부모 양식이 맞붙게 한다.

(14) 환자가 심상 작업 동안 끊임없이 말할 때 어떻게 대처해야 하나요(예를 들면, 상황과 크게 관련 없는 세부 요소들을 과도하게 설명한다든지)?

첫 번째 심상 작업 시간에 환자들은 이런 치료 기법에 익숙하지 않을 것입니다. 심상 작업 시간에서 자신이 무엇을 해야 하고, 하지 말아야 하는지에 대한 지침이 필요합니다. "치료자인 제가 지금 당신에게 떠오른 심상에 대한 모든 상세한 세부 사항을 다 알 필요는 없습니다. 지금 느끼는 감정이 훨씬 더 중요합니다. 조금 여유를 가지고 지금 심상 속에 실제로 있는 것처럼 생각하면서 지금 느끼는 감정을 더 탐색해 보려고 노력해 보세요. 고맙습니다."

(15) 심상 각본수정 단계에서 치료자가 심상 장면에 등장하는 것을 거부하는 환자의 경우 어떻게 해야 하나요?

환자의 심상 장면으로 진입하는 것에 대해 치료자가 환자의 허락을 구하지 않고 그냥 간단히 등장하면 됩니다. 치료자가 환자에게 허락을 구하려 한다면 승락을 받지 못할 확률이 높습니다. 치료자가 허락을 구하는 절차 없이 심상 장면 속에 직접 등장할 때 오히려 환자는 종종 안도감을 느낄 것입니다.

어떤 환자들은 심상 장면에 치료자가 있다는 생각 자체를 거부할 것입니다. 환자의 이런 거부는 다양한 이유가 있으며, 환자와 치료자가 함께 논의해야 합니다.

가장 좋은 경우는 환자의 건강한 어른 양식이 충분히 강해서 치료자의 도움 없이 심상 각본수정 연습을 수행할 수 있는 경우입니다. 실제로 치료자가 심상 장면에 등장하는 것을 환자가 필요로 하지 않는 상태라면, 심상 장면 속 치료자의 존재는 좀 어색할 것입니다. 심상 작업 중 떠오르는 환자의 어린 시절 심상이 비교적 가벼운 위협만을 포함하고 있는 경우가 있습니다. 이런 경우에 환자의 건강한 어른 양식이 충분히 강하거나, 환자가 별로 크게 혼란스러워하지 않는 경우에도 치료자가 심상에 개입할 필요가 없습니다. 사례에 등장한 시몬은 매우 생활을 잘하고 감정 통제를 잘하는 편이며 미미한 증상들만을 겪고 있을 뿐입니다. 이런 경우, 심상 각본수정 연습에서 치료자가 심상 장면에 등장할 필요가 없습니다. 시몬의 건강한 어른 양식이 상황을 해결할 수 있는 역량을 갖추고 있기 때문입니다.

최악의 경우, 환자는 자신을 제외한 모든 타인에 대한 신뢰가 전혀 없고, 자기 혼자 있는 것을 선호하게 됩니다. 다소 역설적인 이야기이지만, 심상에 떠오른 환자의 어린 시절 상황이 안 좋고 더욱 많은 치료자의 지지가 필요할수록, 환자는 치료자가 심상 장면에 참여하는 것을 더욱 거부하기 때문입니다. 치료자는 환자와 함께 신뢰의 필요성에 대하여 논의해야 하고, 심상 각본수정 장면에서 치료자가 포함될 수 있는 방법을 환자와 함께 찾아내야 합니다. 이런 과정을 통해 환자가 타인을 믿어주는 방법을 배워갈 수 있을 것입니다.

사례 치료자가 심상 각본수정 연습에 참여하는 것을 거부하는 불신에 찬 환자

경계성 성격장애와 반사회성 성격장애를 앓고 있으며 범죄에 연루되어 있는 니콜은(51~52쪽 참조), 어린 니콜이 자신을 과소평가하고 공격적으로 대하는 어머니와 함께 있는 어린 시절의 심상 수정 장면에 치료자가 개입하여 돕는 것을 전혀 원하지 않는다. 강력한 니콜의 거부를 이해하기 위해 치료자와 환자는 짧은 진단적 심상 작업을 시행했다. 그 과정에서 치료자가 환자의 어린 시절 심상에 등장해 봤다. 어린 니콜은 치료자가 나타나자 매우 겁을 먹었다. 치료자의 등장이 어린 시절 아동 보호국에서 방문한 사회복지사를 떠올리게 했기 때문이다. 상황에 문제가 없는지를 확인하기 위해 사회복지사가 때때로 니콜의 집을 방문했다. 아동 보호국과 사회복지사의 의도는 니콜의 가족을 도우려는 것이었고, 그들은 종종 니콜의 어머니를 비난했다. 하지만 사회복지사의 가정 방문은 전혀 도움이 되지 않았다. 모든 가족이 사회복지사 앞에서는 만사에 문제가 없는 것처럼 가장했기 때문이었다. 사회복지사의 방문 후, 자신이 비난받은 것에 대해 울화통 터진 니콜의 어머니는 심리적 안정을 자주 잃었다. 어린 니콜에게 사회복지사의

방문은 도움이 되기보다는 더욱 위험한 일이 되어 버렸다. 어린 시절 심상 장면에 치료자가 등장하는 것과 어린 시절 실제로 사회복지사가 종종 니콜의 집을 방문했던 일 사이의 연관성이 있어서, 니콜이 자신의 심상 각본수정 장면에 제3자가 등장하는 것을 그토록 거부하는 것이다. 일단 니콜과 치료자가 이러한 이유를 이해하고, 이 문제의 해결 방법을 논의한다. 주요 논점은 치료자가 니콜의 어머니를 정중히 대해야 하고, 어머니를 비난하는 것 대신에 적절한 도움을 제공해 주어야 한다는 것이다.

환자의 아이 양식으로 심상 작업을 할 때, 치료자가 환자의 심상 장면에 등장하는 것을 거부하기도 하는데, 이는 환자의 처벌하는 부모 양식이 매우 강하기 때문입니다. 환자들은 심상 장면 속 처벌하는 부모 양식(예를 들면, 학대하는 술 취한 아버지)이 치료자를 해칠까 봐 두려워하거나, 외부의 시선으로부터 잘 보호되고 있는 환자의 가족 상황을 들여다보는 것에 대해 죄책감을 느낍니다. "우리 집에서 무슨 일이 벌어지고 있는지 누구도 알게 해서는 안 돼요." 치료자의 도움을 거절하는 것은 환자의 취약한 아이 양식이라기보다는 환자의 처벌하는 부모 양식이라고 짐작할 수 있습니다. 치료자는 환자의 취약한 아이 양식에게 환자의 처벌하는 부모 양식이 치료자를 적대시하고 있음을 설명하고, 환자로 하여금 처벌하는 부모 양식이 치료자에게 맞서는 말을 하도록 허락해 줄 것을 요청합니다. 환자의 처벌하는 부모 양식이 자신의 말을 하기 시작하면, 치료자와 환자는 함께 처벌하는 부모 양식이 취약한 아이 양식의 욕구에 대해 취하는 태도를 반대합니다. 환자의 처벌하는 부모 양식이 환자의 취약한 아이 양식의 욕구에 대해 과소평가하는 것에 맞서 싸웁니다.

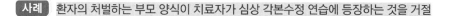

사례 환자의 처벌하는 부모 양식이 치료자가 심상 각본수정 연습에 등장하는 것을 거절

치료자가 환자의 심상 각본수정 연습에서 심상 장면에 등장한다.

환자: 그렇게 하면 기분이 좋을 것 같지만 허락하지 못하겠어요.

치료자: [환자의 거부를 처벌하는 부모 양식과 연결 지으며] 치료자인 제가 당신
을 보호하도록 허락하지 않는다는 것은 폭력적인 아버지의 의견이지요?
이 심상 장면 속에서 아버지가 직접 말하도록 해 줄 수 있나요?

환자: 제 아버지는 말해요. "너는 대체 누구냐? 여기서 뭘 원하는 거냐? 너는 우
리 가족과 상관이 없으니 우리 집에서 나가!"

치료자: [환자의 아버지에게 말한다.] 저는 이 상황을 전혀 다르게 봅니다. 치료
자로서 이 상황에 개입하는 것이 매우 중요합니다. 자신의 어린 딸을 끔
찍하게 위협하고 학대하고 있으며 이런 당신의 행동을 더 이상 용납하지
않을 것입니다.

(16) 심상 작업 중 심상 장면에서는 취약한 아이 양식으로 빠져들다가, 곧
자살 사고를 호소하거나 불평을 멈추지 않는 환자를 어떻게 다루어야
하나요?

환자의 취약한 아이 양식이 겪고 있는 고통을 평가하는 것이 중요합니다.
많은 경우에 환자의 아이 양식의 상태를 평가하고, 환자의 처벌하는 부모 양
식과 맞서 싸우는 것이 환자의 아이 양식을 진정시키고 긍정적 감정을 키워
나가는 데 첫걸음이 됩니다. 이런 선택이 가능하지 않은 경우도 있습니다.
환자의 취약한 아이 양식이 마음을 열지 않고, 더 극심하게는 자살이나 자해
를 하는 방향으로 흐르고, 불평을 멈추지 않거나 매우 비관적인 상태에 고착
되어 있는 것처럼 보일 때도 있기 때문입니다. 순종하는 굴복자 양식과 또
한/또는 회피하는 대처 양식을 사용하는 환자에게서 나타나는 전형적인 모
습입니다. 이런 환자들은 심상 각본수정 연습 상황에서 자신의 욕구에 대한

인정을 회피합니다. 문제를 해결하고 치료 작업을 지속하기 위해 치료자는 반드시 환자의 대처 양식을 간략히 다루어야 합니다. 문제 상황에 대한 긍정적인 해법을 발달시키는 것이 심상 각본수정 연습의 가장 중요한 부분임을 환자에게 빠르게 설명하는 것이 가장 적합합니다. 보통 심상 작업을 수행하는 도중에 환자에게 짧은 설명을 해 줍니다. 환자의 아이 양식이 너무 굳건하여 심상 각본수정 작업의 진행이 원활하지 않을 경우, 치료자는 심상 작업을 잠시 중단합니다. 환자의 문제에 대한 긍정적인 해법을 찾아내는 데에는 환자와 치료자의 협조가 필수적임을 설명해야 합니다. 환자 자신의 (의존적이거나/회피적인) 심리 장벽을 돌아서 지나가는 것을 의미합니다. 이 정도의 설명으로 충분하고, 환자가 치료적 개입 과정을 더 건설적으로 지속할 수 있게 됩니다. 대처 양식을 포기할 수 있는 환자만이 심상 작업을 시작할 수 있음을 명심하기 바랍니다. 이런 환자들은 치료 작업을 진행하는 도중에 자신의 대처 양식으로 인해 어려움이 생겨도 치료 작업을 보통 지속해 나갈 수 있습니다.

(17) 심상 각본수정 연습에 극단적인 행동(예를 들면, 가해자를 살해하거나)을 포함하는 것에 대해 처음에는 환자가 동의했다가 곧 다시 이런 극단적인 행동이 싫다고 말하면 어떻게 하나요?

심상 각본수정 연습은 매우 창조적인 기법입니다. 어떤 해법도 시도할 수 있습니다. 환자가 이런 해법을 좋아하지 않는 경우, 치료자는 다른 해법을 찾아보면 됩니다(심상 장면의 테이프를 처음으로 되감는다). 환자는 심상 각본수정 연습에서 특정한 부분이 자신에게 불편했다고 작업이 끝난 다음에서야 말하기도 합니다. 다음 치료시간에 동일한 심상 장면에 대한 또 다른 종결을 포함하는 새로운 심상 각본수정 연습을 진행할 수 있도록 일정을 잡아야 합니다. 환자가 치료 작업을 진행하는 도중에 자신의 불편함을 말하는 편이 더 수월합니다. 치료자는 '심상 장면의 테이프를 되감고' 환자가 불편해지기 시작한 지점으로 되돌아가서, 또 다른 해법을 시도해 보면 됩니다(237쪽 '심상 장면의 테이프를 되감기' 사례 참조).

(18) 때로는 환자의 기억 속 심상의 환자가 아이가 아니라 청소년일 때가 있습니다. 청소년 양식의 환자에게 치료적 재양육을 제공하는 것도 적절한 것인가요?

심상 각본수정 연습은 기본적으로 어떤 종류의 감정 문제에도 사용할 수 있습니다. 심상을 통해 대변하는 특정한 심리 문제 자체에 치료로 화답하는 것이 가장 중요합니다. 대인관계 문제나 감정 문제들은 자율성의 문제와 관련이 있고, 애착의 부족과 안전함의 부재와는 덜 관련되어 있기도 합니다. 기억의 심상은 위협하는 부모 양식이 아니라, 청소년으로서 환자의 건강한 자율성을 가로막는 부모의 모습(예를 들면, 과보호하는 어머니)입니다. 환자의 중심이 되고 충족되지 못한 욕구는 애착이 아니라 자율성과 독립성이 됩니다. 치료자는(혹은 건강한 어른 양식을 모델링하는 다른 인물은) 자율성을 형성하고자 하는 청소년의 욕구에 초점을 맞춰야 합니다. 심상 장면 속에서 환자의 과보호하는 어머니와 이 주제에 대하여 논의할 수 있고, 환자의 청소년 양식으로 하여금 자기 자신의 길을 가고 자유로움과 독립감을 느끼는 심상을 창조하도록 안내해야 합니다.

(19) 기술적인 질문: 녹음 파일을 어떻게 만드나요?

많은 MP3 재생 기기나 핸드폰은 녹음 기능을 가지고 있어서 기기를 이용해서 파일을 청취할 수도 있고, 녹음할 수도 있습니다. 기기들마다 다르겠지만, 대부분의 기기는 저렴한 편입니다. 어떤 환자들은 치료시간을 녹음하기 위한 목적으로 MP3 기기를 별도로 구매합니다. 대부분의 휴대폰도 녹음 기능을 갖고 있습니다. 보통 환자들이 휴대폰에서 녹음 기능을 찾아 달라고 묻기도 하는데, 환자들의 휴대폰에는 보통 녹음 기능이 있고, 환자가 없다고

생각하는 경우에도 대부분 핸드폰에는 있는 경우가 많습니다. 대부분의 사
람은 언제나 휴대폰을 소지하고 다니므로 환자는 치료시간에 녹음한 소리
파일을 소지한 채로 생활하게 될 것입니다.

CHAPTER 07

성난 아이와 충동적인 아이 양식 치료하기

울화통 터진, 성난, 훈육 안 된 그리고 충동적인 아이 양식은 두 개의 범주로 나눌 수 있다. 이들 사이에는 얼마간의 중첩도 존재한다. 성난 또는 울화통 터진 아이 양식은 분노가 전면에 나타나고 강하며 때로는 통제할 수 없는 '뜨거운' 감정이 동반되는 상태를 표현한다. 충동적이고 훈육 안 된 아이 양식이 활성화된 환자들은 자신의 욕구에 과도하게 집중한다. 분노 대신에 만족을 느끼고 싶은 소망(긍정적 감정을 경험하는 것)이 심리도식 양식과 관련되어 있어서 충동적이고 훈육 안 된 아이 양식의 사람들은 행동이 무질서하고, 버릇이 없거나, 충동적이다. 이 두 가지 범주에 관련된 대표적인 감정 경험과 감정들이 〈표 7-1〉에 나와 있다.

환자의 아이 양식이 성난 또는 울화통 터진 아이 양식이나 충동적이고 훈육 안 된 아이 양식 중 어느 부류에 더 가까운가에 따라 치료적 접근 방법이 달라진다. 아이 양식과 관련이 있는 환자의 감정 표현과 그런 감정 표현 뒤에 자리한 환자의 충족되지 않은 욕구를 평가하는 것이 항상 중요하다. 환자는 기존의 방식을 대신해서 감정과 욕구를 표현할 더 적절한 방법을 찾아야 한다. 충동적이고 훈육 안 된 아이 양식의 경우, 환자가 사용하는 심리도식 양식의 무절제하거나 규율 없는 측면을 직면하고, 장기적으로 자신의 행동에 스스로 책임을 지고 최소한 어느 정도는 생활에 규율을 갖추는 것이 중요함을 강조하는 것도 필요하다.

표 7–1 **성난, 충동적, 훈육 안 된 아이 양식과 관련된 대표적인 감정과 정서**

정서	감정	예시
분노	불공평한 대우를 받는다고 느낀다. 좌절감과 분노를 표현한다.	환자는 치료자가 5분 늦은 것에 실망해서 자신의 분노를 말로 표현한다.
격노	환자가 공격적 행동에 대한 통제력을 잃을 수 있다. 극단적인 상황에서 타인들이 다치거나 살해당할 수도 있다. 심각한 공격성을 포함하는 분노라는 감정을 행동으로 옮기는 경향이 지배적이다.	환자를 자극하면 때로는 분노에 눈이 멀어 열 받은 상태에서 자기를 화나게 한 사람을 때리거나 그 사람의 물건을 망가뜨리기도 한다. 나중에는 자기 행동을 후회한다.
충동성	자신의 행동이 장기적으로 자신과 타인에게 미치는 영향을 고려하지 않고 오직 자신의 욕구에 따라 행동한다. 환자들은 '무슨 상관이야?' 하는 식의 일종의 행복감을 느낀다. 때로는 반항심에 이끌리기도 한다.	환자는 상점 쇼윈도에 진열된 신발을 보고 바로 구매하면서 '왜냐하면 난 반드시 이걸 가져야만 하니까.'라고 생각한다. 이미 바닥난 은행 잔고는 신경 쓰지 않는다.
훈육 부재	게으르고 지루한 업무들을 해내도록 자신의 일정을 조절하지 못하고, 의무와 책임에 대해 신경 쓰지 않는다.	환자는 청구서의 요금을 지불하거나 세금 환급을 요청하는 것 등의 일에 대해 무관심하다. 종종 자신의 어머니가 개입해서 환자에게 발생할 수 있는 부정적인 결과들을 막으려 한다. 자신의 행동에 문제가 있는 것을 알지만, '이런 일들로 방해받고 싶지 않아.'라고 생각한다.

고집 불통	타인들은 환자가 종종 화가 나 있다고 느낀다. 행동 수준에서 사고가 꽉 막혀 있고 부정적인 환자들은 대놓고 화를 내지 않고 어떤 일도 하지 않으려 하고 모든 사람을 거부한다. 사고가 꽉 막혀 있는 환자들의 심리도식 양식은 성난 또는 훈육 안 된 아이 양식의 일부일 수 있다.	치료시간에 함께 참석한 환자의 여자친구는 환자와 함께 사는데, 집에 여자친구의 언니가 방문했을 때, 함께 잘 어울릴 수 있는 좋은 방안을 찾고 싶어 한다. 환자가 자신의 언니를 좋아하지 않는 것을 여자친구도 알고 있지만, 여자친구는 서로 잘 지낼 수 있고 환자와 둘 다 수용할 수 있는 타협점을 찾고 싶어 한다. 환자와 이 주제에 대해 이야기하려 할 때마다 환자는 꽁해지고, 입을 다물고, 보란 듯이 등을 돌리고, 어떤 도움이 되는 대화도 하지 않으려 한다.
응석 부림	환자의 훈육 안 된 아이 양식 속에서 버릇없어 보인다.	환자는 정신병원 병동의 규칙을 따르지 않는다. 환자는 타인들이 자신의 욕구를 알아주기를 기대하고, 자신의 일정에 맞춰 주기를 바라는 등 타인들에게 많은 것을 기대한다. 일상생활 속에서 사회적 기준과 규칙을 받아들여야 한다는 것을 이해하지 못하는 훈육 안 된 아이처럼 행동한다.

성난/울화통 터진 아이 양식은 강렬한 '뜨거운' 부정적 감정과 연결되어 있다. 충동적인/훈육 안 된 아이 양식은 규율이 없고, 실제로 버릇없는 모습을 보이며, 긍정적 감정 경험을 추구하는 것에 더 관련이 있다. 성난/울화통 터진 아이 양식을 가진 환자의 경우, 감정을 다루는 치료 작업이 가장 중요하다. 충동적인/훈육 안 된 아이 양식을 가진 환자의 경우, 공감적 직면과 치료적 한계 설정이 필요하다.

1. 치료적 관계

1) 성난/울화통 터진 아이 양식을 가진 환자와의 치료적 관계

환자의 성난/울화통 터진 아이 양식을 다루기 위해서는 양식을 인정하는 것과 치료적 직면 사이의 균형을 유지하는 것이 특별히 중요하다. 이것은 심리도식치료의 중요한 치료 전략 중 하나인 '공감적 직면'의 정의이기도 하다. 성난/울화통 터진 아이 양식과의 치료적 관계에 있어 주요한 규칙들은 다음과 같다.

① 환자의 분노와 격노의 감정을 타당화하라.

② 환자가 성난 감정을 표현해서 겉으로 발산할 수 있도록 허락하라.

③ 취약함, 절망감, 무력감과 같은 환자의 다른 감정들을 고려하라. 환자가 분노 감정을 발산한 후, 이런 감정들이 나타나기도 한다.

④ 환자가 상황에 적절하거나 기대하는 정도보다 약한 강도의 화를 낼 때, 환자가 분노라는 감정을 경험할 수 있도록 돕고 분노 표현을 지지하라.

⑤ 환자가 성난/울화통 터진 아이 양식일 때, 환자의 처벌하는 부모 양식도 활성화될 수 있다는 것을 명심하라. 환자의 처벌하는 부모 양식의 활동을 제한하라.

⑥ 환자의 성난/울화통 터진 아이 양식을 타당화한 뒤, 그 이면에 존재할 역기능적 측면을 환자에게 직면시키라.

⑦ 환자의 처벌하는 부모 양식의 활동을 제한하고, 환자가 분노라는 감정을 적절하게 표현할 수 있도록 격려하라.

(1) 환자의 분노와 격노의 감정을 타당화하고 환기시키기

환자의 성난/울화통 터진 아이 양식이 나올 때, 치료자는 관련된 환자의 감정을 평가하고 환자에게 화가 난 이유를 물어봐야 한다. 치료시간 중에 분노라는 감정이 활성화되는 것은 치료자에 의해 또는 치료기관에 의해 유발된 것일 수 있다. 환자는 화가 나게 된 모든 이유에 대해 표현하고 환기시킬 기회를 가져야 한다. 환자가 화가 난 이유를 한두 가지 정도 말하면, 치료자는 추가적인 다른 이유는 없는지 면밀히 탐색해야 한다. 이전의 경험이 환자를 짜증 나게 하고 화가 나게 했지만, 두려움으로 인해 그런 감정을 억눌렀을 수도 있다. 자신의 내부에 누적된 분노의 감정을 표출하고 환기시키는 것도 중요하다. 분노라는 감정을 표출하고 환기시키면서 보통 환자는 다시 마음의 안정을 되찾고, 분노라는 감정보다 더 취약한 감정들이 드러나게 된다. 이런 치료 기법은 경계성 성격장애를 앓고 있는 환자들에게 특히 중요하다. 이 치료 기법의 더 상세한 기술과 경계성 성격장애 환자들에게 이 치료 기법의 사용이 가지는 의미는 『경계성 성격장애 환자를 위한 스키마 치료 매뉴얼(Schema Therapy for Borderline Personality Disorder』(Arntz & van Genderen, 2009)에서 제시한다.

사례 분노라는 감정을 표출하고 환기시키기

치료자: 스티브 씨, 화가 난 것 같아요. 그 이유를 저에게 말씀해 주실 수 있나요?

스티브: 음, 사실 별로 이야기하고 싶지 않았어요. 제가 항상 선생님을 기다려야 한다는 게 정말 짜증이 나요!

치료자: 오늘 저를 기다려야 했고, 또한 이전에도 마찬가지로 저를 기다리게 했기 때문에 화가 나신 것 같군요. 지금 화가 나는 것과 관련된 또 다른 문제들이 있나요?

스티브: 음, 제가 늦을 때 선생님은 치료시간에 그 문제를 다루면서 죄책감이 들게 해요. 제가 선생님을 기다려야 하는 경우, 선생님은 별로 죄책감을 느

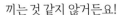

끼는 것 같지 않거든요!

치료자: 스티브 씨가 치료시간에 늦을 때는 치료시간에 늦은 이유를 다루면서 스티브 씨가 죄책감을 느끼고 치료자인 제가 치료시간에 늦었을 때는 제가 비난받지 않고 죄책감을 느끼지 않는 것 같은 상황이 불공평하다고 느끼시는 것 같습니다. 이 밖에도 화나게 하는 다른 문제들이 있나요?

스티브: ······.

(2) 환자의 격노와 처벌하는 부모 양식

분노나 격노의 표현은 환자가 어렸을 때, 허용되지 않았던 것일 수도 있다. 환자의 부모는 환자가 분노와 격노를 표현하면 벌을 줬는데, 공격적으로 벌을 주기도 하고(즉, 신체적 학대를 통해서), 아이를 웃음거리로 만들거나, 사랑을 주지 않거나, 죄책감을 유발시키는 식으로("네가 화를 내면 엄마는 정말 슬퍼져.") 벌을 줬다. 이런 경험을 한 아이들은 어른이 되어서 분노라는 감정을 경험하거나 분노를 표현하게 되면, 자기 내면의 처벌하는 부모 양식이 활성화되어 화를 낸 것에 대해 스스로를 과소평가하거나 스스로를 벌주게 된다. 치료자는 처벌하는 부모 양식을 미리 예상하고 이와 관련된 활동을 제한할 수 있어야 한다. 그러기 위해 치료 과정에서 기본적으로 환자도 화가 날 수 있고 화를 낼 권리가 있음을 공지한다. 욕구가 충족되지 않았을 때, 누구라도 분노라는 감정을 느낄 수 있고, 분노를 표현할 권리를 가지고 있다. 환자가 분노를 느끼는 모든 경우에 상황을 가리지 않고 강렬한 분노의 감정을 표현하도록 제안한다는 것이 아니다. 분노와 격노의 감정이 정상적이고 중요한 감정임을 환자가 이해하도록 돕는 것이 중요하다. 분노와 격노의 감정은 자신의 욕구가 충족되지 않았다는 것을 인식하도록 도와주기 때문이다.

(3) 분노 또는 격노의 과격한 표현에 한계를 설정하기

환자가 분노라는 감정을 과격하게 표현할 때(즉, 환자가 치료자에게 소리 지르고 모욕을 줄 때), 치료자는 자신의 반응을 환자와 나누고 환자의 과격한 분노 표현에 한계를 설정해야 한다. "스티브 씨, 저를 너무 혹독하게 비난하시는군요. 저는 그 비난을 이해할 수 있고 우리의 치료회기에서 자신의 욕구가 만족되지 않을 때, 자신의 권리를 주장하는 것을 높이 평가합니다. 하지만 저를 비난하는 방식은 매우 불쾌감을 줍니다. 모욕을 당했다고 느껴지며 저의 개인적인 반응은 가까운 거리를 유지하기보다는 이 상황에서 물러서서 자신을 당신으로부터 멀리하고 싶어지는군요."

환자가 분노를 표출함으로써 자신을 가라앉힐 수 없거나, 매우 공격적이거나, 치료자를 위협할 경우, 치료 상황에서 환자의 과격한 분노 표현에 한계를 설정하는 것이 중요하다. 치료자가 치료적 한계를 설정했는데도 환자가 스스로를 진정시키지 않는다면, 단계적인 접근이 필요할 수 있다. 울화 통 터진 아이를 치료하는 경우처럼 말이다. 환자가 분개하면 치료실을 잠시 떠나, 예컨대 몇 분 정도 대기실에서 머물면서 스스로 평정을 찾도록 권장할 수 있다. 환자가 다시 평온을 찾은 다음에 치료시간은 재개될 수 있다. 저자들의 경험에 따르면, 환자가 가질 수 있는 감정들을 타당화하는 것과 공감적 직면으로도 충분하다. 치료시간을 잠시 중지하고 환자가 다른 공간에서 자신을 안정시킨 후, 다시 치료를 재개하는 방법은 보통 필요하지 않다. 타당화하는 것과 공감적 직면을 함께 사용하는 방법을 통해 환자의 분노와 격노는 보통 잘 가라앉을 수 있다. 환자의 감정 경험과 연관된 취약성과 무력감 같은 감정에 대한 논의도 순조로이 진행할 수 있다.

사례 처벌하는 부모 양식을 예측하고 제한하기

치료자: 스티브, 자신이 느끼는 분노를 여기서 표현하는 것은 중요해요. 어린 시절에 화를 내면 아버지께서 매우 엄격하게 대하셨다고 말씀하셨어요. 그래서 저에게도 자신의 분노에 대해 표현하려고 할 때 처벌하는 부모 양식이 활성화될 수 있어요.

스티브: [끄덕인다.]

치료자: 분노는 매우 중요한 감정이에요. 그러나 분노를 완전하게 표현하는 것은 힘들 수 있어요. 그러나 이것은 자신에게 이롭지 않기 때문에 분노를 보다 적절하게 표현할 수 있도록 제가 도움을 드리려고 해요. 여기서는 분노를 자유롭게 느끼고 표현할 수 있어요. 자신이 분노를 느끼는 것이 비난 받아야 된다고 말하는 처벌하는 부모 양식은 잘못됐어요!

스티브: …….

(4) 분노의 보다 적절한 표현을 격려하기

환자의 분노를 적절히 인정하고, 환자가 자신의 분노를 잘 표출할 수 있도록 돕고, 분노라는 감정과 관련된 환자의 처벌하는 부모 양식의 활성화에 한계를 설정한다. 그렇더라도 우리는 환자의 분노 표현을 완벽하게 긍정적으로 평가하지는 않는다. 부적절한 방식으로 분노를 표현할 때, 환자는 자신의 분노를 더 적절한 방식으로 표현하는 방법을 배워야 한다. 사회기술 훈련에 집중하는 행동적 기법들이 이런 측면에서 유용하다.

취약한 아이 양식과 연관된 감정(예를 들면, 버림당함, 배척당함, 무가치함 같은 감정들)이 성난 아이 양식의 이면에 숨어 있다. 심리도식치료의 중요한 목표 중 하나는 성난/울화통 터진 아이 양식의 '이면'에 치료적으로 접근할 수 있는 것과 환자의 취약한 아이 양식의 욕구를 충족시켜 주는 것이다. 환자의 취약한 아이 양식이 성난/울화통 터진 아이 양식에 뒤따라 활성화되어 등장할 때, 환자들은 6장에서 기술한 바와 같은 치료적 도움을 받게 된다.

(5) 환자의 울화통 터진 아이 양식과 치료적 관계 맺기

울화통 터진 아이 양식은 실제 치료시간에서는 거의 모습을 드러내지 않는다. 때로 환자들은 울화통 터진 아이 양식과 연관되어 있는 행동들에 대해서 타인과 논쟁을 벌이다가 화를 이기지 못하고 타인에게 자동적으로 물리적 폭력을 행사한 것처럼 말하기도 한다. 치료자가 환자의 이런 행동 문제를 인지하게 되는 때에는 언제든지 이러한 환자의 문제 행동을 제한하는 데 치료의 초점을 맞춰야 한다.

사례 **분노의 보다 적절한 표현 개발하기**

> 치료자: 스티브 씨, 치료자인 저를 기다릴 때 화가 난다는 것은 이해할 만한 일입니다. 제가 치료시간에 늦는 것을 정말로 싫어한다고 이미 저에게 말했는데, 오늘 다시 기다리게 해서 미안합니다. 오늘 바쁜 일정으로 인해 치료시간에 늦었습니다. 그렇다고 해서 당신이 오늘 치료시간에 늦은 저에게 화가 나서는 안 된다는 의미는 아닙니다. 저 자신의 일정을 현실적으로 수행 가능한 수준으로 유지하는 것은 저의 책임이기 때문입니다. 자신의 화를 표현하는 더 좋은 방법을 함께 찾아보는 것이 좋지 않을까요? 자신의 분노 감정을 스스로 무시하려 애쓰고 순종하는 굴복자 양식을 사용하는 것은 좋지 않습니다. 성난 아이 양식의 영향에 따라 과도하게 화를 내며 반응한다면 분노의 표현이 더욱 과해질 것입니다. 화가 나는 감정을 무시하고 순종하는 굴복자 양식을 사용하는 것과 성난 아이 양식의 영향으로 과도하게 화를 표현하는 것 사이에 들어갈 수 있는 더 나은 대안은 무엇이 있을까요? 당신의 건강한 어른 양식은 이에 대해 무엇이라고 말할까요?

사례 환자의 울화통 터진 아이 양식에 치료적 한계 설정하기

　　38세의 알코올 사용장애 환자(현재는 금주 중임)인 폴은 알코올 의존장애를 앓던 극도로 폭력적인 아버지를 두었다. 폴의 아버지는 지금도 살아 계시지만 다른 도시에 사신다. 때로 아버지는 취한 상태로 전화를 해서 굴욕감을 주거나 돈을 요구한다. 이런 일을 당하면 폴은 매우 화가 난다. 만약 자신의 아버지를 직접 만난다면, 과거에 아버지가 자신에게 했던 것처럼 아마 자신도 아버지를 공격할 것 같다고 말한다. 때로 폴은 아버지 집으로 차를 몰고 가고 싶은 강한 충동을 느끼기도 한다. 치료자가 일시적으로 폴의 아버지 집 열쇠를 폴 대신 보관해야만 한다는 것에 치료자와 폴 모두가 동의한다. 분노에 쌓인 자신이 실제로 아버지의 집으로 차를 몰고 가게 될 위험성이 줄어들 것으로 생각한다. 폴과 치료자는 이와 같이 울화통 터진 아이 양식을 다음번 치료의 초점으로 다뤄야 한다는 것에 모두 동의하고 있다. 치료자는 폴이 자신의 분노를 잘 조절할 수 있다고 신뢰할 수 있을 때, 아버지 집 열쇠를 다시 폴에게 돌려줄 것이다.

2) 충동적인/훈육 안 된 아이 양식을 가진 환자와의 치료적 관계

　　앞에 설명한 것처럼 성난/울화통 터진 아이 양식은 자신의 욕구와 느낌을 표현했다가 벌을 받았던 어린 시절의 경험에서 비롯되기도 한다. 충동적인/훈육 안 된 아이 양식은 좀 다른 어린 시절의 경험에 뿌리를 두고 있다. 충동적인/훈육 안 된 아이 양식이 강한 환자들은 어린 시절에 부모들이 버릇없이 키웠다고 말한다. 자신의 행동에 책임지는 것을 배우지 못했다고 한다. 이런 환자들이 때로는 어린 시절에 너무나 버거운 책임을 감당할 수밖에 없었던 경우(예를 들어, 심각하게 편찮으신 부모님과 단둘이 남겨졌다든지)도 있다. 어떤 경우라도 충동적인/훈육 안 된 아이 양식을 보이는 환자들은 자신을 위해서 또는 타인들을 위해서 적절한 책임을 지는 방법을 배우지 못했다. 어떤 환

자들은 성난 아이 양식과 충동적인/훈육 안 된 아이 양식을 함께 가지고 있기도 하다. 두 가지 모두에 해당하는 어린 시절의 경험을 말할 수도 있다(예를 들어, 환자가 어릴 때, 아버지는 술에 취하면 공격적이고 처벌하는 식으로 행동했다. 하지만 술이 깨면 아버지는 취해서 한 행동들에 대해서 미안해하셨고, 아이를 부적절한 방식으로 버릇없이 키웠다). 이러한 경우에, 환자의 충동적인/훈육 안 된 아이 양식은 자신이 받은 학대와 적절한 돌봄이 없었음에 맞서는 반발로 나타난 것으로 이해할 수도 있다. 어린 시절 경험한 학대에 맞서는 행동이 완벽히 이해받을 만하고 정당화할 수 있는 것이지만, 현재 상황에서 환자들이 선택하는 행동은 별로 적절하지 않고 환자의 진정한 욕구를 충족시켜 주지도 못한다는 것을 환자와 함께 확인한다. 환자가 동의한다면 반복적으로 공감적 직면을 통해 환자에게 확인해 주어야 한다.

　다음 목록은 충동적인/훈육 안 된 아이 양식과 치료적 관계에서 필요한 기본적 방략들을 요약한 것이다. 환자를 타당화해 주고 돌보아 주는 것과 더불어 환자의 충동적인/훈육 안 된 아이 양식에 대한 제한적 재양육의 제공을 통해 치료적 한계 설정과 규율의 학습과 같은 다른 측면의 치료 작업을 하는 것에 대해 환자와 일종의 타협(실제 부모의 역할과 매우 비슷한데, 부모도 아이에 대한 돌봄과 지지를 제공하면서도 적절한 도전들과 한계를 설정해야 하므로)에 도달할 수 있다. 이 절에서 환자의 아이 양식이 규율이 없거나, 충동적이거나, 고집이 세거나(이런 경우에는 성난 아이 양식과 훈육 안 된 아이 양식 사이의 어느 중간 지점에 놓여 있다)의 여부에 따라 달라지는 치료적 관계의 독특한 특징들을 논할 것이다. 임상 현장에서는 단순히 훈육 안 된 아이 양식의 환자나 충동적인 아이 양식의 환자보다는 다양한 요소가 뒤섞여 있는 환자들을 더 자주 만나게 된다.

　① 환자의 심리도식 양식에 연결되어 있는 환자의 욕구를 탐색하라.
　② 환자의 욕구를 인정하라.

③ 이런 아이 양식을 사용하면서 발생하는 환자 욕구의 부적절한 충족을 환자에게 직면시키라. 충동적인 아이 양식을 사용하면 행동이 적정선을 지나 '너무 많이' 나아가게 된다. 훈육 안 된 아이 양식은 책임을 회피하고 욕구 충족을 위해 지나친 노력을 쏟는다. 스스로의 욕구를 충족하기 위해 하는 행동이 실제 자신의 욕구를 어느 정도 만족시킬 수 있었는지를 스스로 평가해 보도록 요청한다.

④ 환자가 욕구를 만족시키는 데 있어서 더 건강한 방법들을 보여 주고 가르치라.

⑤ 환자에게 건강한 어른 양식 관점에서 규율을 보여 주고 가르치라.

⑥ 필요하다면 (환자의 행동 중에 잠재적으로 위험한 충동적 행동들에 대해서) 치료적 한계를 설정하라.

(1) 충동성

충동적인 아이 양식은 환자의 쾌락적 욕구(성관계를 갖는 것, 술 마시는 것, 좋은 물건들을 사거나 훔치는 것, 재미있는 일을 하는 것 등)를 위해 주로 작동한다. 쾌락적 욕구를 이해하고 인정하는 것은 쉬운 일이다. 어느 정도의 쾌락주의는 건강하며 즐거운 것이기 때문이다. 모든 사람은 자신의 쾌락적 욕구를 충족시킬 수 있는 최소한의 기회를 가질 수 있어야 한다. 충동적인 아이 양식의 충동성은 잠재적으로 환자 자신과 타인들에게 건강하지 않을 수 있다(안전하지 않은 방식으로 성관계를 하거나, 너무 많은 돈을 쓰거나). 따라서 충동적인 아이 양식에 연결되어 있는 문제들은 반드시 치료할 때에 주목해야 할 부분이고, 치료자는 환자가 더 현실적인(그리고 더 제한적인) 방법으로 쾌락 욕구를 충족하는 방안을 찾을 수 있도록 환자를 도와야 한다. 환자의 충동적인 행동은 자신의 진짜 욕구를 충족해 주지 않는 다른 엉뚱한 행동으로 대체할 가능성이 크다(낯선 사람과의 성관계는 진실한 친밀감과 사랑을 실제로 대체할 수는 없다. 많은 사람과 어울려 놀다가 술에 취하는 것은 진실한 우정을 대체할 수 없다. 물건을 사고 돈을 쓰는 것은 진실로 기쁘게 해 줄 수 없고 삶을 충족시켜 주지도 못한다).

(2) 훈육 부재

훈육 안 된 아이 양식의 중심 목표는 스트레스, 책임, 자신을 화나게 하거나 지루하게 하는 일들을 피하는 것이다. 치료자가 해야 할 일은 환자에게 자신을 화나게 하는 일들과 해야 하는 의무들도 성공적이고 건강한 어른으로서의 삶을 영위하기 위해 감당해야 한다고 설명하는 것이다. 많은 사람이 세금을 내기 싫어해도 이는 필요한 일이다. 훈육 안 된 아이 양식을 다루기 위한 치료의 초점은 행동의 한계를 설정하고, 환자가 자신의 규칙을 개발할 수 있도록 돕는 것이다.

(3) 응석 부림

때로 환자들은 충동적인 아이 양식이 활성화되었을 때, 어린아이처럼 행동한다. 유치하다기보다는 요구하는 행동을 많이 한다. 타인들이나 자신에게 돌아오는 결과와는 상관없이 자신의 욕구를 충족하는 것이 정상이라고 생각하지만, 제멋대로 행동해 놓고 뒤늦게 후회를 한다는 면에서는 완전히 충동적이라 하기 어렵다. 버릇없는 아이 양식은 규율이 없고 쾌락적 욕구에 대한 과도한 강조 등과 관련이 있으며, 눈에 띄게 충동적이거나 훈육 안 된 아이 양식의 경우에서도 마찬가지의 규칙들을 적용할 수 있다.

사례 훈육 안 된 아이 양식을 타당화하고 직면하기

치료자: 과제를 어떻게 했나요?

환자: 이번 주에 두 번 운동하겠다고 선생님과 약속한 것을 알지만 별로 하고 싶지 않았어요.

치료자: 왜 그랬나요?

> 환자: 잘 몰라요, 그냥 일어나서 밖으로 나가서 운동을 할 수가 없었어요.
>
> 치료자: 그 말을 들으니 저는 환자분의 훈육 안 된 아이 양식이 활성화된 것처럼 생각되네요. 부모님이 어릴 적에 규율을 충분히 가르치지 않았다는 것을 이미 함께 논의한 적이 있습니다. 안타깝게도 그것이 지금 큰 문제가 되고 있어요. 과제를 하지 않은 것에 훈육 안 된 아이 양식이 한몫했다고 생각하나요?
>
> 환자: 네, 아마도, 그렇지요.
>
> 치료자: 훈육 안 된 아이 양식이 가지는 장단점이 무엇인 것 같나요?
>
> 환자: 글쎄요, 귀찮은 일들은 안 해요. 장기적인 목표를 실제로는 달성하지 못합니다.
>
> 치료자: 정확히 맞췄습니다! 이런 훈육 안 된 아이 양식이 삶에 미치는 영향을 줄이는 것이 중요하다는 것에 동의하나요?

3) 부연 설명: 고집불통

때로 환자가 겉보기에 마치 화가 난 것처럼 보이지만, 치료자가 아무리 애써도 환자가 자신의 분노를 표출할 수 있는 동기를 부여할 수 없는 경우가 있다. 환자는 신경질적으로 반응하고 치료 진행이 난관을 만난다. 이런 경우, 주 문제는 고집불통일 수 있다. 고집불통인 사람들은 화가 난 것처럼 보이지만 자신의 분노를 표현하려 하지 않는다. 치료자가 환자에게 감정을 표현하도록 격려하면, 환자는 뒤로 물러서고 치료자를 거부한다. 그래서 성난 아이 양식을 위한 치료 전략은 효과를 발휘하지 못한다. 환자가 고집불통이면 치료에 협조하지 않을 것이다. 훈육 안 된 아이 양식을 치료하기 위한 전략들도 환자가 거부하는 성향으로 인해 도움이 되지 못한다.

임상 경험에 따르면, 청소년기에 자신의 자율성이 용납받지 못했거나(예를 들면, 손님이 왔을 때 부모님이 자녀에게도 사생활이 있다는 것을 용납하지 않았다든지), 감정적 압박으로 생활한(예를 들면, 자녀가 자신의 어머니를 비난하면, 어머니가 울기 시작하면서 언쟁을 중단하고 자리를 떠나 자녀가 죄책감을 느끼게 했다든지) 사람들이 심하게 고집불통이다. 고집불통인 환자들은 어떤 치료적 개입도 거부하기 쉽다. 환자의 고집불통인 성품 그 자체에 치료적으로 집중할 것을 제안한다. 그렇게 하려면 치료자는 다음의 사항들을 환자와 함께 다루어야 한다.

① 청소년기에 자신의 자율성을 인정받지 못한 경험을 했거나, 어린 시절이나 청소년기에 감정적 압박감 속에 지낸 사람들은 고집불통처럼 반응하는 것을 배운다. 이런 상황에서 고집불통이 되는 것이 종종 가장 적절한 대응책이 되었기 때문이다. 이런 사람들이 자신의 입장만을 고수하는 뻣뻣한 대인관계 의사소통 패턴을 형성하고 마는 것은 이해할 만한 일이다.

② 대인관계에서 고집불통의 성격은 주로 타인들을 거부하는 것과 관련된다. 고집불통인 사람들은 타인들이 시도하거나 말해 주려 애쓰는 것들을 무엇이든 거부하는 편이다. 타인이 고집불통인 사람에게 가까이 다가가려 시도하면 거부는 더 심해진다.

③ 이런 특성이 고집불통과 다른 감정들을 구분하는 중요한 차이점이다. 슬프거나 불안해하는 사람은 타인들에게 도움을 받을 수 있고(예를 들면, 타인들이 달래 주거나 안전함을 제공함으로써), 긍정적인 경험이 형성된다. 이것은 슬퍼하는 사람이 복잡한 감정을 이겨 낼 수 있도록 도와준다. 고집불통인 사람에게는 상황이 다르다. 스스로의 고집불통인 성품을 바꾸기로 결정한 후에는 타인이 지지와 도움을 제공할 수 있게 된다.

④ 환자가 자신의 고집불통인 성품을 (최소한 한순간만이라도) 포기하고 내면의 좌절감과 화를 치료자와 함께 나누는 것이 환자 자신에게 도움이 된다.

대안적으로 사용 가능한 치료 전략들은 다음과 같다.

① 치료자가 환자의 요구하는/처벌하는 부모 양식이 작동하고 있음을 감지하면, 환자의 부모 양식에 대해서 언급해야 하고 (환자의 동의를 구함 없이) 분노를 표현해야 한다. 치료자는 환자에게 분노를 표현하는 방법을 보여 주고, 환자의 부모 양식에게 화를 내는 것이 안전하다는 것을 보여 줄 수 있다.

② 환자가 특정한 방식의 양육을 받았고, 이로 인해 자신의 좌절감이나 화를 개방적으로 표현할 수 없었다. 지금도 좌절감을 느끼거나 화가 나 있을 수 있다는 것을 치료자가 설명해 주는 것이 치료에 도움이 된다. 환자가 과거에 경험한 학대의 세부 사항을 치료자가 파악하고 있는 것이 도움이 된다.

심리도식 양식 모델에서 고집불통은 '고집 센 아이 양식'과 종종 잘 들어맞는데, 이 양식은 성난 아이 양식과 닮았다. 성난 아이 양식과 같이 고집불통 아이 양식은 욕구와 자율성이 인정받지 못하면 좌절한다. 환자의 고집불통 성품이 너무 끈질기게 지속될 경우와 환자가 새로운 도전에 직면할 때마다 언제나 고집불통의 모습으로 대응하면, 그 환자는 '고집 센 아이 양식' 보다는 '회피하는 보호자 양식'의 심리도식 모델에 더 잘 들어맞는 사례일 것이다. 어떤 경우에서나 환자의 고집불통 성품을 심리도식 양식 모델에 통합하는 방향으로 환자와 함께 논의해야 한다.

훈육 안 된/충동적인 아이 양식과 요구하는 부모 양식 사이의 갈등

요구하는 자기와 관련된 인지('난 이걸 잘 못해.' '나는 스스로를 더 몰아붙여야 해.' '난 더 잘해야만 해.')는 보통 심리도식치료에서 요구하는 부모 양식으로 간주된다. 심리도식치료에서는 이런 요구하는 부모 양식을 줄이려고 한다. 충동적이거나 훈육 안 된 아이 양식이 활성화되는 환자의 경우, 상황이 좀 달라질 수도 있다. 환자에게 요구하는 인지 개념들이 환자의 충동적인/훈육 안 된 아이 양식과 이로 인해 나타나는 사회적인 결과에 대해서 더 현실적이고 건강한 시각으로 보일 수도 있다. '나는 행동 규율이 없는 것이 문제야.' '난 더 노력해야 해.' '이렇게 하면 장기적으로 결과가 좋지 않을 거야.' 등의 문구와 관련된 감정이 반드시 자기처벌적인 것은 아니다. 환자들은 건강한 어른 양식의 관점에서 이런 이야기를 할 것이다. 타인들(부모, 친구들, 동료들, 상사들, 또는 치료자)이 하는 자신에 대한 평가에 스스로를 맞추고 있다는 것을 안다. 환자의 자기요구적이고 타인의 평가에 반응하는 측면을 건강한 어른 양식의 일부분으로 개념화하는 것이 중요하다. 건강한 어른 양식에서 나오는 목소리에 맞서 싸우는 것이 치료의 목표가 되어서는 안 되며, 치료를 통해 이런 목소리를 강화시키면서, 환자의 충동적인/훈육 안 된 아이 양식을 제한하는 것이 치료의 목표가 되어야 한다.

4) 환자가 분노를 표현하지 않을 때의 치료적 관계

성난 아이 양식이 활성화되면 환자들은 분노를 과장되게 표현하기도 한다. 반면, 분노를 표현하기 힘들어하는 환자들을 더욱 자주 만나게 된다. 분노를 표현하는 것이 과장되지 않고 자신이 화가 난다는 것 자체를 알아채지 못한다. 치료자는 종종 역전이를 통해 분노를 경험하고, 환자의 내부에서 분노라는 감정은 완벽히 억제되어 있다. 치료자는 환자도 치료자와 마찬가지로 화가 나 있다고 느낄 수도 있지만, 환자에게 직접적으로 화가 났는지 물어보면 환자는 이를 부정할 것이다. 이런 상황에서라면 화를 내는 것이 당연한 경우에 대해 치료자와 환자가 논의하는 상황에서 자주 일어나는 현상이다(예를 들면, 한 여성 환자가 자신의 남편으로부터 당한 언어 폭력에 대해 이야기하며 "저는 화 안 났어요. 그 사람은 원래 그런 사람이에요."라고 말하는 경우와 같이).

사례 치료자가 보기에 화가 난 것 같은 환자가 스스로는 이를 부인하는 문제

> 환자: [약간 짜증 난 목소리로] 선생님이 주신 과제의 의미를 모르겠어요. 저는 집을 나가기도 어려운데 어떻게 이웃과 이야기를 할 수 있나요?
>
> 치료자: 제가 드린 과제가 부적절하다고 느껴서 저에게 화가 나신 것처럼 들리는군요.
>
> 환자: 화가 났다구요? 전혀 아니에요. 제가 선생님에게 이해받지 못하는 느낌이 들어서 슬픈 거예요.
>
> 치료자: 제가 드린 과제의 '의미를 모르겠다'고 할 때, 약간의 화가 묻어나는 것을 저는 느꼈어요. 사람들은 보통 짜증이 나거나 화가 날 때 이런 표현을 사용하거든요.
>
> 환자: 아니에요, 저는 슬플 뿐이에요.

사례 화를 억제하는 환자의 살아온 배경

> 강박증과 회피성 성격장애와 의존성 성격장애를 앓고 있는 52세의 여성인 에블린은(74~75쪽 참조) 화를 느낄 수 없다. 그녀의 강박 증상은 타인이 그녀에게 지나치게 접근하는 것처럼 행동할 때, 한계를 설정하는 역할을 한다. 남자친구의 행동에 불쾌함을 느끼면 화가 나지는 않지만 강박 증상이 증가한다. 강박 증상을 통해 남자친구의 행동을 조정하거나(예를 들면, 남친이 집에 왔을 때 어디에 앉을지를 지정해 주는 식으로), 남자친구와의 연결을 차단한다(예를 들면, 남자친구가 침대에 들어오는 것을 참을 수 '없다'). 치료자는 타인들이 지나치게 접근하는 것처럼 느껴지는 상황에서 에블린의 대인관계 상호작용 패턴이 매우 수동공격적인 양상을 보인다는 것을 파악하고 에블린의 억눌린 화를 감지하게 된다.
>
> 이런 수동공격적인 대처 양식에 초점을 맞춘 진단적 심상 훈련 과정은 에블린의 현재 상황에서 시작한다. 입원 병동에서 간호사에게 적절한 대우를 받지 못한다고 느끼지만, 화를 느끼지 않고 그 간호사를 무시한다. 이와 관련된 자서전적 심상의 발상지는 어린 에블린이 다섯 살이었을 때이다. 에블린의 어머니는 매우

우울하다. 아버지는 술에 취해서 분노에 차 있고, 에블린과 어머니에게 공격적으로 행동하고 소리친다. 어린 에블린은 학교 생활의 문제에 대해 어머니와 이야기하고 싶었는데, 몇몇 친구가 따돌렸고 이에 화가 나면서도 친구들이 두려웠기 때문이었다. 어머니가 너무 기분이 좋지 않고 남편으로부터 위협을 받고 있었기 때문에, 에블린은 어머니에게 학교 생활의 문제를 이야기할 수 없었다. 어린 에블린이 그녀 자신의 문제를 어머니에게 말해서 어머니를 귀찮게 하면 아마도 어머니는 울기 시작하거나 집을 떠나서 어쩌면 다시는 돌아오지 않을지도 모른다(에블린의 어머니는 가족을 떠나 버리겠다는 말로 종종 위협했다). 더구나, 어린 에블린은 폭력적인 아버지 때문에 겁을 먹었다. 에블린은 아버지에게 총이 있다는 것을 알고 있고, 아버지가 총을 진짜 사용할까 봐 매우 겁에 질려 있다. 이런 자서전적 심상은 에블린이 분노를 표현하는 것을 왜 두려워하는지와 분노라는 감정을 억누르고 피하기 위해 왜 그렇게 노력을 기울이는지를 설명해 준다.

극단적인 분노의 억제는 성난 아이 양식에서 분노를 부적절하게 표현하는 것과 마찬가지로 어린 시절에 분노를 표출한 것에 대해 벌을 받은 환자의 경험과 연관되어 있다. 분노를 표출하는 것은 생명에 위협이 되는 일이었을 수도 있다. 부모나 가족들이 자신의 감정이나 욕구를 표현하면 분노하거나 심한 벌을 줬다. 부모는 종종 심각한 정신병리를 가지고 있었거나, 알코올 관련 문제를 가진 경우가 많다.

이런 경우에는 환자가 분노를 표출하도록 하는 것이 도움이 안 된다. 환자가 어떻게 해야 하는지 모르기 때문이다. 환자가 분노를 표출하도록 격려하고 화를 느끼는 것은 정상적인 것이라는 점을 환자에게 설명한다. 환자가 화가 날 때 이를 스스로 받아들이는 태도를 발달시킬 수 있도록 돕는 것이 치료의 중심 목표가 된다. 치료 상황에서 분노의 감정을 드러낼 때 언제든 환자를 격려해 줘야 한다. 자연스러운 분노의 감정을 환자의 성난 보호자 양식과 구분하는 것이 중요하다. 성난 보호자 양식을 사용하는 환자의 경우, 치

사례 치료 상황에서 분노 표현을 강화하기

> 치료자: 에블린, 당신은 이런 질문들로 더 이상 괴롭힘을 당하고 싶지 않다고 말
> 했어요. 목소리에 화가 담겨 있는 것을 느꼈는데 아주 훌륭합니다! 분노
> 를 표현하는 것을 배우는 것이 중요한데 이것이 쉽지 않다는 것을 우리
> 는 발견했었죠. 어린 시절에는 분노를 표현하는 것이 정말 위험한 일이
> 었기 때문입니다. 분노를 표현하는 방향으로 한 걸음 내딛기 시작했다
> 는 것이 대단한 겁니다. 무엇에 대해서 화가 나는지를 저에게 더 말씀해
> 주세요.

료 상황에서 분노의 표현은 격려하는 것이 아니라 제한해야 한다.

안타깝게도 에블린과 같은 환자들의 배우자는 종종 함께 지내기 힘든 사람들인 경우가 많다. 환자들은 굳이 자신의 부모를 닮은 배우자를 찾아낸다. 예를 들어, 에블린은 폭력적이고 공격적인 알코올 의존증 환자와 15년 이상 결혼 생활을 유지했고 아들도 낳았다. 오래전부터 그와 헤어지려 했지만 실제로 남편과 헤어지려고 하면, 남편이 그녀와 아들을 죽여 버릴까 두려워하면서 수년 동안 지내 왔다. 그런 남편을 떠난 후, 에블린은 또 다른 복잡한 상대를 만났다. 현재 남친은 그녀의 전남편이 그랬던 것과 마찬가지로 알코올 의존증 환자이며 언어 폭력을 일삼는 사람이다. 이런 사람과 함께하는 환자에게는 치료자도 어쩔 수 없이 진심으로 분노를 공개적으로 표현하지 않도록 조언하게 된다. 현재와 같이 공격적인 배우자에게 대놓고 분노를 표출하는 것이 환자에게 위험한 결과로 이어질 수도 있기 때문이다. 이런 환자들은 매우 외롭기 때문에 자신의 배우자를 떠나려는 결심을 하지 못한다. 그래서 이런 환자들이 자신의 분노를 인식하고 표현하는 치료 과정은 매우 작은 변화의 단계를 거치며 아주 오랜 시간이 소요된다.

2. 인지적 기법

인지적 기법은 모든 심리도식 양식의 살아온 배경을 설명하고 논의하기 위해 사용된다. 〈표 7-2〉에서 저자들의 임상 경험에 기반해서 선별된 성난 또는 충동적인 아이과 관련된 몇 개의 전형적인 살아온 시간의 요소들을 요약했다. 〈표 7-2〉에 제시된 것들 이외에도 성난 또는 충동적인 아이 양식에 관련될 수 있는 살아온 시간의 요소들은 매우 다양하고 많다.

표 7-2 성난 또는 충동적인 아이 양식을 가진 환자의 전형적인 자서전적 배경

심리도식 양식	자서전적 요소들
성난/울화통 터진 아이 양식	(가족들 또는 동료들로부터) 부당한 대우를 받은 경험이 있다. 신체적 혹은 성적 학대의 경험, 자신의 욕구나 감정을 표출한 것에 대해 벌을 받은 경험이 있다.
울화통 터진 아이 양식	극단적인 폭력, 강력 범죄에 노출된 경험이 있다. 심하게 혼란스럽고 신체적 학대가 존재하고 또는 범죄와 연관된 가정에서 양육되었다. 신체적 학대를 받은 과거력이 있다.
충동적인 아이 양식	생활 속에서 지도, 한계 설정, 구조화 등의 교육을 받지 못했다. 부모가 아이의 욕구 충족을 박탈하거나 과도하게 허용적이었다. 어떤 부모들은 욕구 충족의 박탈과 과도한 허용이 혼합된 혼란스러운 양육 방식을 사용한다. 환자의 사회적 역할 모델 또한 종종 충동적인 경우가 많다.
훈육 안 된 아이 양식	규율이 없거나 훈육되지 않은 사회적 모델이 존재한다. 부모가 환자를 버릇없이 키웠거나 나이에 맞게 책임을 지는 방법을 배우지 못했다. 이런 경우에도 환자의 부모가 아이의 욕구 충족의 박탈과 과도한 허용이 뒤섞인 혼란스러운 양육을 제공했을 수 있다.
고집불통	청소년으로서 자신의 나이에 적절한 자율성을 가지고 있지 못하고(감정적인 측면에서), 기가 질리게 하는 정도의 부적절한 사회적 요구를 경험했다.

1) 성난 또는 울화통 터진 아이 양식을 다루는 인지적 기법

인지적 수준에서 분노 또는 격노의 적절성을 논의해야 한다. 환자는 다음의 사안들에 대한 보다 건강한 견해를 배울 필요가 있다. 어떤 방식으로 분노를 표현해야 하는가? 어떤 종류의 분노 표현이 사회적으로 용납되는가? 분노의 표현이 기대하는 결과를 가져올 것인가? 주로 분노를 억누르는 환자라면 분노의 의미와 중요성을 논의하고, 환자가 자신의 분노를 스스로 받아들이는 태도를 키워 나갈 수 있도록 돕기 위해 인지적 기법을 사용한 집중적인 치료 작업이 필요하다.

(1) 분노의 기능과 발달

분노는 중요한 감정이다. 화가 날 때 우리는 욕구가 충족되지 않았다는 것을 자각하기 때문이다. 분노라는 감정은 욕구가 좌절되었을 때, 자신의 욕구에 보다 초점을 맞출 수 있도록 도와준다. 아이들은 ① 분노를 표현하는 건강한 모델을 가지고 있고, ② 자신의 감정과 욕구를 표현할 수 있는 안전한 환경을 가지고 있을 때에 자신의 분노를 적절하게 느끼고 표현하는 방법을 배울 수 있다. 성난 또는 울화통 터진 아이 양식을 가지고 있거나, 자신의 분노를 억제하는 환자들은 이 두 가지 요소들 중 어느 하나에도 해당되지 않는다. 부모나 동료들은 위협적으로 분노와 격노를 표현했거나, 자신들의 분노를 스스로 숨겼다. 어떤 환자들은 이러한 양극단을 모두 경험한 경우도 있다. 술에 취한 채로 위협적인 분노를 드러내는 아버지가 있고, 자신의 화를 억누르며 남편에게 복종하고 대신 불만 섞인 말을 통해 자신의 감정과 욕구를 표현하던 어머니를 둔 에블린이 그러하다.

건강한 부모들은 타인을 위협하거나 과소평가하는 일 없이, 자신의 욕구를 타인과 소통하기 위해 분노를 표현한다. 대인관계는 정상적인 갈등으로 손상되지 않는다. 자녀들의 감정과 욕구를 인정하고 아이들이 분노를 표출할 때 벌을 주지 않는다. 부모는 자녀가 분노를 표출하는 것에 대해 직접적이거나 드러나지 않게(화가 나 있는 아이를 웃음거리로 만들거나 사랑을 주지 않음으로써) 벌을 줄 수 있다.

> 분노는 우리의 욕구가 충족되지 않고 있다는 것을 스스로 인지하게 해 주고, 자신의 욕구를 표현할 수 있도록 돕는다. 적절하게 분노를 표현할 수 있게 되려면, 아이가 분노라는 감정을 위협적으로 인지하지 않아야 하고, 분노 또는 격노의 표출에 대해 벌을 받아서는 안 된다.

2) 충동적이거나 훈육 안 된 아이 양식을 다루는 인지적 기법

충동적이거나 훈육 안 된 행동 패턴이 환자에게 나타날 때, 치료자가 해야 할 일은 환자가 자신의 문제적 패턴에 직면하고, 행동에 현실적 한계를 설정하도록 함께 논의하는 것이다. 충동적인/훈육 안 된 아이 양식의 발달은 환자가 살아온 세월에 대한 정보에 기반해서 이해할 수 있다. 환자의 부모 역할을 하는 인물이 아이를 버릇없이 키우고 환자의 행동에 건강한 한계를 설정하지 않았거나, 부적절하게 아이의 자율성을 제한해서 아이를 고집불통으로 만들었을 수도 있다.

많은 치료자는 환자의 응석이나 고집불통과 같은 민감한 문제들을 환자와 터놓고 논의하는 것을 어려워한다. 이런 환자의 특성은 치료 과정에서 논의할 필요가 있는 매우 중요한 주제이다. 치료자는 환자가 버릇없는 행동이나 충동적인 행동 양식을 떠올리고 검토하도록 환자를 도와야 한다. 버릇없고 충동적인 환자의 행동 양식은 단기적으로는 강력하게 강화될 수도 있다. 이런 심리도식 양식이 활성화된 환자들은 자신의 욕구를 효과적으로 강하게 밀어붙일 줄 알고, 지루하거나 짜증나는 일들을 피하려고 애쓰며 결국 타인들이 그 일을 대신하게 만든다. 환자의 이런 버릇없는 점을 지적하고 논의하는 것은, 사회적으로는 부담스러운 일로 종종 간주된다. 환자의 배우자, 선생님, 형제, 자매와 같은 가족들은 더 개방적으로 접근하겠지만, 이런 환자들은 타인들이 자신의 충동적이거나 버릇없는 행동을 어떻게 받아들이는지를 모른다. 다른 사람들은 환자가 버릇없이 행동할 때 굳이 싫다고 설명해 주기보다는, 그냥 환자로부터 거리를 두고 멀어지는 것을 선택한다. 장기적으로 환자의 버릇없고 충동적인 행동 패턴은 많은 관계를 망친다. 더구나, 이런 환자들은 삶의 많은 영역에서 장기적 목표가 없는 경우가 흔하다.

충동적이거나 훈육 안 된 행동이 가져오는 효과가 단기적이고 긍정적이기 때문에 환자의 입장에서는 이런 행동 패턴을 성공적으로 바꾸기 위한 동기가 강해야만 한다. 치료자는 역기능적 심리도식 양식을 바꾸려는 환자의 동기를 최대한 북돋워 주기 위해 환자의 버릇없고 충동적이거나 훈육되지 않은 행동 패턴이 가지는 문제점을 매우 명확하게 제시해 줘야 한다.

사례 훈육 안 된 아이 양식의 장단점 논의하기

토비는 매우 버릇없이 행동한다. 어머니는 토비가 어릴 때, 타인들이 봐도 너무 티가 날 정도로 버릇없이 키웠다. 토비는 자신이 언제나 '엄마의 왕자님'이었다고 말한다. 다음 대화는 토비의 지난번 과제와 관련된 것이다. 치료자는 토비에게 계산서의 금액을 지불하고 세금을 내도록 요청했다.

치료자: 이번 주부터는 마침내 세금을 내기 시작했나요?
토비: 그건 너무 지루하고 짜증 나는 일이에요. 그리고 전 무지하게 바빠요. 세금을 내는 기한이 정말 급박했었는데 다행히도 제 여자친구가 시작해 줬어요.
치료자: 그 일을 직접 하는 건 아마 정말 멍청한 일일 거예요, 그렇죠?
토비: [만족스럽게 미소 지으며] 선생님이 굳이 그런 식으로 말하신다면, 뭐 그렇죠.

치료자: [진지한 목소리로] 당신처럼 훈육 안 된 아이 양식을 갖고 있는 사람에게
는 세금을 내는 것 같은 일들도 매우 중요한 사안이 됩니다. 만약 일이 다
급해지면 타인이 토비 씨의 뒷처리를 해 주죠. 그렇게 일이 돌아가는 것
이 매우 편안하게 여겨지구요.

토비: [약간 민망한 듯] 맞아요.

치료자: 현재 느끼는 편안함은 사실 매우 정상적인 것이라서 너무 민망해할 필요
는 없어요. 우리는 편안함을 단기적 강화 효과라고 부릅니다.

토비: 네, 선생님이 지난번에 말씀하신 것이 기억나요. 결과를 통해 크게 강화되
는 행동 문제들은 저절로 잘 안 없어진다고 하셨어요.

치료자: 정확합니다. 그게 훈육 안 된 아이 양식이 가진 큰 장점입니다. 지금까지
토비씨를 도와줄 누군가를 항상 찾아냈어요. 청소년이었을 때 어머니께
서 그렇게 해 주셨어요. 지금은 여자친구가 그렇게 도와줍니다. 책임을
스스로 해결하지 않아 일이 다급해졌을 때, 타인이 대신 해결해 주게 되
는 이런 상황에 어떤 단점은 없나요?

토비: 네, 물론 있어요! 여자친구가 나의 모든 의무를 떠맡고 나는 그로 인해 아무
것도 하지 않을 때, 때로는 제가 멍청이같이 느껴져요. 제 자신이 좀 의존
적인 아이처럼 느껴지기도 하죠. 스스로를 자랑스러워할 만한 어떤 이유
도 찾지 못합니다.

치료자: 맞는 말입니다. 완전히 동의합니다. 지금 우리가 검토한 사항들이 자신의
훈육 수준을 높이는 데 도움이 되기를 바랍니다.

　　치료자는 환자에게 훈육 안 된 아이 양식과 건강한 어른 양식을 등장시키는
의자기법을 이용한 치료를 제안할 수도 있다. 치료 활동을 통해 환자의 건강한
어른 양식(변화를 원하는 동기)과 감정 경험의 수준이 강화되는 것을 도울 수 있
을 것이다. 의자기법을 이용한 치료 활동과 더불어 환자가 실제적으로 더 규율 있
는 행동을 보여 줄 것을 요구하는 과제를 함께 주어야 한다. 의자기법을 이용한
치료 활동에서의 대화 내용은 다음 장에서 다룰 것이다.

3. 정서적 기법

성난 그리고 충동적인 아이 양식의 정서중심 치료 기법 중, 의자기법을 이용한 치료가 매우 유용한 치료 기법으로 꼽힌다. 환자의 성난 또는 충동적인 아이 양식과 건강한 어른 양식, 처벌하는/요구하는 부모 양식 간의 의자기법을 이용한 대화가 가장 흔한 형식이다.

환자가 분노의 감정을 경험하거나 분노를 표현하는 자신을 벌할 때, 의자기법을 이용한 치료의 주된 목적은 환자의 성난 아이 양식이 명확히 드러나도록 돕고, 이를 상세히 인정하고 환자가 분노의 감정을 경험하고 표현할 수 있도록 지지하는 것이다. 환자가 분노를 표현하는 것은 벌 받을 일이 아니므로, 처벌하는 부모 양식의 활성화는 제한해야 한다. 이런 치료적 개입은 8장에서 더 자세히 다룬다.

충동적인 또는 훈육 안 된 아이 양식이 전면에 드러나고, 환자의 처벌하는 부모 양식이 중심 양식이 아닐 때, 치료의 주된 목표는 충동적인/훈육 안 된 아이 양식을 줄이는 것이다. 건강한 어른 양식도 강화해야 하고, 환자는 자신의 행동에 스스로 책임을 지고, 짜증 나거나 지루한 활동에도 스스로 더 참여하도록 격려해야 한다. 다음 사례는 토비의 훈육 안 된 아이 양식을 의자기법을 이용해서 치료하는 과정이다(286~287쪽 참조).

> **사례** 훈육 안 된 아이 양식의 의자기법 대화
>
> 치료자: 이 문제를 다루기 위해 의자기법을 이용한 치료를 권하고 싶군요. 동의하시나요?
>
> [치료자가 일어나서 의자 두 개를 가져와 서로 마주 보게 배치한다. 하나의 의자는 환자의 훈육 안 된 아이 양식을 상징하고, 다른 하나는 건강한 어른 양식을 상징한다. 환자는 훈육 안 된 아이 양식을 상징하는 의자에

앉는다.] 좋아요. 그럼, 훈육 안 된 아이 양식의 관점에서 자기 행동의 좋
은 점을 말해 보세요.

토비: [훈육 안 된 아이 양식을 상징하는 의자에 앉아서] 삶은 그 자체로 환상적
이에요! 세금 내는 건 따분해요. 전혀 재미가 없어요. 그리고 그건 마리
나가 대신에 잘해 주고 있어요. 그녀를 저녁 식사에 초대해서 고맙다고
말할 거예요. 우리 둘 모두에게 좋은 일이니까요. 그리고 모두 즐거울 거
예요!

치료자: 훌륭합니다! 그럼, 이제 다른 의자에 앉아 보세요.

토비: [건강한 어른 양식을 상징하는 의자로 바꿔 앉은 후] 하지만 너는 그 문제
를 너무 간단하게 생각하고 있어.

치료자: 1인칭 시점에서 말씀해 주실 수 있나요?

토비: 나는 그저 쉬운 길을 택하고 있어. 내 일을 대신 처리해 주는 것에 마리나가
진절머리를 낸다는 것을 알아. 그녀가 나보다 더 규율이 잡혀 있기 때문
에 일을 대신 해 주고 있을 뿐이지. 마리나는 나에게 화가 나 있고 장기적
으로 그녀와의 관계를 망칠 거야. 제멋대로 행동하는 나에게 마리나가
얼마나 좌절하는지 잘 알고 있어.

치료자: 좋습니다. 건강한 어른 양식은 어떤 행동 계획을 당신에게 권하나요?

토비: 저의 일상을 처리하는 건 제가 해야 할 일입니다. 저는 앞으로 더 훈육된 행
동을 해야 합니다.

치료자: 좋아요! 이런 건강한 어른 양식의 말에 대해 훈육 안 된 아이 양식은 뭐
라고 말할까요?

토비: 더 이상 아무 말도 하지 않네요. 건강한 어른 양식의 말이 옳다는 것을 알
고 있는 거죠.

치료자: 훈육 안 된 아이 양식이 정말 그렇게 빨리 포기할까요? 제가 훈육 안 된
아이 양식을 상징하는 의자에 한번 앉아 봐도 될까요? [환자의 훈육
안 된 아이 양식을 상징하는 의자에 앉아서 주장을 다소 과장해서 말
한다.] 야, 쉽게 생각해! 마리나는 믿을 만한 사람이고 너를 떠나지 않

> 을 거야. 심지어 너와 결혼에 대해서 이야기하기도 했어! 너의 세금 문제
> 를 챙기는 게 얼마나 따분한 일인지를 기억해. 네가 직접 해결할 필요가
> 없는 한 모든 게 문제 없다고! 마리나는 좀 짜증 날 수도 있지만, 곧 이겨
> 낼 거야.
>
> 토비: [건강한 어른 양식을 상징하는 의자에 머물러 있으며] 아니, 괜찮지 않아!
> 마리나가 정말 헌신적인 사람이라서 나를 다시 도와주기는 하겠지만, 그
> 건 내가 원하는 방향이 아니야. 내 일을 스스로 처리하기에 게으르다는
> 이유만으로 타인을 이용하고 싶지는 않아.

환자의 양식을 상징하는 의자에 앉아서 앞의 사례와 같은 방법으로 환자의 건강한 어른 양식을 강화하려고 시도할 수 있다. 환자의 양식을 상징하는 의자에 앉은 치료자가 환자의 건강한 양식에 치료적으로 도전하고 시험해 보는 것이다. 이런 의자기법을 사용한 치료를 마친 후, 행동 과제를 수행해 오도록 환자와 치료자가 꼭 합의해야 한다. 환자가 반복적으로 과제를 잘해 오지 못한다면, 과제를 완료해야만 다음 치료시간을 제공하는 대응 방안을 고려할 수도 있다. 관계의 측면에 대해서 생각하고, 환자와 치료자의 공동 작업에 대한 책임을 함께 지고, 환자의 훈육 안 된 아이 양식에 행동의 한계를 부여하는 방식으로 건강한 대인관계의 모델을 구축할 수 있다. "마침내 자신의 세금을 기꺼이 스스로 지불할 마음이 생겼다니 좋은 일입니다. 실제로 세금을 직접 납부한 다음에 저에게 연락을 주서서 치료시간을 정하는 것이 좋겠습니다."

1) 분노의 표현 연습하기

자신의 분노를 억누르고, 분노의 감정을 회피하는 환자들은 의자기법을 사용한 치료를 통해 분노를 표현하도록 격려해야 한다. 이에 대해 8장에서

더 상세한 논의를 할 것이다. 이와 같은 의자기법을 사용한 치료의 목표는 환자가 분노의 감정을 경험할 수 있도록 돕고, 분노의 감정이 정상적이라는 점을 받아들일 수 있도록 돕기 위함이다.

분노의 감정을 많이 경험하고, 많이 표현할 수 있도록 하기 위해 다른 형태의 연습(권투나 무술 연습 등)을 사용할 수도 있다. 경계성 성격장애 환자의 집단을 대상으로 심리도식치료를 할 때, 공격성과 재미의 요소가 포함된 연습(예: 베개 싸움, 줄다리기 등)을 사용하고, 신체 요법을 이용한 연습도 유용할 수 있다. 예를 들어, 환자가 바닥에 밧줄로 자신의 개인 공간을 표시한다. 환자가 밧줄로 표시한 자신의 개인 공간의 바깥에 치료자가 머물러서 환자의 영역을 받아들이고 존중했을 때와 반대로 치료자가 환자의 영역을 침범하였을 때의 느낌을 환자들은 비교할 수 있다. 환자의 감정 반응과 행동 반응을 치료자와 환자가 함께 논의할 수 있다. 패럴과 쇼(Farrell et al., Shaw, 2012)는 치료자가 환자와 함께 시도할 수 있는 더 많은 적절한 치료의 목록을 제공한다.

환자가 짜증과 분노의 감정을 더 일찍 감지하고, 이런 감정을 더 적절한 시점에 표현하는 방법을 습득하는 것이 중요하다. 환자가 자신의 짜증과 분노를 억제하고 키워서 마침내 폭발하지 않도록 할 수 있기 때문이다.

4. 행동적 기법

분노의 적절한 표현을 위한 행동적 수준의 치료 활동들을 성난/울화통 터진 아이 양식의 치료에 활용한다. 환자의 행동에 대한 영상 피드백을 사용하는 사회기술 훈련이 유용하다. 성난/울화통 터진 아이 양식이 강력하게 작동하고 있는 환자의 경우, 치료의 초점은 자신의 분노를 더 적절하게 표현하는 방법을 배울 수 있도록 하는 것이다. 자신의 분노를 억제하는 환자의 경우에는 분노를 조금이라도 표현할 수 있도록 하기 위해 사회기술 훈련을 사용한다.

충동적인/훈육 안 된 아이 양식이 환자의 전면에서 작동하고 있을 때, 행동적 치료 작업은 대부분 환자의 규율 수준을 높이고, 충동적인 행동들을 감소시키는 것과 관련되어 있다. 과제를 내어 주는 것이 특히 중요하다. 환자가 고집불통일 때, 강도 높은 인지 과제와 행동 과제를 모두 준비해야 한다. 자신의 고집불통 패턴을 중단하기로 스스로 결정하기 전까지 고집불통인 환자들은 어쨌든 그 어떤 과제도 잘 해 오지 않을 것이기 때문이다. 환자의 훈육 안 된 행동 패턴이 반항심으로 비롯된 것이 아닌 경우에는, 활동을 하거나 또는 하지 않는 것의 강화 요인을 바꾸기 위해 조작적 조건 형성의 방법을 사용하는 것이 중요하다. 예를 들어, 목표 행동을 수행한 후, 스스로에게 보답을 주는 행동 규칙(먼저, 주방 청소를 하고 나서, 커피를 마시고 텔레비전을 보는 식으로)을 설정해서 환자가 자기의 목표 행동을 강화시킬 수 있다. 때로는 규율 없이 행동하는 것을 '벌함으로써'(자신의 임무 수행을 미루면 즐거움을 주는 행위가 허용되지 않고, 원하지 않아도 환자의 돈을 자동적으로 자선 단체에 기부하도록 하는 등) 목표 행동의 강화를 유도할 수 있다.

5. 자주 묻는 질문들

(1) 서로 다른 분노와 관련된 심리도식 양식들(예: 성난 아이, 성난 보호자 양식, 위협 양식 등)은 어떻게 구분하나요?

서로 다른 심리도식 양식들의 사회적 기능과 심리적 기능이 서로 다르기에 서로 다른 심리도식 양식들을 감별할 수 있습니다. 2장에서 이를 자세히 다루고 있습니다.

(2) 어떤 환자들은 분노의 감정을 경험하는 것이 너무 위협적으로 느껴져서 감정 자체에 접근하는 것을 거부하기도 합니다. 이런 환자를 어떻게 도울 수 있나요?

오랫동안 C군 성격장애를 앓았거나, 경계성 성격장애를 앓고 있는 환자들처럼 심각한 정신병리를 가진 만성 환자들에서 보이는 전형적인 경우입니다. 임상 경험에 의하면, 이런 환자들의 많은 경우에서 분노의 억제가 종종 중심 정신병리로 자리 잡고 있습니다(예를 들면, 과거에 당한 성추행 사건의 강렬한 플래시백을 경험하고 있는 환자가 '내 할아버지와 맞서 싸울 수는 없으니까'라는 이유로 심상 각본수정 연습 속에서 치료자가 환자를 대신하여 가해자와 맞서 싸우는 것을 거부하는 경우, 일상 속에서 이 환자는 매우 쉽게 위협감을 느끼지만, '절대로 화는 나지 않고, 단지 겁에 질릴 뿐이다'라고 표현한다). 이런 패턴이 의존적인 패턴과 결합되는 경우도 있습니다. 무력한 아이 양식이나 회피하는 보호자 또는 순종하는 굴복자 양식에서 나타나는 의존성, 예를 들면, 자신의 욕구를 만족시키기 위해 스스로 나서기 두려워서 의사를 만나러 올 때마다 동행할 친구를 항상 필요로 하는 환자의 경우가 그렇습니다. 이런 경우에서 치료자는 분노와 격노의 중심 의미를 명확히 해야만 합니다. 환자가 분노의 감정을 다루는 것을 계속 거부한다면 치료에서 괄목할 만한 진전을 기대할 수 없을 것입니다.

'분노의 감정을 다루는 것'이 매우 세밀한 여러 단계들로 나눌 수 있습니다. 보통 소크라테스식 질문법, 장단점 목록 만들기 등의 방법을 이용해서 분노라는 감정의 의미를 다루는 인지적 작업으로 시작하게 됩니다. 다음 단계로 정서중심 치료 작업이 이루어집니다. 장기적으로는 훨씬 더 환자에게 도움이 됨에도 불구하고 인지적 작업에 비해 환자에게 훨씬 더 위협적으로 느껴지기 때문입니다.

감정을 다루는 작업은 단계적으로 환자에게 소개합니다. 예를 들어, 플레이모빌 인형을 이용한 대화 작업을 먼저 시행한 후에 의자기법을 이용한 치료 활동을 시도할 수 있습니다. 치료자는 환자를 치료할 때, 건강하게 분노를 표출하는 방법의 모델을 환자에게 오랜 시간 동안 제공할 수 있도록 준비되어 있어야 합니다. 종합하면, 분노의 감정에 집중하는 것이 환자들에 대한 치료의 주된 부분을 차지하게 됩니다.

> **(3) 환자들은 보통 충동적인 또는 성난 아이 양식 중 하나의 심리도식 양식을 가지고 있는 경우가 많은가요, 아니면 한 환자에게 두 가지 심리도식 양식이 공존할 수 있나요?**

성난 아이 양식을 강하게 보이는 환자들, 특히 경계성 성격장애를 앓고 있는 환자들은 강렬한 분노와 훈육의 부재/충동성을 경험합니다. 이런 특징들이 경계성 성격장애의 진단 기준에 해당합니다. 따라서 이런 환자들의 생애 초반부에 이미 충동성과 분노 조절 관련 문제들이 등장합니다. 분노의 표출은 위험합니다. 욕구를 적절히 표현하는 방법과 적절한 훈육 및 한계 설정을 가르칠 수 있는 건강한 역할 모델이 없었습니다. 이런 환자의 치료에서 성난 아이 양식과 훈육 안 된 아이 양식을 위한 치료 전략들을 함께 사용해야 합니다. 이 두 가지 심리도식 양식은 비슷한 동기로 활성화됩니다. 과거, 현재 혹은 미래의 학대에 대한 반항심입니다. 적절한 용어들을 사용해서 개념을 정의하면, 환자들이 심리도식 양식에 대해 좀 더 잘 이해할 수 있고, 치료자가 환자에 대한 공감을 더 잘 유지할 수 있도록 도와줍니다. 감정 표현을 처벌하는 역기능적 부모 양식은 반드시 감소시켜야 합니다. 적절한 행동 규율에 대한 건강한 요구는 반드시 강화하고 격려해야 합니다. 환자들은 장기적인 치료를 요하는 심각한 정신병리로 고통을 받고 있기에 치료 과정에서 신속한 성공을 기대하지 않는 것이 좋습니다.

CHAPTER 08

환자의 역기능적 부모 양식 다루기

환자의 부모 양식을 치료적으로 다루는 중심 목적은 심리도식이 환자에게 미치는 영향을 줄이고 제한하기 위해서이다. 필요하다면 환자의 심리도식 양식과 싸워서라도 목적을 이루고자 한다. 치료의 이상적인 목적은 환자의 부모 양식을 심리 체계에서 없애고, 그 빈자리를 더욱 건강하고 기능적인 도덕적 규범과 가치로 대체하고자 하는 것이다. 환자의 부모 양식이 처벌적일수록 치료적으로 대항해야 한다. 환자의 역기능적인 부모 양식을 다루기 위한 치료적 개입을 통해, 환자는 자기비하를 줄이고 자존감을 증진시키는 방법을 배우게 된다. 건강하고 균형 잡힌 자기 평가를 만들어 나간다. 자기 혐오가 줄어들고, 긍정적 측면과 부정적 측면 모두를 받아들일 수 있게 된다. 근본적으로 긍정적인 자기 평가는 자신의 실수와 단점을 받아들일 수 있기 위한 중요한 선행 조건이다. 사람들이 기본적으로 자신의 단점을 받아들일 수 있을 때 스스로를 향상시킬 수 있게 된다.

1. 치료적 관계

치료적 관계에서 치료자는 환자의 부모 양식이 활성화될 때, 이를 제한하는 역할을 맡는다. 치료자는 환자에게 긍정적이고 균형 잡힌 자기 평가를 하는 모델을 제공한다. 환자에게 제공하는 제한된 재양육 자체가 환자의 처벌하는 부모 양식에 대한 대항마로 작동한다.

처벌하는 부모 양식을 가지고 있는 환자들은 치료자의 중립적인 코멘트(또는 코멘트를 하지 않는 것)를 고유의 처벌하는 부모 양식의 관점으로 해석한다. "제가 머리를 새로 했는데 누구도 알아보지 않고 칭찬하지 않을 때, 모두가 제 머리 스타일을 싫어한다고 느껴져요." 치료자가 하는 여러 종류의 코멘트도 처벌하는 부모 양식의 관점에서 해석될 수 있다. 치료자는 이런 위험성에 대해 주시하고, 반복적으로 이 점을 치료시간에 다루어 환자의 처벌하는 부모 양식이 활성화되는 것을 제한할 수 있어야 한다. 환자가 치료시간에 하는 대화를 잘못 해석하는 어떤 경우라도 처벌하는 부모 양식과 관련된 환자의 인지 오류를 교정하는 데 인지적 기법을 사용한다.

심리도식치료에서 제한된 재양육과 공감적 직면은 서로 맞물린다. 환자는 치료적 돌봄을 제공받는다. 다른 한편으로 환자는 역기능적 대처 양식 또는 훈육의 부재와 같은 자신의 중요한 특성에 대해 공감적으로 직면하게 된다. 환자에게 민감하고 결정적일 수 있는 치료 주제들을 다루면 환자의 처벌하는 부모 양식이 활성화된다. 그리고 환자는 다음과 같은 반응을 보일 수 있다. "선생님은 저를 좋아하지 않아요. 누구도 저를 좋아하지 않아요. 제가 너무 회피 성향이 강하고 따분하기 때문이죠!" 치료자는 환자에게 중요하고 결정적인 치료 주제들을 다룰 때, 환자의 처벌하는 부모 양식의 활성화를 제한하려고 최대한 노력해야 한다. 치료자는 이러한 중대한 문제를 환자가 직면하도록 선의를 가지고 순수하게 환자를 돕는 것에만 집중한다는 논리를 사용할 수 있다.

치료 중 환자의 처벌하는 부모 양식에 대하여 한계 설정하기

제인(75~76쪽)은 지난번 치료시간의 과제를 할 수 없었다. 과제는 구직 서류를 준비해 오는 것이었다. "제가 그걸 해내지 못해서 저는 너무나 멍청해요! 실패자예요!" 치료자는 환자의 역기능적 부모 양식에 대한 한계를 설정하기 위해, 비록 구직 서류 준비를 회피하는 것이 분명 문제이기는 하지만, 환자의 자기 평가가 완전히 부정적으로 치우쳐 있지 않은지를 질문했다. "지난번 과제였던 구직 서류 준비를 해 오지 않았다니 유감입니다. 과제를 더 잘 해낼 수 있는 방법을 함께 찾아내야 합니다. 하지만 처벌하는 부모 양식이 말하는 완전히 실패했다는 것은 사실이 아닌 것 같군요. 지금도 많은 일을 매우 잘 처리하고 있습니다. 실수할 때마다 처벌하는 부모 양식이 당신을 지배하게 된다면, 그때마다 용기를 잃을 거예요. 결국에는 자신에게 도전으로 느껴지는 일들은 무엇이든 더 이상 시도하려 하지 않게 되겠지요, 그렇지 않을까요?"

환자의 처벌하는 부모 양식을 자극할까 두려운 마음에 치료자들은 종종 까다로운 치료적 직면을 피한다. 공감적 직면과 제한된 재양육을 사용한다면, 환자에게 예민할 수 있는 주제들에 대해서도 균형 잡힌 직면과 돌봄의 제공을 통해 치료적으로 적절하게 다룰 수 있다.

제한적 재양육과 공감적 직면 사이에 균형 맞추기

루시(197~198쪽 참조)는 일상에서 학업 수행을 포함해서 책임감 있게 행동하지 못하는 경향이 있다. 외관적으로는 학업을 지속하고 있지만, 그 속에서 문제를 직면할 때마다 회피하는 대처 양식을 사용한다. 그래서 최근 몇 년간 어떤 수업에도 제대로 참여하지 못했다. 벌써 교육 과정 이수에 소요되는 정규 교육 기간을 5년가량 초과한 상태였다. 이대로는 현재 재학 중인 교육 과정을 수료할 수 없을 것으로 보인다. 그녀는 이에 대한 자신의 생각과 관점에 대하여 현실적인 논의를 원하지 않는다(더 이상 무엇을 어떻게 해야 할지 모르기 때문에). 대신에 계속 다른 의사들과 치료자들을 만나러 다니면서, 자신의 우울 증상과 학업 부진에 대해 불평하고, 새로운 종류의 항우울제와 입원 치료에 대해 문의하고 있다. 이런 루시의 행동 양식은 순종하는 굴복자/회피하는 대처 양식으로 개념화한다. 루시의 문제적 대처 양식에 대한 직면은 루시의 처벌하는 부모 양식을 자극할 것이다.

치료자: [루시가 학업 수행에 대한 현실적인 관점을 회피하기 위하여 의존적 행동을 보이고 있다는 것을 설명한다.]

루시: [처벌하는 부모 양식이 자극된다.] 다시 한 번 모든 게 잘못되었다고 느껴져요! 저는 실패자이고, 우울 증상을 느낄 때에만 선생님에게 달려오는 것은 단지 의존적이고, 어린애 같은 행동이라는 선생님의 말씀이 맞아요. 저는 너무 멍청해서 시험을 끝마칠 수가 없어요!

치료자: [대화의 주제를 바꾸지는 않으나, 루시의 관점을 다시 현재로 집중하도록 하여, 처벌하는 부모 양식의 활성화에 주목하도록 노력한다.] 루시, 당신을 어떤 면에서는 비난하고 있는 것 같다는 생각은 맞는 일면이 있어요. 하지만 저는 당신이 현실적으로 학업을 수행하는 것을 회피하고 싶은지를 확인하려고 한 것입니다. 자신의 생활에 대한 책임을 지는 대신에 의존적으로 행동하는 것이 보였습니다. 사실, 이 부분이 가장 중요한 것입니다. 하지만 저는 당신이 실패자라고 말하지 않았고, 멍청하다고도 말하지 않았습니다! 치료자로서 많이 걱정하고 있으며 진심으로 당신을 돕고 싶습니다. 이것이 지금 의존성이라는 민감한 주제를 꺼낸 가장 큰 이유입니다. 이 과정에서 당신의 처벌하는 부모 양식이 활성화되었다고 저는 느끼는데요, 제가 맞나요?

루시: 네. 그건 선생님이 비판적이었으니까요. 누군가가 저에게 비판적으로 말할 때마다 제 자신이 완전한 실패자이고 바보라는 느낌이 들어요…….

치료자: 맞아요. 루시의 생각이 맞을 거예요. 그렇기 때문에 타인의 비판적인 발언을 더 잘 다루는 방법을 배우고, 현실 직면을 회피할 필요를 덜 느낄 수

있도록 하기 위해 당신의 처벌하는 부모 양식에 대해 논의하는 것이 중요합니다. 학업 문제가 당신에게 매우 민감한 주제라는 것을 알지만, 또한 매우 중요한 문제라는 것도 저는 압니다. 이것을 우리의 논의 주제로 다루도록 치료시간에 계속 제안할 것입니다. 당신을 돕고 싶고, 당신을 과소평가하거나 깎아내리지 않겠습니다!

루시: 선생님 말씀이 무슨 뜻인지 알겠어요. 하지만 잘 공감이 되지는 않아요..

치료자: 이해합니다. 학업과 같은 민감한 주제를 우리가 치료적으로 다룰 때에는 처벌하는 부모 양식이 활성화되니까요. 당신의 건강한 측면은 우리가 학업과 일상의 문제들을 다루기 위해 사용하는 의존적 행동 양식을 치료적으로 다루어야 한다는 것을 이해합니다. 그러나 처벌하는 부모 양식은 이것을 매우 두려워하기에 이런 치료 작업을 회피하고 싶은 것 같아요. 단기적으로는 현실적으로 중요한 문제들을 치료적으로 직면하는 작업이 불편하고 불쾌할 수 있다는 것을 이해하지만, 회피하는 것만으로 중요한 문제를 결코 해결할 수는 없습니다. 이제 우리는 더 이상 학업 문제 등을 회피하지 않고, 이에 대한 작업을 진행해 나가야 한다고 생각합니다. 자신의 처벌하는 부모 양식을 덜 두려워할 수 있도록, 처벌하는 측면을 치료적으로 다루는 작업을 우선해야 한다고 생각합니다. 앞으로 처벌하는 부모 양식을 잘 다룰 수 있게 되면, 학업 문제와 같은 현실의 어려운 문제들을 치료시간에서 다루는 것을 덜 두려워하게 될 것입니다. 제가 하는 말을 이해하실 수 있나요?

2. 인지적 기법

인지적 기법은 환자의 처벌하는 부모 양식이 가지는 자신과 타인에 대한 흑백논리적 사고 경향('난 완전히 나쁜 애고, 타인들은 완벽해.')을 개선하고, 환자의 자존감을 향상하고자 하는 목적을 가진다. 인지행동치료로부터 나온 모든 전통적인 인지적 기법을 목적에 부합하게 사용할 수 있다. 다음 목록은 환자의 역기능적 부모 양식에 대한 치료적 개입을 위해 적절히 사용할 수 있는 인지적 기법들을 대략 소개한다. 한 가지 중요한 점을 말하자면, 다음의 목록은 과도하거나 지나친 것들이 아니다.

① 환자에게 높거나 낮은 수준의 자존감이 발달하는 과정에 대해 교육하라.
② 환자의 부모 양식 이면에 자리한 살아온 배경을 분석하라.
③ 극도로 부정적인 자기 평가 방식을 재구조화하라. 환자의 흑백논리적 사고 경향을 줄이고, 이에 대한 대안적 해석 방안을 찾아라.
④ 환자가 긍정적인 내용의 일기를 적도록 격려하라. 하루에 최소한 한 가지의 긍정적인 일들을 적도록 정하라.
⑤ 자기 성격의 긍정적 측면을 적어 보도록 요청하라.
⑥ 다른 사람들이 자신의 어떠한 측면을 좋아하는지 관찰하도록 요청하라.
⑦ 환자의 처벌하는 부모 양식과 관련된 일상의 모든 상황을 치료적으로 다룰 때 심리도식 플래시카드(〈표 6-2〉)를 사용하라.

환자들은 보통 자신의 역기능적 부모 양식이 주는 메시지를 자신의 생각과 동일시한다. 환자들은 (심리교육의 한 부분으로서) 자존감과 자기 평가가 많은 부분 사회적 피드백을 통해서 형성된다는 것을 배울 필요가 있다. 어떤 아이도 자기가 실패자라거나 좋은 대접을 받을 자격이 없다는 자기 평가를 품고서 태어나지 않는다. 건강하고 균형을 갖춘 자기 평가는 자녀들이 기본적으로 가치 있는 존재이고, 사랑받을 만한 존재임을 부모가 가르쳐 줌으로써 발달한다. 모두에게 어느 정도의 단점이 있지만, 이것으로 사람들이 가진 기본적 가치와 존엄성이 추락하는 것은 아니다. 아이들이 성장 과정에서 거절의 경험, 결핍의 경험, 학대의 경험을 하게 되면 내면에 처벌하는 부모 양식이 자라나고 자존감이 매우 낮아질 위험성이 생긴다.

1) 성장 배경으로 본 역기능적 부모 양식의 발달 과정

개인에 대한 사회적인 평가는 반드시 부모를 통해서만 전달되는 것은 아니다. 또래 집단의 구성원들, 학교 선생님들, 트레이너들, 친구들, 그 이외의 타인들도 유년기에서 청소년기에 걸친 개인의 자기 개념의 형성에 기여한다. 역기능적 부모 양식은 개인에 대한 사회적 피드백이나 어린아이를 사회적 환경에서 다루는 방식이 (누구에 의한 것이든 간에) 부정적이거나 개인의 가치를 깎아내리는 방식일 경우에 발달할 수 있다. 인지치료의 측면에서 저자들은 환자와 함께 어린 시절에 처벌하는 부모 양식이 발달하기 시작한 시점의 상황에 대해 논의한다. 내적인 혼란이 심한 환자들의 경우, 다양한 사람들로부터 부정적인 피드백이나 부정적인 대접을 받고, 그로 인해 고통받은 경우가 많다는 것을 발견할 수 있다. 예를 들어, 제인은 어머니가 자신에게 너무 차갑고 많은 것을 과도하게 요구하는 삶 속에서 살았다. 어머니는 그녀에게 체중 조절을 하라고 했지만, 냉장고 문에 다이어트 스케줄을 붙여놓는 것을 제외하고는 어떤 실제적인 도움도 제공하지 않았다. 제인이 가진 처벌하는 부모 양식의 어머니 부분은 '누구도 널 사랑하지 않아.' '누구도 너에게 관심이 없어.' '너의 욕구는 누구에게도 중요하지 않아.'와 같은 문구와 관련이 있다. 제인의 아버지는 충동적이었고 술에 취하면 언어 폭력을 일삼았다. 아버지는 제인이 남자애들 앞에서 수줍어하는 것을 가지고 성적인 농담을 하며 제인을 웃음거리로 만들었다. 제인의 처벌하는 부모 양식의 아버지 부분은 '오직 성적인 매력을 가진 여성만이 매력적이다.' '아직도 성경험이 없다는 것은 부끄러운 일이다.'와 같은 말을 포함하고 있었다. 제인의 반 친구들은 제인이 과체중이고 사람들과 잘 어울리지 못한다고 따돌렸다. 제인의 처벌하는 부모 양식에서 교우들 부분은 '넌 뚱뚱하고 추해.' '사람들은 너의 뒤에서 너를 비웃어.' '너는 정말 어리석은 애야.'와 같은 메시지를 준다.

2) 죄책감을 다루기

환자의 처벌하는 부모 양식에 대해 치료적으로 질문하게 되면 환자들은 죄책감을 느낀다. 자신의 부모에 대해 안 좋은 이야기를 하는 것을 두려워하고, 치료자가 부모에 대해 너무 부정적인 인상을 가지게 될까 걱정한다. 많은 경우, 환자들은 어린 시절에 부모에 대해 안 좋은 이야기를 하는 것을 금지당해 왔다. 금지의 경험이 처벌하는 부모 양식에 대해 논의하는 것이 불러일으키는 환자의 죄책감을 더욱 부채질한다.

환자의 죄책감에 대해서 치료시간에 논의하게 될 때, 치료자는 먼저 환자의 처벌하는 부모 양식과 치료적으로 맞서는 것이, 환자의 부모가 완전히 나쁜 사람이라고 단정짓는 것이 아님을 환자에게 설명해야 한다. 환자의 부모가 명백히 나쁜 사람인 경우도 있다(예: 가학성). 환자의 부모는 나름 최선을 다했지만, 부모 역할을 할 충분한 준비가 되어 있지 않았거나, 아이들을 학대로부터 지켜낼 수 없었던 경우도 있다. 부모는 어쩌면 그들 자신도 심리적인 문제로 고통받고 있었을 수도 있고, 이로 인해 아이들을 건강한 방식으로 키우고 아이들에게 안전한 애착을 제공할 수 있는 능력이 감소했을 수도 있다. 치료시간에 환자와 함께 처벌하는 부모 양식에 맞서는 것을 논의할 때, 치료자와 환자는 부모들의 특정 행동으로 인해 환자 마음속에 내재화된 부정적 요소들과 싸우고 이를 물리치려고 노력한다. 환자의 처벌하는 부모 양식을 제거하면, 환자의 자존감은 증가하고 자신의 욕구를 더 중요하게 다루기 시작할 수 있다. 변화는 환자의 생활 만족도를 증진시킨다. 환자의 처벌하는 부모 양식과 치료적으로 맞서는 것이 환자의 실제 부모를 평가절하하는 것을 의미하지는 않는다. 좋은 의도를 가지고 있었다고 해도, 부모가 행한 명백히 잘못된 행동이 정당화될 수는 없다. 환자의 부모가 정신질환을 앓고 있었거나, 부모 자신의 어린 시절이 비참했다는 등의 사유로도 결코 정당화될 수 없다. 환자가 부모로부터 겪은 양육 경험과 자신의 처벌하는 부모 양식에 대해 논의하는 것 또한 회피하면 안 된다.

환자들은 (자신의 건강한 어른 양식의 관점에서) 치료의 후반부로 가면 어린 시절에 사람들이 왜 그런 식으로 행동했는지 이유를 이해할 수 있게 된다. 예를 들어, 제인은 제2차 세계대전 당시 아이로서 심각하게 상처를 입었던 아버지가 어른이 되어서도 내내 감정적으로 불안정했던 것을, 건강한 어른의 관점으로 이해하게 되었다. 아버지가 감정의 불안정성을 다루기 위한 대처 양식으로서 술을 마신 것은 아버지의 감정적 불안을 더욱 부채질했다. 어머니는 그녀 자신이 어린 시절 사랑받지 못했고, 그로 인해 딸에게 안전 애착을 제공하는 방법을 배우지 못했을 뿐만 아니라 남편을 잘 돌보는 방법도 배우지 못했다.

환자 부모의 행동에 내재한 동기를 이해하는 것은 환자의 치료에 분명히 도움이 된다. 그러나 행동 동기의 이해를 환자 부모의 과거 행동에 대한 정당화와 혼동하지 말아야 한다. 많은 환자, 특히 C군 성격장애 환자들은 환자 부모의 과거 행동에 대한 너무나 이르고 과도한 이해를 하게 되면, 과거에 환자가 받은 잘못된 양육에 대한 자연스러운 분노 반응에 대한 죄책감이 증가된다. 환자 부모의 과거 행동에 내재한 동기에 대한 이해는 치료 후반으로 미루어도 좋다. 자신이 과거에 당한 대우에 대한 정당한 분노를 경험할 수 있도록 환자에게 허용하는 것이 먼저이고, 환자는 내재한 처벌하는 부모 양식의 관점에 '세뇌되지' 않도록 자신을 자유롭게 해 주어야 한다. 분노 경험이 이루어진 이후에, 환자가 부모의 과거 행동에 대해 이해하고, (물론 이것은 환자의 선택 여부에 달려 있지만) 용서하는 작업의 여지가 있게 될 것이다. 환자의 부모가 자신의 문제에 대한 역기능적 대처 방식을 사용하면서 자신의 아이들을 잘못 대했다 하더라도, 그 아이들이 고난을 겪었다는 사실은 변하지 않는다. 그 아이들의 기본적인 욕구가 적절히 만족되지 못한 것도 변함없는 사실이다. 환자 부모의 부적절한 과거 행동에 대한 이해가 이런 사실을 바꾸지는 않는다.

환자의 역기능적 부모 양식과 관련된 심리교육은 인지치료적 개입 과정 내에서 그리고/또는 의자기법을 사용한 대화, 심상 각본수정 연습과 같은 정서중심 치료 작업에 포함시켜 환자와 함께 논의할 수 있다. 예를 들어, (의자기법을 이용한 대화에서나 심상 각본수정 연습 중에) 환자의 아이 양식이 우울했던 엄마를 비난하는 것에 죄책감이 든다고 말할 때, 치료자는 그에 대한 심리교육을 현재의 정서중심 치료적 개입에 엮어서 환자의 아이 양식에게 다음과 같이 말할 수 있다. "네 엄마가 우울해서 너를 지금 돌볼 수 없다는 것을 이해하는 것은 훌륭한 일이고 중요한 일이기도 해. 하지만 아이인 너에게는 그건 너무나 끔찍한 일이야. 너는 두려웠고, 네가 필요로 하는 돌봄을 받지 못했어. 더 중요한 것은 엄마가 너를 거부하고 비난했어. 그뿐만 아니라 아이인 네가 그런 엄마를 도울 수 없다는 사실로 인해 어린 네가 마치 엄마를 우울하게 만든 것처럼 잘못된 죄책감에 빠져들 수 있기 때문이야."

3. 정서적 기법

정서중심 치료적 개입은 환자의 처벌하는 부모 양식이 환자의 감정과 '느껴지는 의미'에 미치는 영향력을 줄이는 데에 도움을 주며, 자존감과 환자 자신의 욕구와 느낌에 대한 수용을 포함하는 환자의 건강한 어른 양식을 강화시켜 나가는 데에 도움이 된다. 중요한 치료적 개입 기법은 심상 각본수정 연습과 의자기법을 사용한 대화이다.

심상 각본수정 연습에서, 환자의 처벌하는 또는 요구하는 부모 양식이 작업의 재구조화 단계에서 과도하게 개입하지 않도록 제한되어야 한다. 환자의 건강한 어른 양식 또는 건강한 어른의 모델인 조력자(치료자 또는 제3의 조력자)가 환자에게 내재된 학대자와 맞서 싸우고 그리고/또는 요구하는 부모상과 논쟁하면서 역기능적 부모 양식의 활동을 제한하는 것이다. 심상 각본수정 연습에 대한 자세한 설명은 6장에서 논의했다. 이 절에서는 의자기법을 이용한 정서중심 치료 작업을 더 자세히 설명할 것이다.

1) 의자기법 대화

(1) 기본

의자기법 대화는 사이코드라마와 게슈탈트 치료자들에 의해 주로 개발되었다(Kellogg, 2004). 의자기법 대화의 기본 원리는 서로 다른 (일반적으로 서로 대치하는) 환자의 심리적 부분들을 구분하고자 하는 것이다. 환자의 서로 다른 심리적 부분들을 각각의 의자에 배정하고, 그 의자들은 원형으로 (또는 만약 두 개의 의자만을 사용할 경우에는 두 개의 의자가 서로 마주 보도록) 배치한다. 환자는 의자에 돌아가면서 앉고, 그때마다 각 의자가 상징하는 환자의 심리적 부분의 관점과 느낌을 받아들인다. 그리고 이와 관련된 감정들을 표현한다. 환자가 하나의 의자에 앉아 있는 동안 또 다른 환자의 심리도식 양식이 나타나면, 환자는 새로운 양식을 상징하는 의자로 옮겨 앉는다(만약 해당하는 심리도식을 상징하는 의자가 아직 배치되어 있지 않다면 새로운 의자를 추가한다). 이와 같은 의자기법 대화는, 먼저 환자의 내면 갈등과 양가감정이나 행동을 명료화하도록 돕는 기능을 한다. 두 번째로, 환자가 증진시켜야 할 심리도식 양식을 강화하고, 환자가 감소시켜야 할 심리도식 양식을 약화시키기 위하여 사용한다. 이는 심리도식의 인지적 측면, 감정적 측면, '느껴지는 의미'의 부분 모두에 해당한다. 의자기법을 이용한 심리도식치료의 주된 목표는 일반적으로 심리도식치료의 기본 목표(4장 참조)의 연장선상에 있고 다음과 같다.

① 환자의 양가감정들과 서로 다른 심리도식 양식들 사이의 갈등을 명료화하라.

② 환자의 취약한 아이 양식을 평가하고 달래 주라.

③ 성난 혹은 울화통 터진 아이 양식에서 환자가 느끼는 감정을 표현하고 배출할 수 있도록 하면서 동시에 이러한 감정을 타당화하라.

④ 환자의 충동적인 또는 훈육 안 된 아이 양식을 평가하고, 이런 환자의 양식에 한계를 설정하라.

⑤ 환자의 요구하는 부모 양식에 대해 질문하고, 이런 환자의 양식에 한계를 설정하라.

⑥ 환자의 처벌하는 부모 양식에 치료적으로 맞서 싸우라.

⑦ 환자의 여러 가지 대처 양식이 가지는 장점과 단점을 검토하고 부적응적 대처 양식들을 줄이도록 하라.

(2) 변형된 기법들

① 두 개의 의자기법

의자기법은 매우 탄력적이다. 가장 단순한 형태로 두 개의 의자를 사용해서 환자의 서로 다른 두 가지 심리적 부분을 표현한다. 치료자가 의자기법을 이용한 대화를 진행해 본 적이 없다면, 이 형태로 시작하는 것이 가장 기본적이다. 두 개의 의자를 사용해서 두 개의 의자기법을 진행하는 형태는 환자의 양가감정이나 내적 갈등을 묘사하기에 적절하고, 어떤 치료 모델에도 활용할 수 있다. 심리도식치료에서 두 개의 의자를 이용한 대화 기법은 하나의 '심리도식 의자'와 하나의 '건강한 의자'로 구성된다. 양식 기반 모델에서 하나의 의자는 건강한 어른 양식을 상징하고, 다른 의자는 역기능적 양식을 상징한다. 이런 의자기법을 이용한 치료 활동에서 처음에 어떤 심리도식 양식을 다룰지 확신이 서지 않는다면, 일단 두 개의 의자를 설치하고 치료를 시작해서 환자가 의자에 앉은 뒤에 어떤 심리도식 양식을 드러내는지를 관찰할 수 있다.

사회적 관계에서 경험하는 양가감정, 직장 생활에서의 갈등 등의 문제들을 다루기 위해 두 개의 의자기법을 사용할 수 있다(두 개의 의자를 이용한 대화를 시작하게 되는 전형적인 치료 상황에 대한 다음의 목록 참조). 의자기법 대화에서 표현하는 서로 다른 각각의 관점들은 두 개 중 하나의 의자로 각각 나타낸다. 예를 들면, 하단 목록의 첫 번째 문장에서, 하나의 의자는 헤어지려는 계획을 상징하고, 다른 의자는 머물고 싶은 마음을 상징한다.

- "최근 1년 동안 남자친구와 헤어지는 것에 대해 생각해 왔지만, 실행으로 옮기지는 못했어요……."
- "이 세미나에 꼭 참석하고 싶어요. 그러나 이미 등록하기에는 늦었어요, 항상 그렇듯이……."
- "최근 2년 넘게 새로 살 아파트를 찾아봤어요. 정말 괜찮은 집들을 보긴 했지만 그냥 결정을 내릴 수가 없었어요……."
- "제 상사는 항상 짜증 나는 업무를 저에게 맡겨요. 제 의견을 더 명확히 주장하고 싶지만 한 번도 그렇게 하지 못했어요……."
- "다시 운동을 시작하면 좋을 거예요. 저 자신을 더 밀어붙여야 해요……. 내년에는 반드시 마라톤에 도전할 거예요!"

② 세 개 혹은 그 이상의 의자를 사용한 의자기법 대화

심리도식 양식 모델은 의자기법 대화에서 여러 심리도식 양식의 모든 조합을 가능하게 한다. 저자들은 보통 역기능적 부모 양식과 건강한 어른 양식 사이의 '토론'으로 시작한다. 두 개의 서로 다른 관점에 기반한 토론을 진행하면서, 강렬한 감정이 드러날 수 있다(취약함 또는 분노). 이와 같은 감정은 그에 해당하는 아이 양식과 연결되어 있고, 활성화된 취약한 아이 양식과 성난 아이 양식 각각을 상징하는 의자를 추가해서, 기존의 의자들과 함께 둥그런 원을 형성한다. 건강한 어른 양식과 처벌하는 부모 양식 사이의 의자기법

대화를 조금 변형해서, 어떤 환자들은 실제 자신의 어린 시절에 처벌하는 부모 양식을 심어 준 실제 인물을 처벌하는 의자에 앉히기도 한다. 그러면 환자와 그 실제 인물 간의 (가상의) 토론이 가능하다. 변형된 의자기법 대화의 내용과 치료 효과는 보통 환자가 내부의 처벌하는 부모 양식과 토론할 때와 비슷하다.

심리도식치료에서 두 개보다 많은 의자를 사용한 대화를 사용할 때, 환자의 건강한 어른 양식과 대처 양식 사이의 토론으로 시작할 수 있는데, 이는 환자의 대처 양식을 더 잘 이해하는 (이를 통해 치료 후반에는 대처 양식의 사용을 줄이고자 하는) 목적을 가진다. 이러한 맥락에서 건강한 어른 양식과 대처 양식이 활성화되면, 취약한 아이 양식의 측면에서는 어떤 느낌인지를 파악하기 위해 취약한 아이 양식을 나타내는 의자를 하나 더 추가할 수 있다.

의자기법 대화에서 사용하는 모든 의자는 환자에게 현재 활성화되고 있는 다양한 부분들을 각각 상징한다. 실제로 환자가 각각의 의자에 모두 앉아 보게 하는 것이 항상 치료에 필요한 것은 아니며, 치료적으로 항상 권장하는 바도 아니다. 환자가 하나의 의자에 오래 앉아 있을수록, 그 의자가 상징하는 심리도식 양식도 더욱 강력하게 활성화된다. 환자가 심리도식을 상징하는 의자에서 벗어나 있을 때, 그 의자가 상징하는 심리도식 양식은 덜 활성화되고, 환자는 그 심리도식 양식으로부터 심리적 거리를 유지할 수 있게 된다. 환자가 심리도식 양식을 상징하는 의자에서 물리적 거리를 유지해야 하는 상황은 다음과 같다. 환자가 의자기법을 이용한 치료 기법을 처음 시도하거나, 환자가 치료회기 중에 상당한 안정감을 유지할 필요를 느끼는 상황, 환자가 자신의 감정에 쉽게 압도되는 상황, 환자가 여전히 처벌하는 부모 양식의 압도적인 영향하에 놓여 있는 상황 등이다. 임상적으로 치료자는 환자가 평소 치료시간에 앉는 의자에 앉아서 심리도식 양식을 상징하는 각각 다른 의자들의 관점으로 치료자에게 말해 보도록 요청할 수도 있다. 치료의 다음 단계로 환자는 취약한 아이 양식과 건강한 어른 양식 의자에만 앉는 걸로 제한한다. 심리도식 의자에는 앉지만, 처벌하는 부모 양식 의자에는 앉지 않도록 할 수도 있다. 이는 환자의 처벌하는 부모 양식이 과하게 활성화되거나, 환자가 자신을 처벌하는 부모 양식과 동일시하는 현상의 발생을 방지하기 위해서이다. 의자기법을 이용한 대화는 작은 변화로 시작해서, 환자의 감정 문제와 각자가 현재 감당할 수 있는 역량에 맞추어 적절히 조정해서 사용할 수 있다.

심리도식치료에서 의자기법 대화를 시행할 때, 치료자는 매우 적극적인 역할을 수행한다. 치료자는 의자기법을 이용한 일종의 심리 게임에 직접 참여하고, 자신이 다양한 심리도식의 역할을 구현하기도 한다. 환자의 다양한 심리도식 양식과 함께 토론하고, 이외의 대부분은 건강한 어른 양식의 역할을 한다. 치료자는 환자의 처벌하는 부모 양식의 활동을 제한하거나, 환자의 처벌하는 부모 양식 의자를 치료실 밖으로 내놓고, 환자의 처벌하는 부모 양식이 환자의 마음에서 제거되어야 한다는 것을 상징하는 강력한 행동 표현을 선보이기도 한다. 치료자는 환자의 건강한 어른 양식 의자에 앉은 채로 취약한 아이 양식 의자에 앉아 있는 환자를 타당화하고 달래 주는 역할도 한다.

심리도식치료에서 의자기법 연습의 전형적인 몇 가지 형태는 다음과 같다.

- 환자의 (어떤 종류이든지) 내적 갈등이나 양가감정을 다루기 위한 두 개의 의자 대화. 각각의 의자가 두 가지의 서로 다른 환자의 관점을 상징한다.
- 두 개의 의자를 이용한 환자의 역기능적 부모 양식과 건강한 어른 양식 사이의 대화. 건강한 어른 양식은 환자의 요구하는 부모 양식을 제한하고, 환자의 처벌하는 부모 양식과 맞서 싸운다. 환자의 감정적 처리에 따라 환자의 취약한 아이 양식 그리고/또는 성난 아이 양식 의자를 추가로 더 등장시키는 것이 도움이 될 때도 있다.
- 세 개의 의자를 사용해서 요구하는 부모 양식, 성난 아이 양식과 건강한

어른 양식 사이의 대화를 진행. 이런 치료 활동은 요구하는 부모 양식이 강하게 지배적이고, 환자가 이런 요구하는 부모 양식에 복종할지 아니면 분노를 표현할지 사이에서 갈등을 겪고 있는 환자의 경우에 특히 유용하다.

- 두 개의 의자를 사용한 건강한 어른 양식과 취약한 아이 양식 사이의 대화. 건강한 어른 양식은 취약한 아이 양식을 진정시킨다. 이런 형태의 치료 작업에서 첫 회기를 진행할 때, 치료자가 종종 건강한 어른 양식의 역할을 맡아 역할 대상이 된다. 약간 변형된 형태로 하나의 빈 의자를 사용해서, 환자의 취약한 아이 양식을 상징할 수도 있다. 치료자는 평소에 사용하는 치료자의 의자에 앉아서, 환자의 취약한 아이 양식을 상징하는 빈 의자에게 말을 걸고 취약한 아이 양식의 환자를 진정시키고 달래 줄 수 있다.

- 두 개의 의자를 사용해서 환자의 대처 양식과 건강한 어른 양식 사이의 대화를 진행. 환자의 대처 양식이 치료시간에 매우 주도적으로 행동하고 그리고/또는 이런 대처 양식이 환자의 삶에서 중요한 변화를 가로막고 있을 때 유용하다.

③ 치료회기에서 의자기법을 환자에게 소개하기

많은 환자의 경우에(그리고 많은 치료자의 경우에도 역시), 서로 다른 의자들을 사용해서 치료시간을 진행하는 것이 처음에는 이상하게 느껴질 수도 있다. 이런 느낌을 받은 상태에서는 환자이든 치료자이든 의자기법을 이용한 심리도식치료에 별로 열정적이지 않을 수 있다. 처음 시도하는 의자기법을 이용한 심리도식치료를 통해 의자기법이 가지는 커다란 치료적 가능성과 치료 효과를 이해하게 되면, 환자와 치료자 모두 의자기법 대화에 보다 열정적으로 참여하게 될 것이다. 치료자는 의자기법을 매우 적극적으로 환자에게 소개하며, 치료자가 적극적으로 치료 과정에 참여하는 모습을 환자에게 보여 줘야 한다. 치료자와 환자는 의자기법을 이용한 치료의 모든 절차를 충실히 자신의 치료 과정에서 모델링한다. 유연하고 역동적으로 치료를 시작해서 의자를 가져와 배치하고 다양한 심리도식 양식을 모델링한다. 치료 과정의 진행에 따라 의자들의 배치를 바꾸고, 서로 다른 심리도식 양식들의 감정적인 특성을 탐색하는 등의 활동을 수행해야 한다. 치료자가 환자로부터 관찰당하고 있다는 사실조차 잊은 것처럼 몰입해서 의자기법에 참여하면, 환자 역시 의식을 덜하는 상태로 치료에 몰입하게 될 것이다. 치료자는 평소 치료시간에 사용하던 의자에 앉은 상태로 환자에게 원형으로 배열된 의자들 주변을 돌아다니라고 말한다. 환자는 당연히 어색한 느낌을 받을 수밖에 없다. 심상 각본수정 연습에서와 마찬가지로 의자기법 치료는 처음에는 짧은 활동에서 시작해야 하고, 항상 환자로부터 치료에 대한 피드백을 받아야 한다.

사례 **치료회기에 의자기법 소개하기**

　　루시의 치료자는 루시의 의존적 대처 양식으로 나타난 환자의 처벌하는 부모 양식과 맞서 싸우기 위해 치료회기에 의자기법을 도입하고자 했다. 처벌하는 부모 양식은 루시를 실패자라고 몰아붙인다. 처벌하는 부모 양식이 가지는 루시에 대한 영향력을 감소시켜야 한다. 루시가 의존적 대처 양식을 사용할 때마다 처벌하는 부모 양식이 활성화되어 루시를 비난한다면, 치료회기에서 루시의 의존성에 대한 문제를 계속해서 다루기 어려울 것이기 때문이다.

　　치료자는 다음과 같이 루시에게 의자기법의 개념을 소개했다. "루시, 당신의 의존적인 성향에 대해 치료시간에 다루고자 하면, 처벌하는 부모 양식이 자극되어 스스로에게 당신은 멍청한 실패자라고 말했어요. 저는 이런 말을 들었을 때, 내면의 처벌하는 부모 양식으로부터 비난하는 말을 들은 어린 루시가 도움을 강렬히 원하고 외로워할 것 같다고 생각했어요. 제 말이 맞나요? 당신은 제가 무엇을 말하고 있는지 알 거예요. 자신이 의존적으로 행동할 때마다 내면의 처벌하는 목소리가 자신을 비난하는 경험이 반복되는 것을 스스로 알 수 있습니다. 이것이 당신의 치료에 중요한 문제라는 것도 알고 있습니다. 건강한 어른 양식은 이러한 사실을 이미 파악하고 있습니다. 당신과 함께 의자기법을 이용한 치료를 시행해서 건강한 어른을 강화하고 처벌하는 부모 양식이 당신에게 미치는 영향력을 약화시켜야 합니다. 우리가 의자기법에서 무엇을 할지 이제 말씀드릴게요. 우리는 어린 루시, 처벌하는 부모 양식, 건강한 어른 각각을 서로 다른 세 개의 의자에 배정할 거예요." 치료자는 일어나서 세 개의 의자를 원형으로 배열한다. "이제 당신이 이 의자들 각각에 순서대로 앉아 보면서, 각각의 심리도식 입장에서 상황을 보는 관점과 경험하는 느낌을 표현해 보세요. 어떤 의자에 맨 처음 앉아 보시겠어요?"

④ 의자기법의 과정

대부분의 경우, 의자기법은 환자의 요구하는/처벌하는 부모 양식을 약화시키는 목적을 가진다. 심상 각본수정 연습에서와 마찬가지로(218~229쪽 참조), 의자기법에서는 환자의 부모 양식의 특성에 맞추어 조정해야 한다. 성취에 집착하고 요구하는 부모 양식을 다루는 의자기법에서는 싸움보다는 토론의 성격이 더 나타난다. 이런 토론에서 건강한 어른 양식과 요구하는 부모 양식은 환자의 삶에서 성취의 중요성과 환자가 도달하기 어려운 목표 추구와 욕구 충족 사이에 타협점을 찾고자 노력한다. 죄책감을 유발하는 부모 양식의 의자기법에서 (환자가 느끼는) 책임감을 (환자 자신과 다른 대상들 사이에서) 적절히 분배하는 문제, 환자가 타인에게 (자신에게 과도한 책임이 부여되는 것에 대한) 한계를 설정할 권리, 환자가 느끼는 죄책감의 적절성 등의 문제가 주요 논점이 된다. 건강한 어른 양식은 환자가 주변의 모든 사람의 안녕에 대해 항상 책임을 져야 하는 것은 아니라는 것을 다룬다. 어른은 자신의 안녕과 행복에 대해 스스로 책임을 져야 한다. 처벌하는 부모 양식의 의자기법 치료에서 필요한 것들은 다음과 같다. 환자의 처벌하는 부모 양식에 대한 단호한 지적, 처벌하는 부모 양식의 활성화가 너무 길어지지 않도록 중간에 제지하는 것, 환자의 처벌하는 부모 양식이 하는 말에 동의하지 않는다고 표현하는 것, 환자의 처벌하는 부모 양식과 맞서 싸우는 것, 처벌하는 부모 양식 의자를 치료실 밖으로 치워 버리는 것 등이다. 이런 사항들은 단지 개괄적인 지침이다. 각각의 환자 사례에 맞는 적절한 수정과 보완이 필요하다. 어떤 경우에는 환자의 요구하는 부모 양식이 변화하기 어려운 상태이면, 치료적 접근에 대한 반응이 적어서, 치료자가 건강한 어른 양식의 역할을 수행하면서 이와 맞서 싸워야 할 수도 있다. 어떤 환자의 처벌하는 부모 양식은 (높은 수준의 언어적 논쟁에 익숙한) 차분하고 친밀하면서 단호한 방식으로 접근하면, '놀랍게도 말을 잘 듣는' 경우도 있을 수 있다.

의자기법을 사용한 치료의 진행은 전반적인 과정에 걸친 환자의 감정 반응에 달려 있다고 볼 수 있다. 환자의 처벌하는 부모 양식이 강하게 지배적일수록 치료자는 이런 양식에 대항해서 환자를 보호해야 하고, 보다 적극적으로 처벌하는 부모 양식에 맞서 싸워야 한다. 환자는 처벌하는 부모 양식 의자에 잠시만 앉아 있도록 하면서, 이 양식으로부터 어느 정도의 심리적인 거리를 유지하도록 한다. 더 심각한 경우, 환자는 자신의 처벌하는 부모 양식 의자에 아예 앉지 않고, 건강한 어른 양식이나 취약한 아이 양식 의자에 앉아 물리적 거리를 둔 상태로 자신의 처벌하는 부모 양식 관점에서 진술한다.

치료자가 제공하는 치료적 지지의 정도도 환자의 심리도식 양식의 성향에 달려 있다. 강한 처벌하는 부모 양식을 사용하는 환자는 이에 맞서기 위해 치료자로부터 많은 지지를 받을 필요가 있다. 취약한 아이 양식 의자에 앉아 있는 동안 치료자가 직접 환자의 건강한 어른 양식 의자에 앉아서 환자의 처벌하는 부모 양식의 활동을 제한하는 방식으로 지지를 제공할 수도 있다. 정서적 지지를 제공하기 위해, 치료자는 환자의 처벌하는 부모 양식에 대한 분노를 표현할 수 있고, 치료자조차 이길 수 없을 때는 처벌하는 부모 양식 의자를 치료실 밖으로 치워 버릴 수도 있다. 처벌하는 부모 양식 의자를 치료실 밖으로 치운 뒤, 취약한 아이 양식 의자에 앉아 있는 환자에게 치료자는 추가적인 정서적 지지를 제공할 수도 있다.

건강한 어른 양식이 이미 강해졌을 때, 환자의 지나치게 엄격한 기준이 의자기법을 사용한 치료의 단골 주제로 등장한다. 의자기법 치료에서 환자는 요구하는 부모 양식과 논쟁을 벌인다. 환자의 건강한 어른 양식은 환자가 자신의 욕구를 만족시키고 감정을 인정받으며 지나치게 과한 요구에 대한 제한을 설정할 수 있는 권리에 대해 설명한다. 환자의 역기능적 부모 양식으로부터 오는 감정 표현을 염두에 두어야 한다. 건강한 어른 양식이 강한 환자에서 요구하는 부모 양식은 심각한 처벌하는 부모 양식을 가진 환자의 경우보다 조금은 더 자비롭다. 부모 양식 의자를 치료실 밖으로 치울 필요까지는 없을 것이다. 요구하는 부모 양식에 대해 엄격한 목소리로 훈계하는 것으로 충분할 것이다.

의자기법에서 환자와 치료자의 역할 분담 문제는 건강한 어른 양식이 강한 환자의 경우, 치료자는 건강한 어른 양식이 약한 환자의 경우에 취할 행동의 정반대를 취하면 된다. 건강한 어른 양식 의자에 앉는 대신, 치료자는 환자의 요구하는 부모 의자에 앉아서 (건강한 어른 양식 의자에 앉아 있는) 환자에게 이것저것 요구를 하면서 환자를 자극한다. 치료자의 행동이 건강한 어른 양식의 관점에서 (요구하는 부모 양식의) 요구를 더 강하게 거부하도록 유도하는 효과를 가진다.

항상 역기능적 부모 양식의 '주요 메시지'를 명확히 해야 한다(69~73쪽 참조). 양식의 성향에 따라 과소평가나 요구하기 등의 활동이 환자 전체에 관련될 수도 있고, 환자의 특정한 측면(예: 여성인 것, 너무 감정적인 것, 바보가 되는 것 등)에만 관련될 수도 있다. 요구하는 부모 양식은 과하게 높은 성취를 환자에게 요구하고, 처벌하는 부모 양식은 환자에게 죄책감을 유발하면서 환자가 타인의 욕구를 자신의 욕구보다 앞세워 만족시킬 것을 요구할 것이다.

융합의 심리도식 구조를 가진 환자는 요구하는 부모 양식을 드러내는 방식이 다른 환자와 다를 수 있다. 이런 환자들의 부모는 자녀가 독립성을 키울 수 있도록 돕지 않았다(혹은 자녀가 독립적으로 되는 것을 막았다). 환자들의 요구하는 부모 양식은 '네가 생각하는 자신의 길을 가려고 하면, 타인들이 불행해질 거야.'라고 말한다. 환자의 역기능적 부모 양식의 성향이 종종 의자기법 대화를 통해 명확하게 드러나지만, 양식에 대해 환자와 함께 공동으로 검토해야 한다. 다음 세 개의 사례들은 환자의 역기능적 부모 양식의 성향에 따라 어떻게 의자기법을 통해 조절해 나가는지에 대한 예시이다.

사례 성취에 집착하는 요구하는 부모 양식을 가진 환자와의 의자기법

에바는 자신에게 즐거움과 휴식하는 시간을 허용하지 않는다. 너무 기준이 높아서 반복적으로 소진 증후군을 겪는다. 에바의 부모는 매우 열심히 일하고 자신을 잘 돌보지 않는 성취지향적인 사람들이었다. 부모님의 모습이 에바에게 심리도식 양식으로 전달되었다. 그녀는 학교와 대학에서 항상 최고였다. 이건 자랑스러운 일이 아니라 일상적인 일일 뿐이었다. 현재 그녀는 학위 논문을 준비하고 있는데, 그 과정에서 상식을 넘어서는 기준을 자신에게 요구하고 있다(예를 들면, 자신의 학위 논문에 참고 문헌으로 기재하는 모든 원문을 다 읽어야 한다고 생각한다. 학과 동기들 중 누구도 학위 논문 참고 문헌의 초록 이상을 읽지 않는다는 것을 알고 있음에도 그렇다). 치료자는 요구하는 부모 양식과 건강한 어른 양식 사이의 의자기법 대화를 해 보도록 권한다.

치료자: 학위 논문 준비에 관련된 극단적인 성취 기준에 대해 논의하기 위해 두 개의 의자 중 어떤 의자에 먼저 앉으시겠어요?

에바: 음, 요구하는 의자에 앉을게요. 요구하는 부모 양식이 항상 활성화되어 있거든요. [요구하는 부모 양식을 상징하는 의자에 앉는다.] 학위 논문은 당연히 완벽해야만 해! 모든 참고 문헌을 읽는 것이 중요해. 지도 교수님이 주신 것뿐만 아니라 스스로 찾아낼 수 있는 것이면 무엇이든지 다 포함해서. 그렇게 하지 않으면 학위 논문 준비를 형편없이 했다는 것을 모두가 알아챌 거야.

치료자: 좋아요. 또 다른 의자(건강한 어른 양식을 상징하는)의 관점에서는 어떻게 말하나요?

에바: [건강한 어른 양식을 상징하는 의자로 옮겨 앉는다.] 그만 좀 해! 같은 과 친구들 중 누구도 모든 참고 문헌을 다 읽지 않아. 나의 멘토조차도 많은 논문의 초록만을 읽고, 연구 주제에 대한 전반적인 인상을 파악하는 것이 일반적이라고 했어. 대학을 졸업한 뒤, 직장 생활에서도 내가 지금 1000페이지의 참고 문헌을 더 읽었는지의 여부는 중요하지 않을 거야. 너무 많은 정보 속에서 더 혼란스러울 거야. 지금은 학위 논문을 작성해 나가는 게 더 중요해. 만약 너의 [요구하는 부모 양식 의자를 가리키며] 요구를 만족시키려 한다면, 나는 학위 논문을 쓸 시간이 부족해질 거야. 연구 주제도 갈피를 못 잡을 거야! 나는 완전히 녹초가 되어서 신경 쇠약에 걸리고 모든 것을 뒤로 미뤄야 하겠지. 100% 완벽한 학위 논문을 준비하지 못하는 것보다는 이런 결과가 훨씬 더 암울해 보여.

치료자: 좋아요. 이런 당신의 (건강한 어른 양식) 발언에 대해 요구하는 부모 양식의 관점은 어떻게 대응하나요?

에바: [다시 의자를 바꾸어 요구하는 부모 양식을 상징하는 의자에 앉은 후 말하기 시작한다.] 과학자로서의 경력을 쌓길 원한다면, 학위 논문의 모든 세부 사항을 잘 이해하고 참고 문헌 읽는 것을 사랑한다는 걸 지도 교수님께 보여 드려야 해! [치료자의 지시 없이 환자가 스스로 의자를 바꿔 다시 건강한 어른 양식을 상징하는 의자에 앉은 후 말을 이어 간다.] 난 과학자로서의 경력을 쌓기를 원하지 않아. 이미 지금 인턴을 하고 있는 직장의 상사와 약속을 했어. 지금 인턴을 하고 있는 클리닉에서 다음 직업을 구할 거야. 그 사람들은 내 학위 논문에 대해 신경도 쓰지 않아. 나를 그동안 보아온 인턴들 중 최고라고 했어!

치료자: 훌륭합니다. 지금 건강한 어른 양식 의자의 관점에서는 뭐라고 말하나요?

에바: [건강한 어른 양식 의자에서 말을 이어 간다.] 더 이상 별말을 안 하네요. 설득된 것 같아요.

⑤ 양식과의 거리를 확보하고자 할 때에 필요한 의자의 대체 물품들

보통 의자기법을 이용한 치료에서 실제 의자를 사용하는 것을 권장한다. 가장 강력한 감정적 치료 효과가 나타나기 때문이다. 치료실이 너무 좁다는 등의 문제들은 의자를 치료 작업에 사용하지 않는 핑계가 될 수 없다. 치료자가 너무 작은 면담실에서 일하고 있으면, 작은 크기의 접이식 의자로 보관할 수 있는 등받이 없는 의자를 구비해서 사용할 수 있을 것이다.

경계성 성격장애를 앓고 있는 환자의 경우, 치료자가 다른 의자들을 사용해서 심리도식을 다루는 작업을 하자고 했을 때, 공황발작과 같은 반응을 보일 수 있다. 환자들은 의자기법을 이용한 심리도식치료에 참여할 때 강한 감정을 경험하게 되면, 이를 견딜 수 없을 것 같아서 공포에 질리고 그리고/또는 자신의 처벌하는 부모 양식이 활성화되면 압도될 수도 있다. 심리도식 양식의 활성화에 따른 격렬한 감정에서 거리를 두기 위해 실제 의자보다는 다른 대체물을 사용해서 치료를 시작하는 것도 가능하다. 플레이모빌 모형과 같은 장난감을 사용하는 것도 가능하고, 손장갑 인형, 토큰 등 모두 가능하다. 이런 도구들을 치료실의 탁자 위에 정렬하고, 환자는 각각의 도구가 상징하는 양식의 관점에서 경험하는 감정과 인지 방식을 설명한다. 심리도식 양식 활성화가 불러일으키는 강한 감정으로부터 어느 정도 환자가 거리를 유지하면서 치료 활동에 참여할 수 있도록 하는 다른 방법은, 환자가 평소 치료시간에 사용하던 의자에 앉은 상태로 환자의 다양한 양식을 상징하는 다른 의자들을 원형으로 둥글게 배열해 두는 것이다. 각 심리도식 양식을 상징하는 의자에 직접 앉는 대신, 물리적 거리를 둔 상태로 각각의 양식의 관점에서 자신이 경험하게 되는 것을 치료자에게 전달한다. 다양한 의자기법에 환자가 익숙해지면, 치료자는 단계적으로 실제 의자를 치료 활동에 도입할 수 있다.

죄책감을 불러일으키는 처벌하는 부모 양식을 가진 환자와의 의자기법

비비안은 정신건강의학과 외래 병동에서 일하는 사회복지사이다. 일하면서 자신을 상식적인 수준 이상으로 희생하면서까지 환자들을 도우려고 한다. 스스로 자신을 돌볼 수 있는 (그리고 스스로를 직접 돌봐야만 하는) 환자들에 대한 책임도 떠맡는다. 전문적인/건강한 어른의 관점에서 자신이 업무 활동을 하면서 하는 헌신에 더 제한을 두고, 환자들이 더 독립적으로 되도록 격려해야 한다는 것을 안다. 환자들을 돕는 일에 대해 더 스스로 제한을 둘수록 뭔가 자신이 잘못하고 있는 것 같은 느낌이 들고 죄책감을 느끼며, 결국 다시 과하게 자신의 환자들을 책임지려 한다. 이러한 느낌은 그녀의 처벌하는 부모 양식에 의해 나타나는 죄책감의 감정과 연결되어 있다. 다음의 의자기법은 이런 비비안의 현재 상황과 관련되어 있다. 비비안은 과하게 의존적인 환자에게 적절한 치료적 한계 설정을 하지 못하고, 환자가 일상을 스스로 해결하도록 권하지도 못한다. 비비안이 속한 사회복지팀의 다른 동료들은 비비안의 이런 태도에 화가 났다. 과도한 책임감이 환자의 의존 욕구를 오히려 유지시키고 있다고 보았기 때문이다. 비비안은 죄책감을 유발하는 부모 양식 의자에 앉은 상태로 의자기법을 시작한다.

비비안: 너는 그 불쌍한 여자를 돌봐야 해. 너무 힘든 상태거든. 그 여자의 삶은 전부 엉망진창이야. 네가 돌봐 줄 수 있는 유일한 사람이야. 다른 어느 누구도 더 이상 그녀를 참고 견딜 수 없어. 그녀가 집을 나서서 상점으로 갈 수 없을 때, 그렇게 하라고 요구하는 것은 비인간적인 행동이야!

치료자: [미소 지으며] 당신의 건강한 어른 양식 관점에서는 어떤 생각을 할 수 있나요?

비비안: [의자를 바꿔 건강한 어른 양식 의자에 앉으며] 글쎄, 그 말이 전부 옳은 것은 아니지. 이 환자는 타인이 자신의 명령대로 행동하도록 만드는 일에 아주 능숙하거든. 내가 그녀의 행동에 치료적 한계를 설정하면 아마 자신을 돌보는 책임을 맡아 줄 다른 누군가를 찾아낼 거야. 스스로 해야 하는 일을 내가 대신 해 주는 것은 그녀를 도와주는 게 아니지. 솔직히 더

격려하고 용기를 북돋아 주면서 자기 생활에 스스로 책임을 질 수 있도록 하는 게 훨씬 더 나을 거야. 이 환자에게는 일상을 스스로 꾸려 나가는 것이 치료의 중심 목표이니까.

치료자: 좋아요! 이런 발언에 대해 처벌하는 부모 양식은 뭐라고 대답하나요?

비비안: [자신의 처벌하는 부모 양식 의자로 옮겨 앉으며] 그 불쌍한 환자의 기분이 안 좋아지는 건 그 자체로 끔찍한 일이야. 내가 책임져야 하는 누군가가 속상해하도록 두는 것은 비인간적이고 냉정한 행동이야!

치료자: 이 상황이 당신의 어머니를 떠올리게 하나요? 어머니가 자신의 평안함을 위해 돌봐 달라고 종종 부탁했다고 저에게 말한 적이 있죠. 어린 시절에 어머니가 슬퍼하면 당신은 죄책감을 느꼈지요.

비비안: 네, 어머니와의 기억이 지금 환자와의 일과 비슷한 부류에 속하는 것 같아요.

치료자: 건강한 어른 양식 의자에 가서 그 관점으로 말해 보세요!

비비안: [건강한 어른 양식 의자로 옮겨 앉아서 자신의 처벌하는 부모 양식 의자를 향해 말한다.] 너는 타인의 기분이 안 좋아지면 죄책감을 느끼라고 가르쳤지. 타인을 돌보는 역할을 하는 것은 멋진 일이지. 하지만 나는 타인들이 나를 감정적으로 움직여서 조종하도록 허용했어. 모든 사람이 자신의 삶에 대해 스스로 책임을 지도록 나도 노력해야 한다는 것이 중요해. 이 환자는 그러고 싶어 하지 않지만 자기 생활을 스스로 책임지고 꾸려 나갈 수 있도록 돕는 것은 여전히 나의 업무야. 나는 더 이상 그녀의 의존성을 강화시키는 것을 멈춰야 해!

치료자: 당신은 다음의 말을 덧붙이고 싶을 것 같군요. "나는 타인의 행동에 적절한 한계를 설정할 권리를 가지고 있어! 내가 이 환자에게 더 많은 행동을 치료적으로 요구할 때, 나는 더 나은 사회복지사가 될 거야!"

비비안: 맞아요, 정말 맞는 말이에요! 그녀 생활의 모든 책임을 떠맡는 것이 제 업무가 아니죠. 그렇게 하는 것은 환자를 돕는 것도 아니고 저에게도 너무 부담이 돼요. 넘치는 노동에 저는 금전적인 보상을 받지도 못해요. 그리

고 맞아요, 저는 그 환자에게 "이건 아닙니다."라고 말할 권리가 있어요! 그리고 "이건 아닙니다, 옳지 않아요."라고 말하는 것에 대해 더 이상 힘 들어하지 않겠어요.

치료자: 그럼, 힘들어하는 대신에 어떻게 느껴야 하나요? 처벌하는 부모 양식에 게 말해 보세요!

비비안: 내가 안 된다고 말할 수 있을 때 나는 스스로에게 자부심을 느낄 거야!

사례 강력한 처벌을 하는 부모 양식을 가진 환자와의 의자기법

경계성 성격장애와 심각한 식이장애를 겪고 있는 20세 환자인 미셸은 어릴 때 그녀의 양부모에게서 밥을 굶는 벌을 받았고, 신체적·성적 학대를 받았다. 성 인이 된 요즘에도 며칠 동안 아무것도 먹지 못하고 지낸다. 자신이 밥 먹을 자격 이 없다고 느낀다. 스스로가 먹을 음식을 준비하는 것은 곧 죄책감, 부끄러움, 자 기 혐오의 감정으로 이어진다. 치료자는 미셸이 자신을 잘 돌볼 권리를 가지고 있 음을 느끼도록 돕기 위해, 처벌하는 부모 양식에 대항하는 내용의 의자기법을 해 보도록 권한다.

치료자: [세 개의 의자를 원형으로 배열하면서] 이 의자들은 맛있는 음식을 먹지 못하게 하는 처벌하는 부모 양식과 절망적으로 힘들고 필사적으로 도움 이 필요한 어린 미셸, 그리고 당신의 건강한 어른 양식을 각각 상징합니 다. 먼저, 우리의 평소 치료시간에 당신이 사용하는 의자에 앉아서 서로 다른 세 심리도식 양식 관점에서 이야기를 해 보세요.

미셸: [처벌하는 부모 양식을 상징하는 의자를 가리킨다.] 저 목소리가 가장 커 요. 난 쓰레기이고 먹을 것을 챙긴다는 생각 자체가 어이없다고 말해요. 난 굶어야 돼요.

치료자: [어린 미셸의 의자를 가리킨다.] 어린 미셸은 마음이 어떤가요?

미셸: 기분이 처참해요.

치료자: [건강한 어른 양식 의자를 가리키며] 당신의 건강한 어른 양식은 뭐라고 말하나요?

미셸: 뭐라고 해야 될지 모르겠어요! 이런 쪽의 일을 아예 감지하지를 못해요.

치료자: 무슨 말인지 알겠어요. 제가 건강한 어른 양식 의자에 앉아서 몇 마디 조언을 드려도 될까요?

미셸: [고개를 끄덕인다.]

치료자: [건강한 어른 양식 의자에 앉아서 환자의 처벌하는 부모 양식 의자에게 말한다.] 뭐라고 하는 겁니까. 미셸에게 밥 먹을 권리도 없다고 말하는 건가요? 누구나 그러하듯이 미셸에게도 당연히 자신을 돌볼 권리가 있어요! 자신이 좋아하는 음식을 먹을 권리가 있습니다! 이런 쓰레기 같은 말을 더 듣고 싶지 않군요! [환자에게] 지금 마음이 어떤가요?

미셸: 좋은 느낌이 들어요. 하지만 저기 저 의자가 너무 두려워요. [환자의 처벌하는 부모 의자를 가리킨다.]

치료자: 네, 무슨 말인지 알 것 같아요. 저걸 치료실 밖으로 치워 버릴게요. 그래도 되겠죠?

미셸: 네. 그럼 좀 안심할 수 있을 것 같아요!

치료자: [여전히 건강한 어른 양식 의자에 앉은 채로 환자의 처벌하는 부모 양식 의자를 향해 말한다.] 미셸을 너무 아프게 해서 당신을 지금 쫓아내야겠어요! [일어서서, 환자의 처벌하는 부모 의자를 단호하게 치료실 밖으로 내몰고 치료실 문을 닫는다. 그리고 환자에게 말한다.] 지금은 기분이 어떤가요?

미셸: 훨씬 나아진 것 같아요!

치료자: 저도 동의합니다! 그럼, 지금 어린 미셸을 상징하는 의자에 한번 앉아 보겠어요? 만약 괜찮다면, 저는 어린 미셸과 이야기해 보고 싶군요.

미셸: [취약한 아이 양식 의자에 가서 앉는다.]

치료자: [환자의 건강한 어른 양식 의자에 앉은 채로, 취약한 아이 양식 의자에 앉은 환자에게 말한다.] 어린 미셸아, 너는 참 사랑스럽고 소중한 아이

야. 모든 타인들과 마찬가지로 자신이 원하는 것을 중요하게 생각하고 네가 필요한 것을 충족할 권리가 있어. 다른 모든 아이와 모든 사람이 그런 것처럼 너도 맛있는 음식을 먹을 만한 사람이야! 지금 마음이 어떻니?

미셸: [어린 미셸 의자에 앉아서 말한다.] 그런 말을 들으니 좋아요. 하지만 좀 이상한 느낌이 들어요. 지금 들은 말을 거의 믿을 수가 없어요.

치료자: 어색한 느낌이 들지만 그건 처음이라 그런 거야. 어색하면서도 너의 권리를 옹호하는 말을 듣고 좋은 느낌이 들었다니 기쁘구나! 너의 욕구가 중요하다는 것을 스스로 느낄 수 있도록 돕기 위해 우리는 지금 한 것과 비슷한 많은 치료를 해야 해.

미셸: 그러면 좋을 것 같아요. 그런 날이 오기를 감히 거의 바랄 수도 없지만, 저의 상태가 조금이라도 달라져서 제가 벌 받아야 한다는 생각을 떠올리지 않고 먹을 수 있는 날이 올 것만 같아요. 비록 아주 먼 미래이겠지만……

치료자: 좋군요. 이것이 치료적 변화를 위한 작은 첫 발걸음입니다. 당신에게 한 가지 제안을 하고 싶어요. 제가 지금 막 어린 미셸에게 이야기한 것을 반복해서 다시 말할 거예요 그걸 휴대폰에 녹음하세요. 음식이 먹고 싶어질 때, 제 말을 녹음한 것을 청취하세요. '나는 당연히 음식을 먹을 가치와 권리가 있는 사람'이라고 느끼는 데 도움이 될 거예요. 꼭 시도해 보셔야 해요.

미셸: 예, 말씀하신 대로 해 볼게요.

　치료자는 환자의 휴대폰을 통해 매우 따뜻하고 돌봐 주는 듯한 목소리로 미셸의 취약한 아이 양식에게 메시지를 전한다.

⑥ 환자를 자신의 처벌하는 부모 양식으로부터 보호하기

자신의 처벌하는 부모 양식의 영향으로 인해 매우 겁에 질려 있는 환자에게는 의자기법을 이용한 치료의 초기에 오랫동안 처벌하는 부모 양식 의자에 앉도록 허용하지 않는다. 그렇게 하는 것이 종종 최선의 선택인 경우가 많다. 환자들은 심리도식 양식을 상징하는 의자에서 물리적으로 거리를 둔 상태로 처벌하는 부모 양식 관점에서 말해야 한다. 치료자가 환자를 이와 같은 방식으로 보호하지 않으면, 처벌하는 부모 양식의 영향력이 너무 강하게 작용하는 환자의 경우 처벌하는 부모 양식 의자에 앉았을 때, 이 심리도식 양식에 너무 깊이 빠져 버릴 수 있다. 환자들이 처벌하는 부모 양식에 매우 친숙하다는 점을 기억하고 환자가 자신의 '자연스러운' 감정을 따라가도록 안내했을 때, 환자들은 처벌하는 부모 양식 의자에 앉아서 대부분의 시간을 보내려 할 것이다. 의자기법에서 치료자가 능동적으로 환자의 활동을 멈추고, 환자가 처벌하는 부모에 너무 친밀해지지 않는 것이 중요한 치료 목표 중 하나라고 설명해 주는 것이 필요하다.

환자가 처벌하는 부모 양식의 관점에서 말하는 시간의 길이는 짧게 유지해야 한다(환자는 보통 처벌하는 부모 양식을 다른 어떤 심리도식 양식보다도 자연스럽고 섬세하게 표현하겠지만). 환자가 처벌하는 부모 양식의 관점에서 2~3개의 문장을 말하면, 치료자는 반드시 개입해서 들은 말을 요약하고 환자의 다른 심리도식 양식(특히 취약한 아이 양식과 건강한 어른 양식)이 말하도록 치료의 초점을 바꿔야 한다. 치료자가 환자의 처벌하는 부모 양식과 토론을 진행할 때, 환자는 절대로 처벌하는 부모 양식 의자에 앉아 있으면 안 된다. 처벌하는 부모 양식 의자를 치료실 밖으로 치워 버리는 것이 환자를 그 심리도식 양식의 영향으로부터 보호하는 데 도움이 된다.

⑦ 건강한 어른 양식을 모델링하기

치료의 첫 단계에서 치료자는 자신이 건강한 어른 양식으로서 환자에게 모델이 되어야 한다. 치료자가 건강한 어른 양식 의자에 앉고 환자가 좀 떨어져 서 있거나, 환자가 건강한 어른 양식 의자에 앉고 치료자가 좀 떨어져서 있을 수 있다. 환자가 취약한 아이 양식 의자나 평소 치료시간에 자신이 사용하는 의자에 앉아서 치료자가 건강한 어른 양식으로 전달하는 메시지를 경청할 수도 있다. 치료자가 환자의 처벌하는 부모 양식과 맞서 싸우고 양식의 영향력을 환자로부터 제한하려 할 때, 환자가 처벌하는 부모 양식 의자에 절대로 앉아 있지 않도록 해야 한다. 치료자가 환자의 취약한 아이 양식을 달래고 처벌하는 부모 양식과 맞서 싸울 때, 환자는 취약한 아이 양식을 상징하는 의자에 앉아 있는 것을 추천한다. 환자는 치료자가 보여 주는 건강한 어른 양식의 모델을 내재화하도록 한다. 이를 돕기 위해, 치료자는 건강한 어른 양식의 메시지를 환자가 하나씩 반복적으로 따라서 말하도록 할 수 있다(의자기법을 이용한 치료에서, 치료자가 환자의 취약한 아이 양식을 달래 주거나 환자의 처벌하는 부모 양식에 맞서 싸운다. 치료자는 환자에게 건강한 어른 양식 의자에 앉아서 치료자가 말한 문장이나 코멘트 중 특히 좋았던 것을 골라 따라 해 볼 것을 요청한다). 의자기법을 사용한 치료를 녹음해서 집에서 청취하도록 과제를 내주는 것도 마찬가지로 유용하다.

　치료를 진행하면서 환자 자신이 건강한 어른 양식의 역할을 수행하도록 격려한다. 이런 흐름은 심한 기능 손상을 겪는 환자들에게 심상 각본수정 연습을 적용할 때와 마찬가지이다. 초기의 심상 각본수정 연습에서는 치료자가 건강한 어른 양식의 역할을 맡지만, 치료를 진행하면서 단계적으로 환자가 건강한 어른 양식의 역할을 수행하게 된다. 의자기법을 이용한 치료에서도 마찬가지이다. 의자기법 치료에서 환자는 취약한 아이 양식을 상징하는 의자에 앉아 머물러 있을 것이다. 치료를 진행하면서 나중에는 환자가 더 적극적으로 건강한 어른 양식의 역할을 맡게 된다. 치료 진행의 중간 단계에는 건강한 어른 양식 의자에 앉아 있는 치료자의 뒤에 환자가 함께 서 있기도 한다. 환자가 건강한 성인 양식 의자에 앉고 치료자가 곁에 서 있게 되는 식으로 치료를 진행한다.

⑧ 분노를 불러일으키고 모델링하기

환자의 처벌하는 부모 양식에 맞서 싸우는 데 있어 분노는 중요한 요소이다. 억압된 분노를 가진 환자는 먼저 자신의 내부에 감춰진 분노라는 감정에 다시 연결되어야 한다. 의자기법에서 분노는 효과적으로 강화되고 모델링될 수 있다. 치료자가 성난 아이 양식(또는 건강한 분노)을 상징하는 의자를 추가하고, 환자가 이 의자에 앉아서 분노의 감정과 관련된 자신의 내면에 대해 탐색해 보도록 한다. 환자들은 분노를 표현하기 두려워하기도 하는데, 화를 내면 벌 받을 것으로 생각하기 때문이다. 치료자의 역할 모델링이 치료 진행에 매우 도움이 될 수 있다. 분노와 격노의 표현을 돕기 위한 유희적인 동작 치료 훈련(줄다리기, 베개싸움, 권투 등)도 환자가 분노를 더 안전하게 표현할 수 있도록 도와준다(7장 참조).

환자가 자신의 처벌하는 부모 양식보다 타인의 처벌하는 분노 양식에 맞서 싸우는 것이 더 쉬운 경우도 있다. 치료자는 "이런 말을 하는 것이 자신의 처벌하는 부모 양식이 아니라, 당신 친한 친구의 처벌하는 부모 양식이라면 어떻게 생각하실 것 같아요?" 그리고 "이런 처벌하는 부모 양식이 당신의 자녀를 벌주고 괴롭히려 한다면 어떻게 느낄까요?"와 같은 질문을 통해 환자의 이런 특성을 활용할 수 있다.

⑨ 처벌하는 부모 양식의 '복수'를 예상하고 준비하기

의자기법을 사용한 치료 활동에서 환자가 자신의 처벌하는 부모 양식의 정당성에 의문을 제기하고 맞서 싸우고자 할 때, 환자는 자신의 처벌하는 부모 양식이 나중에 '다시 싸우려 할까' 두려워한다. 치료자는 환자의 반응을 예상하고 이해하면서, 이런 일이 발생할 경우에 함께 사용할 수 있는 대안에 대해 환자와 함께 논의해야 한다.

치료시간에 환자가 자신의 처벌하는 부모 양식과 맞서 싸우고 나서 치료를 마친 다음에 환자가 치료자의 대기실에 잠시 머물도록 하는 것도 좋다. 특히 이런 형태의 치료를 처음 마친 날에는 더욱 그렇다. 안전한 환경인 대기실에서 잠시 시간을 보내면서 환자는 점차 마음을 가라앉힐 수 있고, 치료자가 다음 환자들을 진료하는 틈에 타인들과 추가적인 짧은 만남을 가질 수도 있다. 치료시간을 마친 후 몇 시간 지나서, 환자가 치료자에게 이메일을 보내도록 할 수도 있다. 환자와 치료자가 짧은 전화 통화로 약속을 잡을 수도 있다. 이런 방법은 환자가 자신의 처벌하는 부모 양식과 맞서 싸우는 치료시간을 처음 경험했을 경우에 특히 필요할 수 있다. 치료자는 치료시간 동안 처벌하는 부모 양식에 맞서 싸우는 내용을 녹음해서 환자에게 제공할 수 있다. 환자는 자신의 처벌하는 부모 양식으로부터 맞서기 위해 치료적인 지지를 필요로 할 때에는 언제든지 녹음 파일을 들어 볼 수 있다(다음에 제시되는 사례 참조). 외상 치료 훈련에서 자주 활용하는 '문제 되는 사안을 치료자의 서랍에 가두기' 같은 훈련도 사용할 수 있다.

> **사례** 환자의 처벌하는 부모 양식과 맞서 싸우는 의자기법 치료를 마친 후, 환자의 건강한 어른 양식을 지지하기 위해 녹음하기

치료자: 우리의 치료시간을 마친 후, 당신의 처벌하는 부모 양식이 다시 더욱 강화된다면 그때 이 녹음 파일을 듣기를 바랍니다. 당신이 스스로를 잘 지탱해 나갈 수 있도록 진심으로 돕고 싶습니다. 당신의 처벌하는 부모 양식에 대항해서 싸우기 시작했다는 것은 정말 멋진 일입니다! 다른 모든 사람과 마찬가지로 환자분에게는 스스로의 욕구를 진지하게 받아들이고, 자기 내부의 처벌하는 부분에 대항해서 싸울 권리가 있습니다. 자신의 권리를 지키기 위해 저와 협동하게 된 것을 기쁘게 생각하며, 어떻게든 가능한 방법을 동원해서 당신을 도울 것입니다. 첫째로, 당신의 처벌하는 부모 양식을 향해 좀 말하고 싶군요. [환자의 처벌하는 부모 양식

을 향해] 닥쳐요! 그녀를 내버려 두고 더 이상 간섭하지 마세요! 당신은 옳지 않고 그녀에게 상처를 줄 뿐이에요. 당신은 그녀를 벌줄 권한이 없어요! [환자에게] 둘째로, 우리의 치료시간에서 당신이 기분이 안 좋아지고 처벌하는 부모 양식으로부터 위협을 당한다고 느낄 때, 스스로 할 수 있는 일들에 대해 논의했어요. 함께 논의한 아이디어들을 다시 떠올리기를 바라며 함께 논의한 대응책들 중 하나를 실행해 볼 수 있기를 바랍니다. 예를 들어, 당신은 포근한 담요 속에 누워서 유쾌한 영화들을 볼 수도 있구요. 친구인 캐롤이나 수잔 아주머니께 전화할 수도 있습니다. 스페인에서 휴가를 보낼 때 들었던 음악을 들을 수도 있습니다. 당신은 스페인에서 정말 편안하고 이완된 마음으로 시간을 보낼 수 있었죠. 낮 시간에는 스스로를 안정시키는 데 매우 효과적이었던 조깅을 잠시 할 수도 있을 거에요. 이런 행동 대안들 중에서 실제로 어떤 것을 수행했고, 그때 어떻게 느꼈는지를 저에게 이메일로 써서 보내 주시기를 부탁합니다.

⑩ 다른 심리도식 양식들을 다루기

환자의 서로 다른 심리도식 양식에 대해 이야기할 때 보통 아이 양식, 대처 양식, 건강한 어른 양식을 '환자의 부분'으로 간주한다. 의자기법에서 환자가 각각의 심리도식 양식을 상징하는 의자에 앉아서 말할 때, 환자가 그 심리도식 양식의 관점에서 1인칭 시점을 사용해서 말하도록 권장한다. 역기능적 부모 양식의 경우에는 상황이 다르다. 치료자와 환자는 처벌하는 부모 양식과 맞서 싸워야 하므로, 환자가 자신의 처벌하는 부모 양식과 지나치게 동일시해서는 안 된다. 환자에게 자기의 일부와 맞서 싸우게 하면, 이것은 자동적으로 환자 안에 무언가 좋지 않은 것이 있음을 암시하게 된다. 그것과 대적해서 싸워야 한다고 치료자가 말하고 있기 때문이다. 치료자의 지시가 다시 환자의 처벌하는 부모 양식을 활성화할 수 있다. 치료자는 환자가 자신을 처벌하는 부모 양식으로부터 거리를 유지할 수 있도록 돕기 위해 모든 것을 한다. 치료자가 하는 '모든 노력'에 환자의 처벌하는 부모 양식에게 마치 제3자인 것처럼 대하는 것도 포함한다.

환자의 처벌하는 부모 양식을 칭하는 이름은 항상 환자의 이름과 다르게 정한다. 환자의 처벌하는 부모 양식을 '무례한 동료' '검열관' '벌주는 아버지' 등의 이름으로 칭할 수 있다. 의자기법을 이용한 치료에서 환자는 처벌하는 부모 양식을 상징하는 의자에 앉을 때, 자기 자신을 2인칭으로 칭하여 말해야 한다(즉, "나는 실패자예요."라고 말하는 대신에 "너는 실패자야."라고 자신을 향해서 말하는 것이다). 이런 2인칭 대화는 환자가 처벌하는 부모 양식의 메시지로부터 심리적 거리를 확보하는 것을 돕는다. 환자가 자신의 요구적이거나 처벌하는 부모 양식을 향해서 말할 때, 환자는 이런 심리도식 양식을 '너'라고 불러야 한다.

⑪ 보다 발전한 의자기법 작업

의자기법을 이용한 치료는 심리도식치료뿐 아니라 다양한 치료 모델에서 활용할 수 있다. 심리도식치료도 다양한 형태의 의자기법에 통합해서 시행이 가능하다. 꿈의 다양한 부분을 의자기법을 사용한 치료에서 다룰 때, 꿈의 여러 부분들과 환자의 여러 심리도식 양식들 사이에 매우 큰 교집합이 존재한다는 것을 발견할 것이다. 다음의 목록은 의자기법을 사용한 치료의 심화된 예시들을 소개한다(Kellogg, 2004 참조).

- **해결되지 않은 일**   환자가 자신에게 중요한 사람(친구, 가족, 헤어진 애인)과 '해결되지 않은 일'이 있을 때, 양가감정이 지배한다. 환자와 중요한 사람과의 '해결되지 않은 일'을 다루는 의자기법에서, 하나의 (빈)의자가 환자의 중요한 사람을 상징하고 환자는 다른 의자 하나를 가져다가 그 반대편에 앉는다. 치료 작업에서 환자는 중요한 사람에 대한 양가 감정

을 표현한다. 치료에서 환자의 양가감정의 측면들을 모두 다룰 수 있도록 치료자는 주의를 기울인다. 치료는 어떠한 형태든 결론을 내고 마무리해야 한다.

- **작별 고하기** '해결되지 않은 일'의 경우와 비슷하게 세상을 떠난 사람에 대한 환자의 양가감정을 치료에서 표현하고, 환자는 세상을 떠난 사람에게 작별을 고한다.
- **부부치료** 부부간의 갈등은 심리도식 양식 기반의 모델을 이용해서 개념화할 수 있다. 의자기법을 이용한 치료 작업에서 부부간의 갈등을 다룰 때, 두 사람의 주된 심리도식 양식이 서로 다른 의자들로 상징화되어 치료 공간에 배열한다. 사람들이 자신들의 문제를 상대방의 관점에서 관찰하는 경험은 재미있을 뿐 아니라 새로운 조망을 제공한다.
- **꿈 다루기** 이런 형태의 의자기법은 프리츠 펄스(Fritz Perls)가 개발한 매우 전통적인 치료 기법이다(Kellogg, 2004 참조). 꿈의 다양한 구성 요소들(등장인물, 물건들, 상황이 상징하는 것)을 서로 다른 의자로 상징하고 치료 공간에 배열한다. 환자는 꿈 자체와 꿈을 꾸는 사람에 대하여 꿈을 구성하는 각각의 요소들의 관점을 취해서 말해 보도록 한다.

4. 행동적 기법

행동적 수준에서 완벽주의를 감소시키고 환자에게 긍정적인 영향을 제공하는 활동을 늘리는 것이 환자의 처벌하는/요구하는 부모 양식과 맞서 싸우기에 적합한 치료 기법이다. 환자는 더 많이 웃어야 하고, 스스로 더 많은 재미있고 긍정적인 활동들(여가활동, 운동, 사회활동 등)을 경험해야 한다. 새로운 대인관계를 형성하고 발전시키기 위한 사회기술들도 이 과정에서 유용할 수 있다. 환자는 언제나 완벽하려고 발버둥치는 대신에 스스로를 업무에서 일정 부분 해방시켜서 자신의 한계를 받아들이고, 스스로에게 성취에 대한 보상을 제공할 수 있어야 한다.

5. 자주 묻는 질문들

(1) 인형이나 이와 비슷한 물건들을 사용해서 의자기법을 시도할 수 있나요?

의자 이외의 물건을 의자 대용으로 이용하는 것은 가능합니다. 하지만 나중에는 치료시간에 진짜 의자를 도입해서 사용하는 것을 강력히 권장합니다. 이는 다른 물건을 대용으로 사용하는 것보다 실제 의자를 사용해서 치료시간을 진행할 때, 환자가 더욱 강한 감정을 끌어올리게 되기 때문입니다. 환자가 진짜 의자를 사용한 의자기법에 너무 겁을 낼 경우, 플레이모빌 인형과 비슷한 물품들을 대용으로 치료시간에 사용할 수 있습니다.

(2) 환자들은 때때로 자신의 처벌하는 부모 양식이 결코 없어지지 않을 것이라고 말합니다. 이러한 경우에 치료자는 어떻게 반응해야 하나요?

심리교육이 필요합니다. 다른 모든 심리치료의 과정에서와 마찬가지로 환자의 처벌하는 부모 양식은 단계적으로 환자의 마음속에 있을 자리를 잃어 갑니다. 환자가 분노 표현을 두려워하고 있는 것이 아닌지 확인해 보는 것이 중요합니다. 환자가 부모 양식에 실제로 대항하기 시작하면 싸움은 이미 이긴 것과 다름없습니다. 이와 같이 자신의 처벌하는 부모 양식에 대항하는 싸움을 시작하기 위해 환자는 자신이 화가 난다는 것을 인정하고 이를 표현할 수 있어야 합니다. 환자가 불안해하면 이러한 활동이 억제될 수 있습니다. 자신도 화가 난다는 것을 받아들이지 못하는 것이 치료적인 문제라면, 화가 난다는 것을 환자가 타당화하고 표현하는 과정을 아주 조금씩 강도를 높이는 방식으로 치료를 진행해야 합니다(7장 참조).

(3) 환자가 의자기법을 사용한 치료 중에 자신의 어머니(또는 환자의 처벌 하는 부모 양식에 영향을 준 타인)를 상징하는 심리도식에 공감해서 그 에 맞서기를 거부한다면 치료자는 이때 무엇을 할 수 있나요?

이런 경우에도 심리교육이 필요합니다. 의자기법을 사용한 치료 작업은 환자가 현실 속 진짜 어머니와 맞서도록 유도하는 것이 아닙니다. 어머니와 의 경험을 통해 환자에게 내재화되어 환자를 상처 입히는 환자의 심리도식 과 환자가 대적해야 한다는 것을 의미합니다. 환자의 어머니가 아마도 자기 나름의 최선을 다하려 노력했을 거라는 것을 인정하지만, 안타깝게도 그런 노력은 환자를 위해서는 충분하지 않았던 것입니다.

환자가 어렸을 때, 어린아이로서 자신에게 필요했던 것은 돌봄이지 학대 가 아니었습니다. 환자 어머니의 행동이 정황상 그럴 수 있다고 이해할 수 있는지(혹은 어린아이로서 환자가 당시에 이해할 수 있었는지) 아닌지는 아이로 서 환자에게 충족되야 했던 욕구와는 상관없는 것입니다. 치료자는 '환자가 어린 시절 부모의 행동에 내재한 이유를 이해하는' 것이 어린 시절 경험한 것에 대한 자신의 분노를 억제하거나, 성인으로서 자율성을 억제하고, 부모 의 행동을 정당화하는 오류를 범할 수도 있다는 점을 주목해야 합니다. 환자 에게 이미 내재화된 처벌하는/요구하는 부모 양식의 심리도식을 강화하고, 이 도식이 환자에게 주입하는 메시지를 옳다고 생각하는 잘못된 믿음이 생 길 수도 있는 위험도 알고 있어야 합니다.

(4) 때로 환자는 자신의 처벌하는 부모 양식을 마음속에서 쫓아내는 치료 를 수행한 후, 너무 외로워진다고 호소하는데 이런 경우에 치료자는 어떻게 환자를 도울 수 있나요?

처벌하는 부모 양식이 더 이상 자신의 내부에서 활동하지 않는다고 느낄 때, 환자들은 외로움을 느끼거나 스트레스를 받기도 합니다. 환자가 절대로 자신의 처벌하는 부모 양식을 마음속으로 다시 받아들이지 않도록 해야 합니다. 환자가 지금 외로움을 느끼거나 스트레스를 경험하고 있는 자신의 감정과 처벌하는 부모 양식을 제외한 다른 종류의 자기 심리도식 양식과 가까이 접근하는 것을 스스로 받아들일 수 있도록 도와줘야 합니다. 처벌하는 부모 양식과 함께하지 않는 상태의 환자가 정말로 외롭다고 느끼는지를 검토하기 위해 의자기법을 사용할 수도 있습니다. 환자에게 긍정적인 대인관계의 경험이 필요하지 않은지에 대해 생각해 봐야 한다는 것을 시사합니다. 외로움의 감정은 보통 취약한 아이 양식과 관련이 있습니다. 의자기법에서 환자는(혹은 환자를 대신한 치료자는) 건강한 어른 양식 의자에 앉아서 취약한 아이 양식을 달래 줘야 합니다. 환자에게 긍정적인 태도를 가지는 실제 인물들인 환자의 친구, 집단치료의 다른 구성원 등을 환자가 새로이 경험할 수 있는 긍정적 대인관계 경험의 대상으로서 고려하는 것이 종종 유용한 대안이 됩니다. "어린 캐시야, 너는 혼자라고 느낄 수도 있지만 사실이 아니란다! 많은 사람이 너를 좋아한단다. ○○를 한번 생각해 보렴. 외로움을 느끼지 않고 누군가와 연결된 느낌을 유지하고 싶어서 처벌하는 부모 양식을 마음에 계속 품고 있을 필요는 없단다. 네가 경험하는 모든 갈등과 문제의 원인으로 너를 계속 비난해 온 처벌하는 부모 양식이 없다면, 너는 오히려 타인들과 정말로 더 가까워질 수 있단다."

(5) 의자기법을 이용한 치료에서 환자가 건강한 어른 양식의 역할을 시도하려는 노력조차 하지 않는다면 어떻게 하나요?

경계성 성격장애를 앓고 있는 환자들은 치료 시작부터 아예 건강한 어른 양식을 경험할 수 없습니다. 이는 건강한 어른 양식 의자에 앉아 있을 때조차도 마찬가지입니다. 치료자 자신이나 환자가 속한 집단의 일원이 건강한 어른 양식을 모델링해 줍니다. 치료자가 건강한 어른 양식을 보여 주는 동안, 환자는 취약한 아이 양식 의자나 이전 치료시간에 원래 앉던 의자에 앉아 있을 수도 있습니다. 때로는 건강한 어른 의자에 앉아서 건강한 부모 양식을 보여 주는 치료자의 뒤에 서 있을 수도 있습니다. 치료를 진행하면서 환자에게도 건강한 어른 양식이 단계적으로 발달할 것입니다.

(6) 건강한 어른 양식을 상징하는 의자에 앉아서 환자가 스스로 약하고 희망이 없다고 느낄 때, 치료자는 무엇을 할 수 있나요?

환자가 말하는 이런 감정은 환자가 취약한 아이 양식으로 전환되었다는 것을 말해 줍니다. 환자의 취약한 아이 양식 의자를 진료실에 추가합니다. 환자는 추가된 의자에 옮겨 앉고, 취약한 아이 양식을 안정시켜 주는 것이 치료적 개입의 초점이 됩니다. 환자의 취약한 아이 양식이 안정되면, 환자에게 다시 건강한 어른 양식 의자로 옮겨 와 앉을 것을 요청하는 것이 가능합니다.

(7) 환자가 성난 아이 양식을 상징하는 의자에 앉아서 분노라는 감정을 끌어올리지 않고 겁에 질린다면, 치료자는 무엇을 할 수 있나요?

어린 시절에 환자가 분노를 표현하면 종종 벌을 받았을 것입니다. '분노'라는 감정에 대해 치료적으로 함께 논의하고, 환자가 치료자의 예시를 통해 분노를 경험하고 표현하는 방법을 따라 해야 합니다. 스스로 분노라는 감정을 인지하고 적절히 표현할 수 있도록 격려해야 합니다. 분노의 감정은 신나고 즐거운 방법으로도 경험할 수 있습니다(환자와 치료자가 처벌하는 부모 양식에 대항하는 노래를 함께 부르면서 이를 녹음하는 것입니다).

(8) 자신의 처벌하는 부모 양식에 대항해서 치료시간에 싸운 뒤에 환자가 죄책감을 느끼면 치료자는 무엇을 할 수 있나요?

자신의 처벌하는 부모 양식과 대적하는 의자기법을 마친 뒤에 찾아오는 죄책감은 환자에게 다시 처벌하는 부모 양식이 활성화되었다는 것을 의미합니다. 평정을 찾고, 죄책감을 상쇄할 수 있는 방법을 환자와 함께 논의하는 것이(가능하다면 죄책감을 경험하게 되기 전에) 중요합니다. 의자기법에서 환자의 처벌하는 부모 양식에 대항하는 작업을 마친 후, 처벌하는 부모 양식의 재활성화를 줄일 수 있도록 도와주는 방법을 환자와 치료자가 함께 개발할 수 있습니다(예: 녹음 파일을 미리 만들어 두고 환자가 필요할 때 듣게 하기, 재미있는 활동을 미리 고안해 두고 사용하게 하기).

(9) 의자기법이 환자의 일상과 어떻게 연결되나요?

환자의 정서중심 치료의 효과가 실제 환자의 행동 변화로 연결되도록 하는 것이 매우 중요합니다. 심리치료의 결과로 기대되는 환자의 행동 변화는 그 자체로 너무 명백해서 추가적인 논의가 필요하지 않습니다(사례에 소개했던 에바는 학위 논문을 기한 내에 완성하기 위해 참고 문헌 강독을 덜 강박적으로 수행해야 합니다). 정신병리가 심하거나 매우 회피적인 특성을 보이는 환자들의 경우, 행동 변화에 대한 과제를 부여하는 것이 매우 중요합니다. 과제는 환자의 처벌하는 부모 양식에 맞서기 위한 행동적 기법들과 관련되어 있어야 합니다. 가장 중요한 것은 긍정적인 경험과 관련된 활동을 발달시키고, 완벽주의를 줄이고, 자신을 돌보는 활동을 증가시키는 것입니다.

(10) 처벌하는/요구하는 부모 양식과 싸울 때 도덕성과 가치 기준을 잃을 것으로 두려워하는 환자를 어떻게 도와야 하나요?

어떤 환자들은 처벌하는/요구하는 부모 양식과 싸우고 나서 자신의 도덕 기준이 사라지고 더 이상 적절한 가치 판단의 기준을 가질 수 없어서 아무것도 할 수 없게 되지 않을까 하는 두려움을 표현하기도 합니다. 치료자는 공감적 직면을 사용해서, 환자가 '도덕 기준과 가치 판단 기준을 소멸시키는 것'이 일시적으로 혼란을 유발할 수 있지만, 자신의 고유한 양심(이전의 것보다 더 건강한)을 발달시키도록 도울 것이라고 알려 줍니다. 자신에게 상처를 주고 압박하는 도덕 기준과 가치 판단 기준에 매달리는 것보다는 새로운 기준이 더 낫다고 알려 줍니다. 이런 종류의 치료적 저항을 다룰 수 있습니다. 이 부분에서 환자를 안심시키면서도 분명한 태도가 중요하며, 그렇지 않으면 오히려 환자는 더 불안해할 것입니다.

CHAPTER 09

건강한 어른 양식 강화하기

건강한 어른 양식은 현실적이고, 개인이 자신과 타인에 대한 책임질 수 있도록 하고, 자신의 욕구와 타인의 욕구 가운데에서 균형을 잡을 수 있도록 돕는다. 건강한 어른 양식은 적절한 행동을 택하고, 개인의 욕구와 감정을 실현할 수 있도록 하는 적응적 행동을 취한다. 심리도식 치료의 중심 목표는 개인의 건강한 어른 양식을 강화시키는 것이다. 이 목표의 일부는 역기능적인 양식을 감소시키면서 간접적으로 성취할 수도 있다. 예를 들어, 처벌하는 부모 양식이 없어졌을 때, 환자들은 자학적 행동이 줄어들고 그 자체로 증상이 호전된다. 탈학습이 필연적으로 새로운 학습을 뜻하는 것은 아니다. 역기능적 양식의 영향을 줄이는 것이 건강한 어른 양식이 작동할 수 있는 보다 많은 기회를 제공한다. 하지만 기존의 양식이 필연적으로 건강한 어른의 태도와 행동으로 대체되는 것을 뜻하지는 않는다. 건강한 어른 양식의 발달이 매우 미약할 때에는, 환자에게 건강한 어른 양식의 태도와 행동을 가르치는 일에 치료를 집중해야 한다.

물론 건강한 어른 양식을 학습하는 것이 환자의 역기능적 양식을 다루기 위한 많은 치료 기법에 이미 녹아 들어가 있다. 예를 들면, 환자의 처벌하는 부모 양식에 대항해서 치료자는 환자의 처벌하는 부모 양식에 대해 '그건 틀렸다'고 말하고, 당면한 문제를 바라보는 건강한 방법을 소개한다. 너무 비이성적이어서 치료자의 논증을 들으려고 하지도 않을 환자의 처벌하는 양식에게 자신의 잘못에 대한 확신을 주려는 것이 아니라, 환자의 취약한 아이 양식을 교정하고 건강한 어른 양식을 키우기 위한 것이다. 환자가 자신의 분노를 적절하게 표현하는 방법을 배울 때(7장 참조), 환자의 성난 아이 양식은 단계적으로 건강한 어른 양식으로 대체된다. 환자가 취약한 아이 양식을 달래는 방법을 배우면, 환자의 퇴행적인 감정과 욕구는 점차 줄어들고 어른스러운 감정과 욕구로 변해 간다.

간접적인 치료 기법과는 별도로 어떤 치료 기법들은 환자의 건강한 어른 양식을 직접적으로 강화시키는 목적을 가진다. 이런 전략들은 많은 환자에게 필수적이다.

1. 치료적 관계

치료적 관계에서 치료자는 항상 환자의 건강한 어른 양식과 관계를 맺기 위해 노력한다. 다음의 치료 전략들은 치료적 관계에서 환자의 건강한 어른 양식을 강화시키기 위해 사용할 수 있다. 환자와 건설적으로 협업하고, 치료 과정에 대해 환자와 치료자가 공동으로 책임지는 공통의 목적을 가진다.

- 모든 치료적 개입을 심리도식 양식 모델과 관련시키고, 환자에게 왜 치료자가 그런 제안을 했는지 설명하라. 환자의 건강한 어른 양식이 치료 과정을 검토할 수 있도록 하라.
- 환자와 감정에 초점을 맞춘 치료적 개입에 대해 논의하라. 환자가 이런

정서중심 치료적 개입에 있어 치료자와 함께 의사 결정에 참여할 수 있
도록 격려하라.

- 정서중심 치료적 개입 과정에 환자가 건강한 어른 양식으로 치료 과정
에 단계적으로 참여하도록 하라.

- 치료시간을 녹음하고 환자가 집에 가서 이를 듣게 하라.

- 치료적 관계 내의 문제점들을 환자와 함께 다루고, 환자와 함께 해법을
찾아내라.

- 치료 과정에서 환자가 벽에 부딪힐 때, 환자에게 건강한 어른 양식으로
변경하도록 권유하라. 문제를 함께 분석하라.

1) 심리도식 양식 모델과 연관 짓기

모든 치료시간에 우리는 현재의 문제와 치료 전략을 심리도식 양식 모델
과 연결 짓는다. 치료자는 환자에게 정서중심 치료적 개입을 제안하고 그 당
위성을 설명한다. 치료자는 다른 종류의 치료 활동을 환자에게 제안할 수 있
고(환자가 다양한 치료 기법에 익숙해져 있을 경우에) 환자가 어떤 치료를 더 선
호하는지 물어볼 수 있다. 치료 과정의 모든 단계는 환자와 치료자의 공동
의사 결정에 따라 진행하고, 환자는 참여하는 치료 과정에 대한 책임을 어느
정도 치료자와 나누어 부담한다. 환자의 취약한 아이 양식을 달래고 가라앉
히고자 하는 목적을 가지는 정서중심 치료적 개입에서는 더욱 그렇다. 환자
에게 치료 과정에 대한 책임을 부여하고, 치료 과정을 치료자와 환자가 함께
검토하면서, 지속적으로 환자의 건강한 어른 양식에게 적극적인 치료 과정
에 참여하도록 격려한다. 환자의 취약한 아이 양식에 대한 치료적 돌봄은 환
자의 건강한 어른 양식에 대해 어느 정도의 치료적 도전을 제공하는 것과 균
형되게 제공한다. 이는 환자의 성난/충동적인 아이 양식에 대한 치료적 접
근을 시도할 때와 환자의 행동 변화를 치료적으로 다룰 때처럼 중요하다. 치

료자와 환자의 건강한 어른 양식은 치료 계획을 시행하기 위해 함께 노력해야 한다.

2) 정서중심 치료적 개입에 대해 논의하기

정신역동적 관점에서는 정서중심 치료적 개입 중에서도 특히 심상 각본수정 연습을 할 때, 환자에게 높은 강도의 퇴행이 요구되고 또한 유도하기도 한다. 치료적 퇴행과 치료 작업 사이의 균형을 맞추기 위해 환자의 건강한 어른 양식이 항상 치료 과정에 참여한다. 치료자와 환자는 심상 각본수정 연습에 대해 함께 결정하고 치료 과정을 함께 감찰한다. 필요하다면 치료 과정에서의 감정 작용을 향상시키기 위해 '이미 진행된 치료 과정 중으로 다시 돌아가 보기도 한다'. 치료회기를 녹음하고, 환자는 매일 과제로 녹음된 내용을 집에서 들으면서, 치료 과정을 매일의 일상에 적용하는 작업을 늘린다. 그러므로 치료 과정에서 취약한 아이 양식으로의 퇴행은 현실과의 강력한 연결과 퇴행적 감정 처리(건강한 어른 양식으로의)의 반영과 결합된다. 현실과의 연결은 환자에게 고통스러울 수 있는데, 치료자는 환자의 심상 속에서 환자의 아이 양식을 완벽하게 돌봐 주지만, 실제 현실에서는 환자를 자신의 아이로 입양하지는 않기에 치료 과정의 한계가 부각될 수 있기 때문이다.

이전에 언급한 치료적 접근의 한 가지 현실적인 예는 환자의 감정 경험 과정에 대한 지속적인 감찰이다. 치료자는 환자의 감정과 욕구에 대해 자주 묻고, 심상 각본수정 작업을 통해 적절하게 수정한다. 환자의 감정 처리가 원하는 방향으로 향하지 않을 때, 치료자와 환자는 감정에 집중하는 치료를 더 잘 진행할 수 있는 방법에 대해 함께 찾아본다. 환자가 치료에서 치료자와 잘 협동하지 않는 것 같으면, 치료자는 환자에게 이런 치료적 개입을 제안한 이유에 대해 다시 설명하고, 지금 치료 과정을 방해하는 환자의 역기능적인 양식을 열심히 찾아본다.

3) 건강한 어른 양식으로서의 환자를 정서중심 치료 기법에 단계 적으로 참여시키기

218~229쪽(심상 각본수정 연습)과 305~329쪽(의자기법)에서 기술한 바와 같이, 정서중심 치료 기법에서 환자는 점차 건강한 어른 양식의 역할을 맡게 된다. 환자가 치료 과정에서 건강한 어른 양식으로서 행동하는 것은 심상 각 본수정 연습 중 자신의 취약한 아이 양식을 돌보거나 의자 대화 기법에서 환 자의 처벌하는 부모 양식과 맞서는 것 등을 포함한다. 이 두 가지는 건강한 어른 양식의 주요 과업이다.

사례 정서중심 치료 기법을 반영하기

경계성 성격장애와 회피성 성격장애를 앓고 있는 28세의 여성 제인은(75~76쪽 참조) 타인들에게 위협을 받는다고 느낄 때, 분리된 자위자 양식을 취한다. 자신 의 백일몽에 빠져서 강한 내적 자극을 이용하여 외부의 위협으로부터 분산시키 려고 한다. 그녀의 백일몽 안에는 많은 좋은 사람이 제인을 돌봐 준다. 심상 각본 수정 연습은 제인이 타인들과 있을 때 더 안전함을 느낄 수 있도록 하기 위해 사 용한다.

심상 각본수정 단계에서, 치료자는 제인의 심상에 개입해서 어린 제인에게 무 엇을 하고 싶은지 묻는다. 어린 제인은 도망쳐서 백일몽 속 내적 세계로 들어가고 싶어 한다. 치료자는 제인이 역기능적 대처 양식으로 돌입하는 것은 치료를 비효 율적으로 만든다고 여긴다. 제인이 이야기한 것과 같이 백일몽 속으로 빠져드는 것은 적절한 해결책이 아닐 것 같다고 말한다. 치료자는 치료자와 제인이 심상 속에서 더 괜찮은 작업을 함께 해 볼 것을 권한다. 제인은 언짢아하는 반응을 보 인다.

제인의 언짢아하는 반응이 심상 각본수정 연습의 흐름을 깬다. 치료자는 제인에게 잠시 눈을 떠 보도록 권한다. 심상 각본수정 연습은 새로운 감정 경험을 만들어 가기 위한 작업이라는 것을 설명한다. 감정을 다루는 작업 도중에 역기능적 대처 양식을 사용하면 감정이 차단된다. 환자가 내적인 환상으로 도망가는 것은 치료자가 이런 환상 속으로의 도피를 싫어해서가 아니라, 치료 과정을 통한 변화를 방해하기 때문에 치료자로서는 권장하지 않는다고 설명한다. 설명을 한 뒤, 제인은 다시 한 번 눈을 감고 내적 환상이 아닌 다른 심상들에 대한 재구조화 작업을 지속하는 것에 동의한다.

4) 치료회기를 녹음하기

심각한 성격장애를 앓고 있는 환자들에게 모든 치료시간을 녹음해서 집에서 들도록 추천한다. 환자가 MP3 플레이어나 휴대폰을 이용해서 치료시간을 녹음할 수 있기 때문에 기술적으로 쉬운 작업이다. 환자가 치료시간의 녹음 파일을 듣도록 권유하는 목적은 치료 과정을 더 강화하기 위함이다. 이 작업은 환자로 하여금 건강한 어른 양식의 두 가지 중요한 요소인 훈육과 독립성을 갖도록 요구한다(또한 환자에게 이 두 가지 중요한 요소를 훈련시킨다). 심한 기능 손상을 입은 환자들처럼 심각한 성격장애를 앓고 있는 환자들은 건강한 어른 양식이 충분히 강하지 않다는 점을 치료자는 명심해야 한다. 치료시간을 스스로 녹음하고, 집에서 과제로 청취하는 작업을 믿음직스럽게 해내기 어려울 수 있다. 치료자는 이런 환자의 특성을 참아 내야 한다. 환자 자신이 아직 해낼 수 없는 무언가를 억지로 하도록 강요하지 말아야 한다. 치료자는 환자가 치료를 녹음하고 스스로 과제로 청취하는 작업을 할 수 있도록 지속적으로 격려하고 치료적으로 자극해야 한다.

5) 치료적 관계에서의 문제들을 다루기

환자들은 역기능적인 방법으로 치료자와 관계 맺기를 시도한다. 역기능적 대처 양식을 사용하거나 아이의 양식(예: 성난 아이, 의존적인 아이)을 사용하는 것이 그 예이다. 이런 행동 성향으로 환자가 치료 과정에서 의미 있는 변화를 보이지 못할 경우, 환자와 치료자가 함께 터놓고 이야기해 봐야 한다. 치료 과정 속에서 환자가 건강한 어른 양식을 더 활성화할 수 있도록 환자를 격려하는 방식의 대응 전략을 치료 과정 속에서 사용해야 한다(예를 들어, 치료적 관계의 상황을 다루는 의자기법을 사용한다).

> 건강한 어른 양식은 본질적으로는 모든 형태의 심리도식치료 기법의 사용을 통해 향상될 수 있다. 이는 간접적으로는 역기능적 양식의 감소와 건강한 태도와 행동에 대한 정보를 제공받거나 직접적으로는 환자에게 행동의 책임을 지고 감정과 욕구를 건강한 방식으로 표현하도록 요청함으로써 향상된다.

사례 **치료적 관계에서의 문제를 반영하고 환자의 건강한 어른 양식을 격려하기**

52세 여성이자 비서이며, 강박증을 앓고 있는 에블린(74~75쪽 참조)은 치료자와의 관계에서 매우 의존적인 자세를 가진다. 전문적으로 돌봐줄 수 있는 사람이 손에 닿을 듯 가까이 있다고 느낄 때에만 안전함을 느끼기 때문이다. 치료자와 함께 있으면 강박 증상에 대한 직면 훈련을 완벽하게 수행할 수 있지만, 혼자 있으면 아주 간단한 직면 훈련도 해낼 수 없다.

치료자는 공감적 직면을 통해 에블린이 치료자에게 의존하는 문제를 다루고자 의자기법을 제안했다. 두 개의 의자를 사용한 의자기법에서, 하나의 의자는 에블린의 의존적인 성향(순종하는 굴복자 대처 양식)을 맡고, 다른 하나의 의자는 스스로에게 책임을 지고 독립적인 사람으로서 행동하는 양식(건강한 어른 양식)

을 맡도록 제안했다. 에블린은 치료자의 권유에 늘 그랬듯 순종적으로 동의했다. 건강한 어른 양식을 상징하는 의자에 그녀는 무너지듯 앉았고, 아무런 말도 하지 못했다. 절망적으로 치료자를 쳐다보면서 도움을 요청했다. 치료자는 환자의 건강한 어른 역할을 대신해 주지 않았다. 대신에 공감적인 태도로 '이것이 분명히 가장 중요한 문제라는 것'을 설명했다. 에블린은 의존적이고 수동적인 양식을 줄여야 할 필요가 있었다. 건강한 어른 양식을 강화시켜서 더 만족스럽고 독립적인 삶을 감당해 나가야 했다. 에블린은 '치료적 지지의 결핍'에 대해 약간 화가 났다. 건강한 어른의 의자에서 자신의 욕구를 스스로 주장하는 법을 반드시 배워야만 한다는 것을 알 수 있었다. 그다음 치료시간에도 의자기법을 이용해서 에블린의 감정, 욕구, 현실적 한계를 표현하는 훈련을 했다.

2. 인지적 기법

환자의 건강한 어른 양식을 강화하기 위한 인지적 기법의 중요한 측면은 심리도식 양식 모델 그 자체를 가지고 작업하는 것이다. 환자의 사례에 대한 심리도식 양식을 기반으로 한 모델을 환자와 함께 구축해 나간다. 그러면서 환자를 치료의 초기 단계에서부터 자신의 심리적인 성향을 건강한 어른 양식의 수준에서 고찰할 수 있게 한다. 치료 과정이 더 진행된 후, 정서중심 치료적 개입에 대한 환자와 치료자의 공동 계획을 고려하는 것도 비슷한 효과를 보인다. 치료 과정에 대한 심리교육을 통해 환자는 심리적 기능 수행을 건강하게 하는 방법을 배운다. 소크라테스식 질문법은 환자의 건강한 어른 양식을 강화시킬 수 있다. 왜냐하면 환자로 하여금 어른스러운 관점을 가지고 반영하도록 하기 때문이다.

환자가 건강한 어른 양식의 관점을 사용하는 것을 어려워할 경우, 다음과 같은 질문들이 도움이 된다. "이런 상황에서 만약 저라면 혹은 당신의 훌륭한 할머니라면 어떻게 말할까요?" [치료자나 환자의 좋은 할머니를 건강한 어른 양식의 모델로 제시하는 것, 치료자는 특정한 환자의 사례에 잘 맞춘 매우 건강한 사람의 이름을 제시한다.] "우리가 만약 지금 당신에 대해 말하는 것이 아니고 친구나 아이들에 대해 말하고 있다면, 당신은 어떻게 말할 것 같은가요?" "스스로 건강한 어른 양식의 관점을 취할 수 있다면 어떻게 말할 수 있을까요?"

환자의 건강한 어른 양식에 대한 인지 작업은 환자의 동기 부여와 관련된 문제로 이어진다. 자신의 역기능적 행동 양식이 적어도 자신에게 큰 보상을 주는 것이라면(예를 들면, 자기애적 과잉보상자 양식, 자위자 양식, 훈육 안 된 아이 양식), 환자는 자신의 역기능적 양식을 바꾸어 건강한 어른 양식을 사용하려는 순수한 동기를 갖고 있지 않을 것이다. 건강한 어른 양식 사용의 동기 향상을 위한 치료에서 기존의 역기능적인 양식을 기반으로 한 관점과 건강한 어른 양식 기반의 관점이 명확히 대조된다(가능하다면, 의자기법을 이용해도 좋다). 환자의 역기능적 양식과 건강한 어른 양식의 양면이 균형을 맞추어야 한다. 때로는 어떤 조건에서는 환자의 역기능적 양식이 가지는 이점이 건강한 어른 양식의 이점보다 클 수도 있다. 환자의 역기능적 양식이 가지는 일부의 장점도 고려해야 하고, 치료 과정에서 터놓고 논의해야 한다. 일시적으로 치료자가 균형된 시각을 바탕으로 환자의 양식이 변화해야 하는 필요성을 찾아내는 경우에도, 환자는 자신의 역기능적인 양식을 바꾸지 않고 고수하려는 결정에 대해서 주관적인 이유를 갖고 있는 경우도 있다. 치료 과정의 특정 시점에서, 환자가 자신의 역기능적 양식을 바꾸지 않는다는 결정을 할 때, 건강한 어른 양식도 환자의 결정에 포함될 수 있고, 대안적인 치료 목표를 다시 고려할 수도 있다. 환자의 역기능적 양식의 변화에 대한 동기를 향상시키는 것으로 치료의 목표를 변경하거나, 일단 치료를 중단하고 환자의 변화에 대한 동기 수준이 달라지는 시점에 다시 치료를 재개한다.

> **사례** 치료의 동기를 명확하게 하기
>
> 매우 매력적인 38세의 사업가이자 자기애적 성향(약간의 자기과시자 양식과 강한 자위자 양식을 보이는)을 가진 콜레트는 연인과의 관계가 끝난 후, 찾아오는 외로움과 슬픔의 감정으로 인해 우울 반응을 느낀다(취약한 아이 양식). 치료시간에 친밀한 인간관계에 대해 논의할 때, 대부분의 연인 관계가 장기화되면 지루해지고, 자위자 양식과 관련된 짧은 성관계에는 흥분되는 것이 분명해진다. 치료자는 콜레트가 친밀한 관계를 두 가지로 나눠 흑백논리처럼 신나는 짧은 만남과 지루한 일상의 관계로 단정짓는 것에 대해 논의한다. 치료자의 계획은 심리도식 모델에 기반한 건강한 애착 모델을 치료자와 환자가 함께 구축해 가는 것이다. 치료자의 계획에 대해 콜레트는 동의하지만, 몇 차례의 치료 이후 또 다른 '흥분되는 짧은 만남'을 시작해서 우울함이 사라지도록 했다. 치료자는 콜레트에게 치료시간에 의자기법을 사용하자고 권유했고, 하나의 의자는 콜레트의 건강한 어른 양식을 상징하고, 다른 하나의 의자는 흥분되는 짧은 만남을 갖는 자위자 양식을 상징하도록 했고, 둘 사이의 의자 대화를 나누도록 제안했다. 환자의 우울 증상이 사라진 것이 명백하게 드러났다. 콜레트가 치료를 받고자 하는 주요 동기가 사라진 것이다. 자신의 우울함을 해소하기 위해 치료시간에 찾아왔기 때문이다. 치료자는 현재 콜레트가 경험하고 있는 긍정적 감정이 자위자 양식의 산물일 가능성을 설명하고, 지금의 긍정적 감정 경험이 정서적으로 안정화되었다는 것을 반드시 의미하지는 않을 수 있다고 설명했다. 콜레트는 치료를 일단 중단하고, 만약 다시 우울해지면 치료를 재개하기로 했다.

3. 정서적 기법

환자의 건강한 어른 양식을 강화하기 위한 목적의 정서중심 치료적 개입은 의자기법과 심상 각본수정 연습을 포함한다. 218~229쪽과 305~329쪽에서 더 자세한 설명을 확인할 수 있다. 치료 과정에서 환자의 호전이 치료자의 실제적 기대에 미치지 못하고, 치료적 진전이 현실적 기대에 미치지 못할 때 환자의 특정 역기능적 양식이 진행을 방해하고 있는지에 대해 환자와 치료자가 함께 이해하려고 노력해야 한다. 필요하다면 정서중심 치료적 개입에 사용하는 치료 기법에 대한 설명을 제공하고, 환자가 건강한 어른 양식의 관점을 취할 수 있도록 도와줄 수 있다. 이 단계에서의 중요한 심상 기법은 기억을 재구성하거나, 환자가 상상하는 파국적인 미래의 결과를 재구성하는 것이다. 환자에게 눈을 감고 문제의 상황을 심상으로 그려 보도록 요청한다. 기존의 부정적인 사건들을 건강한 어른 양식의 관점을 토대로 새로운 접근법을 통해 다른 방향으로 바꿔 보도록 권장한다. 치료자는 이 과정에서 환자의 심상에 개입해서 환자를 보조할 수 있다. 그러나 치료가 진행되면 환자의 건강한 어른 양식이 심상 각본수정의 작업을 주도해 나가게 될 것이다.

4. 행동적 기법

치료 과정을 통해 일어나는 감정적 · 인지적 변화가 환자의 일상에서도 작용하는 현상이 점점 더 중요해진다. 환자가 건강한 어른 양식의 관점과 행동을 배워 나가면서 자신의 정상적인 사회적 환경 속에서 점차 더 많이 적용하게 된다. 건강한 어른으로서 행동 양식을 확립해 나가는 것이 치료 과정 후기에 궁극적인 치료 목표가 된다. 정신과적 증상 호전과는 별개로 최종 목표는 환자들의 욕구가 적절하게 충족될 수 있는 방향으로 삶을 재조직하는 것이다. 안정적인 애착관계를 형성하고 유지해 나가는 것, 자신의 역량을 발달시키는 것, 공부, 일 또는 취미 등에 대한 관심을 키워 나가는 것을 포함한다. 의무의 완수와 재미, 자신의 욕구와 타인의 욕구 모두가 균형을 맞추도록 한다. 심리치료 후기 단계에서 환자와 치료자는 균형된 삶을 위해 특정한 단계까지 실현하기 위한 계획을 함께 세워야 하고, 이러한 계획은 증상의 호전을 넘어서는 건강한 삶의 발달로 이어질 수 있어야 하고 구체적이어야 한다. 삶의 재조직을 위한 계획을 실행하기 위한 준비로 역할극도 사용할 수 있다(예: 자기주장 훈련, 분노 표현 또는 친밀한 대화). 이러한 계획에 포함된 도전들을 직면하게 되면, 필연적으로 환자는 기존의 역기능적 양식이 자극되는 것을 느낄 수 있다. 도전적 상황에서 역기능적 양식이 다시 나타날 때, 치료자가 환자의 건강한 어른 양식을 함께 검토하며, 이러한 경험을 증상의 재발이 아니라, 심리도식 양식 모델과 건강한 어른 양식에 대한 이해를 깊이할 수 있는 기회로 다루는 것이 중요하다. 특정 역기능적 양식을 치료적으로 다루기 위한 기법들을 다시 사용할 수도 있기 때문에 치료의 진행은 직선적이라기보다는 순환적인 경우가 많다. 그럼에도 불구하고 전반적인 추세는 환자의 건강한 어른 양식이 치료시간과 일상에서 더 많은 역할을 수행하고 책임을 지게 되는 쪽으로 진행한다.

5. 치료 종결

환자의 취약한 아이 양식과 역기능적 부모 양식을 다루기 위한 정서중심 기법은 심리도식치료의 초반에 주로 사용한다. 그러므로 환자는 정서적으로 더욱 강해지고, 행동 변화가 준비된다. 치료가 더 진행되면서 치료의 초점은 점차 치료시간 내의 변화가 일상으로 확장되어 환자의 낡은 역기능적 심리도식이 변화하는 경험이다. 그렇게 하여 환자의 건강한 어른 양식이 삶의 전면에 나타나게 된다. 부모 양식과 아이 양식 모두 정서중심 치료적 개입의 주된 목표이지만, 행동적 측면에서 치료적 주제들이 환자의 일상 속으로 확대되는 것은 건강한 어른 양식과 주로 관련된다. 그럼에도 불구하고 행동 변화는 정서중심 치료적 개입과 인지적 기법을 통해서도 지지된다.

1) 치료 기간

치료 기간은 환자의 증상과 문제에 따라 다양해지고, 환자의 건강한 어른 양식이 얼마나 강한지에 따라서도 달라진다. 심리도식치료는 매우 다양한 환자들에게 사용하기 때문에 치료의 기간은 매우 달라질 수 있다. 경계성 성격 장애 및 다른 심각한 성격장애를 앓고 있는 환자들의 경우에는 전체 2~3년 정도의 치료 기간이 권장되며, 이상적으로는 주 2회의 치료로 시작한다. 덜 심한 환자의 경우, 심리도식치료의 기간은 더 짧아질 수도 있고 낮은 빈도로 진행된다. 어떤 환자는 치료의 초점이 명확하기 때문에 단 몇 회기의 치료만으로도 충분할 수 있다.

우리는 치료의 종결을 천천히(치료회기의 간격을 계단식으로 줄여 가면서, 한 동안 월 1회의 추가 치료를 제공한다) 진행할 것과 치료 종결 이후에도 환자와 연락이 가능한 상태를 유지할 것을 권장한다. 예를 들면, 어떤 환자들은 이전 치료자에게 일 년에 두 차례 정도 이메일을 보내는 것을 선호한다(적어도 한 번의 짧은 답신을 이전 치료자로부터 받기를 원한다). 치료자가 심리도식치료 기간 동안 환자와 강렬한 애착의 경험을 가지기 때문에 이전 환자가 가지는 이런 종류의 소망이 적절하고 현실적이라면 가능한 충족시켜 주는 것을 치료자에게 권장한다.

6. 자주 묻는 질문들

(1) 환자의 건강한 어른 양식이 항상 정서적 중재에 참여하게 되나요?

그렇습니다. 환자의 건강한 어른 양식을 강화하는 것이 치료의 궁극적인 목적입니다. 그리고 환자의 건강한 어른 양식은 모든 정서중심 치료적 개입에 포함됩니다. 그러나 명심할 것은 환자의 건강한 어른 양식의 현재 상태에 따라서 치료 초기에는 환자의 건강한 어른 양식을 치료 과정에 스스로 참여시키는 역할을 감당하기 어려울 수도 있다는 것입니다. 그런 경우라면 치료자나 다른 적절한 모델을 통해 건강한 어른 양식을 모델링할 수 있습니다.

(2) 환자가 건강한 어른 양식을 거의 가지고 있지 못한 경우에 치료자는 어떻게 해야 하나요?

환자의 건강한 어른 양식이 치료 초기에 매우 약할 때, 치료자 혹은 다른 조력자가 건강한 어른 모델의 역할을 담당하게 됩니다. 치료를 진행하면서 환자는 다양한 조력자를 사용할 수 있습니다. 예를 들면, 의자기법을 사용한 대화 중에 환자는 가장 친한 친구가 건강한 어른 양식의 의자에 앉아 있는 것을 상상할 수 있습니다. 그리고 심상 각본수정 연습 중에 영화 〈터미네이터〉의 터미네이터를 사용할 수도 있습니다. 치료 기간이 지나면서 환자는 건강한 어른 양식을 수행하는 책임을 스스로 지게 될 것입니다.

(3) 만약 환자가 치료회기 중에는 매우 건강한 어른 양식을 사용하지만 실제 생활로 이런 변화를 확장시키지 못하는 경우에 치료자는 어떻게 하나요?

환자의 심각한 정신병리 문제를 심리도식치료에서 다룰 수 있다는 가정하에, 치료자는 처벌하는 부모나 취약한 아이 양식과 같은 역기능적 양식의 활성화를 막기 위해 환자의 건강한 행동을 사용할 것을 고려해야 합니다. 치료자는 환자와 함께 이것이 가능한지 탐색하려고 노력해야 합니다. 흔히 환자의 건강해 보이는 모습이 단지 표면적인 것에 불과하고, 환자의 역기능적 대처 양식(예: 분리된 보호자, 자기과시자)의 일부인 경우가 있습니다. 그런 경우 치료자는 건강해 보이는 표면적인 행동에 현혹되지 않도록 주의해야 하고, 환자의 취약한 아이 양식을 찾아내야 합니다. 공감적 직면과 아이 양식에 직접 접근하려는 시도가 여기에서 가능한 치료적 접근입니다.

참고문헌

Arntz, A. (2008). Schema therapy. Keynote delivered at the International Conference on Eating Disorders (ICED), Academy for Eating Disorders, Seattle, May 14–17, 2008.

Arntz, A. & van Genderen, H. (2010). Schematherapie bei Borderline-Persönlichkeitsstörung. Weinheim: Beltz.

Bamelis, L. L. M., Renner, F., Heidkamp, D. & Arntz, A. (2011). Extended schema mode conceptualizations for specific personality disorders: an empirical study. *Journal of Personality Disorders, 25*(1), 41–58.

Bamelis, L. L., Evers, S. M., Spinhoven, P. & Arntz, A. (2014). Results of a multicenter randomized controlled trial of the clinical effectiveness of schema therapy for personality disorders. *American Journal of Psychiatry, 171*, 305–322.

Bernstein, D. P. (2014). Schema therapy for forensic patients with personality disorders: Preliminary findings. Presentation at the ISST Conference 2014, June 13, 2014, Istanbul.

Bernstein, D. P., Arntz, A. & de Vos, M. (2007). Schema focused therapy in forensic settings: Theoretical model and recommendations for best clinical practice. *International Journal of Forensic Mental Health, 6*, 169–183.

Dickhaut, V. & Arntz, A. (2014). Combined group and individual schema therapy for borderline personality disorder: a pilot study. *Journal of Behavior Therapy and Experimental Psychiatry, 45*, 242–251.

Farrell, J. M., Shaw, I. A. & Webber, M. A. (2009). A schema-focused approach to group psychotherapy for outpatients with borderline personality disorder:

a randomized controlled trial. *Journal of Behavior Therapy and Experimental Psychiatry, 40*, 317-328.

Fassbinder, E. & Jacob, G. (2014). Stuhldialoge in der Psychotherapie. Beltz Video-Learning. Weinheim: Beltz.

Fassbinder, E., Schweiger, U. & Jacob, G. (2011). Therapie-Tools Schematherapie. Weinheim: Beltz.

Giesen-Bloo, J., van Dyck, R., Spinhoven, P., van Tilburg, W., Dirksen, C., van Asselt, T., Kremer, I., Nadort, M. & Arntz, A. (2006). Outpatient psychotherapy for borderline personality disorder. Randomized trial of Schema-Focused Therapy versus Transference-Focused Psychotherapy. *Archives of General Psychiatry, 63*, 649-658.

Görlitz, G. (2008). *Körper und Gefühl in der Psychotherapie* (5. Aufl.). Stuttgart: Klett-Cotta.

Grawe, K. (2004). *Neuropsychotherapie.* Göttingen: Hogrefe.

Gross, E. N., Stelzer, N. & Jacob, G. A. (2012). Treating obsessive-compulsive disorder with the schema mode model. In M. van Vreeswijk, J. Broersen & M. Nadort (Eds.), *Handbook of schema therapy: Theory, research and practice* (pp. 173-184). Sussex: John Wiley & Sons.

Hautzinger, M. (1998). *Depression.* Göttingen: Hogrefe.

Hautzinger, M. (2013). *Kognitive Verhaltenstherapie bei Depression* (7. Aufl.). Weinheim: Beltz.

Hawke, L. D., Provencer, M. D. & Arntz, A. (2011). Early maladaptive schemas in the risk for bipolar spectrum disorders. *Journal of Affective Disorders, 133*, 428-436.

Hayes, A. M., Beevers, C., Feldman. G., Laurenceau, J.-P. & Perlman, C. A. (2005). Avoidance and emotional processing as predictors of symptom change and positive growth in an integrative therapy for depression. In G. Ironson, U. Lundberg & L. H. Powell (Eds.), *International Journal of Behavioral Medicine, special issue: Positive Psychology*, 111-122.

Hinsch, R. & Pfingsten, U. (2015). Gruppentraining sozialer Kompetenzen (GSK). *Grundlagen, Durchführung, Anwendungsbeispiele* (6. Aufl.). Weinheim: Beltz.

Jacob, G. A. & Arntz, A. (2013). Schema therapy for personality disorders – a review. International Journal of Cognitive Psychotherapy, 6, 171–185.

Kellogg, S. H. (2004). Dialogical encounters: Contemporary perspectives on "chairwork" in psychotherapy. *Psychotherapy: Research, Theory, Practice, Training, 41*, 310–320.

Linehan, M. M. (1996). *Trainingsmanual zur Dialektisch-Behavioralen Therapie der Borderline-Persönlichkeitsstörung.* München: CIP-Medien.

Lobbestael, J., van Vreeswijk, M. & Arntz, A. (2007). Shedding light on schema modes: a clarification of the mode concept and its current research status. *Netherlands Journal of Psychology, 63*, 76–85.

Lobbestael, J., van Vreeswijk, M. & Arntz, A. (2008). An empirical test of schema mode conceptualizations in personality disorders. *Behaviour Research and Therapy, 46*, 854–860.

Lobbestael, J., van Vreeswijk, M., Spinhoven, P., Schouten, E. & Arntz, A. (2010). Reliability and validity of the short Schema Mode Inventory (SMI). *Behaviour and Cognitive Psychotherapy, 38*, 437–458.

Malogiannis, I. A., Arntz, A., Spyropoulou, A., Tsartsara, E., Aggeli, A., Karveli, S., Vlavianou, M., Pehlivanidis, A., Papadimitriou, G. N. & Zervas, I. (2014). Schema therapy for patients with chronic depression: A single case series study. *Journal of Behavior Therapy and Experimental Psychiatry, 45*, 319–329.

Nadort, M., Arntz, A., Smit, J. H., Giesen-Bloo, J., Eikelenboom, M., Spinhoven, P., van Asselt, T., Wensing, M. & van Dyck, R. (2009). Implementation of outpatient schema therapy for borderline personality disorder with versus without crisis support by the therapist outside office hours: A randomized trial. *Behaviour Research and Therapy, 47*, 961–973.

Nordahl, H. M. & Nysaeter, T. E. (2005). Schema therapy for patients with borderline personality disorder: a single case series. *Journal of Behavior*

Therapy and Experimental Psychiatry, 36, 254-264.

Norris, M. L., Boydell, K. M., Pinhas, L. & Katzman, D. K. (2006). Ana and the internet: a review of pro-anorexia websites. *The International Journal of Eating Disorders, 39*(6), 443-447.

Oei, T. P. S. & Baranoff, J. (2007). Young schema questionnaire: review of psychometric and measurement issues. *Australian Journal of Psychology, 59,* 78-86.

Pillmannm, M. T. & Rosselli, A. (2010). Schemaorientierte Kurzzeit-Körperpsychotherapie in Gruppen. In E. Roediger & G. A. Jacob (Hrsg.), *Fortschritte der Schematherapie.* Göttingen: Hogrefe.

Potreck-Rose, F. & Jacob, G. (2008). *Selbstzuwendung, Selbstakzeptanz, Selbstvertrauen: psychotherapeutische Interventionen zum Aufbau von Selbstwertgefühl* (5. Aufl.). Stuttgart: Klett-Cotta.

Reddemann, L. (2001). *Imagination als heilsame Kraft/Zur Behandlung von Traumafolgen mit ressourcenorientierten Verfahren.* Stuttgart: Klett-Cotta.

Reiss, N., Dominiak, P., Harris, D., Knörnschild, C., Schouten, E. & Jacob, G. A. (2012). Reliability and validity of the German version of the revised schema mode inventory (SMI). *European Journal of Psychological Assessment, 28,* 297-304.

Renner, F., Arntz, A., Peeters, F., Lobbestael, J. & Huibers, M. (2014). Schema therapy for chronic depression: Results of a multiple single case series study. Submitted for publication.

Roediger, E. (2008). Praxis der Schematherapie. Stuttgart: Schattauer.

Roediger, E. & Jacob, G. (Hrsg.). (2010). Fortschritte der Schematherapie. Göttingen: Hogrefe.

Rogers, C. (1961). *On Becoming a Person: A Therapist's View of Psychotherapy.* London: Constable.

Simpson, S. G., Morrow, E., van Vreeswijk, M. & Reid, C. (2010). Group schema therapy for eating disorders: a pilot study. *Frontiers in Psychology,* 182.

Smucker, M. P., Dancu, C., Foa, E. B. & Niederee, J. L. (1995). Imagery rescripting: a new treatment for survivors of childhood sexual abuse suffering from posttraumatic stress. *Journal of Cognitive Psychotherapy: An International Quarterly, 9*, 3-17.

Ullrich, R. & de Muynck, R. (2002). *ATP: Anleitung für den Therapeuten. Einübung von Selbstvertrauen und sozialer Kompetenz* (2. Aufl.). Stuttgart: Klett-Cotta.

Weertmant, A. & Arntz, A. (2007). Effectiveness of treatment of childhood memories in cognitive therapy for personality disorders: A controlled study contrasting methods focusing on the present and methods focusing on childhood memories. *Behaviour Research and Therapy, 45*, 2133-2143.

Young, J., Brown, G., Baumann-Frankenberger, P., Grutschpalk, J. & Berbalk, H. (2010). *Young Schema Questionnaire-Deutsche Version.* Unveröffentlichter Fragebogen.

Young, J. E., Klosko, S. & Weishaar, M. E. (2008). *Schematherapie. Ein praxisorientiertes Handbuch* (2. Aufl.). Paderborn: Junfermann.

찾아보기

저자 소개

아누드 아른츠(Arnoud Arntz)

네덜란드 마스트리흐트 대학교(Maastricht University)의 임상심리학과 교수이다. 마스트리흐트 대학교 실험심리병리학 연구센터의 과학부서 총괄책임자이자 성격장애와 불안 관련 심리학 이론 및 치료법을 연구하고, 이를 다양한 성격장애에 시행하여 심리도식치료의 효과를 조사하는 멀티 센터 연구의 총괄책임자이기도 하다. 그는 인지행동치료와 심리도식치료를 임상에 적용하고 있다.

지타 제이콥(Gitta Jacob)

임상심리학자이자 인지행동치료 및 심리도식치료 전문가이다. 독일 프라이부르크 대학교(University of Freiburg)의 임상심리학과 교수로 재직 중이며, 국제 심리도식치료협회(International Society for Schema Therapy) 이사회의 창립 멤버이다. 프라이부르크 대학병원 신경정신과의 심리치료 부서에서 경계성 성격장애 치료팀의 의장직을 맡기도 하였다.

역자 소개

최영희(Young Hee Choi)

인제대학교 의과대학원 의학박사(정신과학) 취득

ACT(Academy of Cognitive Therapy)의 Fellow

ISST(International Society of Schema Therapy)의 공인 스키마 치료사

현 메타 통합심리치료 연구소장

　　메타의원 대표원장

〈주요 저 · 역서〉

　　공황장애 극복 설명서(학지사, 2019)

　　강박장애 극복을 위한 마음챙김 워크북(공역, 학지사, 2020)

　　변형적 의자기법(공역, 학지사, 2020)

윤제연(Je-Yeon Yun)

서울대학교 의과대학원 의학박사(정신과학) 취득

현 서울대학교병원 교육인재개발실 임상부교수 및 정신건강의학과 겸무교수

　　서울대학교 의과대학 의학과 임상부교수 및 연건학생지원센터장

최상유(Sangyoo Choi)

고려대학교 일반대학원 심리학과 임상 및 상담심리 전공

현 메타(METTAA) 대표

〈주요 역서〉

강박장애 극복을 위한 마음챙김 워크북(공역, 학지사, 2020)

변형적 의자기법(공역, 학지사, 2020)

최아란(Aran Erin Choi)

서울여자대학교 교육심리학과

UC Irvine TEFL certificate program 수료

현 프리랜서 통번역사

심리도식치료의 실제
−심리도식 양식 접근법에 대한 가이드북−
Schematherapie in der Praxis

2021년 10월 25일 1판 1쇄 발행
2024년 1월 25일 1판 3쇄 발행

지은이 • Arnoud Arntz · Gitta Jacob
옮긴이 • 최영희 · 윤제연 · 최상유 · 최아란
펴낸이 • 김 진 환
펴낸곳 • (주) **학지사**
　　　　 04031 서울특별시 마포구 양화로 15길 20 마인드월드빌딩 5층
대표전화 • 02) 330-5114　　　팩스 • 02) 324-2345
등록번호 • 제313-2006-000265호

홈페이지 • http://www.hakjisa.co.kr
인스타그램 • https://www.instagram.com/hakjisabook

ISBN 978-89-997-2524-1 93180

정가 **19,000원**

▌출판미디어기업 **학지사**

간호보건의학출판 **학지사메디컬** www.hakjisamd.co.kr
심리검사연구소 **인싸이트** www.inpsyt.co.kr
학술논문서비스 **뉴논문** www.newnonmun.com
원격교육연수원 **카운피아** www.counpia.com